PBF VI, 6

(Sievers)

PRÄHISTORISCHE BRONZEFUNDE

Im Rahmen der
Union Internationale des Sciences Préhistoriques et Protohistoriques

herausgegeben von
HERMANN MÜLLER-KARPE
Universität Frankfurt a. M.

C. H. BECK'SCHE VERLAGSBUCHHANDLUNG
MÜNCHEN

PRÄHISTORISCHE BRONZEFUNDE

ABTEILUNG VI · BAND 6

Die mitteleuropäischen
Hallstattdolche

von

SUSANNE SIEVERS

C. H. BECK'SCHE VERLAGSBUCHHANDLUNG
MÜNCHEN

Mit 50 Tafeln

Schriftleitung: Seminar für Vor- und Frühgeschichte der Universität Frankfurt a. M.
H. Müller-Karpe, A. Jockenhövel

Redaktion: Ulrike Wels-Weyrauch
Zeichnungen: Ingrid Dassbach, Gerhard Endlich, Bertold Hartung, Eva Hofmann, Gerhard Lanz

MEINEN ELTERN

Gedruckt mit Unterstützung der Deutschen Forschungsgemeinschaft
und des Deutschen Archäologischen Instituts

ISBN 3 406 08070 7

© C. H. Beck'sche Verlagsbuchhandlung (Oscar Beck) München 1982
Satz und Druck des Textteils: Passavia Druckerei GmbH Passau
Reproduktion und Druck des Tafelteils: Graphische Anstalt E. Wartelsteiner Garching-Hochbrück
Printed in Germany

VORWORT

Vorliegende Arbeit stellt die überarbeitete Fassung der 1978 in Marburg abgeschlossenen Dissertation der Verfasserin dar. Herrn Prof. Dr. H. Müller-Karpe habe ich neben anregenden Gesprächen dafür zu danken, daß die Arbeit als ein Band des P.B.F.-Unternehmens erscheinen kann. Für die Finanzierung der Materialreisen nach Süddeutschland, Ostfrankreich, in die Schweiz und nach Österreich schulde ich der Deutschen Forschungsgemeinschaft, namentlich ihrem Referenten Herrn Dr. W. Treue, großen Dank, ebenso dem Deutschen Archäologischen Institut für einen Druckkostenzuschuß.

Die in Zeichnungen neu aufgenommenen Dolche wurden im Institut für Vor- und Frühgeschichte der Universität Frankfurt von I. Dassbach, G. Endlich, B. Hartung, E. Hofmann und G. Lanz umgezeichnet. Ihnen und ganz besonders Frau Dr. U. Wels-Weyrauch, die die Redaktionsarbeit besorgte, gilt mein Dank.

Den Herren Hofrat Dr. W. Angeli, Dr. M. Egg, Monsignore Dr. W. Kaufhold und Dr. S. Schiek fühle ich mich durch die Erlaubnis, bisher unveröffentlichte Dolche publizieren zu dürfen, ganz besonders verpflichtet. Für durchweg großes Entgegenkommen in den Museen und Ämtern und für zahlreiche freundliche Hinweise und Ratschläge danke ich den Damen und Herren W. Angeli, F. E. Barth, J. Biel, L. Bonnamour, M. Bourquin, A. M. Burg, R. Dehn, W. Drack, K. Eckerle, M. Egg, J.-F. Garmier, W. Kaufhold, W. Kimmig, G. Kossack, J. Krinzinger, J. Meintzschel, J.-P. Millotte, R. Moosbrugger, F. Moosleitner, Ch. Osterwalder, G. Petitot, I. v. Quillfeldt, J. Reitinger, H. Roth, L. Sautot, H. Schickler, S. Schiek, H. Schwab, F. Schwappach, K. Spindler, W. Stettner, W. Torbrügge, H.-P. Uenze, G. Wamser, K. Wenger, R. Wyss, F. Zahler.

Während der Überarbeitung der Dissertation in Tübingen standen mir die Herren Dr. E. Gersbach, Prof. Dr. W. Kimmig, Dr. L. Sperber und Dr. S. Schiek oft hilfreich zur Seite, wofür ich ihnen herzlich verbunden bin.

Mein besonderer Dank gilt Herrn Prof. Dr. O.-H. Frey, der die Dissertation anregte und sie mit großer Geduld betreute.

Das Manuskript wurde in der jetzigen Form im Januar 1981 abgeschlossen.

Tübingen, im Sommer 1981   Susanne Sievers

INHALTSVERZEICHNIS

Einleitung

Forschungsgeschichte – Zielsetzung	1
Verbreitung	5
Quellenlage/Materialbasis	7
Trageweise der Dolche	8
Herleitung der Hallstattdolche	9
Bemerkungen zum Katalogaufbau	13

Der Fundstoff

Eisenantennenwaffen mit zylindrischer Griffhülse	15
Variante „Schweiz" mit durchbrochener Griffstangenmitte	17
Eisenantennenwaffen mit mehrteiliger Griffstange	18
Bronzeantennenwaffen vom Typ Hallstatt	21
Eisendolche mit spindelförmiger Griffstange und verkümmerten Antennen	24
Variante Mauenheim	24
Variante Magdalenenberg	25
Variantengruppe	26
Eisendolche und Dolchmesser mit entwickelter Knauf- und Scheidengestaltung	29
Variante Etting	29
Variante Estavayer-le-Lac	31
Dolchmesser und Dolche mit bronzedrahtumwickelter Scheide	33
Variante Neuenegg	33
Variante Hoffenheim	35
Sonderform	36
Variante Sulz	36
Sonderformen	37
Variante Obermodern	38
Variante Erkertshofen: Variantengruppe von Dolchmessern mit T-förmigem Griffabschluß	39
Dolchmesser und Dolche mit ringförmigem Ortband	41
Gruppierungen	41
Bronzedolche und Dolchmesser mit entwickelter Knauf- und Scheidengestaltung	43
Variante Ludwigsburg	44
Variantengruppe Aichach	46
Sonderformen	48
Variantengruppe Wilzhofen-Wielenbach	50
Sonderform	51
Dolche mit glockenförmigem Heft vom Typ Larçon	51
Sonderform	52
Dolchfragmente und Dolche unbekannter Form	53
Zusammenfassende Betrachtung der nordalpinen Dolchentwicklung	55

Zur Waffenbeigabe im Westhallstattkreis

    Begriffsbestimmung – Funktionsanalyse 57

        Schwert – Kurzschwert – Dolch 57

        Dolch – Dolchmesser – Hiebmesser 58

        Lanze – Speer – Pfeil 60

    Zur Waffenbeigabe in Baden-Württemberg 62

        Gräberanalyse 63

            Oberschwäbische Gruppe 63

            Die Ostalb 73

            Die Zollernalb 77

            Der Raum um Tübingen 80

            Nordwürttemberg 81

            Zur Waffenbeigabe in Fürstengräbern 90

        Auswertung 93

            Ausstattungsnormen in Waffengräbern 93

            Rang der Waffenträger 98

            Zur Bewaffnung 100

            Möglichkeiten sozialer Differenzierung 102

    Zur Waffenbeigabe in Südbayern 107

    Zur Waffenbeigabe in Ostfrankreich 110

        Les Jogasses 113

        Grand-Bassin 114

    Zur Waffenbeigabe in der Schweiz 115

    Zur Waffenbeigabe des Gräberfeldes von Hallstatt 119

        Typenvergleich Westen – Hallstatt 119

        Analyse der Waffenbeigabe 122

    Zusammenfassung 128

    Anhang: Waffenkatalog Baden-Württemberg 131

Verzeichnisse und Register

    Verzeichnis der allgemeinen Abkürzungen 144

    Verzeichnis der Literaturabkürzungen 145

    Verzeichnis der Museen und Sammlungen 149

    Verzeichnis der Fundortabkürzungen auf Taf. 40/41 151

    Sachregister 152

    Ortsregister 157

Tafeln 1–50

EINLEITUNG

Forschungsgeschichte – Zielsetzung

Noch um die Mitte des 19. Jhs. datierte man gewöhnlich die Funde des Gräberfeldes von Hallstatt, somit auch die Dolche, in römische Zeit.[1] Zwar erkannte bereits 1860 L. Lindenschmit,[2] von den Dolchen der Sammlung Sigmaringen ausgehend, süddeutsche Dolche und solche aus Hallstatt als zusammengehörig und begrenzte ihre Verbreitung auf Süddeutschland, Österreich und die Schweiz; doch stufte er sie, obwohl er ihre Vorläufer in den urnenfelderzeitlichen Antennenschwertern und etruskischen Schwertern sah, ebenfalls als römisch ein. E. von Sacken berief sich auf Lindenschmit, als er 1868 ausführte, daß das Gräberfeld von Hallstatt bis zur Zeit der Römerherrschaft belegt wurde. U. a. wegen des Mangels an Münzen erwog er jedoch als Hauptbelegungszeit „die Periode des blühenden etruskischen Handels", nämlich die zweite Hälfte des 1. Jhs. vor Christus.[3] H. Hildebrand, der den Begriff der Hallstattkultur einführte, setzte diese allgemein in vorrömischer Zeit an, kam aber zu keiner klaren Einstufung, obgleich er die Funde des Gräberfeldes von Hallstatt von denen der Station La-Tène absetzte.[4]

O. Tischler schließlich unterteilte 1881 die Hallstattzeit in eine ältere und eine jüngere Periode, wobei er sogar von den Waffen ausging und der älteren Periode Schwerter, der jüngeren hingegen „Dolche mit hufeisenförmigen Endknöpfen"[5] zuwies. Er trennte auch bereits einen östlichen Hallstattkreis, zu dem er u. a. Hallstatt zählte, von einem westlichen, der Bayern, Baden-Württemberg, Elsaß, Franche Comté und Burgund umfaßte. Ebenso sah P. Reinecke 1911 „die ein- und zweischneidigen Dolche mit meist reich dekorierten Griffen und Scheiden aus Bronze und Eisen"[6] als Ersatz für die Schwerter seiner dritten Hallstattstufe (Ha C) an und er wies sie der 4. Stufe (Ha D) zu. Gleichfalls 1911 erschien eine erste Gliederung der Dolche. J. Déchelette unterschied in seinem Manuel III Dolche mit eingebogenen Antennen, Dolche mit rechtwinklig abgeknickten Antennen und, davon abhängig, solche mit verkümmerten Antennen.[7] Sein Gliederungsprinzip, nämlich die Antennen- bzw. Knaufform, liegt auch neueren Gliederungsversuchen zugrunde, nur, daß in diesem Schema noch Dolche verschiedener Zeithorizonte und weiträumig voneinander getrennter Gebiete miteinander vermischt sind. Erst 1942 wurde diese Gliederung erweitert, und zwar durch A. Rieth, der fünf Gruppen unterschied, nämlich Dolche mit halbmondförmigem Ortband und drahtumwickelter Scheide, Dolche mit Ringortband, Bronzedolche mit komplizierter Knaufgestaltung, Eisendolche mit komplizierter Knauf-

---

[1] So z. B. L. Hermann, Die heidnischen Grabhügel Oberfrankens (1842), 123 f.; F. Simony, Die Altertümer vom Hallstätter Salzberg und dessen Umgebung, Beil. Sitzber. phil. hist. Classes d. Kaiserl. Akad. d. Wiss. IV, 1850, 338. – Der Dolch von Hallstatt, Grab 116, wird im übrigen hier schon als Prunkdolch angesprochen.

[2] Lindenschmit, Sigmaringen 125. 127.

[3] E. von Sacken, Das Grabfeld von Hallstatt in Österreich und dessen Altertümer (1868) 144 f.

[4] Hildebrand, Sur les commencements de l'âge du fer en Europe, Congres intern. d. anthrop. et d'archéol. préhist. Stockholm 1874, 599.

[5] Tischler, Gliederung der vorrömischen Metallzeit. Corrbl. dt. Ges. für Anthrop., Ethnol. und Urgesch. XII/10, 1881, 124 f.

[6] Reinecke, Funde der Späthallstattstufe aus Süddeutschland, AuhV. 5 (1911) 144.

[7] Déchelette, Manuel d'Archéologie Préhistorique, Celtique et Gallo-Romaine III 2: Premier Age du Fer ou Epoque de Hallstatt (1927) 224 f.

gestaltung und Eisendolche mit verkümmerten Antennen.[8] Diese Grobgliederung bewahrt ihre Gültigkeit im Grunde bis heute, wenn auch die Reihenfolge, hinter der der Grundsatz steht, daß die Eisendolche von den Bronzedolchen abhängig sind, so nicht aufrecht erhalten werden kann. Auf Grund technologischer Details gelang es Rieth, P. Eichhorn und H.-J. Hundt, die nordalpinen Eisendolche weiter zu unterteilen.[9] Es wurden dabei Dolche mit massivem Griff und hohlem Kugelortband, Dolche mit spindelförmigem, aus zwei Schalen bestehendem Griff mit nicht einheitlicher Ortbandgestaltung und Dolche mit Bronzetauschierung unterschieden. Zum Thema Bronzetauschierung, das durch Rieth bereits 1935 aufgegriffen wurde,[10] lieferte Eichhorn in dem Aufsatz von 1969 wie auch später[11] wichtige neue Erkenntnisse, indem er darauf hinwies, daß es sich bei den tauschierten Dolchen nicht um die sonst übliche Tauschierweise handelt. Der wesentliche Unterschied zur herkömmlichen Art des Tauschierens ist der, daß das Tauschiermaterial nicht in Drahtform, sondern in flüssiger Form verwendet wurde. Weitere technologische Beiträge erbrachten Untersuchungen von M. Schröder[12] und Hundt[13] an Bronzedolchen. 1959 machte Schröder auf Bronze- oder Kupfertauschierungen in den Klingen zweier Hundersingener Dolche aufmerksam, und Hundt lieferte einen wichtigen Beitrag zur Kenntnis des Aufbaus von Bronzedolchgriffen.

Genauere zeitliche Festlegungen von Dolchtypen innerhalb der Hallstattzeit blieben selten. Einen weiten Schritt nach vorne bedeutete in dieser Hinsicht H. Zürns Aufsatz von 1942, in dem er die Dolche mit drahtumwickelter Scheide und halbförmigem Ortband, denen er die Bezeichnung „Typus Sulz" gab, als gleichzeitig mit Schlangen- und Bogenfibeln, nach Ha D1 gehörig erkannte.[14] G. Kossack unterschied 1959 für Südbayern noch einen zweiten Typus mit Kugelortband, den er allerdings zeitlich nicht klar von Zürns Typus Sulz absetzte und damit etwa den Zeitraum Ha D2 füllte.[15] Rieth dagegen deutete die Wahrscheinlichkeit an, daß eine Reihe von Eisendolchen nach Ha D2 datiert werden könnte.[16] H. Wocher-Nestler, die in ihrer bisher ungedruckten Dissertation die Nekropole von Tannheim untersucht hat, ging bei dieser Gelegenheit auch näher auf die Dolche der Hallstattzeit ein und unterschied sieben Typen, die sie auf typologische Details und ihre Verbreitung hin untersuchte. Während sie ihre Typen Este, Sulz und Salem Ha D1 zuordnete und die Typen Hundersingen und Aichach[17] nach Ha D2/3 stellte, glaubte sie die restlichen Typen nicht in eine der Ha D-Unterstufen einordnen zu dürfen.[18]

Zur Frage der Herkunft der Hallstattdolche äußerte sich, wie oben erwähnt, bereits Lindenschmit. Er sah in den urnenfelderzeitlichen Antennenschwertern und in etruskischen Schwertern die Vorläufer.[19] In eine ähnliche Richtung gingen Überlegungen Déchelettes.[20] Er betrachtete die urnenfelderzeitlichen Antennenschwerter des Südens als Vorbilder der Antennendolche und nahm als Zwischenglied die Ha C-Schwerter mit z.T. eingerollten Antennen an. Er wies darauf hin, daß zwar Anregungen des

---

[8] Rieth, Hallstattzeit 144.
[9] Rieth, Herstellungstechnik 17ff.
[10] Rieth, Die Tauschiertechnik der Hallstattzeit. Mannus-Bücherei 70, 1935, 102ff.
[11] Eichhorn / H. Rollig / Z. Schwarz / B. Urbon / U. Zwicker, Untersuchungen über die hallstattzeitliche Technik für Bronzeeinlagen in Eisen. Fundber. Baden-Württemberg 1, 1974, 293ff.
[12] Schröder, Drei neue Tauschierungen der Hallstattkultur aus Württemberg. Fundber. Schwaben N.F. 15, 1959, 108ff.
[13] H.-J. Hundt, Rezension Magdalenenberg II. Jb. RGZM. 20, 1973, 212ff.
[14] Zürn, Germania 26, 1942, 116ff.; bes. S. 119.
[15] Kossack, Südbayern; O. Kunkel (Hrsg.), Vor- und frühgeschichtliche Archäologie in Bayern (1972); Kossack, Hallstattzeit 85ff.
[16] Siehe Anm. 9.
[17] Typ Este ist mit der Variantengruppe Erkertshofen gleichzusetzen, Typ Sulz ist in Anlehnung an Zürn definiert, mit Typ Salem sind die Eisendolche mit spindelförmiger Griffstange und verkümmerten Antennen zu fassen und die Typen Hundersingen und Aichach sind in der Gruppe der Bronzedolche mit entwickelter Knauf- und Scheidengestaltung einzuordnen.
[18] Wocher-Nestler, Tannheim.
[19] Siehe Anm. 2.
[20] Siehe Anm. 7.

Forschungsgeschichte – Zielsetzung

Südens aufgenommen, daß sie aber eigenständig weiterverarbeitet wurden, und daß sich die Hallstattdolche durch eine große Variationsbreite ihrer Spielarten auszeichnen. Als Beweis für die Verwandtschaft mit den urnenfelderzeitlichen Antennenschwertern dienten Déchelette u. a. die kugelförmigen Ortbänder und die Metallscheiden, die sowohl bei den Schwertern der Urnenfelderzeit wie bei den Hallstattdolchen vorkommen. Relativ ausführlich ging er auch auf die iberischen Antennenwaffen ein, von denen er glaubte, daß sie von Dolchen Süddeutschlands und der angrenzenden Gebiete abhängig seien. Auch hier wurden verschiedene Zeithorizonte miteinander vermischt, und erst W. Schüle[21] regte eine neuerliche Diskussion um derartige Beeinflussungsfragen an.

Bei N. Åberg steht ebenfalls der Gedanke im Vordergrund, daß die nordalpine Entwicklung in der Waffenbeigabe als Reflex auf italische Vorgänge aufzufassen ist. Er hielt die nordalpinen „Prunkdolche" mit denen von Este III für zeitgleich und vermutete eine Abhängigkeit der nordalpinen von den italischen.[22]

Reinecke (1911) und Rieth (1942) gaben die Möglichkeit zu bedenken, daß sich die Hallstattdolche auch aus einheimischen Formen entwickelt haben könnten. Reinecke dachte dabei an Kurzschwerter mit Hörnchengriff (Montelius VI);[23] Rieth erinnerte an urnenfelderzeitliche Schwerter und Messer mit eingerolltem Antennengriff, führte auch das Ha C-zeitliche Messer von Rappenau[24] an. Er verwies zwar auch auf italische Einflüsse, doch betonte er die nordalpine Eigen- und Weiterentwicklung.

In der Folge konnte eine Reihe von Antennenwaffen früh, d. h. nach Ha C2 datiert werden. So machte Kossack im Falle des Gräberfeldes von Hallstatt auf Gräber mit Mischinventaren von älteren und jüngeren Waffenformen aufmerksam und lehnte sie in der Datierung an Gräber wie Bubesheim und Augsburg-Kriegshaber an, stellte sie also nach Ha C2.[25] O.-H. Frey[26] ging ausführlicher auf die Ha C2-Dolchgräber Hallstatts ein, konnte frühe Typen aussondern, die mit den gleichen Beigaben wie die Hallstattschwerter vergesellschaftet sind und zog den Schluß, daß der Wechsel in der Bewaffnung demnach früher erfolgt sein dürfte als der, die Chronologie bestimmende, in der Tracht. Er machte in diesem Zusammenhang auch darauf aufmerksam, daß im Falle von Sesto-Calende die bis dahin übliche Zuweisung der Gräber nach Ha D nur aufgrund der Dolche erfolgte. Das übrige Grabinventar gehöre allerdings eindeutig noch nach Ha C2, so daß einer Ha C2-Datierung der Dolche nichts widersprechen würde.[27] 1971 fügten Frey und S. Gabrovec den norditalischen Ha C2-Dolchen einen weiteren, nämlich den von Bologna-Melenzani, hinzu.[28] Im Anschluß an die Ha C2-Datierung des Kurzschwertes von Sesto-Calende stellte M.-E. Mariën das Grab mit Antennenkurzschwert von Court-St.-Etienne nach Ha C2,[29] und Schüle schließlich machte deutlich, daß die südwesteuropäischen Dolche nicht unbedingt von nordalpinen abhängig sein müssen. Für einige Antennendolche bzw. -schwerter konnte er eine Datierung nach Ha C wahrscheinlich machen und öffnete damit einen neuen Weg, die Frage nach der Herkunft der Dolche anzugehen.[30] In der Folge all dieser Untersuchungen sonderten dann auch W. Drack für die Schweiz[31] und G. Wamser für Ostfrankreich[32] Antennenwaffen aus, denen sie eine Ha C2-Datierung zubilligten.

Von Kossack[33] wurden erstmals ausführlicher Themen wie Trageweise, Bewaffnung und soziale Stellung des Waffentragenden angesprochen. Er konnte feststellen, daß die Dolche aller Wahrschein-

---

[21] Schüle, Antennenwaffen 1 ff.
[22] Åberg, Bronzezeitliche und früheisenzeitliche Chronologie II, Jüngere Hallstattzeit (1931) 178 ff.
[23] Siehe Anm. 6.
[24] Siehe Anm. 8.
[25] Kossack, Südbayern 38 ff.
[26] Frey, Situlenkunst 50 f.
[27] Ebd. 49 ff.
[28] Frey/Gabrovec, Zur Chronologie der Hallstattzeit im Ostalpenraum. Actes du VIII⁰ Congrès UISPP, 1971, 193 ff.
[29] Mariën, Trouvailles du Champ d'Urnes et des Tombelles hallstattiennes de Court-Saint-Etienne (1958) 108 ff.
[30] Siehe Anm. 1; Schüle, Meseta-Kulturen 81 ff.
[31] Drack, Jb. SGU. 57, 1972/73, 119 ff.
[32] Wamser, Ostfrankreich, z. B. S. 70.
[33] Siehe Anm. 15.

lichkeit nach am Gürtel, nicht am Schultergurt getragen wurden. Den Dolch selbst sah er weniger als Kriegswaffe denn als Würdeabzeichen an. So wird also der Dolch nicht mehr als „Schwertersatz" betrachtet.

Weitere, meist frühere Aussagen zur Funktion des Dolches legten diese weniger genau fest. So zählte S. Schieck[34] die Dolche zwar allgemein zur junghallstattzeitlichen Bewaffnung, billigte ihnen aber auch zu, als Würdezeichen gegolten zu haben. Er nahm an, daß die einschneidigen Stücke mehr bei der Jagd Verwendung fanden, was Rieth[35] für die Dolche insgesamt nicht ausschloß.

Kossack sah zudem einen Wandel in der Kampftechnik, vergleichbar mit dem Wechsel vom Einzelkampf zum Kampf in der Phalanx in Griechenland. Dort wird der Schwert-Einzelkämpfer von Verbänden abgelöst, deren Hauptwaffe die Lanze ist, die wiederum in Südbayern in 98% aller waffenführenden Ha D-Gräber vorkommt. Kossack sah den Dolch als einigen wenigen vorbehalten an, während die Lanze die Hauptwaffe darstellt und ihr Auftreten, oft mehrmals in einer Nekropole, in ärmlichen Gräbern, auf eine Kampfweise in lockeren Verbänden hinweist. Dieses ausführliche Eingehen Kossacks auf Bewaffnung und Kampfestechnik wurde im folgenden wegweisend, was nicht immer unproblematisch war, da oft von Südbayern ausgehende Schlüsse verallgemeinert wurden, wie noch zu zeigen sein wird. So widmete etwa H.-E. Nellisen[36] in seiner Arbeit über hallstattzeitliche Funde aus Nordbaden der Bewaffnung und Kampfestechnik ein Kapitel, in dem er vorwiegend Kossack folgte, wenn er z.B. die Dolche als Prunkwaffen ansprach. Allerdings konnte er für sein Gebiet keinen sprunghaften Anstieg der Waffenbeigabe, besonders der Lanzenbeigabe, feststellen. Er schloß daraus, daß in Nordbaden auch während Ha D mit Einzelkämpfern zu rechnen ist. Der Dolch spricht seiner Meinung nach eher für Reichtum und Lanzen für Wehrhaftigkeit, den sozialen Status des Kriegers.

Anhand der Untersuchung des Gräberfeldes von Mauenheim kam L. Wamser[37] zu dem Ergebnis, daß der Dolch, im Gefolge des Mauenheimer Schwertgrabes (Nr. 75), als kriegerisches Abzeichen zu werten ist, und setzte ihn von den Lanzen ab, denen er allerdings ebenfalls Abzeichencharakter zubilligte.

Als derzeitiger Stand der Forschung bleibt folgendes festzuhalten: Durch Wocher-Nestler wurden zwar die wesentlichen Dolchtypen auf ihre Verbreitung und Zeitstellung hin überprüft, doch war es ihr im Rahmen ihrer Arbeit nicht möglich, dies ausführlicher darzulegen. Der einzige Dolchtyp, der nach wie vor sicher in seiner Zeitstellung umrissen ist, ist Zürns „Typus Sulz". Bei allen anderen Festlegungen konnten bisher nur ungefähre Zuordnungen getroffen werden, wenn man davon absieht, daß eine Reihe von Antennenwaffen nach Ha C2 datiert wurden, doch sind diese bisher nicht in größerem Zusammenhang behandelt worden. Festzuhalten bleibt, daß in wesentlichen Punkten eine Unterteilung der Dolche auf Gliederungsversuchen Rieths beruht, die stets an technologischen Überlegungen orientiert waren. So mußte eine der Zielsetzungen dieser Arbeit darin bestehen, das mitteleuropäische Dolchmaterial umfassend aufzunehmen, um eine gültige Gliederung aufstellen zu können. Hierbei sind technologische Details zu berücksichtigen, und es ist der stark individuellen Gestaltung der Dolche Rechnung zu tragen. Zwar ist es nicht möglich, anhand der Dolche eine Feinchronologie zu erarbeiten, doch soll, soweit möglich, eine Einordnung in gängige Chronologieschemata der Hallstattzeit vorgenommen werden.[38]

Folgendes Bild zeigt der Forschungsstand in bezug auf das Thema „Herkunft der Hallstattdolche": Dolche, meist aber Schwerter und Kurzschwerter mit Antennenknauf wurden in den letzten beiden

---

[34] Schiek, Fürstengräber.
[35] Siehe Anm. 8.
[36] Nellissen, Nordbaden 44ff.
[37] Wamser, Mauenheim.

[38] Zürn, Nordwürttemberg, bes. S. 107ff.; Pauli, Nordwürttemberg; E. Gersbach, Die Paukenfibeln und die Chronologie der Heuneburg. Fundber. Baden-Württemberg 6, 1981, 213ff. Festschrift für H. Zürn.

Jahrzehnten in zunehmendem Maße früh, d.h. nach Ha C2, datiert. Dies gilt für Antennenwaffen Hallstatts, Norditaliens, Südwesteuropas, Belgiens und zuletzt auch der Schweiz und Ostfrankreichs. Nur für das spätere Hauptverbreitungsgebiet der Hallstattdolche, nämlich Südwestdeutschland, ist dieser Nachweis nicht zu führen. Die bisher frühesten Ansätze zur Datierung von Antennenwaffen lieferte Schüle anhand eines spanischen und eines belgischen Fundkomplexes, die er beide an den Beginn des 7. Jhs. setzte.[39]

Wurde bisher nur die Antennenform des Knaufes zurückverfolgt, so gilt es nun, auch die übrigen Details, wie etwa die Scheide der Hallstattdolche, einer Untersuchung in bezug auf ihre Herkunft zu unterziehen, ein Weg, den bereits Déchelette beschritten hatte. Auch die einschneidigen Formen, sog. Dolchmesser, sind zu berücksichtigen. Erst nach einer solchen Analyse kann die Herkunft der Hallstattdolche präzisiert werden.

Zur Funktion der hallstattzeitlichen Dolche liegen verhältnismäßig wenige Aussagen vor. Der Dolch wurde als Waffe für den Kampf, für die Jagd sowie als soziales Abzeichen angesprochen, wobei letzterer Punkt in jüngster Zeit immer mehr in den Vordergrund rückte. Die Sichtung des gesamten Dolchmaterials Mitteleuropas läßt erwarten, daß man auch in dieser Frage einer Klärung näherkommt.

Zum Thema Bewaffnung und Kampftechnik nahm nur Kossack ausführlicher Stellung. Seine Theorie, daß sich nämlich am Umschwung der Waffenbeigabe eine Veränderung der Kampftechnik ablesen läßt, gilt es im folgenden zu hinterfragen.

Hauptsächliche Zielsetzung der Arbeit wird eine Analyse der Dolch- und allgemein der Waffenbeigabe des Westhallstattkreises sein. Hierbei soll mit folgenden Fragestellungen an das Waffenmaterial herangegangen werden. Einmal soll herausgefunden werden, ob sich in der Zusammensetzung der Waffenbeigabe oder der Kombination von Waffen mit anderen Beigaben bzw. Bestattungseigenheiten Regelhaftigkeiten feststellen lassen, dann, ob sich der Rang des Dolch- bzw. Waffenträgers innerhalb eines Sozialverbandes fassen läßt und ob hierbei allgemeingültige Aussagen möglich sind. Zuletzt ist zu untersuchen, ob, aufbauend auf den Ergebnissen der beiden letzten Punkte, sich in der Waffenbeigabe die Bewaffnung bzw. Kampftechnik spiegelt.

Eine Beantwortung dieser drei Fragen dürfte nur auf Grund einer kleinräumigen Analyse möglich sein, die auch Eigenheiten von einzelnen Gräberfeldern nicht unberücksichtigt läßt und somit Verallgemeinerungen möglichst aus dem Wege geht. Auf Grund einer besonderen Häufung der Dolchbeigabe in Baden-Württemberg, des differenzierten Sozialgefüges[40] und der relativ guten Publikationslage im südwestdeutschen Raum soll die Problematik der hallstattzeitlichen Dolch- bzw. Waffenbeigabe exemplarisch an Baden-Württemberg dargestellt werden. Soweit möglich soll im Anschluß daran eine Analyse der Waffenbeigabe im ostfranzösischen, schweizerischen, südbayerischen Raum und im Falle des Gräberfeldes von Hallstatt durchgeführt werden.

Verbreitung

Ausgangspunkt der vorliegenden Untersuchung sind die hallstattzeitlichen Dolche Süddeutschlands und die des Gräberfeldes von Hallstatt. Die dort vorkommenden Dolchtypen finden sich darüber hinaus in Ostfrankreich, der Schweiz und Österreich. So wird, mit Ausnahme von Österreich, mit der

---

[39] Es handelt sich hierbei um die Fundkomplexe von Camallera (Schüle, Antennenwaffen 7ff. Abb. 5, 7) und Court-Saint-Etienne (siehe Anm. 29).

[40] An dieser Stelle sei lediglich an die sog. Fürstensitze und Fürstengräber Baden-Württembergs erinnert.

Verbreitung der hier interessierenden Dolchtypen der Westhallstattkreis erfaßt, wenn man davon absieht, daß in seltenen Fällen derartige Dolche auch nördlich der Mainlinie, in der Tschechoslowakei und in Norditalien vorkommen. Mit den mitteleuropäischen Dolchen verwandt, z.T. von ihnen abhängig, aber eigene Gruppen bildend, sind Dolche Englands, Belgiens, Hollands, des restlichen Frankreich, der iberischen Halbinsel und Norditaliens, die außer Betracht bleiben sollen.

Als Arbeitsgebiet ist somit der Westhallstattkreis, nämlich Süddeutschland, die Schweiz und Ostfrankreich, sowie zusätzlich Österreich zu nennen. Innerhalb dieses Rahmens ergeben sich folgende Verbreitungsschwerpunkte:

In Baden-Württemberg häufen sich die Dolchfunde im Bereich der westlichen Schwäbischen Alb, im Raum Tübingen und im weiteren Umkreis von Stuttgart. Etwas weniger dicht liegen die Fundpunkte zwischen Donau und Bodensee. Der engere Einflußbereich von Heuneburg und Hohenasperg ist somit umgrenzt; außerdem ist der Magdalenenberg am Fuße des südlichen Schwarzwaldes mit fünf Dolchen zu nennen. Dolchfunde außerhalb des hier umrissenen Gebietes sind äußerst selten.[41] Vielleicht sollten die Dolche des Hagenauer Forstes an dieser Stelle mitgenannt werden, obwohl sie nicht dem heutigen Baden-Württemberg zuzurechnen sind. Einen Schwerpunkt in Bayern bildet das Gebiet zwischen Isar und Lech. Nur im nordöstlichen Bayern häufen sich nochmals, wenn auch in geringerem Ausmaß, die Dolchfunde. In Österreich ist Hallstatt als Hauptfundort zu nennen. Fundhäufungen finden sich nur noch im Bereich des Unterlaufs der Salzach und im weiteren Umkreis von Linz. Die Schweizer Funde verteilen sich vor allem auf das Gebiet des Mittellandes, also auf den Bereich des Neuenburger und Bieler Sees, entlang der Zihl, im Umkreis des Zürichsees und auf den Oberlauf des Rheins, wo der Anschluß zu den baden-württembergischen Funden gegeben ist. Auf den Verbindungsweg nach Norditalien verweist ein Dolchfund vom Oberlauf der Rhône. Die französischen Dolchfunde liegen, abgesehen von denen des Hagenauer Forstes, zum Großteil auf dem Plateau des Jura, am Ostrand des Plateau von Langrès und vereinzelt entlang der Saône.

Das somit umrissene Gebiet des Westhallstattkreises (inklusive Österreich) läßt sich in bezug auf die Dolchbeigabe nach Norden,[42] Nordwesten und Osten[43] gegen benachbarte Gebiete dadurch abgrenzen, daß dort Dolche wie auch andere Waffen nur sehr vereinzelt vorkommen und z.T. (wie in England)[44] eigene Dolchtypen bilden. Wurden überhaupt Waffen mitgegeben, dann handelte es sich zumeist um Lanzen und Hiebmesser. Dolche blieben eine Ausnahme. Nach Süden hin bilden die Alpen zwar eine natürliche Grenze, doch war diese nicht undurchlässig. Die norditalischen Hallstattdolche zeigen nur Übereinstimmungen mit den frühen mitteleuropäischen Dolchen und scheinen deren Entwicklung z.T. auch beeinflußt zu haben.[45] Auch den sog. Este-Messern verwandte Formen finden sich nördlich der Alpen. Die Abgrenzung nach Westen[46] und Südwesten[47] wird durch das Aneinandergrenzen der Verbreitungsgebiete verschiedener Dolchtypen, die durch ein Gebiet, das keine Dolchfunde aufweist, voneinander geschieden sind, deutlich.

---

[41] Es wären hier die Dolchfunde von Crailsheim und Mögglingen, Kr. Schwäbisch Gmünd (beide Nordwürttemberg), Hügelsheim, Kappel, Tiengen (entlang des Rheins), Ulm-Söflingen (an der Donau), Wolfegg und Tannheim zu nennen, die südlich des Donauverlaufs wie aufgereiht liegen, nimmt man noch die beiden bereits bayerischen Fundorte Waltenhausen und Niederaunau hinzu.

[42] Braunfels, Kr. Wetzlar (Nr. 182).

[43] Býčí-Skála-Höhle (Nr. 100. 111).

[44] Zusammenfassend behandelt von E.M. Jope, Daggers of the Early Iron Age in Britain (PPS 27, 1961, 307 ff.). – Hierzu noch die Antennenwaffe, die in British Museum, Later Prehistoric Antiquities (1953) Fig. 23, 1 abgebildet ist.

[45] Zusammenfassend veröffentlicht von de Marinis, Sesto-Calende. Hinzu kommen die Dolche von Belluno (Nr. 121) und Bologna-Melenzani (siehe Anm. 28).

[46] G.J. Verwers, Kamps Veld (Analecta Praehistorica Leidensia V, 1972, Abb. 31, 32).

[47] Für die Iberische Halbinsel kann auf Arbeiten Schüles verwiesen werden (siehe Anm. 21; Schüle, Meseta-Kulturen 81 ff.). Für das übrige Frankreich ist aus neuerer Zeit kein zusammenfassendes Werk zu nennen, somit bliebe nur ein Hinweis auf Déchelettes Manuel III (siehe Anm. 7).

So konnte eine klare Abgrenzung gegen die Les-Jogasses-Dolche des Marnegebietes vorgenommen werden. Diese Dolchgruppe ist zwar nicht unabhängig von den mitteleuropäischen Dolchen zu sehen, jedoch besteht ein noch größerer Zusammenhang mit den Frühlatènewaffen dieses Gebietes, weshalb die Les-Jogasses-Dolche auch nur am Rande behandelt werden sollen.[48] Auf der Iberischen Halbinsel und in Südfrankreich liegt das Hauptverbreitungsgebiet der sog. Antennendolche, die ebenfalls in sich keine Einheit bilden, sich in einzelne Gruppen aufteilen lassen, von denen zwei auch bzw. hauptsächlich im mitteleuropäischen Bereich vertreten sind.[49]

Quellenlage/Materialbasis

Die mitteleuropäischen Dolche sind, wie in diesem Zeitraum nicht anders zu erwarten, vor allem aus Grabfunden bekannt. Hauptquelle sind Körpergräber und, bedeutend seltener, Brandgräber, jeweils unter Grabhügeln. Dolche aus Flachgräbern lassen sich im Westhallstattkreis bisher nicht nachweisen. Daß man die Nekropole von Mauenheim,[50] die Flachgräber zwischen den Grabhügeln aufwies, als Ausnahme betrachten muß, ist jedoch unwahrscheinlich. Allerdings waren diese Gräber beigabenlos, und so ist es wohl nicht zu erwarten, will man von Mauenheim ausgehend verallgemeinern, daß in einem Gebiet, in dem Grabhügel die Regel sind, Dolche in Flachgräbern zu finden sind. Eine Ausnahme stellt das Gräberfeld von Hallstatt dar, wo wir es ausschließlich mit Flachgräbern zu tun haben und wo Dolche in fünf von sechs Brandgräbern vorkommen. Da es sich bei Dolchen nicht um Gegenstände des täglichen Gebrauchs handelt, sind sie nicht im Fundgut von Siedlungen zu erwarten. Doch sind je ein Dolch vom Zugang des Mt. Lassois[51] und ein Dolchmesser von der Heuneburg als Siedlungsfunde anzusprechen, was sehr wahrscheinlich auch für die beiden Dolchfunde vom Dürrnberg gilt. Eine weitere Quellengattung stellen Gewässerfunde dar. Sie machen den Großteil der Einzelfunde aus. Entsprechend den Ha C-Schwertern finden sich auch die Ha D-zeitlichen Dolche Englands ausschließlich in Flüssen (in der Themse). Zu betonen ist allerdings, daß es keine hallstattzeitlichen Grabfunde auf den Britischen Inseln gibt. In Belgien und der Schweiz sind Flußfunde neben Grabfunden vertreten. In Ostfrankreich kommen Dolche als Flußfunde vereinzelt außerhalb des Hauptverbreitungsgebiets der mitteleuropäischen Hallstattgräber mit Dolchen vor, nämlich im Bereich der Saône, südlich von Dijon. In Süddeutschland sind Dolche als Gewässerfunde unbekannt.

Von der Aussagefähigkeit her kommt den Grabfunden natürlich besondere Bedeutung zu, da sie neben Hinweisen auf Trageweise und Trachteigentümlichkeiten durch den Grabbrauch in günstigen Fällen auch Schlüsse über den Rang des Dolchträgers zulassen. Eine Quellengattung besonderer Art bilden die Grabstelen, die mit Dolchen ausgestattete „Krieger" darstellen. Am naturalistischsten hiervon ist der „Krieger von Hirschlanden" in Nord-Württemberg[52] gestaltet. Sein Dolch läßt sich ohne weiteres mit in Baden-Württemberg verbreiteten Dolchtypen vergleichen und ist somit als Quelle für dieses Gebiet bestens verwendbar. Auch einige der mehr stilisierten Stelen Italiens[53] weisen gut erkennbare Dolche auf: meist mit hufeisenförmiger Knaufgestaltung, wie sie den meisten südwesteuropäischen Dolchen zu eigen ist, und mit halbmondförmigem Ortband, das eher auf die mitteleuropäischen Dolche verweist. Wichtig bei den Dolchdarstellungen sind Erkenntnisse über die Trageweise der

---

[48] Dies soll im Kapitel über die Waffenbeigabe in Ostfrankreich geschehen.

[49] Es handelt sich hierbei um Antennenwaffen mit zylindrischer Griffhülse und zum anderen um Antennenwaffen mit mehrteiliger Griffstange.

[50] Siehe Anm. 37.

[51] R. Joffroy, L'oppidum de Vix et la civilisation hallstattienne finale (1960) 93 ff. Taf. 28, 1.

[52] Zürn, Nordwürttemberg, 53 ff.; dort weitere Literatur.

[53] R. de Marinis, Sesto-Calende Taf. XI. XII.

Dolche sowie über die übrige Ausstattung der Dolchträger, die mit der aus den Gräbern überlieferten zu vergleichen ist. Außerdem scheint auch ein Hinweis auf die weiträumig zu sehende, besondere soziale Stellung des Dolchträgers gegeben zu sein. Kommt man auf die Hauptquelle, die Grabfunde, zurück, so muß festgestellt werden, daß durch die meist ungesicherten Fundumstände die Materialbasis bedeutend geschmälert wird. Der Großteil der Funde wurde im 19. Jh. geborgen. Nur etwa ein Zehntel der Funde ist in ihrer Aussage zu 100% verläßlich, was bedeutet, daß die Beigaben nicht immer eindeutig zugeordnet werden können, daß somit die Datierung einzelner Dolchtypen, aber auch Aussagen über den Bestattungsritus, über Bewaffnung, über Tracht und, davon abhängig, über die soziale Stellung des Dolchträgers außerordentlich erschwert werden. Aufgrund der Quellenlage sind über die Waffentragenden Baden-Württembergs und Südbayerns die meisten Aussagen möglich. Wegen des *relativ* guten Forschungsstandes, der großen Anzahl der Dolchgräber und Ausgrabungen von waffenführenden Nekropolen in jüngerer Zeit bietet Baden-Württemberg die breiteste Grundlage zu einer Untersuchung der Bewaffnung bzw. Kampfesweise und der Stellung der Dolch- bzw. Waffentragenden im Sozialgefüge der Ha D-Periode.[54]

Trageweise der Dolche

Möglichkeiten, die Trageweise der Hallstattdolche zu erschließen, sind das Heranziehen figürlicher Darstellungen von Dolchträgern, die Deutung der Konstruktion und Anbringung des Riemenhalters, sowie die Lage des Dolches im Grab. Charakteristisch für den Hallstattdolch ist, daß er bis auf sehr wenige Ausnahmen hinter dem/den ihn tragenden Riemen befestigt wurde – dies im Gegensatz zu den Latènewaffen und zu den nordwesteuropäischen Hallstattdolchen Englands, Belgiens, Hollands und z. T. des Marnegebietes.

Unter den Grabstelen gibt es nur bei einer italischen Stele[55] einen Hinweis auf die Trageweise des Dolches vor dem Gürtel, während alle übrigen die Trageweise hinter dem Gürtel belegen. Als einziger Grabstele mit Dolch aus dem Hauptverbreitungsgebiet der mitteleuropäischen Hallstattdolche kommt dem dolchtragenden „Krieger von Hirschlanden" in Nordwürttemberg[56] besondere Bedeutung zu. Zu erkennen sind zwei Leibriemen, die von Zürn[57] und W. Kimmig[58] als metallene Leib*ringe* gedeutet wurden, wie sie aus Grabfunden bekannt sind. Lederriemen dürften in diesem Fall aber wahrscheinlicher sein, schon weil in der Mitte bzw. zur rechten Seite hin der Dolch an bzw. hinter den beiden Riemen aufgehängt ist, was schon rein technisch mit Ringen nur schwer denkbar wäre. Riemen würden außerdem dem an Dolchen und ihrer Lage im Grab festzustellenden Befund entsprechen.

Die Dolchfunde lassen erkennen, daß auf der Scheidenvorderwand der Riemenhalter aufgenietet war, durch dessen Metallhülsen während Ha D1 ein oder zwei Lederriemen, während Ha D2 und D3 immer zwei Lederriemen durchgezogen wurden. Lederreste von 0,5 bis 1 cm Breite sind in mehreren

---

[54] Es wurden, soweit möglich, alle Dolche des Verbreitungsgebietes in Augenschein genommen und mit Abbildungen in der Literatur verglichen. Genügten diese nicht den Ansprüchen, so wurden neue Zeichnungen hergestellt. Nur in der Schweiz und bei neu gegrabenen, somit gut publizierten oder technologisch untersuchten Dolchen war dies nicht nötig. Soweit möglich oder nötig wurden auch geschlossene Funde gezeichnet. Normalerweise wurde darauf verzichtet, alle restlichen Waffen, vor allem Lanzen zu zeichnen, da sie in der Regel nur äußerst fragmentarisch erhalten sind. Um jedoch Anhaltspunkte über etwaige Maße der unterschiedlichen Typen zu erhalten, wurde das gesamte Waffenmaterial des Landesmuseums Stuttgart in Zeichnungen aufgenommen. Wenn nicht anders möglich, wurde im übrigen auf Abbildungen und Beschreibungen aus der Literatur zurückgegriffen.

[55] de Marinis, Sesto-Calende Taf. XIII, A.

[56] Zürn, Nordwürttemberg Taf. A.

[57] Ebd. S. 68.

[58] Kimmig, Der Krieger von Hirschlanden (8. Congrès International d'Archéologie classique 1963, Paris [1965] 97).

Fällen in den Hülsen erhalten. Ob diese Riemen einen eigenen Gürtel bildeten oder ob und wie sie am eigentlichen Gürtel befestigt waren, ist nicht zu erschließen. In einigen Fällen liefen Lederriemen nicht durch Metallhülsen, sondern durch Ringe. Auch Zwergknebel scheinen vereinzelt eine Rolle bei der Aufhängung gespielt zu haben. Bei frühen Dolchen und den Kurzschwertern dürfte die Aufhängungsvorrichtung ganz aus organischem Material bestanden haben. Es ist jedoch auszuschließen, daß Hallstattdolche, wie wahrscheinlich auch Kurzschwerter, am Schultergurt getragen wurden. Zumindest gibt es hierauf keine Hinweise, wie schon Kossack vermerkte.[59]

Da Dolche nicht sehr häufig mit Gürtelblechen vergesellschaftet sind, zudem die Lage der Beigaben selten im Grab dokumentiert ist, kann die Frage, wie die Trageweise von Dolch und Gürtelblech miteinander in bezug zu setzen ist, kaum befriedigend beantwortet werden. Nur drei Fundzusammenhänge sind heranzuziehen: Bei Hallstatt, Grab 11/1889 (Nr. 175) lag das Gürtelblech auf dem Dolch. Rechts und links des Dolches, aber unterhalb des Gürtelblechs, fanden sich zwei Ringe, die den den Dolch haltendenden Lederriemen am Gürtel befestigt haben könnten – nur wäre in diesem Fall der Dolch verlagert. Wahrscheinlicher scheint es zu sein, daß der Tote weder Gürtel[60] noch Dolch trug, sondern daß beides ihm auf den Leib gelegt wurde, wir also aus dieser Anordnung nicht sicher auf die Trageweise schließen können. Bei Villingen/Magdalenenberg, Grab 90 (Nr. 82), sind Dolch wie Gürtelblech beieinander, jedoch nicht in Trachtlage, deponiert, so daß sich der gleiche Schluß ergibt: Eine Aussage zur Trageweise von Dolch und Gürtelblech kann somit nicht gemacht werden, was auch für Hochdorf gilt, wo Gürtelblech und Dolch in Trachtlage gefunden wurden, eine Riemenhalterung aber nicht beobachtet wurde.[61]

Berücksichtigt man im übrigen die Lage der Dolche im Grab, so scheint im ersten Augenblick keine eindeutig den Vorrang zu haben. Bei etwa der Hälfte der Funde allerdings kann man von einer Deponierung auf der Leibesmitte, der rechten oder linken Seite sprechen, was der Trageweise am Gürtel entsprechen und zugleich die oben gemachten Aussagen bekräftigen würde. Bei der anderen Hälfte der zu belegenden Fälle ist eine Deponierung des Dolches in extremen Lagen, z. B. an Kopf oder Füßen zu vermerken, was eher mit der Grabsitte als mit der Trageweise der Dolche zu tun haben dürfte, zumal z. B. in Villingen, vor allem bei Männergräbern mit Waffenbeigabe, auch in einigen Fällen die Deponierung des Gürtels und von Fibeln in extremen Lagen zu beobachten ist.[62] Regionale Eigenheiten in bezug auf die Lage der Dolche in den Gräbern konnten nicht festgestellt werden.

Herleitung der Hallstattdolche

Wie in dem Kapitel Forschungsgeschichte – Zielsetzung bereits dargelegt wurde, ist mit frühen Antennenwaffen in Spanien, Südfrankreich, Italien, der Schweiz, Belgien, Ostfrankreich und Hallstatt zu rechnen. Nur Süddeutschland, das spätere Hauptverbreitungsgebiet der sog. Hallstattdolche, bleibt ausgespart.

Dadurch, daß durch Schüle auch Südwesteuropa in der Diskussion ist, stellt sich die Frage nach der Herkunft der Antennenwaffen von neuem und kann präzisiert werden: Es ist einmal nach Antennenwaffen des frühen 7. Jhs. oder des 8. Jhs. zu suchen, zum anderen sollen Einzelelemente, etwa Griff, Scheide, Ortband, getrennt zurückverfolgt werden, da die Möglichkeit besteht, daß sie erst mit den eigentlichen Hallstattdolchen vereint auftreten. Bezeichnend für sämtliche frühen Formen ist die deut-

---

[59] Kossack, Südbayern, 95.
[60] Kilian-Dirlmaier, PBF. XII, 1 (1972) 124 f.
[61] Mündliche Mitteilung von J. Biel.
[62] Spindler, Ausgrabungen in Deutschland I, 227.

lich ausgeprägte Antennengestalt des Knaufes, und so soll dieses Detail zuerst betrachtet werden. Um die Klärung der Herkunft früher Antennenknäufe hat sich in erster Linie Schüle bemüht,[63] der sie in Zusammenhang mit urnenfelderzeitlichen Schwertern mit Schiffchenknauf sehen möchte, doch fehlen hier noch die später so typischen Knaufknöpfe. Für Schüles Herleitung spricht jedoch auf den ersten Blick die Gruppe der galizischen Dolche wie Sobrefox und Castro de Coubueira, wobei die in der Mitte kräftig berippte, zwischen den heruntergezogenen Heftfortsätzen durchbrochene Klinge und die in der Mitte profilierte Griffstange zur Charakterisierung dieses Dolchtyps beitragen. Schüle datierte die typologisch frühen Stücke mit schiffchenförmigem Knauf in die Zeit kurz vor dem Huelva-Horizont. Die mit Antennen und Knaufknöpfen ausgerüsteten Stücke jedoch, die er im Gefolge der frühen Gruppe sieht, sind sämtlich Einzelfunde, somit zeitlich kaum genau festzulegen. Schüle nahm nun an, daß Dolche wie Sobrefox im Laufe des 7. Jhs. mit Antennen versehen wurden, was er in Zusammenhang mit dem Aufkommen der frühen katalonischen, balearischen und südfranzösischen Antennenwaffen brachte. Dies bedeutet gleichzeitig, daß der Nachweis nicht zu führen ist, daß die Antennengestaltung als Weiterentwicklung der schiffchenförmigen Knaufform anzusehen ist, Dolche wie Sobrefox also nicht älter sein *müssen*, was Schüle nicht klar herausstellte.

Auch das Kurzschwert von Whittingham steht durch Klinge und Heftgestaltung in eindeutig urnenfelderzeitlicher Tradition. Der Antennenknauf, der hörnerartig aufgebogen ist, endet trompetenförmig mit einliegenden konischen Spitzen. Schüle brachte dieses Schwert auf Grund der Knaufgestaltung in Zusammenhang mit Schwertern wie Zabern und Hundborg, was nur schwer nachvollziehbar erscheint. Vielmehr erinnert die Knaufgestaltung von Whittingham an gleichzeitige Armringe, so daß, solange die Herstellungstechnik nicht zufriedenstellend dokumentiert ist, der Verdacht besteht, daß es sich um eine Kombination ursprünglich nicht zusammengehörender Teile handelt.[64]

Es ist also weiterhin davon auszugehen, daß Antennenwaffen erst mit dem 7. Jh. nachgewiesen werden können. Hier wird nun wichtig, ob es sich um einen Nachweis für das frühe oder das späte 7. Jh. handelt. Darauf, daß Antennenwaffen des 7. Jhs. relativ weit verbreitet sind, wurde bereits verwiesen. Lediglich für das Schwert von Camallera[65] scheint es so gut wie erwiesen, daß es einer Frühphase des 7. Jhs. angehört. Weitere von Schüle angegebene Antennenwaffen sind nicht so eindeutig früh festzulegen. Nur noch das Kurzschwert von Court-St.-Etienne – von Mariën wurde dieses Grab wegen der Parallele zu Sesto-Calende nach Ha C2 datiert – kann auf Grund der übrigen Beigaben ohne weiteres auch am Anfang von Ha C angesetzt werden.[66] Schüle selbst aber, der geneigt scheint, eine Entstehung der Antennenwaffen im Südwesten zu sehen, machte darauf aufmerksam, daß Antennenknäufe auch im Osten eine Tradition haben, daß sie dort jedoch chronologisch nur schwer zu fassen sind und daß die Frage nach der Priorität noch nicht zu entscheiden ist; dies gilt noch heute. Es muß natürlich auch in Betracht gezogen werden, daß es sich um voneinander unabhängige Entwicklungen handeln kann, wobei eine gemeinsame Wurzel nicht auszuschließen ist, doch ist eine Ha C-zeitliche Beeinflussung vom Osten her mit einiger Sicherheit auszuschließen. Ein Blick auf vorskythische, östliche Dolchtypen, auf die zuletzt Z. Bukowski[67] verwies, zeigt, daß zwar auch hier T-förmige Dolchknäufe bekannt waren, daß aber, was Aufbau und Einzelheiten in Gestaltung und Verzierung angeht, ein genetischer Zusammenhang auszuschließen ist. Hervorzuheben bleibt aber das auffällig frühe, wenn auch nur vereinzelte Auftreten von Dolchen mit Eisenklingen in Osteuropa.

---

[63] Schüle, Meseta-Kulturen 81 ff.

[64] Abgebildet sind die Schwerter von Whittingham, Zabern und Hundborg bei Schüle, Meseta-Kulturen Abb. 13–15. – Zur Knaufgestaltung sei etwa an Armringe der irischen Dowris-Stufe erinnert.

[65] Schüle, Antennenwaffen 7 ff.

[66] Schüle, Meseta-Kulturen 92.

[67] Bukowski, Zum Charakter der sog. vorskythischen Einflüsse im Gebiet der Lausitzer Kultur. Marburger Studien zur Vor- u. Frühgesch. 1, 9177, 213 ff. Hier auch weitere Literatur.

Herleitung der Hallstattdolche

Für unser Thema ist also von Wichtigkeit, daß die Mitteleuropa am nächsten gelegenen frühen Antennenwaffen bisher im Westen zu finden sind. Da aber auch hier nur wenige Funde in Betracht zu ziehen sind, muß die Möglichkeit offen bleiben, daß irgendwann in Italien ein derart früher Antennenwaffenfund zu Tage tritt, dessen Zeitstellung gut zu fassen ist. Ein Hinweis auf Italien bzw. den benachbarten Mittelmeerraum[68] ist durch die Antennengestaltung von Court-St.-Etienne gegeben, wo vier Antennenenden vorliegen, eine Form, die sonst nur noch im eben genannten Raum auftritt. Auch das bei Schüle abgebildete Votivschwert von Sardinien[69] weist in diese Richtung. Ein *Dolch* mit Bronzegriff, gerippter und mit Kreisaugen versehener Griffstange und vier Antennen im Museum von Fiesole, der dort ins 9. oder 8. Jh. datiert wird, könnte als weiterer Beleg angeführt werden, wäre die Datierung gesichert. Doch kann man immerhin von einem typologisch frühen Stück sprechen.[70] Weitere aus Italien stammende vierantennige Dolche gehören dem 6. Jh. an bzw. sind noch jünger. Auf sie verwies bereits Déchelette.[71] Im Vergleich zu dem vierantennigen Dolch von Fiesole möchte man hier auch schon fast von „verkümmerten" Antennen sprechen, die um einen stark vergrößerten Griffangelniet herum angebracht sind. Als typologischer Vorläufer käme somit Fiesole in Frage.[72]

Muß die Frage nach der Herkunft der Antennen auch vorläufig noch offen bleiben, so weist die Scheidengestaltung doch eindeutig nach Süden. Details der Scheide, die zu untersuchen sind, sind das Scheidenmaterial, die Zusammenfügung der Scheidenteile, der Riemenhalter und die Form des Ortbandes. Die hallstattzeitlichen Dolche und Dolchmesser zeichnen sich hier in der Regel durch Metallscheiden aus, z.T. handelt es sich um eine Kombination von Holz und Bronzedraht bzw. Bronzeband. Scheiden, die ganz aus organischem Material bestanden, sind die Ausnahme, jedoch bei den meisten frühen Kurzschwertern und Schwertern zu erwarten. Metallscheiden wurden durch Überfalzung des Rückbleches durch das Vorderblech zusammengehalten, in den seltensten Fällen vernietet.[73] Die Bronzedrahtumwicklung sowie Metallscheiden sind nördlich der Alpen spätestens seit Ha D1 nachzuweisen.

Beide Konstruktionsprinzipien sowie verwandte Formen der Ha D-Ortbänder finden sich auch bei späturnenfelderzeitlichen Waffen Italiens des 8. Jhs. Reste von Bronzedrahtumwicklung der ehemals wohl hölzernen Scheide sind ab und zu an Antennenschwertern des 8. Jhs. erhalten. Man hat den Eindruck, daß die Scheide nur zonenweise umwickelt war.[74] Daneben scheint es auch Scheiden gegeben zu haben, die zu einem Großteil, oft nur bis auf das mit Buckelzier versehene Scheidenmundblech, mit Bronzedraht umwickelt waren.[75] Zugehörige Griffe sind nur selten nachzuweisen. Einige römische Funde[76] weisen eine Knaufgestaltung auf, die an eine Weiterentwicklung (in Richtung Verkümmerung) der Knaufformen der Antennenschwerter denken läßt. Eine Brücke zu Ha D1-Griffformen wird von hier aus wohl nur schwer zu schlagen sein. Betont werden soll allerdings noch, daß wir hier nicht nur die Bronzedrahtumwicklung, sondern auch eine profilierte Umwicklung mit Längsverstärkung von Scheidenmitte und -rändern vorliegen haben, wie wir sie etwa von Nehren (Nr. 141) oder Ebingen (Nr. 139) kennen. Ortbänder sind leider in keinem Fall erhalten.

---

[68] O.-H. Frey wies mich freundlicherweise auf einen vierantennigen Dolch von Mallorca hin.

[69] Schüle, Mesata-Kulturen.

[70] Der 30 bis 35 cm lange Dolch ist im Museum von Fiesole unter der Inventarnummer 467 aufbewahrt. Auffällig sind vor allem die Verwendung von Bronze bei der Griffgestaltung, sowie die weit ausladenden Antennen (Taf. 38, 3).

[71] Déchelette, Manuel III 229 Fig. 248 (hier Zusammenstellung).

[72] Zum Thema „Mehrantennigkeit" siehe auch Montelius, Serie B, Pl. 323, 17.

[73] Zu nennen sind hier etwa die Kurzschwerter von Sesto-Calende A, Golasecca und das Dolchmesser von Hallstatt 741.

[74] z.B. Schwerter vom Typ Tarquinia: Peroni, PBF. IV, 1 (1970) Taf. 45, 301.

[75] Müller-Karpe, PBF. XX, 1 (1974) Taf. 24, 1. 2; Peroni, PBF. IV, 1 (1970) Taf. 56, 391.

[76] E. Gjerstad, Early Rome II (1956) Fig. 210, 1.

Auf der Suche nach verwandten Ortbandformen, aber auch verwandten Scheidenkonstruktionen werden wir auf die Schwerter bzw. Kurzschwerter mit T-förmigem Griff verwiesen; es können allerdings auch die Antennenschwerter des 8. Jhs. einbezogen werden. In beiden Gruppen – es werden möglichst Formen des späten 8. Jhs. herangezogen – treffen wir auf Metallscheiden, die eine frappierende Ähnlichkeit mit hallstattzeitlichen haben: Neben einteiligen Bronzeblechscheiden existieren nämlich auch zweiteilige, deren Vorderblech, das oft gerippt ist, das Rückblech umbörtelt.[77] Zu diesen Scheiden gehören in der Regel stark profilierte „Kugel"-Ortbänder, die an der Scheide angenietet sind, die aber, und das sei hervorgehoben, keinen Ortbandsteg besitzen. Zum Teil sind derartige Ortbänder eher linsenförmig und einige wenige in der Gruppe mit T-Knauf möchte man fast als kahnförmig ansprechen.[78]

Doch soll in diesem Zusammenhang auf die T-förmigen Knäufe verwiesen werden, die sich von den Formen der Variante Erkertshofen nur durch die meist stark ausschwingende bzw. ausknickende Griffmitte unterscheiden. Die Auflagen aus organischem Material auf den Griffplatten wurden allerdings außer durch Niete z. T. durch Bronzedrahtumwicklung gehalten.[79]

Nicht unerwähnt bleiben dürfen die Dolchmesser mit Vollgriff. Charakteristisch sind ihre oval eingebogenen Antennen. Wenn auch für die Herkunft der Knaufform die gleiche Ungewißheit fortbestehen muß wie bei den oben erwähnten Antennenwaffen, so soll doch auf die sehr ähnliche Heftgestaltung oberitalienischer Vollgriffmesser aufmerksam gemacht werden – wenn auch der Aufbau der Griffe nicht identisch ist.[80] Immerhin ist die durchbrochene Knaufform der Messer mit Rahmenknauf bis hin zu Messern vom Typ Baldaria[81] in, wenn auch sehr lockerer Verbindung mit den oval eingebogenen Antennenknäufen der hallstattzeitlichen Dolchmesser zu sehen.

In diesen Zusammenhang gehört auch der Dolch Hallstatt, Gr. 116 (Nr. 180), dessen Knauf durch zwei sich anblickende Vogelköpfe charakterisiert ist, was eine Ausnahme darstellt. Die Vorlage zu einer derartigen Knaufgestaltung findet sich bei Messern und Schwertern mit Rahmenknauf,[82] wobei das Schwert von Caprucolo (Italien) als Parallele besonders hervorzuheben ist. Schwerter dieses Typs können in die 2. Hälfte des 8. Jhs. datiert werden.

Zwei Wurzeln sind demnach den Ha D-Dolchen zugrunde zu legen: einmal zweischneidige und dann einschneidige Waffen. Die zweischneidigen Waffen sind mit Sicherheit von Schwertern herzuleiten – denn mit den frühen Antennenwaffen fassen wir häufig auch Schwerter und Kurzschwerter – Dolchmesser gehören von ihrer Länge her zu den Dolchen, haben sich aber aus reinen Messerformen entwickelt. Für beide Gruppen, die während Ha D eng miteinander verschmelzen, konnten Einzelheiten des Aufbaus, der Gestaltung auch bei Waffen bzw. Messern Oberitaliens ausfindig gemacht werden, wohingegen die meisten dieser Details in Südfrankreich und Spanien, wohin die Antennengriffe des 7. Jhs. zu weisen schienen, fehlen. Spätere mitteleuropäische Zutaten dürften die kastenförmigen, aufgenieteten Riemenhalter sein sowie die ab Ha D1 üblichen, wohl aus der Antennenform entwickelten Knaufgestaltungen in Eisen und Bronze.

Zwar fehlen noch immer Funde des 7. Jhs. in Italien und Mitteleuropa, die eine Tradierung der oben erwähnten Einzelelemente belegen könnten, doch ist daran zu erinnern, daß die Waffenbeigabe in

---

[77] Peroni, PBF. IV, 1 (1970) Taf. 48, 319; 56, 389. 390 und weitere Beispiele.

[78] Das Aufkommen von Ortbandstegen ist wahrscheinlich in engem Zusammenhang mit der Herstellungstechnik eiserner Dolchscheiden zu sehen. Ortbänder mit kahnförmigem Abschluß wird man jedoch auch ganz allgemein von mittel- und westeuropäischen Schwertortbändern der Urnenfelderzeit und der Ha C-Periode herleiten können.

[79] Peroni, PBF. IV, 1 (1970) Taf. 29; Müller-Karpe, PBF. XX, 1 (1974) Taf. 28, B.

[80] Peroni, PBF. IV, 1 (1970) Taf. 15.

[81] Ebd. Taf. 12–15.

[82] Ebd. Taf. 51, bes. Nr. 340; zur Datierung s. S. 122 ff.

Bemerkungen zum Katalogaufbau

weiten Gebieten Italiens zu dieser Zeit nicht üblich war, ja eher als Ausnahme zu betrachten ist. Da die aufgeführten Details in dieser Summierung sonst nicht vorkommen, scheinen südliche Anregungen, wobei diese vor allem auf Oberitalien einzugrenzen sind, augenblicklich am wahrscheinlichsten.

Bemerkung zum Katalogaufbau

Nur wenige Dolchgräber sind durch Beigaben datierbar. Dies ist in Zusammenhang damit zu sehen, daß allgemein die Ha D-zeitlichen Männergräber ärmlich ausgestattet, wenn nicht gar beigabenlos sind. Gerade in bezug auf die Ausstattung mit Tracht- und Schmuckbestandteilen ist ein deutlicher Gegensatz zu den damit reichlich versehenen Frauengräbern zu konstatieren.[83] Die Dolche selbst sind zu einer Feinchronologie nicht geeignet, da es sich in den meisten Fällen um sehr individuell gestaltete Stücke handelt, die nur schwer in Gruppen, die die Bezeichnung Typ verdienen, gegliedert werden können. Am ehesten sind technologische Beobachtungen als Zeit- und Gruppierungskriterien verwendbar, weshalb sie im folgenden auch im Vordergrund stehen sollen.

Die Einordnung nach Ha D1 D2 D3 wird nur dann angegeben, wenn sie, etwa durch Fibeln, eindeutig zu belegen ist. Hierbei wird davon ausgegangen, daß die Stufe D1 durch die Beigaben von Schlangen- und Bogenfibeln gekennzeichnet wird, wobei nicht auszuschließen ist, daß die S5-Fibeln[84] sowohl in Ha D1 wie in Ha D2 auftreten können. Ha D2 wird im übrigen durch die Paukenfibelbeigabe charakterisiert, Ha D3 durch die Beigabe von Fibeln mit Fußzier, Doppelpaukenfibeln sowie Fibeln mit zurückgebogenem Fuß.[85]

Eine Gliederung in einzelne Dolchtypen kann nun entweder so aussehen, daß auf Grund der individuellen Gestaltung der Stücke Details des Dolchäußeren und deren Kombinationen hoch bewertet werden und zur Bestimmung eines Typs beitragen, was zur Folge hätte, daß einem Dolchtyp sehr oft nur zwei oder drei Stücke angehören würden und eine Übersichtlichkeit des Materials nicht gewährleistet wäre. Die zweite Möglichkeit besteht darin, daß technologische Beobachtungen vorrangig behandelt werden, was allerdings zu größerem Variantenreichtum führen würde. Da andere zur Gruppierung der Dolche geeignete Beobachtungen, wie etwa die Fibelbeigabe, Trageweise der Dolche und Bestattungssitte sich eher in einer gröberen Differenzierung spiegeln und diese auch übersichtlicher ist, soll dieser hier der Vorrang eingeräumt werden. Details der Herstellungstechnik sollen deshalb nicht gesondert, vielmehr in engen Zusammenhang zum Typenkatalog gebracht, ja in diesen integriert werden.

Die Definition eines Dolchtyps wird sich demnach zu einem Großteil an der Herstellungstechnik orientieren, aber auch Entwicklungstendenzen miteinbeziehen, wenn etwa von „verkümmerten Antennen" oder „entwickelter Knaufgestaltung" die Rede ist. Beschreibende Typenbezeichnungen wurden einer Benennung nach Fundorten vorgezogen, da bei einer individuellen Gestaltung der meisten Dolche *ein* Dolch kaum einen ganzen Typ repräsentieren kann. Das Heranziehen von Fundorten wurde erst zur Festlegung von Varianten wahrgenommen, die schließlich enger einzugrenzen sind. Nach Möglichkeit wurden hierbei vollständig erhaltene typische Stücke verwendet und solche, die

---

[83] Die Fibelbeigabe während Ha D1 allerdings kommt gerade in Männergräbern erstaunlich häufig vor. Siehe hierzu auch Spindler, Magdalenenberg I–IV.

[84] Bezeichnung nach G. Mansfeld, Die Fibeln der Heuneburg 1950–1970. Ein Beitrag zur Geschichte der Späthallstattfibel. Heuneburgstudien II. Röm. Germ. Forsch. 33 (1973).

[85] Diese Gliederung entspricht den Ergebnissen der Aufarbeitung sämtlicher Heuneburg-Fibeln durch Verf. im Rahmen der Bearbeitung der Heuneburg-Kleinfunde.

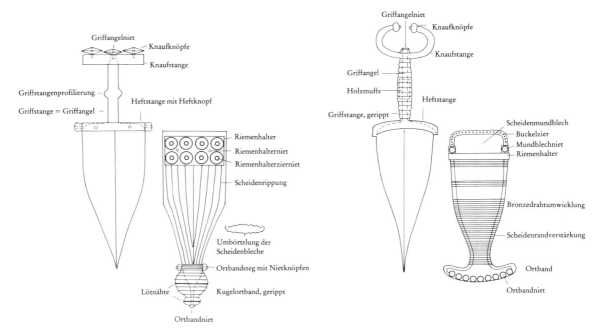

Abb. 1. Bezeichnungen der Dolchpartien.

zudem Verbreitungsschwerpunkte kennzeichnen, z.T. mußten allerdings Kompromisse geschlossen werden. Variantengruppen wurden in der Regel nicht näher bezeichnet, da sie nur locker einem bestimmten Typ zuzuordnen sind und innerhalb einer solchen Gruppe große Unterschiede bestehen können.

DER FUNDSTOFF

EISEN-ANTENNENWAFFEN MIT ZYLINDRISCHER GRIFFHÜLSE

Bei diesen Waffen sind Klinge und Griffangel in einem Stück geschmiedet. Auf die Griffangel ist das Heft aufgeschoben, das in der Regel halbrund geformt ist und das, wenn überhaupt, nur kurz herabziehende Enden aufweist. Hierauf sitzt, wahrscheinlich über einem inzwischen vergangenen Holzkern, die durch ein meist zylindrisch gebogenes Eisenblech gebildete Griffstange. Der Dolch von Tiengen (Nr. 7) und das Kurzschwert von Hallstatt, Gr. 555 (Nr. 1) besitzen gravierte Würfel- bzw. Riefenmuster auf der Griffstange; bei Funden wie Court-St.-Etienne (Taf. 38, 1) und Alaise (Nr. 12), die wegen der westlichen Lage der Fundorte hier eingeordnet sind, fehlt die Metallhülse und es ist nicht auszuschließen, daß auch ursprünglich die Griffstange nur aus organischem Material, etwa Holz, bestanden hat. Auf die Griffstange ist der in der Mitte durchlochte Antennenknauf aufgeschoben. Die kugel- oder knopfartig gestalteten Antennenenden sind nur kurz gestielt und biegen senkrecht nach oben um. Court-St.-Etienne weist vier Antennenenden auf. Das Griffangelende ist gleichsam als Niet auf dem Antennenknauf plattgeschlagen.

Nur in den seltensten Fällen sind Metallscheiden erhalten. Bei einigen Kurzschwertern besteht die Scheide, bzw. ein Teil davon, außer aus Holz aus einem Bronzeblech, dessen Längsseiten auf der Rückseite miteinander vernietet sind (Nr. 2). Eine Scheide aus Holz oder bzw. in Verbindung mit anderem organischen Material dürfte dagegen der Normalfall gewesen sein. Holzreste der Scheide sind in mehreren Fällen erhalten, jedoch ist die Scheidenkonstruktion nicht ersichtlich. Eventuell ist an eine Umwicklung zweier Holzplatten durch Lederbänder zu denken, womöglich als Vorläufer der Bronzedrahtumwicklung, bei der ja auch Holz Verwendung fand.[1] Ortbandformen sind bislang nicht bekannt.

Zur Definition dieses Waffentyps ist neben dem Antennenknauf und der zylindrischen Griffstange auch noch der relativ hohe Klingenindex[2] (Abb. 2) hinzuzuziehen. Mit anderen Worten, es handelt sich zum Großteil um Schwerter und Kurzschwerter, seltener um Dolche. Dementsprechend liegt der Klingenindex meist bei 10.

1. Hallstatt, B.H. Gmunden, Oberösterreich; Flachgrab 555. – Brandbestattung (1857). – Kurzschwert, erh. L. 49,2 cm; Klinge: L. 36,5 cm; gr. Br. 4,5 cm; Heftbr. 6,9 cm; Knaufbr. 7,6 cm *(Taf. 1, 1).* – Beifunde: Eisenwaffen; Bronzesitula; zwei Spitzenschützer von Bronzenadeln; Tongefäßfragmente (nicht erh.). – *Datierung:* Ha C/D(?). – Mus. Wien (25395–1572). – Kromer, Hallstatt 125 Taf. 115, 1 a. b Abb. 106.

2. Sesto-Calende, Provincia di Varese, Lombardia; „prima tomba del guerriero" – Gr. 1. – Brandbestattung (1867). – Kurzschwert, erh. L. 50,4 cm; Klinge: L. noch 39,2 cm; gr. Br. 5,7 cm; Heftbr. noch 5,9 cm; Knaufbr. 10,8 cm *(Taf. 1, 2;* nach de Marinis). – Beifunde: zweirädriger Wagen; Pferdegeschirr; Eisenlanzenspitze und Lanzenschuh (L. der Lanze ca. 2 m); Eisenpfeilspitze; Urne, zwei Fußschalen (nicht erh.); zwei

---

[1] Zu erwähnen sind noch die Kurzschwerter von Hallstatt, Gr. 472 und Maegstub, Hgl. 4, Gr. 7, bei denen es sich eher um eine Bronzebandumwicklung handelt, die bei dem Stück von Hallstatt weit, bei dem von Maegstub eng geführt ist. Beiden Stücken ist weiterhin gemeinsam, daß die Scheide vom Grundmaterial her aus einem feinen, längs liegenden „Holzgeästel" besteht, das mit Leder abgedeckt ist. Die Konstruktion wird dann durch die Bronzebandumwicklung gehalten.

[2] Der Klingenindex berechnet sich aus dem Verhältnis von Klingenlänge zu Klingenbreite.

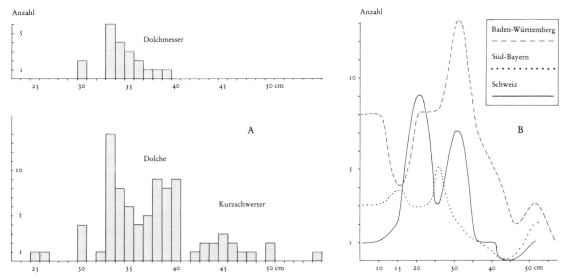

Abb. 2. Graphische Darstellung der Länge (Griff und Klinge) hallstattzeitlicher Dolche, Dolchmesser und Kurzschwerter (A) und der Länge hallstattzeitlicher Lanzenspitzen (B).

Schalenfüße (einer nicht erh.); Helm mit zusammengesetzter Kalotte; zwei Beinschienen; figürlich verzierter Bronzeeimer vom Typ Kurd. – *Datierung:* Ha C2. – Mus. Milano (1468). – B. Biondelli, in: Memorie del Reale Istituto Lombardo di Scienze e Lettere. Classe di lettere e scienze morali e politiche, X (1867); E. Ghislanzoni, in: Munera, Raccolta di scritti in onore di A. Giussani (1944), 1–56; Frey, Situlenkunst Abb. 26, 3; de Marinis, Sesto-Calende 213 ff. Taf. 1, 1.

3. Dörflingen, Kt. Schaffhausen; „Seeli-Hölzli". – Aus einem Hügel (um 1844). – Kurzschwert, erh. L. 63,4 cm; Klinge: L. noch 51,2 cm; gr. Br. 5,2 cm; Heftbr. noch 6,2 cm; Knaufbr. 6,8 cm (*Taf. 1,3;* nach Drack). – Beifunde: Eisenmesser; Eisenkettenfragmente; Bronzekettenfragmente. – *Datierung:* Ha C(?). – Mus. Zürich. – Rieth, Hallstattzeit Abb. 40, 1; W. Drack, Jb. SGU. 57, 1972/73, 128 Abb. 2, 9.

4. Jegenstorf, Bez. Fraubrunn, Kt. Bern; Hgl. 6. – Brandbestattung (?). – Kurzschwert (nicht erh.) Maße nach alter Photographie, erh. L. 18,6 cm; Klinge: L. noch 8,2 cm, gr. Br. noch 6,2 cm; Heftbr. noch 6,8 cm; Knaufbr. 10 cm (*Taf. 1, 4;* nach Drack). – Beifunde: Eisenpfeilspitze; Gewebereste; Schale; Napf oder Becher; Gagatperle; Goldblechkugel, verziert in Granulationstechnik; halbmondförmige Gold-Drahtschlinge. – *Datierung:* Ha C2. – Mus. Bern. – Drack, Eisenzeit H. 2, 18 f. Taf. 8, 8; G, 2; ders., Jb. SGU. 57, 1972/73, 141 Abb. 6, 12.

5. Schupfart, Kt. Aargau; Großer Hgl. im „Tegertli" (1922, 1926, 1928). – Dolch, erh. L. 31,4 cm; Klinge: L. noch 21,8 cm, gr. Br. 4,2 cm; Heftbr. noch 4,9 cm; Knaufbr. noch 9 cm (*Taf. 2, 5;* nach Drack). – Beifunde: Topf. – *Datierung:* Ha D(?). – Mus. Rheinfelden. – A. Matter, Argovia 43, 1931, 119. 121; W. Drack, Jb. SGU. 57, 1972/73, 141 Abb. 5, 11; 20.

6. Marigny, dép. Jura, arr. Lons-le-Saunier; Hgl. Lemire 4. – Körperbestattung (1877). – Kurzschwert (nicht erh.), L. ca. 55–60 cm; Klinge: L. ca. 45 cm, gr. Br. ca. 4 cm; Heftbr. ca. 6,5 cm; Knaufbr. ca. 9,5 cm (*Taf. 2, 6;* nach Wamser). – Mus. Dijon (verschollen). – *Datierung:* Ha C(?). – N.-J. Lemire, Mèm. Soc. Emulation Jura 41, 1877, 47 ff.; L. Coutil, Congrès Lons-le-Saunier 1913 (1914), 538; Piroutet; L'Anthropologie 11, 1900, 399; Millotte, Le Jura 315, Taf. 51, 3; Wamser, Ostfrankreich 138 Taf. 3, 3.

7. Tiengen, Kr. Waldshut, Baden-Württemberg. – Grab (?) (1886). – Dolch, L. 38,5 cm; Klinge: L. 18,5 cm, gr. Br. 4 cm; Heftbr. 4,2 cm; Knaufbr. noch 8 cm (*Taf. 2, 7*). – *Datierung:* Ha C/D(?). – Mus. Karlsruhe (C 5287). – Wagner, Fundstätten I 136 Abb. 87; Rieth, Hallstattzeit 173; E. Gersbach, Urgeschichte des Hochrheins (Bad. Fundber. Sonderheft 11, 1968–69) 161 Taf. 113, 5, 129, 3. 4.

8. Ins, Bez. Erlach, Kt. Bern; „Großholz", Hgl. IV/1908. – Brandbestattung (?). – Dolch, erh. L. 5,4 cm; Klinge: L. noch 2,6 cm, gr. Br. 4,8 cm; Heftbr. noch 6 cm (*Taf. 2,8;* nach Drack). – *Datierung:* Ha C/D(?). – Mus. Schwab-Biel. – Drack, Eisenzeit H. 1, 18, Taf. 20, 211; ders., Jb. SGU. 57, 1972/73, 141 Abb. 6, 13.

9. Blaisy-Bas, dép. Côte-d'Or, arr. Dijon; Tumulus de la Come, Zentralgrab. – Bestattungsart unsicher (Brand?) (vor 1915?). – Schwert (nicht erh.), L. ca. 70 cm (*Taf. 3, 9;* nach Wamser). – Beifunde: durchbrochenes Bronzerasiermesser vom Typ Magny Lambert

(PBF. VIII, 3 [Jockenhövel] Nr. 706); zwei Schalen (?); Tierknochen. – *Datierung:* Ha C. – Aufbewahrungsort unbekannt. – L. Coutil/R. Brulard, Bull. Soc. Préhist. France 12, 1915, 108ff.; F. Henry, Les tumulus du Département de la Côte-d'Or (1933) 122; Wamser, Ostfrankreich 69. 114 Taf. 18, 4.

10. Böttingen, Kr. Münsingen, Baden-Württemberg; nördlich vom Siebenzigbuch, Hgl. v. 1893. – Kurzschwert, erh. L. 46,6 cm; Klinge: L. noch 35,6 cm, gr. Br. 4,3 cm; Knaufbr. noch 7,3 cm *(Taf. 3, 10)*. – Beifunde, nach Fundber. möglicherweise zugehörig: Gefäßfragmente; zwei Eisenlanzenspitzen; zwei Teile eines sichelförmigen Werkzeugs aus Eisen; Bronzegehänge. Im OAB Münsingen wird nur eine Eisenlanzenspitze erwähnt. Beifunde nach Inventar Stuttgart: fünf Eisendornpfeilspitzen; Feuersteinpfeilspitze; Bronzekahnfibel; Bronzearmbandrest; Bronzeringchen; Bronzeringbruchstücke; Bronzearmring mit Strichgruppen verziert; sechs Bronzebesatzhütchen; 16 Bronzeniete; Bronzenadelschaftteile; Eisenstäbchen, hakenförmig gebogen; Bronzeblechreste, teils mit Nietlöchern; blaue Glasperle. – *Datierung:* Ha D1(?). – Mus. Stuttgart (10504). – Goessler, Oberamtsbeschr. Münsingen 216 Anm. 2; Rieth, Hallstattzeit Abb. 40, 3.

11. Rielasingen, Kr. Konstanz, Baden-Württemberg; „Schnaidholz", Hgl. B. – Körperbestattung, N–S, Dolch auf rechter Seite (1904/05). – Dolch, erh. L. 21,1 cm; Klinge: L. noch 18,1 cm, gr. Br. 2,6 cm; Knaufbr. 9,4 cm *(Taf. 3, 11)*. – Beifunde: Eisenteile (z. B. Ringchen); Urne, bauchig, rot, rillen- und bänderverziert; Gefäß, gedrückt, mit roter und schwarzer Linien- und Bänderverzierung; Trinkschale. – *Datierung:* Ha D1. – Mus. Karlsruhe (C 9253/4). – Wagner, Fundstätten I 32 Abb. 23, h.

12. Alaise, dép. Doubs, arr. Besançon; Tumulus de Combe Bernon, Körper-Nachbestattung C (Mitte 19. Jh.). – Dolch, erh. L. 33,5 cm; Klinge: L. noch 22,6 cm, gr. Br. noch 2,4 cm; Heftbr. 3,7 cm; Knaufbr. 7,2 cm *(Taf. 3, 12)*. – *Datierung:* Ha D(?). – Mus. Besançon (857. 2. 10). – A. Castan, Revue Arch. 15, 1858, 591; M. Piroutet, L'Anthropologie 11, 1900, 371. 374; L. Coutil, Congrès Lons-les-Saunier 1913 (1914), 531 Taf. 4; Piroutet, ebd. 625; ders., Rev. Mus. 13, 1928, 42; Millotte, Le Jura 225f.; Wamser, Ostfrankreich 45. 109 Taf. 8, 1.

13. Fertans, dép. Doubs, arr. Besançon; Tumulus aux Rompues 3. – Körperbestattung (19. Jh.). – Dolchrest, erh. L. 16,5 cm; Klinge: L. noch 14,5 cm, gr. Br. ca. 6 cm; Heftbr. ca. 7,5 cm *(Taf. 3, 13; nach Wamser)*. – *Datierung:* Ha D? – Mus. Besançon (z. Zt. nicht auffindbar). – M. Piroutet, Congrès Lons-le-Saunier 1913 (1914) 613ff.; ders., Revue Arch. 28, 1928, 236; Millotte, Le Jura 294; Wamser, Ostfrankreich 126 Taf. 8, 4.

14. Wangen, Kt. Zürich; Hgl. im „Wieslistein", „Bestattung XVIII" (1901). – Dolch, erh. L. 24,6 cm; Klinge: L. noch 24 cm, gr. Br. noch 2,6 cm; Heftbr. noch 2 cm *(Taf. 4, 14; nach Drack)*. – Beifunde: zwei Schlangenfibeln. – *Datierung:* Ha D1. – Mus. Zürich. – R. Ulrich, Catalog der Sammlungen der Antiquarischen Gesellschaft in Zürich (1902) 8ff.; W. Drack. Jb. SGU. 57, 1972/73, 141f. Abb. 4, 7; 16.

15. Rances, D. Orbe, Kt. Vaud; „Champs-des-Bois". – Aus Hgl. (1850). – Dolch, erh. L. 5,7 cm; Knaufbr. noch 4,9 cm *(Taf. 3, 15; nach Drack)*. – Beifunde (aus demselben Hügel): Radnabenfragmente; Radreifenfragmente; Bronze-Gürtelblech vom Typ Hundersingen (PBF. XII, 1 [Kilian-Dirlmeier] Nr. 222). – *Datierung:* Ha D. – Mus. Lausanne. – Drack, Eisenzeit H. 4, 52f. Taf. 24, 4; ders., Jb. SGU. 57, 1972/73, 141 Abb. 6, 14.

Variante „Schweiz" mit durchbrochener Griffstangenmitte

Von der Hauptgruppe unterscheiden sich die beiden wohl aus einer Werkstatt kommenden Antennenwaffen von Concise (Nr. 16) und Kt. Neuenburg (Nr. 17) allein dadurch, daß die Griffstangenmitte durchbrochen gearbeitet ist. Hierüber soll nach Angaben W. Dracks[3] eine Eisenmuffe gestülpt gewesen sein. Da es sich um Gewässerfunde handelt, ist eine Festlegung der Zeitstellung nicht vorzunehmen.

16. Concise, Bez. Grandson, Kt. Vaud. Aus Neuenburger See bei „La Raisse". – Einzelfund (1895). – Kurzschwert, L. 41,5 cm; Klinge: L. 31,5 cm, gr. Br. 3,8 cm; Heftbr. 5,2 cm; Knaufbr. 7,2 cm *(Taf. 4, 16; nach Drack)*. – *Datierung:* Ha C/D(?). – Mus. Winterthur (Slg. Ernst Rueger). – Drack, Eisenzeit H. 4, 45 Taf. F, 6; ders., Jb. SGU. 57, 1972/73, 139ff. Abb. 5, 10; 19.

17. Kanton Neuenburg; wohl aus der Zihl. – Einzelfund (19. Jh.). – Dolch, L. 37 cm; Klinge: L. 26,7 cm, gr. Br. 3 cm; Heftbr. 4 cm; Knaufbr. 6,6 cm *(Taf. 4, 17; nach Drack)*. – *Datierung:* Ha C/D(?). – Mus. Zürich. – Drack, Eisenzeit H. 4, 37 Abb. 31; ders., Jb. SGU. 57, 1972/73, 138f. Abb. 5, 9; 18.

---

[3] Drack, Jb. SGU. 57, 1972/73, 138f.

Zeitstellung: Für die ostfranzösischen, schweizerischen und norditalischen Schwerter bzw. Kurzschwerter sind durchweg Frühdatierungen nach Ha C2 sicher bis wahrscheinlich. Dies gilt etwa für Sesto-Calende (Nr. 2) mit Kalottenhelm, Blaisy-Bas (Nr. 9) mit durchbrochenem Rasiermesser und Jegenstorf (Nr. 4) mit dem bekannten Goldgehänge. Court-St.-Etienne mit seinem frühen Pferdegeschirr könnte auch schon am Anfang von Ha C stehen.[4]

Dagegen lassen sich einige der kürzeren Waffen dieser Gebiete sowie die süddeutschen Antennenwaffen, zu denen auch Kurzschwerter gehören, nach Ha D1 datieren. Zu nennen sind hier Wangen (Nr. 14), das durch Schlangenfibeln datiert wird und Rielasingen (Nr. 22) mit riefenverzierter Keramik.[5]

Verbreitung (Taf. 42, A): Dieser Waffentyp hat eine deutlich westliche Verbreitung, was dazu führte, auch einige Funde hier einzureihen, bei denen die Griffstangenkonstruktion nicht mehr klar ersichtlich ist. Hauptverbreitungsgebiete sind die Schweiz, Ostfrankreich und in geringerem Maße auch Süddeutschland (Baden-Württemberg). Vereinzelt sind Funde dieses Typs auch in Oberitalien, Hallstatt und Belgien sowie England gefunden worden.[6]

EISENANTENNENWAFFEN MIT MEHRTEILIGER GRIFFSTANGE

Die Griffstange besteht bei diesem Antennenwaffentyp nicht aus einer Griffhülse, sondern aus mehreren Einzelteilen. Diese Besonderheit trägt gleichzeitig zur Definition der hier beschriebenen Gruppe bei. Oberhalb des Heftes sind auf die Griffangel abwechselnd oft quergerippte Metallhülsen, Metallscheibchen (beides auch aus Bronze) und inzwischen vergangene Teile aus organischem Material aufgeschoben, so daß eine Streifenwirkung entsteht. Wie bei der zuerst beschriebenen Gruppe wird auf die aufgeschobenen Griffstangenteile der Knauf gesteckt und die gesamte Konstruktion durch den Griffangelniet gehalten.

Die Scheiden dürften auch hier wieder in der Regel aus Holz bestanden haben. Selten sind Scheidenreste aus Eisen erhalten, die jedoch den Aufbau nicht mehr erkennen lassen. Scheiden aus Bronze sind nördlich der Alpen nicht bekannt, sieht man von der Bronzebandumwicklung einer Holzscheide ab (Hallstatt, Gr. 472 [Nr. 29]). Das Kurzschwert von Golasecca (Nr. 18) allerdings weist eine Bronzescheide auf, die aus einem auf der Rückseite vernieteten Blech besteht. Der erhaltene Ortbandrest könnte zu einem Kugelortband gehört haben; ansonsten sind Ortbänder nicht erhalten. Die Klingen haben häufig eine oder mehrere Mittelrippen. In einem Fall (Nr. 26) ist eine Klinge einschneidig, obwohl sie rein äußerlich die zweischneidige Dolchklingenform wahrt. Überraschenderweise trifft man in dieser Gruppe auch auf einen Dolch mit Bronzeklinge (Nr. 24). Die Antennenwaffen dieser Gruppe sind als Kurzschwerter und Dolche anzusprechen. Ihr Klingenindex beträgt im Höchstfall 8.

18. Golasecca, Ticino. – Fundumstände unbekannt (1874?). – Kurzschwert L. 46,3 cm; Klinge: L. 33,5 cm, gr. Br. 3 cm (ergänzt); Heftbr. 6 cm; Knaufbr. 8,2 cm (*Taf. 4, 18;* nach de Marinis). – *Datierung:* Ha C(?). – Mus. Slg. Vita-Castelfranco. – de Marinis, Sesto-Calende 237 Taf. 11, 1.

---

[4] W. Schüle wies darauf hin, daß die übrigen Beigaben des Grabes nicht gegen eine derartige Datierung sprechen würden (Schüle, Meseta-Kulturen 92). Eine Datierung durch Mariën (s. Einleitungskapitel Anm. 29) nach Ha C2 geschah allein auf Grund der Antennenwaffe, die Mariën in engem Zusammenhang mit der von Sesto-Calende sah.

[5] H.-W. Dämmer, Die bemalte Keramik der Heuneburg, Heuneburgstudien IV. Röm. Germ. Forsch. 37 (1978) 27f.

[6] Die belgischen und englischen Vergleichsfunde erscheinen lediglich in einem Abbildungsanhang (Taf. 38. 39).

19. **Hallstatt,** B.H. Gmunden, Oberösterreich; Flachgrab 756. – Brandbestattung (1859). – Dolch, L. 43 cm; Klinge: L. 31,6 cm, gr. Br. noch 4,9 cm; Heftbr. noch 5,6 cm; Knaufbr. noch 6,8 cm *(Taf. 5, 19;* z.T. nach Kromer). – Beifunde: zwei Bronzemehrkopfnadeln; Bronzefibel mit Bernstein; Eisenwaffen; Tongefäßfragmente; Tierknochen (nicht erh.). – *Datierung:* Ha D(?). – Mus. Wien (25956-2032). – Kromer, Hallstatt 153 Taf. 141, 3.

20. **Hallstatt,** B.H. Gmunden, Oberösterreich; Flachgrab 789. – Brandbestattung (1860). – Dolch, erh. L. 28 cm; Klinge: L. noch 6,5 cm, gr. Br. 3,7 cm; Heftbr. 5,1 cm; Knaufbr. noch 7,5 cm *(Taf. 5, 20).* – Beifunde: Eisenhallstattschwert, L. noch 72,3 cm; Eisentüllenbeil, L. 25 cm (PBF. IX, 9 [Mayer] Nr. 1517); gekrümmte Eisenmesserklinge mit Bronzeblechfragm. L. 8,5 cm; Bronzemehrkopfnadel; zwei Bronzearmreifen; Bronzearm- oder -fußring; Bronzekugelkopfnadel; Bronzefußschale; Eisengriffdornmesser, L. 11 cm; Wetzstein und -fragment; Situla; drei Lanzenspitzen; Scherben; Tierknochen (nicht erh.). – *Datierung:* Ha C. – Mus. Wien (26039-2094). – Kromer, Hallstatt 157 f. Taf. 161, 2.

21. **Hallstatt,** B.H. Gmunden, Oberösterreich; Flachgrab 223. – Körperbestattung, Dolch auf der Brust (1852); möglicherweise vertauscht mit Dolch ähnlich Nr. 44. – Dolch, erh. L. 13,4 cm; Klinge: L. noch 2,4 cm, gr. Br. 2,8 cm; Heftbr. noch 3,8 cm; Knaufbr. 4,1 cm *(Taf. 5, 21).* – Beifunde: zwei Eisenlanzenspitzen, L. 27 cm und 26,3 cm; Eisenzierbeil, L. 8,7 cm (PBF. IX, 9 [Mayer] Nr. 1398); Bronzekugelkopfnadel; blaue Glasperle; zwei Bronzeringlein; Eisenklappmesser, L. 9,9 cm; Wetzsteinfragment. – *Datierung:* Ha C/D(?). – Mus. Wien (24365). – Kromer, Hallstatt 72 Taf. 31, 4; Abb. 43.

22. **Hallstatt,** B.H. Gmunden, Oberösterreich; Flachgrab 454. – Brandbestattung (1856); Dolch von Gr. 682 (Nr. 50), wahrscheinlich hierher gehörig. – Dolch, erh. L. 16,4 cm; Klinge: L. noch 8,2 cm, gr. Br. 3,7 cm; Heftbr. 4,6 cm *(Taf. 5, 22).* – Beifunde: drei Bronzearmreifen. – *Datierung:* Ha C/D(?). – Mus. Wien (25027-1303). – Kromer, Hallstatt 107 Taf. 73, 7.

23. **Hallstatt,** B.H. Gmunden, Oberösterreich. – Wohl Grabfund. – Dolch(?), erh. L. 7 cm *(Taf. 5, 23).* – *Datierung:* Ha C/D(?). – Mus. Wien (26811). – Unpubliziert.

24. **Hallstatt,** B.H. Gmunden, Oberösterreich; Flachgrab 809. – Brandbestattung (1860). – Dolch, erh. L. ca. 28 cm; Klinge: L. 7,8 cm, gr. Br. 3,3 cm; Knaufbr. 6,7 cm *(Taf. 5, 24;* z.T. nach Kromer). – Beifunde: Eisenlanzenspitze, L. 42,8 cm; Nadelschaft(?); Eisenwaffen (nicht erh.); „Rüstungs- und Zierstücke"; Scherben; Tierknochen. – *Datierung:* Ha C/D(?). – Mus. Wien (26110-2140). – Kromer, Hallstatt 160 Taf. 169, 13.

25. **Hallstatt,** B.H. Gmunden, Oberösterreich; Flachgrab 256. – Brandbestattung (1853). – Bronzedolchklinge, erh. L. 12,5 cm; Klinge: noch 12,5 cm, gr. Br. noch 2,2 cm *(Taf. 5, 25;* nach Kromer). – Beifunde: Bronze-Bruchstücke (nicht erh.). – *Datierung:* Ha C/D(?). – Mus. Wien (24459-773). – Kromer, Hallstatt 77 Taf. 35, 14.

26. **Hallstatt,** B.H. Gmunden, Oberösterreich; Flachgrab 755. – Brandbestattung (1859). – Dolchmesser, erh. L. 29 cm; Klinge: L. 18,1 cm, gr. Br. ca. 3 cm; Heftbr. ca. 4,8 cm; Knaufbr. noch 4,2 cm *(Taf. 5, 26;* nach Kromer). – Beifunde: Bronzemehrkopfnadel; Tongefäßfragmente; Tierknochen (nicht erh.). – *Datierung:* Ha C. – Mus. Wien (25953-2029). – Kromer, Hallstatt 153 Taf. 140, 2.

27. **Hallstatt,** B.H. Gmunden, Oberösterreich; Flachgrab 333. – Brandbestattung (1855). – Dolch, erh. L. 31,3 cm; Klinge: L. noch 20,5 cm, gr. Br. 5 cm; Heftbr. 7 cm; Knaufbr. noch 6 cm *(Taf. 6, 27).* – Beifunde: Wetzstein mit eingenieteter Eisenzwinge und Eisenring; Bronzeschalenfragment; Eisenaxt; Tongefäßscherben und Tierknochen (nicht erh.). – *Datierung:* Ha C/D (?). – Mus. Wien (24717-1022). – Kromer, Hallstatt 90 Taf. 63, 1.

28. **Hallstatt,** B.H. Gmunden, Oberösterreich. – Wohl Grabfund. – Dolch, erh. L. ca. 18,5 cm; Klinge: L. noch ca. 11 cm, gr. Br. ca. 4,5 cm; Heftbr. ca. 6 cm *(Taf. 6, 28).* – *Datierung:* Ha C/D(?). – Mus. Bergwerk Hallstatt (Leihgabe Wien). – Unveröffentlicht.

29. **Hallstatt,** B.H. Gmunden, Oberösterreich; Flachgrab 472. – Brandbestattung (1856). – Kurzschwert, erh. L. 44,8 cm (ergänzt); Klinge: L. noch 33,6 cm, gr. Br. 4,8 cm; Heftbr. noch 4 cm; Knaufbr. noch 5,2 cm *(Taf. 6, 29).* – Beifunde: Perle, Tongefäß, Tierknochen (nicht erh.). – *Datierung:* Ha C/D(?). – Mus. Wien (25118-1368). – Kromer, Hallstatt 111 Taf. 81, 1.

30. **Mailing,** Ldkr. Ingolstadt, Bayern; „Im Büffelakker". – Körperbestattung, gestört (1965). – Dolch, erh. L. 31,8 cm; Klinge: L. noch 20,1 cm, gr. Br. 4,2 cm; Heftbr. 6,8 cm; Knaufbr. 7,6 cm *(Taf. 6, 30).* – Beifunde: Teile zweier Schalen, Innenbemalung (Graphitmuster auf rotem Grund). – *Datierung:* Ha D.-Mus. Ingolstadt (3633). – Bayer. Vorgeschbl. 37, 1972, 167 Abb. 58, 1–3; J. Reichart, Sammelblätter des Historischen Vereins Ingolstadt 75, 1966, 43 f. Abb. 1. 2.

31. **Grosseibstadt,** Ldkr. Königshofen, Bayern; Gr. 4. – Körperbestattung, S–N, Dolch an rechter Schulter (1965). – Dolch, erh. L. 37,9 cm; Klinge: L. noch 25,2 cm, gr. Br. 4 cm; Heftbr. 5,2 cm; Knaufbr. 7 cm *(Taf. 6, 31;* nach Kossack). – Beifunde: Wagenreste, Eisen; Zaumzeugteile, Eisen und Bronze; Eisenmesser, L. 25 cm; zwei Bronzeknöpfe, rund, mit Rückenklammern; Bernsteinring, vierkantig; Eisenring; Eisenstift; Zylin-

derhalsgefäß; zwei Kegelhalsgefäße, davon eines in Teilen; drei Trichterrandgefäße, davon zwei in Teilen; zwei Trichterrandschüsseln; Trichterrandschüsselchen; Trichterrandtopf; Trichterrandstücke; 21 Schalen, z.T. in Resten; Schälchen; zwei Stufenschalen; vier Becher; Schüssel; elf Töpfe mit Trichterrand, z.T. in Resten. – *Datierung:* Ha C/D 1. – Mus. München (1965/1359). – G. Kossack, Gräberfelder der Hallstattzeit an Main und Fränkischer Saale (1970) 75 ff. Taf. 63, 1.

32. Pietra Ligure, Provincia di Savona, Liguria. – Grabfund (?) (1929). – Dolch, erh. L. 29,5 cm; Klinge: L. noch 19,4 cm, gr. Br. 5 cm; Knaufbr. noch 6 cm *(Taf. 7, 32; nach Tizzoni).* – Beifunde: Eisenradreifen; Bronzehelmfragmente; Eisenlanzenteile. – *Datierung:* Ha C(?). – Mus. Genova-Pegli. – A. Piva, in: Bollettino della Società Piemontese di Archeologia e Belle Arti XVII, 1/2, 1934, 13–15; de Marinis, Sesto-Calende 235. 237 Taf. 10, B; M. Tizzoni, Le armi hallstattiane di Pietra Ligure (Savona). Rivista Archeologica dell'Autica Provincia e Diocesi di Como 161, 1979, 5 ff. Taf. 1, a.

33. Hallstatt, B.H. Gmunden, Oberösterreich; Flachgrab 524. – Körperbestattung, S–N, Dolch links vom Schädel (1857). – Dolch, erh. L. 33,12 cm; Klinge: L. 21,5 cm; gr. Br. 2,9 cm; Heftbr. 3,17 cm (ergänzt); Knaufbr. 8,1 cm *(Taf. 7, 33).* – *Datierung:* Ha C/D (?). – Mus. Wien (25326). – Kromer, Hallstatt 121 Taf. 103, 3.

34. Hallstatt, B.H. Gmunden, Oberösterreich. – Wohl Grabfund (vor 1914). – Dolch, erh. L. 15,7 cm; Klinge: L. noch 3 cm, gr. Br. 3,1 cm; Heftbr. noch 3,1 cm; Knaufbr. 7,6 cm *(Taf. 7, 34).* – *Datierung:* Ha C/D(?). – Mus. Hallstatt (Ort) (98). – A. Mahr, die prähistorische Sammlung des Museums zu Hallstatt, Mat. Urgesch. Österreich 1, 1, 1914.

35. Hallstatt, B.H. Gmunden, Oberösterreich. – Wohl Grabfund. – Dolch, erh. L. ca. 5 cm; Knaufbr. noch ca. 9 cm *(Taf. 7, 35).* – *Datierung:* Ha C/D (?). – Mus. Bergwerk Hallstatt (Leihgabe Wien). – Unveröffentlicht.

36. Gilgenberg-Gansfuß, Oberösterreich. – Wohl Grabfund. – Dolch, erh. L. 35,2 cm; Klinge: L. noch 23,4 cm, gr. Br. noch 2,9 cm; Heftbr. 5,6 cm; Knaufbr. noch 6,1 cm *(Taf. 7, 36).* – Beifunde: (?). – *Datierung:* Ha C/D(?). – Mus. Linz (A 1692). – Unpubliziert.

37. Hallstatt, B.H. Gmunden, Oberösterreich; Flachgrab 469. – Brandbestattung (1856): der Dolch gehört eventuell nicht zu diesem Grab. – Dolch, erh. L. 30 cm; Klinge: L. noch 27,5 cm, gr. Br. 3,4 cm *(Taf. 7, 37).* – Beifunde: eiserne Hallstattschwertklinge, L. noch 87 cm; drei Eisenlanzenspitzen, L. 42,8; 33; 44,4 cm; zwei Eisentüllenbeile, L. 27,8; 30,8 cm (PBF. IX, 9 [Mayer] Nr. 1510. 1511); Eisenhaumesser, L. 26,9 cm; Eisenbruchstücke mit aufgesetzten kl. Bronzeringen; Gefäße, u.a. Bronzegefäße (nicht erh.); Eisentüllenmeißel (PBF. IX, 9 [Mayer] Nr. 1538); Bronzeamboß (ebd. Nr. 1337); Bronzebeschlagteil von Brustpanzer; Bronzeraspel; zwei Bronzemehrkopfnadeln; zwei Bronzeringe mit Zwingen; sechs Bronzeringlein; Bronzerohr, trompetenförmig erweitert; vier Bronzebeschlagbukkel. – *Datierung:* Ha C. – Mus. Wien (25111–1364). – Kromer, Hallstatt 110 f. Taf. 82, 6; Abb. 91.

38. Hallstatt, B.H. Gmunden, Oberösterreich; Flachgrab 236. – Brandbestattung (1852). – Dolch, erh. L. 35,2 cm; Klinge: L. noch 29 cm, gr. Br. noch 38 cm; Heftbr. noch 5,2 cm *(Taf. 7, 38; nach Kromer).* – Beifunde: Eisenlanzenspitze, L. 32,2 cm; Eisenärmchenbeil, L. 19 cm (PBF. IX, 9 [Mayer] Nr. 1419); Eisenlappenbeil, oberständig, L. 20 cm (ebd. Nr. 1456); Eisengriffdornmesser; Tongefäße und Tierknochen (nicht erh.); Bronzesitula; Bronzefußschale; 19 Bronzeknöpfe (ehemals 30). – *Datierung:* Ha C. – Mus. Wien (24396–712). – Kromer, Hallstatt 74 Taf. 34, 4; Abb. 45.

39. Lochen-Sprinzenberg, B.H. Braunau am Inn, Oberösterreich; Hgl. 2. – Brandbestattung. – Dolch, erh. L. 32,5 cm; Klinge: L. noch 24,4 cm, gr. Br. noch 2,7 cm; Heftbr. noch 2,7 cm *(Taf. 8, 39).* – Beifunde: Eisenmesserklinge; Schüssel; weitere Scherben. – *Datierung:* Ha C/D(?). – Mus. Linz (A 1741). – Reitinger, Oberösterreich III 282.

40. Hallstatt, B.H. Gmunden, Oberösterreich. – Wohl Grabfund. – Dolch, erh. L. 23,7 cm; Klinge: L. noch 23,7 cm, gr. Br. noch 4,5 cm *(Taf. 8, 40).* – *Datierung:* Ha C/D(?). – Mus. Wien (26806). – Unpubliziert.

41. Hallstatt, B.H. Gmunden, Oberösterreich. – Wohl Grabfund. – Dolch, erh. L. 2,2 cm; Knaufbr. noch 5,3 cm *(Taf. 8, 41).* – *Datierung:* Ha C/D(?). – Mus. Wien (26812). – Unpubliziert.

42. Hallstatt, B.H. Gmunden, Oberösterreich. – Wohl Grabfund. – Dolch, erh. L. 2,4 cm; Knaufbr. noch 4,7 cm *(Taf. 8, 42).* – *Datierung:* Ha C/D (?). – Mus. Wien (26812). – Unpubliziert.

43. Dürrnberg, Hallein, Oberösterreich. – Einzelfund (1926?). – Dolch(?), erh. L. 3,0 cm; Heftbr. 6,1 cm *(Taf. 8, 43).* – *Datierung:* Ha C/D (?). – Mus. Salzburg. – M. Hell, Mitt. Anthropol. Ges. Wien 56, 1926, 322, Abb. 1, 23; Pauli, Dürrnberg III, 1 224 f. Abb. 29, 2.

Zeitstellung: Eine Frühdatierung nach Ha C2 bzw. an den Übergang Ha C/D ist durch die häufige Beigabe von Mehrkopfnadeln oder anderer, auch mit Schwertern vergesellschafteter Beifunde für die Eisenantennenwaffen von Hallstatt wahrscheinlich. Dies gilt auf Grund der Nachbarschaft zu Sesto-

Calende (Nr. 2) und der gleichen Scheidengestaltung beider Funde wohl auch für das Kurzschwert von Golasecca (Nr. 18). Den Dolch von Grosseibstadt (Nr. 31) wird man an den Übergang zu stellen haben, was bedeutet, daß Zuordnungen nach Ha D, was z.B. bei Mailing (Nr. 30) der Fall ist, die Ausnahme darstellen.

Verbreitung (Taf. 42, A): Die Masse dieses Antennenwaffentyps stammt aus Hallstatt, ansonsten aus dem östlichen Süddeutschland und Oberitalien. Die Funde von Gilgenberg (Nr. 36), Lochen-Sprinzenberg (Nr. 39) und Dürrnberg (Nr. 43) wurden, obwohl die Griffstangenteile fehlen, auf Grund des östlichen Verbreitungsschwerpunktes dieser Gruppe hier eingeordnet.

BRONZEANTENNENWAFFEN VOM TYP HALLSTATT

Bei diesem Typ besteht der Griff aus Bronze. Seine Konstruktion ist in der Regel so beschaffen, daß auf die Griffangel das Heft und die untere Griffstangenhälfte, die in einem Stück gegossen wurden, aufgesteckt sind. Hierauf sind eine oder mehrere Zwischenscheiben, abwechselnd aus Bronze, Eisen oder aus organischem Material, aufgeschoben. Die obere Griffhälfte ist zusammen mit dem mit Scheiben oder Knöpfen besetzten Antennenknauf mit dem Griffangelende vernietet. In der Regel sind die obere Griffstangenhälfte und der Knauf in einem Stück gegossen; es existieren jedoch auch Dolche, bei denen jedes Teil extra auf die Griffangel aufgeschoben wurde. Der Griffangelniet kann durch verschiedenartig gebildete Zierknöpfe verkleidet sein. Ziercharakter haben wohl auch schälchen- und ringförmige Gebilde, die auf Heft und Knaufstangen sitzen können. Nur in einem Fall, nämlich bei Morschreuth (Nr. 59), einem bayerischen Ausläufer dieser Gruppe, ist eine Bronzeblechscheide vorhanden. Die Scheidenbleche, die sich am Ort spatelförmig verbreitern, werden oberhalb des Ortbandes durch Bronzedrahtumwicklung zusammengehalten. Ansonsten sind von den Scheiden nur Bronzeortbänder erhalten (im Falle von Hallstatt, Gr. 766 [Nr. 54] ein Eisenband), die aus einer nach unten ausschwingenden, z.T. kahnförmigen Tülle mit geschlossenem Boden bestehen. An der nicht mehr vorhandenen Scheide (wohl aus organischem Material) war ein solches Ortband durch einen Nietstift befestigt, der auf beiden Seiten des Ortbandes kugelförmig verkleidet sein konnte. Die Klingen weisen z.T. Mittelrippen auf. Nr. 70 hat – wie Nr. 26 der vorherigen Gruppe – eine einschneidige Dolchklinge. Zur Definition dieses Dolchtyps sind insbesondere der immer mehrteilige Griff mit betonter Griffmitte und oft scheibenbesetztem Knaufenden sowie das nach unten leicht ausschwingende Tüllenortband heranzuziehen.

44. Hallstatt, B.H. Gmunden, Oberösterreich; Flachgrab 608. – Brandbestattung (1857), Dolch wahrscheinlich nicht zugehörig. – Dolch, erh. L. 13 cm (ergänzt); Klinge: L. noch 1,4 cm, gr. Br. 2,6 cm; Heftbr. 3,7 cm; Knaufbr. 5,2 cm *(Taf. 8, 44)*. – Beifunde: zwei Bronzemehrkopfnadeln (eine mit Faltenwehr); Bronzephalera; zwei Bronzekessel; Bronzeschale; Eisenwaffen; Tongefäße; Tierknochen (nicht erh.). – *Datierung*: Ha C. – Mus. Wien (25560–1701). – Kromer, Hallstatt 134f. Taf. 122, 10; Abb. 124.

45. Hallstatt, B.H. Gmunden, Oberösterreich; Flachgrab 765. – Brandbestattung (1859). – Dolch, erh. L. 9,6 cm (ergänzt); Klinge: L. noch 1,3 cm, gr. Br. noch 2,8 cm; Heftbr. noch 3,3 cm; Knaufbr. 4,15 cm *(Taf. 8, 45)*. – Beifunde: Bronzeglocke; zwei Bronzefibeln mit bandf. Bügel; Bronzebrillenfibel. – *Datierung*: Ha D. – Mus. Wien (25976–2048). – Kromer, Hallstatt 154 Taf. 142, 7.

46. Hallstatt, B.H. Gmunden, Oberösterreich; Flachgrab 783. – Brandbestattung (1860). – Dolch, L. 25,5 cm: Klinge: L. 16,6 cm, gr. Br. 2,5 cm; Heftbr. 3,7 cm; Knaufbr. noch 2,8 cm *(Taf. 8, 46; nach Kromer)*. – Beifunde: zwei Eisenlanzenspitzen, L. 30 cm und 34,5 cm; Tonscheibe mit zwei Bohrungen; Tongefäßfragmente; Tierknochen (nicht erh.). – *Datierung*: Ha C/D(?). – Mus. Wien (26016a–2080). – Kromer, Hallstatt 157 Taf. 146, 2.

47. Hallstatt, B.H. Gmunden, Oberösterreich; Flachgrab 259. – Körperbestattung (1853). – Dolch-Griffteil, erh. L. 3,3 cm *(Taf. 8, 47)*. – Beifunde: zwei Lanzenspitzen, L. 45,3 cm und 10,3 cm; Eisenlanzenschuh (oder -spitze?) L. 32,6 cm; Bronzegürtelblech (PBF. XII, 1 [Kilian-Dirlmeier] Nr. 168); Bronze-Krempenhelm mit Doppelkrista; Beinhülsenfragmente, mohnkopfartig; Bratspieße (nicht erh.). – *Datierung:* Ha D. – Mus. Wien (24465–785). – Kromer, Hallstatt 77 Taf. 37, 6.

48. Hallstatt, B.H. Gmunden, Oberösterreich; Flachgrab 873. – Brandbestattung (1860). – Dolch, erh. L. 6,1 cm; Knaufbr. 4,9 cm *(Taf. 8, 48)*. – Beifunde: Gürtelbruchstücke (PBF. XII, 1 [Kilian-Dirlmeier] Nr. 670) (nicht erh.). – *Datierung:* Ha D(?). – Mus. Wien (26306–2286). – Kromer, Hallstatt 169 Taf. 179, 9.

49. Hallstatt, B.H. Gmunden, Oberösterreich; Flachgrab 587/88. – Brandbestattung (1857). – Dolch, erh. L. 12,7 cm; Klinge: gr. Br. 2,6 cm; Heftbr. 4,5 cm; Knaufbr. 6,9 cm *(Taf. 8, 49)*. – Beifunde: Bronzegürtelhaken; Tongefäße (nicht erh.). – *Datierung:* Ha D. – Mus. Wien (25491–1649 und 25492–1650). – Kromer, Hallstatt 131 Taf. 109, 10. 11; Abb. 117.

50. Hallstatt, B.H. Gmunden, Oberösterreich; Flachgrab 682. – Brandbestattung (1858); Dolch eventuell nicht zugehörig. – Dolch, erh. L. 14,8 cm; Klinge: L. noch 4,3 cm, gr. Br. 3,7 cm; Heftbr. 5 cm; Knaufbr. 8 cm *(Taf. 8, 50;* nach Kromer). – Beifunde: zwei Bronzekahnfibeln; zwei hülsenartige Goldbleche; Bronzefußschale, figürlich verziert; zwei Bronze- oder Bernsteinringe (nicht erh.). – *Datierung:* Ha D. – Mus. Wien (25761–1857). – Kromer, Hallstatt 144 Taf. 129, 1.

51. Salzburg-Taxham, Oberösterreich; Hgl. – Brandbestattung von mehreren Personen (1952/73). – Dolch, erh. L. 7,2 cm; Heftbr. noch 4,8 cm *(Taf. 8, 51;* nach Moosleitner). – Beifunde: Beschlagteile eines Wagens; Reste eiserner Lanzenspitzen; kl. Bronzeringe; Bronzerippenziste; Keramikreste. – *Datierung:* Ha C/D(?). – Mus. Salzburg (71–80/73). – F. Moosleitner, Fundber. Österreich 12, 1973, 74f. Abb. 94; ders., Jahresschr. Salzburger Mus. Carolino Augusteum 20, 1974, 98.

52. Hallstatt, B.H. Gmunden, Oberösterreich. – Wohl Grabfund. – Dolch, erh. L. 3,6 cm; Knaufbr. 7,3 cm *(Taf. 9, 52)* – *Datierung:* Ha C/D(?). – Mus. Wien (26810). – Unpubliziert.

53. Hallstatt, B.H. Gmunden, Oberösterreich; Flachgrab 90. – Brandbestattung (1873). – Dolch, erh. L. 12,5 cm und 6,3 cm (Ortband); Klinge: gr. Br. 2,4 cm; Heftbr. 4,4 cm; Knaufbr. 6,4 cm *(Taf. 9, 53;* nach Kromer). – Beifunde: Bronzenadelfragment; Eisengürtelhaken. – *Datierung:* Ha D. – Mus. Linz (A 2671. A 2668 = Ortband). – Kromer, Hallstatt 219 Taf. 250, 7.

54. Hallstatt, B.H. Gmunden, Oberösterreich; Flachgrab 766. – Brandbestattung (1859). – Kurzschwert, L. 42 cm; Ortbandl. 9,2 cm; Klinge: L. 30 cm, gr. Br. 4,1 cm; Heftbr. 5,4 cm; Knaufbr. 10,8 cm *(Taf. 9, 54; z.T. nach Kromer)*. – Beifunde: Eisengürtelhaken, rhombisch; Tongefäßfragmente, Tierknochen (nicht erh.). – *Datierung:* Ha D. – Mus. Wien (25977–2049. 25978–2050 = Ortband). – Kromer, Hallstatt 154 Taf. 165, 1. 2.

55. Hallstatt, B.H. Gmunden, Oberösterreich; Flachgrab 322. – Brandbestattung (1855). – Dolch, erh. L. 6,3 cm; Knaufbr. 10,6 cm *(Taf. 9, 55;* nach Kromer). – Beifunde: Bronzemehrkopfnadel ohne Faltenwehr; drei Bronzedrahtringe. – *Datierung:* Ha C. – Mus. Wien (24692–995). – Kromer, Hallstatt 88 Taf. 54, 4.

56. Hallstatt, B.H. Gmunden, Oberösterreich; Flachgrab 936. – Brandbestattung (1862); Dolch zugehörig?. – Dolch, erh. L. 4,2 cm; Knaufbr. 8,8 cm *(Taf. 9, 56;* nach Kromer). – Beifunde: zwei Bronzekugelkopfnadeln; Eisengriffdornmesserfragmente; Tongefäßfragmente (nicht erh.). – *Datierung:* Ha C/D(?). – Mus. Wien (26469–2407). – Kromer, Hallstatt 177 Taf. 188, 10.

57. Hallstatt, B.H. Gmunden, Oberösterreich; Flachgrab 587/88. – Brandbestattung (1857). – Dolch, erh. L. 5,7 cm; Knaufbr. 12, 4 cm *(Taf. 9, 57)*. – Beifunde: Bronzegürtelhaken; Tongefäße (nicht erh.). – *Datierung:* Ha D. – Mus. Wien (25491–1649. 25492–1650). – Kromer, Hallstatt 131 Taf. 109, 10. 11; Abb. 117.

58. Hallstatt, B.H. Gmunden, Oberösterreich; Flachgrab 203/4. – Körper-Doppelbestattung, W–O, Dolche neben der rechten Schulter des Kinderskeletts (1851). – Dolch, 51 cm (ergänzt); Klinge: L. 38,7 cm, gr. Br. 3,9 cm; Heftbr. 5,5 cm; Knaufbr. 11,5 cm *(Taf. 9, 58)*. – Beifunde: Dolch (Nr. 66); Eisenlanzenspitze (nicht erh.). – *Datierung:* Ha C/D(?). – Mus. Wien (24299–615. 24300–616). – Kromer, Hallstatt 69 Taf. 27, 1–3; Abb. 36.

59. Morschreuth, Kr. Pegnitz, Bayern. – Grabfund (?). – Dolch, L. 34,2 cm; Klinge: L. ca. 22,5 cm, gr. Br. 3,6 cm; Heftbr. 4,5 cm; Knaufbr. 8,1 cm *(Taf. 10, 59;* nach Kersten). – *Datierung:* Ha D(?). – Mus. (?). – K. Kersten, PZ. 24, 1933, 113 Abb. 4, 1.

60. Hallstatt, B.H. Gmunden, Oberösterreich; Flachgrab 557. – Teilweise Verbrennung (?) (1857). – Dolch, erh. L. 9,8 cm; Knaufbr. 10,5 cm *(Taf. 10, 60)*. – Beifunde: Bronzedrahtbogenfibel mit Sphinx-(?)aufsatz. – *Datierung:* Ha D. – Mus. Wien (25404–1579). – Kromer, Hallstatt 125 Taf. 106, 8; Abb. 107.

61. Hallstatt, B.H. Gmunden, Oberösterreich; Flachgrab 577. – Brandbestattung (1857). – Dolch, erh. L. 16,3 cm (ergänzt); Klinge: L. noch 2,2 cm, gr. Br. 4,1 cm; Heftbr. 7,2 cm; Knaufbr. 13,4 cm *(Taf. 10, 61;* z.T. nach Kromer). – Beifunde: Eisenlappenbeil, oberständig, L. 21,7 cm (PBF. IX, 9 [Mayer] Nr. 1457); Eisenspitze, L. 7,9 cm; vier Bronzeringchen; Bronzespiralrolle; Bronzegitterscheibenfibel mit Gehänge; Bronzegitterscheibenfibelfragm.; Bronzeschale mit breitem verziertem Rand; Bronzesitula; Bronzegefäß, doppelkonisch mit breitem Rand; Brillenfibel; Armreif; Tongefäße und Tierknochen (nicht erh.). – *Datierung:* Ha C/D(?). – Mus. Wien (25467–1628). – Kromer, Hallstatt 129 Taf. 111, 2; Abb. 114.

62. Hallstatt, B.H. Gmunden, Oberösterreich; Flachgrab 559. – Brandbestattung (1857). – Dolch, erh. L. 13,8 cm; Klinge: L. noch 2,6 cm, gr. Br. noch 4 cm; Heftbr. 5,8 cm; Knaufbr. 10,3 cm (*Taf. 10, 62*; z.T. nach Kromer). – Beifunde: Eisen-Lanzenspitze, L. 19,8 cm; Eisentüllenmeißel, L. 14,6 cm (PBF. IX, 9 [Mayer] Nr. 1539); Bronzegitterscheibenfibel. – *Datierung:* Ha C/D(?). – Mus. Wien (25409–1582). – Kromer, Hallstatt 125 f. Taf. 106, 4; Abb. 108.

63. Hallstatt, B.H. Gmunden, Oberösterreich; Flachgrab 574. – Brandbestattung (1857). – Dolch, erh. L. noch 18,1 cm, Ortbandlänge 8,6 cm; Klinge: L. noch 8,3 cm, gr. Br. 4,2 cm; Heftbr. 6,4 cm; Knaufbr. 8 cm (*Taf. 11, 63*; z.T. nach Kromer). – Beifunde: Bronzelappenbeil vom Typ Hallstatt, L. 14,6 cm (PBF. IX, 9 [Mayer] Nr. 829); Bronzegitterscheibenfibel; zwei Bronzesitulen; Bronzerippenziste; Gefäßfragm., scheibengedreht. – *Datierung:* Ha D3(?). – Mus. Wien (25457–1619. 15458–1619). – Kromer, Hallstatt 128 f. Taf. 114, 2. 6; Abb. 113.

64. Hallstatt, B.H. Gmunden, Oberösterreich. – Wohl Grabfund. – Dolch, erh. L. 6 cm; Knaufbr. noch 4,9 cm (*Taf. 10, 64*). – *Datierung:* Ha C/D(?). – Mus. Wien (26810). – Unpubliziert.

65. Hallstatt, B.H. Gmunden, Oberösterreich; Flachgrab 585. – Brandbestattung (1857). – Dolch-Ortband, L. 8,5 cm (*Taf. 11, 65;* nach Kromer). – Beifunde: Dolchgriff; Bronzenadel (nicht erh.); Bronzefigurteil. – *Datierung:* Ha C/D(?). – Mus. Wien (25481–1641). – Kromer, Hallstatt 130 Taf. 115, 12.

66. Hallstatt, B.H. Gmunden, Oberösterreich; Flachgrab 203/4. – Vgl. Nr. 58. – Dolch, erh. L. 23,3 cm; Klinge: L. noch 23,6 cm; Ortband, L. 9,6 cm, gr. Br. noch 2,7 cm (*Taf. 11, 66*). – *Datierung:* Ha C/D(?). – Mus. Wien (24299–615. 24300–616).

67. Hallstatt, B.H. Gmunden, Oberösterreich; Flachgrab 222. – Brandbestattung (1852). – Dolchortband, erh. L. 7,6 cm (*Taf. 11, 67*). – Beifunde: Eisenlanzenspitze, L. noch ca. 27 cm; Eisengriffdornmesser, L. 14,2 cm; Eisengürtelhaken, rhombisch; Bronzepferdetrense; Eisenglocke, doppelkonisch; Eisenring mit Bronzestück (nicht erh.). – *Datierung:* Ha D. – Mus. Wien (24361). – Kromer, Hallstatt 72 Taf. 32, 2.

68. Hallstatt, B.H. Gmunden, Oberösterreich; Flachgrab 668. – Brandbestattung (1858). – Bronzeortband, L. 3,9 cm (*Taf. 11, 68;* z.T. nach Kromer). – Beifunde: sechs Bronzekugelkopfnadeln; Bronzebrillenfibel vom Typ Haslau-Regelsbrunn (PBF. XIV, 3 [Betzler] Nr. 688); Bronzegürtelhaken (PBF. XII, 2 [Kilian-Dirlmeier] Nr. 357); Blechzwinge; Glasperle, melonenförmig, dunkelbraun; Bronzesitula; Tongefäßfragmente; Tierknochen (nicht erh.). – *Datierung:* Ha D. – Mus. Wien (25696–1797). – Kromer, Hallstatt 141 Taf. 135, 11.

69. Dürrnberg, Hallein, Oberösterreich. – Einzelfund (1966). – Dolch, erh. L. 16,7 cm; Klinge: L. 12 cm, gr. Br. 3 cm; Heftbr. 4 cm (*Taf. 11, 69;* nach Penninger). – *Datierung:* Ha C/D(?). – Mus. Hallein. – E. Penninger, Mitt. Ges. Salzb. Landeskunde 106, 1966, 17 ff. Taf. 1; Abb. 1; Pauli, Dürrnberg III Abb. 29, 1.

70. Hallstatt, B.H. Gmunden, Oberösterreich; Flachgrab 509. – Brandbestattung (1056). – Dolchmesser, erh. L. 33 cm; Klinge: L. noch 23,4 cm, gr. Br. 3,9 cm; Heftbr. noch 3,9 cm (*Taf. 11, 70;* nach Kromer). – *Datierung:* Ha C/D(?). – Mus. Wien (25288–1501). – Kromer, Hallstatt 119 Taf. 88, 17.

71. Hallstatt, B.H. Gmunden, Oberösterreich; Flachgrab 825. – Brandbestattung (1860). – Dolch, erh. L. 12,7 cm; Klinge: L. noch 3,5 cm, gr. Br. 2,6 cm; Heftbr. 4,1 cm; Knaufbr. noch 4,3 cm (*Taf. 11, 71*). – Beifunde: Bronzekugelkopfnadel; Tongefäßfragmente (nicht erh.). – *Datierung:* Ha C/D(?). – Mus. Wien (26146–2170). – Kromer, Hallstatt 162 Taf. 167, 18.

72. Hallstatt, B.H. Gmunden, Oberösterreich; Flachgrab 466. – Brandbestattung (1856); wahrscheinlich Vertauschung mit Dolch ähnlich Nr. 45. – Dolch, erh. L. 12,3 cm; Klinge: L. noch 3,6 cm, gr. Br. 2,6 cm; Heftbr. 3,6 cm; Knaufbr. noch 4,6 cm (*Taf. 11, 72*). – Beifunde: zwei Eisenlanzenspitzen; Axt; zwei Eisenringe (nicht erh.); Eisenstab, gebogen; Eisenraspel. – *Datierung:* Ha C/D (?). – Mus. Wien (25088–1346). – Kromer, Hallstatt 110 Taf. 85, 3.

73. Hallstatt, B.H. Gmunden, Oberösterreich; Flachgrab 836. – Brandbestattung (1860); Dolch wahrscheinlich nicht zugehörig. – Dolch, erh. L. 14,1 cm; Klinge: L. noch 9,9 cm, gr. Br. 3,4 cm; Heftbr. noch 5,4 cm (*Taf. 11, 73;* nach Kromer). – Beifunde: Wetzstein; zwei Bronzemehrkopfnadeln; Bronzegürtelblech, getrieben, mit Kettchen und Klapperblechen; Golddraht-Spiralrolle; sechs Bernsteinperlen; Glasperle, blaugrün; zwei Bronzestifte, vierkantig, mit Knochenbesatz; drei Bronzeringe; Bronzearmreif; drei Bronzebrillenfibeln vom Typ Haslau-Regelsbrunn (PBF. XIV, 3 [Betzler] Nr. 554. 555. 652); zwei Bronzeknöpfe mit Öhr; drei Bronzedrahtreifen, zwei unvollst.; Bronzevogel auf Stiel, unvollständig; Bronzesitula; Eisenwaffen; Tierknochen (nicht erh.). – *Datierung:* Ha D. – Mus. Wien (26174–2194$^{1}/_{2}$). – Kromer, Hallstatt 163 f. Taf. 167, 2.

74. Hallstatt, B.H. Gmunden, Oberösterreich. – Wohl Grabfund. – Dolch (?), erh. L. 3,1 cm *(Taf. 11, 74).* – *Datierung:* Ha C/D(?). – Mus. Wien (26810). – Unpubliziert.

Zeitstellung: Die Nadelbeigabe bei einem Teil der Hallstätter Gruppe könnte für eine Zeitstellung am Übergang Ha C/D sprechen. Andere Dolche des gleichen Typs sind aber durch die Mitgabe von Gürtelhaken oder Fibeln bereits nach Ha D zu datieren, was durch den Grabfund von Kappel/Rhein[1] mit Bogenfibelbeigabe unterstrichen wird. Da im Falle von Hallstatt, Gr. 574 (Nr. 63) allerdings von scheibengedrehter Keramik gesprochen wird, ist eine Datierung bis nach Ha D3, will man die Zusammensetzung des Grabes nicht in Zweifel ziehen, nicht auszuschließen. Die Spätdatierung würde dann allerdings eine Ausnahme darstellen.

Verbreitung (Taf. 42, A): Bis auf vereinzelte Funde in der Umgebung von Salzburg, im östlichen Bayern und einem nur unter Vorbehalt hier einzuordnenden Griffteil aus der Tschechoslowakei stammen alle Funde dieser Gruppe vom Gräberfeld von Hallstatt. Bei den Hallstätter Funden möchte man z.T. annehmen, daß es sich um Stücke aus einer Werkstatt handelt. Eventuell ist hier auch der bislang unpublizierte Neufund von Kappel (Baden-Württemberg) einzuordnen, der allerdings eine bronzedrahtumwickelte Scheide besitzt.

EISENDOLCHE MIT SPINDELFÖRMIGER GRIFFSTANGE UND VERKÜMMERTEN ANTENNEN

Die Klinge ist bei diesen Dolchen in allen Fällen zweischneidig und weist einen Längen/Breitenindex von 4–7 (vor allem 5) auf. Auf die Griffangel wurde ein in der Regel an den Enden leicht herabgezogenes Heft aufgesteckt. Die Griffstange besteht aus zwei spindelförmigen Griffschalen, die normalerweise durch Hartlot miteinander verbunden waren. Im Anschluß daran wurde der Knauf angebracht, dessen höchstens kurz gestielte Enden mit flachen Knaufknöpfen versehen waren. Ein dritter, den beiden anderen angepaßter Knaufkopf verdeckte gleichzeitig den Griffangelniet. Vereinzelt sind Eisenscheiden erhalten, deren vorderes Teil das hintere umbörtelt. Aufhängungsvorrichtungen und Ortbänder sind nicht einheitlich und nur selten erhalten. Einige Dolche weisen Tauschierungen auf.

Zur Definition dieses Typs können der spindelförmige Griff in Verbindung mit Knaufknöpfen und/oder Tauschierung, aber auch allein die drei flachen Knaufknöpfe und die Tauschierung für sich herangezogen werden. Als Material wurde, sieht man von den Tauschierungen ab, lediglich Eisen verwendet. Sämtliche Stücke sind als Dolche zu bezeichnen.

Der so umschriebene Dolchtyp besteht aus zwei auf Grund der Griffgestaltung eng zusammengehörigen Varianten und einer Variantengruppe, die daran anzuschließen ist.

Variante Mauenheim

Die einfachste Ausführung dieses Dolchtyps entspricht in der Griffgestaltung der oben gegebenen Beschreibung. Allerdings sind in keinem Fall Metallscheidenteile oder Teile einer Aufhängungsvorrichtung erhalten und es fehlt die Tauschierung. Als ursprüngliches Scheidenmaterial ist Holz anzunehmen.

---

[1] Freundliche Mitteilung von R. Dehn.

Eisendolche mit spindelförmiger Griffstange und verkümmerten Antennen

Etwas abweichend gestaltet ist nur der Dolch von Waltenhausen II (Nr. 78), der durch seine relativ lang gestielten Knaufenden auffällt. Zudem ist nicht hinreichend gesichert, ob der Griffangelniet die Form der Knaufköpfe hatte, so daß das Stück, bedenkt man noch das Fehlen einer Metallscheide, in die Nähe der Eisenantennenwaffen westlicher Verbreitung gerät.

75. Mauenheim, Kr. Donaueschingen, Baden-Württemberg; Hgl. E. – Körperbestattung, SO–NW; Dolch rechts am Kopf (1958). – Dolch, erh. L. 25,6 cm; Klinge: L. noch 16,5 cm, gr. Br. 3,3 cm; Heftbr. 4,1 cm; Knaufbr. 6,3 cm (*Taf. 12, 75;* nach Rieth). – Beigaben: zwei Lanzenspitzen; zwei Kegelhalsgefäße; Bronze-Dragofibel mit einem Hörnchenpaar; Eberknochen. – *Datierung:* Ha D1. – Mus. Donaueschingen (Do 58/112:1). – J. Aufdermauer; Ein Grabhügelfeld der Hallstattzeit bei Mauenheim. Bad. Fundber. Sonderheft 3 (1964) 18f. Taf. 6, 16; Rieth, Herstellungstechnik 42 Abb. 10, c. d; Wamser, Mauenheim.

76. Gauselfingen, Kr. Sigmaringen, Baden-Württemberg; Hgl. 3 (1853). – Dolch, erh. L. etwa 15,5 cm; Klinge: L. noch 6,1 cm, gr. Br. 3,3 cm; Heftbr. 3,7 cm; Knaufbr. 5,2 cm (*Taf. 12, 76;* nach Rieth). – Beigaben: Lanzenspitze; Bronzeringe; „Reste eines mit Erzknöpfen verzierten Ledergürtels". – *Datierung:* Ha D. – Mus. Sigmaringen (127). – Lindenschmit, Sigmaringen 209f. Taf. 14, 20; Rieth, Hallstattzeit Abb. 35, 4; Rieth, Herstellungstechnik 41f. Abb. 9, c. d.

77. Villingen-Magdalenenberg, Kr. Villingen-Schwenningen, Baden-Württemberg; Nachbest. 54. – Körpergrab, SSO-NNW; Dolch neben linkem Fuß (1971). – Dolch, erh. L. ca. 33 cm; Klinge: L. ca. 21 cm, gr. Br. ca. 3,5 cm; Knaufbr. 8 cm (*Taf. 12, 77;* nach Spindler). – Beifunde: Geröllschlägel; Töpfchen, flachbodig, bauchig. – *Datierung:* Ha D1. – Mus. Villingen (Vi 71/340). – Spindler, Magdalenenberg II, 49f. Taf. 36, 1.

78. Waltenhausen II, Ldkr. Krumbach, Bayern; Hgl. 1. – Bestattungsart unbekannt (Brand?), Beigaben zweier Bestattungen (?) (1865). – Dolch, erh. L. 31,5 cm; Klinge: L. noch 21 cm, gr. Br. 4,3 cm; Heftbr. noch 5,5 cm; Knaufbr. (ergänzt) 10 cm (*Taf. 12, 78;* nach Rieth). – Beifunde nach dem Ausgräber Christ: Schlangenfibel; Lanzenspitze; (zu Frauenbestattung gehörig?): 2 Armringe geschlossen, gerippt; 2 Armringe, offen, gerippt; Halsring. – Beifunde nach Bader: sechs Tongefäße; Lanzenspitze; Eisenfibel. – *Datierung:* Ha D1. – Mus. München (K IV 358). – Kataloge des Bayer. Nationalmus. 4 (1892) 63f. Taf. 4,1; Rieth, Hallstattzeit Abb. 35,2; Kossack, Südbayern 162 Nr. 75 Taf. 18, 1; Rieth Herstellungstechnik 39ff. Abb. 9, a. b.

Zeitstellung: Durch Drago- und Schlangenfibelbeigaben (S4) ist eine Datierung nach Ha D1 als gesichert anzusehen.

Verbreitung (Taf. 43, A): Die Verbreitung der Variante Mauenheim beschränkt sich auf Baden-Württemberg und in einem Ausläufer auf das westliche Südbayern.

Variante Magdalenenberg

Der Aufbau des Griffs entspricht völlig dem der Variante Mauenheim. Die Abweichung besteht darin, daß der Griff und die hier jeweils aus Eisen bestehende Scheide tauschiert sein können. Bei den Tauschierungen handelt es sich nicht um die herkömmliche Art des Einhämmerns oder Einklebens von Metallstreifen in eine vorgekerbte Vertiefung, sondern nach Untersuchungen von H.-J. Hundt und P. Eichhorn[1] um eine „Bronzeummantelung von vorgekerbtem Eisen und ... Erhitzung des mit Ton ummantelten Verbundes bis zum Schmelzen des Bronzeblechs. Eine Abarbeitung der Bronze legt dann die nicht eingetiefte Eisenschicht frei".[2] Durch waagerecht angebrachte Tauschierungen erscheint die Griffstange in der Regel quergestreift. Auf Heft und Knaufstange finden sich Strichgruppen und Kreisaugen, die Knaufköpfe waren – von oben gesehen – strahlenförmig tauschiert. Auch einzelne Scheiden bargen Reste von Tauschierungen, so etwa einzelne Kreisaugen auf der Scheide von Villingen,

---

[1] Rieth, Herstellungstechnik 55f. – Dazu Kapitel „Einleitung", Anm. 11.

[2] Ebd. 297.

Gr. 67 (Nr. 79). Die reichen Verzierungen der Scheidenvorderwand des Dolches von Salem (Nr. 80) sowie Kreismuster des „Dosenortbandes" von Villingen, Gr. 90 (Nr. 82), dürften auf südlichen Vorbildern basieren.[3]

Während bei allen Stücken die Eisenscheide erhalten ist, sind nur in zwei Fällen Ortbänder bekannt geworden, nämlich das bereits erwähnte dosenförmige Ortband von Villingen, Gr. 90, und das in zwei eingerollte Zipfel auslaufende Ortband von Salem (Nr. 80), das an das Ortband von Golasecca (Nr. 18) erinnert. Die Konstruktionsprinzipien sind allerdings nicht mehr erkennbar. Auch die Aufhängungsvorrichtungen sind nicht einheitlich. Bei dem nicht mehr erhaltenen Dolch von Waldhausen (Nr. 81) scheint das Scheidenblech zum Durchziehen zweier Riemen aufgebogen worden zu sein und bei Villingen, Gr. 90 (Nr. 82) ist lediglich ein Eisenband erhalten, unter oder über dem ein Riemen verlief. Zur Aufhängungsvorrichtung scheinen zusätzlich zwei kleine Ringe zu gehören.

Erwähnenswert ist der Dolch von Villingen, Gr. 90, weiterhin durch seine reich gravierte Scheidenvorderwand[4] und den einteiligen Aufbau der Griffstange, der dem westlicher Eisenantennenwaffen entspricht. Beide Besonderheiten weisen in die Schweiz.

79. **Villingen-Magdalenenberg**, Kr. Villingen-Schwenningen, Baden-Württemberg; Nachbest. 67. – Rechtes Körpergrab, SO–NW, einer Doppelbestattung, Dolch oberhalb des Beckens, Spitze schräg nach oben (1972). – Dolch, erh. L. 33,5 cm; Klinge: L. noch 23,5 cm, gr. Br. 4 cm; Heftbr. 5 cm; Knaufbr. 5,6 cm (*Taf. 12, 79;* nach Spindler). – Beifunde (rechte Bestattung): Bronzering; zwei Eisenringe; Töpfchen, flachbodig. – *Datierung:* Ha D1. – Mus. Villingen (Vi 72/96). – Spindler, Magdalenenberg III, 32 ff. Taf. 20, 1; 94, b; Abb. 9.

80. **Salem**, Kr. Überlingen, Baden-Württemberg; „Hardtwald", Hgl. F. – Brandbestattung (1878). – Dolch, L. 35,6 cm; Klinge: L. 25,3 cm, gr. Br. 5,3 cm; Heftbr. 6,3 cm; Knaufbr. (ergänzt) 7,5 cm (*Taf. 14, 80;* nach Rieth). – Beifunde (Zusammengehörigkeit nicht gesichert): Bronzehalsringfragment; Bronzearmring; Bronzekesselrandstück; vier Trichterrandgefäße; Schüssel; drei Schalen. – *Datierung:* Ha D. – Mus. Karlsruhe (C 2886). – K. Wilhelmi, Sinsheimer Jb. 4, 1834, 9; 5, 1835, 14; Veröff. Karlsruher Altert. Ver. 2, 1889, 57 ff.; Wagner, Hügelgräber 7f. Taf. 6; Wagner, Fundstätten I, 80 ff.; Mainzer Zeitschr. 2, 1907, 40; Rieth, Hallstattzeit Abb. 35, 1; 75; Rieth, Herstellungstechnik 46 ff. Abb. 11, c. d.

81. **Waldhausen**, Kr. Tübingen, Baden-Württemberg. – Aus Hgl. (1835). – Dolch. – erh. L. 34,5 cm (*Taf. 14, 81;* nach Rieth). – *Datierung:* Ha D. – Verschollen, AuhV. 3, 4 (1881) 92 Taf. 2, 1; Rieth, Hallstattzeit Abb. 35, 3; Rieth, Herstellungstechnik Abb. 10, a. b.

82. **Villingen-Magdalenenberg**, Kr. Villingen-Schwenningen, Baden-Württemberg; Nachbestattung 90. – Körpergrab, SSO–NNW; Dolch am Kopf querliegend (1973). – Dolch, L. 38,9 cm; Klinge: L. ca. 28 cm, gr. Br. ca. 5,5 cm; Heftbr. 5,6 cm; Knaufbr. 8 cm (*Taf. 13, 82;* nach Spindler). – Beifunde: sieben Eisenpfeilspitzen, L. ca. 4,5 cm; Bronzebeschlag, L. 5,2 cm (vielleicht vom Köcher?); Bronzegürtelblech, glatt; Töpfchen mit Bodendelle (Taf. 44, C). – *Datierung:* Ha D1. – Mus. Villingen (73/203). – Spindler, Magdalenenberg IV, 29 ff. Taf. 10, 9; 124, 125.

Zeitstellung: Die Datierung nach Ha D1 ist durch die einheitliche zeitliche Festlegung der Villinger Funde gegeben.

Verbreitung (Taf. 43, A): Die Verbreitung ist ausschließlich auf Baden-Württemberg beschränkt.

Variantengruppe

Der Dolch von Cudrefin (Schweiz) (Nr. 83) ist nur insofern eine Abweichung von der Variante Mauenheim, als Heft, spindelförmige Griffstange und Knaufstange zusammen aus zwei Schalenhälften bestehen und nicht durch Hartlot, sondern durch Niete miteinander verbunden sind. Die beiden

---

[3] O.-H. Frey, in: Atti dell XI convegno di studi etruschi e italici (1980) 69 ff. Fig. 4, 5.

[4] Die einzige bisher bekanntgewordene Parallele ist mit dem Dolch von Cudrefin (Nr. 83) zu fassen.

Scheidenbleche, von denen das vordere ähnlich wie das von Villingen, Gr. 90 (Nr. 82) graviert ist, sind übereinandergefalzt. Das Vorderblech wurde zwischen zwei Schlitzen aufgebogen und konnte so zur Halterung durch einen Riemen dienen. Das Ortband ist walzenförmig gestaltet.

Der Würtingener Dolch (Baden-Württemberg) (Nr. 89) verweist mit seinem Kugelortband und seiner geraden, an den Enden stark profilierten Heftstange auf die Eisendolche mit entwickelter Knaufzier, ist aber auf Grund der langschmalen Klinge, der ungerippten Scheide und des spindelförmigen Griffs in enge Verbindung zu den Varianten Mauenheim und Magdalenenberg zu bringen. Obwohl der Knauf nicht erhalten ist, spricht nichts dagegen, den Dolch als ein schon entwickeltes Stück noch zum hier behandelten Dolchtyp zu zählen.

Sigmaringen (Nr. 84) und Waldhausen (Nr. 86) sind auf Grund der Griffstangengestaltung und der Tauschierung, Harthausen-Scheer (Nr. 85) nur auf Grund der Tauschierung in Verbindung zur Variante Magdalenenberg zu bringen (alle drei Dolche stammen aus Baden-Württemberg). Die Abweichungen bestehen bei Sigmaringen in den vier profilierten Knaufknöpfen und der geraden Heftstange, bei Waldhausen in der Ringform des Knaufes, wobei die Knaufenden durch eine aus zwei miteinander verlöteten Teilen bestehende Kapsel verbunden sind. Der Dolch von Harthausen-Scheer besitzt einen massiven, aber spindelförmigen Griff, wobei die oval zusammenlaufenden Knaufenden ähnlich wie bei Waldhausen miteinander verlötet sind. Die Heftstange ist wie bei Sigmaringen gerade, aber an den Enden auch hier nicht so deutlich profiliert wie etwa bei Würtingen (Nr. 89). Langenthal (Schweiz) (Nr. 88) ist insofern an beide Varianten anzuschließen, als noch kein Kugelortband vorhanden ist und der Dolch eine oval eingebogene an den Enden profilierte Knaufstange besitzt, was sonst bei Eisendolchen nicht vorkommt. Die eingerollten Ortbandzipfel können entfernt an das Salemer Ortband (Nr. 80) erinnern, auch die ungerippten Scheidenbleche sind eher für den hier behandelten Dolchtyp als für Eisendolche mit entwickelter Scheidenzier typisch. Zu letzterer Gruppe weist allerdings die gerade, an den Enden profilierte Heftstange und die in der Mitte profilierte gerade Griffstange. Eine Zuordnung kann nur unter Vorbehalt geschehen.

Ebenso ungesichert ist die Zuordnung des Dolches von Waltenhausen I (Südbayern) (Nr. 87), dessen Griffstange nicht vollständig erhalten ist, die aber sehr gut zu einer spindelförmigen ergänzt werden könnte. Die Tauschierung weist in die gleiche Richtung. Allerdings fassen wir mit dem Knauf einen einfachen Antennenknauf, der sonst in dieser Gruppe nicht üblich ist, bei der relativen Vielfalt an Möglichkeiten der Knaufgestaltung innerhalb dieser Variantengruppe aber nicht zu verwundern braucht.

Auch der Dolch aus Grab 462b von Hallstatt (Oberösterreich) (Nr. 91) fällt durch den Antennenknauf aus dem Rahmen, doch ist seine wulstartig verzierte Griffstange spindelförmig gebildet, wenn auch der Aufbau nicht mehr klar ersichtlich ist. Auffällig ist weiterhin das halbrunde, gekerbt wirkende Heft.

Der Dolch von Traun (Oberösterreich) (Nr. 92) besitzt eine schmucklose waagerechte Knaufstange mit leicht verdickten Enden. Die Einordnung in die Variantengruppe erfolgt ebenfalls auf Grund der spindelförmigen Griffstange.

83. Cudrefin, D. Avenches, Kt. Vaud. – Einzelfund aus Neuenburger See (19. Jh.). – Dolch, L. 32,5 cm; Klinge: L. 22,7 cm, gr. Br. 4,7 cm; Heftbr. 5,9 cm; Knaufbr. 5,6 cm (*Taf. 13, 83*; nach Drack). – *Datierung:* Ha D. – Mus. Neuchâtel. – Rieth, Hallstattzeit Abb. 35, 5; 36, 7; Drack, Eisenzeit H. 4, 46 Abb. 34; ders.; Jb. SGU. 57, 1972/73, 132, Abb. 3, 2 u. Abb. 11.

84. Sigmaringen, Baden-Württemberg. – Fundumstände unbekannt (Mitte 19. Jh.). – Dolch, erh. L. 33,9 cm; Klinge: L. 23,5 cm, gr. Br. 3,5 cm; Heftbr. 4,2 cm; Knaufbr. (ergänzt) 5,3 cm (*Taf. 14, 84*; nach Rieth). – *Datierung:* Ha D. Mus. Sigmaringen. – Rieth, Hallstattzeit Abb. 35, 7; 36, 5; Rieth, Herstellungstechnik 44f. Abb. 11, a. b.

85. **Harthausen a.d. Scheer,** Kr. Sigmaringen, Baden-Württemberg, – Aus Grabhgl. (1897). – Dolch, erh. L. 32,6 cm; Klinge: L. 21,2 cm, gr. Br. 3 cm; Heftbr. 3,8 cm; Knaufbr. 5,8 cm *(Taf. 14, 85; z.T. nach Rieth).* – Beigaben (aus gleichem Grabhügel): Eisenlanzenspitze, 49 cm; Rasiermesser aus Eisen; Armringe; Paukenfibelrest; Fibelnadel (?); Bronzestäbchen; zwei glatte Gürtelbleche. – *Datierung:* Ha D. – Mus. Sigmaringen. – Rieth, Hallstattzeit Abb. 33, 6 u. Abb. 70; Rieth, Herstellungstechnik 48ff. Abb. 12, f-h.

86. **Waldhausen,** Kr. Tübingen, Baden-Württemberg; Waldhäuser Exerzierplatz, Hgl. 1. – Brandbestattung (1901). Dolch, ehem. L. wohl 40 cm; Knaufbr. 7,1 cm *(Taf. 14, 86; nach Rieth).* – Beigaben: „Rostabdruck einer Nabenbüchse"; 18 Bronzeniete; sechs Gefäße (davon noch erhalten: Urne, ritz- und stempelverziert; Schälchen, ritz- und stempelverziert). – *Datierung:* Ha D. – Mus. Stuttgart (11538). – Fundber. Schwaben 9, 1901, 6; Fundber. Schwaben NF. 8, 1935, 20f. (Anhang); Rieth, Hallstattzeit Abb. 33, 5; Rieth, Herstellungstechnik 48 Abb. 12 a-e; Zürn, Hallstattzeit.

87. **Waltenhausen I,** Ldkr. Krumbach, Bayern; Hgl. 2. – Bestattungsart unbekannt (Brand?); Beigaben zweier Bestattungen (?) (1865). – Dolch, erh. L. 24,6 cm; Klinge: L. noch 14,4 cm, gr. Br. 3,5 cm; Knaufbr. (ergänzt) 5,6 cm *(Taf. 15, 87; nach Rieth).* – Beifunde nach F. Bader: sechs Tongefäße; Fibel; Eisenlanze; Gürtelblechbrst., glatt; Gürtelblechbrst. vom Typ Geigerle (PBF. XII, 1 [Kilian-Dirlmeier] Nr. 268); Bernsteinring; Oberarmring, geschlossen; Armring. – Beifunde nach dem Ausgräber W. Christ: Schlangenfibel; Hohlringbrste. aus Bronzeblech; Lederbrste., 9 cm breit mit kreisrunden Bronzeblechzwingen; (zu Frauenbestattung gehörig): Halsring; neun Armringe, strichverziert; sieben Armringe, gerippt; zwei Bernsteinringe in Bruchstücken; zwei Gagatringe in Bruchstücken. – *Datierung:* Ha D1. – Mus. München (K IV 362). – Kataloge des Bayer. Nationalmus. 4 (1891) 64f. Taf. 4, 3; Rieth, Hallstattzeit Abb. 33, 2; Kossack, Südbayern 162 Nr. 75 Taf. 18, 4; Rieth, Herstellungstechnik 38 ff. Abb. 8, d-h.

88. **Langenthal,** Bez. Aarwangen, Kt. Bern; Hgl. XII (1873). – Dolch, L. 33 cm; Klinge: L. ca. 20 cm, gr. Br. 5 cm; Heftbr. 6 cm; Knaufbr. 7,2 cm *(Taf. 15, 88; nach Drack).* – Beigaben (Fundvergesellschaftung unsicher): Schale, halbkugelig; Topffragment; Bronze-Drahtarmspange mit Ösenverschluß. – *Datierung:* Ha D. – Mus. Bern. – Rieth, Hallstattzeit Abb. 33, 4: 74, 1; Drack, Eisenzeit H. 3, 21, Taf. 11, 4; ders., Jb. SGU 57, 1972/73, 137 Abb. 5, 8; Rieth, Herstellungstechnik 53, Abb. 13, c.

89. **Würtingen,** Kr. Reutlingen, Baden-Württemberg; „Holzwiesen", Hgl. von 1897 (1897). – Dolch, erh. L. 36,8 cm; Klinge: L. ca. 23 cm, gr. Br. 5,8 cm; Heftbr. 9,5 cm; Knaufbr. noch 2,7 cm *(Taf. 15, 89).* – Beifunde (nach Zürn): Eisen-Wagenreifenreste; zwei Eisenlanzenspitzen mit Mittelgrat, L. 25 und 31,5 cm; drei Eisendornpfeilspitzen, fragmentiert; Bronzekesselreste; Eisenhenkelansatz; Bronzehalsring; zwei Bronze-Schlangenfibelreste; sieben Bronzezierhütchen; Bronzetülle mit Durchbohrung; Schälchenbruchstück (in der Oberamtsbeschr. Urach werden lediglich ein Bronzekessel, eine Lanzenspitze, ein Ring, ein gebogenes Eisenstück und der Dolch erwähnt). – *Datierung:* Ha D(1). – Mus. Stuttgart. – Goessler, Oberamtsbeschr. Urach 154; Rieth, Hallstattzeit Abb. 34, 4; 36, 6; Zürn, Hallstattzeit; Rieth, Herstellungstechnik 36ff. Abb. 8, a–c.

90. **Golasecca,** Ticino. – Fundumstände unbekannt. – Dolch, erh. L. 27,4 cm; Klinge: L. noch ca. 27 cm. gr. Br. noch 5 cm *(Taf. 15, 90; nach de Marinis).* – *Datierung:* Ha D. – Mus. Milano (Coll. Castelfranco) (658). – de Marinis, Sesto-Calende 237 Taf. 11, 2.

91. **Hallstatt,** B.H. Gmunden, Oberösterreich; Flachgrab 462b. – Brandbestattung (1856). – Dolch, L. 36,4 cm; Klinge: L. 26 cm, gr. Br. ca. 3,1 cm; Heftbr. 5,5 cm; Knaufbr. 5,9 cm *(Taf. 16, 91).* – Beifunde: zwei Eisenlanzenspitzen, L. noch 24 und 30 cm; Eisenärmchenbeil, L. 18 cm (PBF. IX, 9 [Mayer] Nr. 1416); Eisenlappenaxt, oberständig, L. 18 cm (ebd. Nr. 1443); Bronzebeschlagbuckelfragment; Bronzeraspel; drei Bronzeringchen; Blei- oder Zinkringlein, zwei Bronzemehrkopfnadeln; Bronzekessel (nicht erh.). – *Datierung:* Ha C/D(?). – Mus. Wien (25069–1331). – Kromer, Hallstatt 108 f. Taf. 78, 1.

92. **Traun,** Bad Wimsbach-Neydharding, B.H. Wels, Oberösterreich; „Freithofholz", Grab 1. – Dolch, L. 31,9 cm; Klinge: L. 22,7 cm, gr. Br. 2,2 cm: Heftbr. 4 cm; Knaufbr. 4,6 cm *(Taf. 15, 92).* – Beifunde: zwei Eisenlanzenspitzen, 21,3 cm und 20,5 cm (gebogen); Lanzenschuh (?) nicht erh. – *Datierung:* Ha D. – Mus. Neydharding. – Jb. Mus. Ver. Wels 1956; Reitinger, Oberösterreich 44 Abb. 29,1.

Zeitstellung: Sofern Datierungshinweise vorliegen, wie etwa Schlangenfibeln, ist eine zeitliche Einordnung nach Ha D1 vorzunehmen. Ein klarer Hinweis für eine Ha D2-Datierung liegt bislang nicht vor, so daß der Eindruck entsteht, daß sämtliche Funde dieses Waffentyps nach Ha D1 zu datieren sind.

Verbreitung (Taf. 43, A): Der Verbreitungsschwerpunkt liegt auch bei dieser Variantengruppe

Eisendolche und -Dolchmesser mit entwickelter Knauf- und Scheidengestaltung 29

in Baden-Württemberg; weitere Funde stammen aus der Schweiz, dem westlichen Südbayern, Oberitalien und Oberösterreich.

Betont werden muß noch einmal, daß es sich lediglich um eine locker zusammengefügte Variantengruppe handelt, wobei die einzelnen Stücke in ihrer Gestaltung sich z. T. sehr voneinander unterscheiden können.

EISENDOLCHE UND DOLCHMESSER MIT ENTWICKELTER KNAUF- UND SCHEIDENGESTALTUNG

Auf die Griffangel wurde das gerade Heft aufgeschoben, das aus zwei Eisenbändern besteht, deren Enden zu Zipfeln ausgeschmiedet sind, die mit Nietknöpfen zusammengehalten werden. Das Heft ist zusätzlich mit der Klinge vernietet. Die relativ starke Griffangel bildet zugleich die Griffstange. Sie ist in der Mitte profiliert oder mit einer hohlen Eisenkugel versehen, die aus zwei miteinander hartverlöteten Teilen besteht. Mit der Griffangel wurde die waagrechte Knaufstange vernietet. Die Knaufstange kann aus einer oder mehreren Lagen bestehen, auf die mehrere, in der Regel jedoch drei Knaufknöpfe aus zwei miteinander hartverlöteten, z. T. gerippten Teilen aufgenietet sind.

Die Scheidengestaltung ist relativ einheitlich, nämlich so, daß das meist gerippte Vorderblech das seltener gerippte Rückblech umbörtelt. Auf die Scheidenzipfel ist der Ortbandsteg aufgeschoben, der nach dem gleichen Konstruktionsprinzip angebracht wurde wie das Heft. Die Scheidenzipfel ragen in das gerippte, aus zwei hohlen Kugelhälften bestehende, hartverlötete Ortband hinein und halten, indem sie an der Ortbandspitze mit einer weiteren Kugel vernietet sind, die Konstruktion zusammen. Der Riemenhalter für jeweils zwei Riemen ist aufgenietet und in der Regel mit Ziernieten versehen, deren Einzelteile miteinander hartverlötet sind.[1]

Variante Etting

Die Besonderheiten der Variante Etting bestehen darin, daß die Knaufknöpfe derart auf der Knaufstange aufsitzen, daß die beiden äußeren entweder erhöht angebracht sind oder aber länger gestielt wurden, auf jeden Fall den mittleren Knopf, also den Griffangelniet, teilweise überdecken. Im ersteren Fall kann die Knaufstange durchbrochen sein, wie es bei Etting und Bleichstetten der Fall ist, oder die äußeren Knöpfe sitzen auf den rechteckig eingeknickten Enden der Knaufstange wie bei dem Dolchmesser von Sigmaringen-Ziegelholz (Nr. 93), das einen Vorläufer zu den Dolchen von Etting (Nr. 94) und Bleichstetten (Nr. 95) darstellen könnte. Für die zweite Möglichkeit sind die Dolche von Pfullendorf (Nr. 97) und Todtenweissand (Nr. 98) heranzuziehen.

An Alternativen zur üblichen Scheidengestaltung können die bei den Dolchen von Bleichstetten (Nr. 95) und Býčí-Skála-Höhle (Nr. 100) erfolgte Umfalzung des Vorderblechs durch das Rückblech und der jeweils ungerippte Ortbandsteg genannt werden.

Trotz des abweichenden Griffmaterials, nämlich Bronze, ist das Dolchmesser von Hallstatt, Nr. 18 (Nr. 96) eng an Dolche wie Etting und Bleichstetten anzuschließen. Auf Grund des „zweigeteilten" Riemenhalters ist dies auch bei dem Dolch von Kappel II (Nr. 99) zu erwägen, der durch seine

---

[1] Zum Aufbau einzelner Dolche siehe Rieth, Herstellungstechnik 17 ff.

eigenwillige Knaufgestaltung auffällt. Die Knaufstange ist nämlich längs gespalten und weist so vier kugelförmige Endknöpfe auf. Diese Verdoppelung der Endknöpfe wiederholt sich am Heft. Die Mitte der Knaufstange war wohl vom Griffangelniet bekrönt.

Weitere Dolchfunde, die möglicherweise hier einzuordnen sind, sind die von Würtingen-St. Johann (Nr. 103), Tannheim (Nr. 101), Mögglingen (Nr. 102) und Hallstatt, Gr. 769 (Nr. 104). Bei Würtingen-St. Johann geschieht der Anschluß an diese Variante wegen der Umfalzung des Vorderblechs durch das Scheidenrückblech. Tannheim wäre – nach dem großen Griffangelnietrest zu schließen – am ehesten hier zugehörig, jedoch bleiben Zweifel bestehen wegen der glatten Scheidenrückwand und der möglicherweise einbiegenden Knaufstange. Mögglingen könnte wegen seines ungerippten Ortbandsteges hierhergehören. Das Dolchmesser von Hallstatt, Gr. 769, ist zu fragmentarisch, als daß es mit Sicherheit eingeordnet werden könnte; es soll auf Grund der breiten einschneidigen Form (wie Hallstatt, Gr. 18 [Nr. 96]) hier jedoch angeschlossen werden.

93. Sigmaringen, Baden-Württemberg; „Ziegelholz", Hgl. von 1855. – Dolchmesser, erh. L. 27,7 cm; Klinge: L. noch 16,7 cm, gr. Br. 3,7 cm; Heftbr. 5,4 cm; Knaufbr. noch 6 cm (*Taf. 16, 93;* nach Rieth). – Beifunde (nach Lindenschmit): zwei Eisenpfeilspitzen; kl. Eisenring; Gefäßscherben, ritz- und stempelverziert; Bronzegürtelblechfragmente; Bronzeknopf. – *Datierung:* Ha D. – Mus. Sigmaringen (163). – Lindenschmit, Sigmaringen 210 Taf. 15, 23, Rieth, Hallstattzeit Abb. 32, 3; 36, 4; Rieth, Herstellungstechnik 51f., Abb. 13, a, b.

94. Etting, Kr. Weilheim, Bayern, Hgl. 2. – Bestattungsart unbekannt (1889). – Dolch, L. 29,6 cm; Klinge: L. 18,5 cm, gr. Br. 8 cm; Heftbr. 9,3 cm; Knaufbr. 8,7 cm (*Taf. 16, 94;* nach Rieth). – Beifunde: Eisenschwert mit Bronzegriff; Eisenmesser; Bronzeblechtasse; Bronzeziste, gerippt, darin enthalten: Tongefäß; Kegelhalsgefäß (nicht erh.); zwei Kragenhalsschüsseln (nicht erh.); drei Omphalosschalen (von Nachbestattung?). – *Datierung:* Ha D. – Mus. München (856/57). – Naue, Hügelgräber 34ff. Taf. 13, 1.2; Rieth, Hallstattzeit Abb. 34, 1; 36, 8; Kossack, Südbayern 234f. Nr. 282 Taf. 102, 1.2; Rieth, Herstellungstechnik 23 ff. Abb. 3 a–e.

95. Bleichstetten, Kr. Reutlingen, Baden-Württemberg; „Vor Urlach", „aus Brandhügel" 2 (1896/97). – Dolch, erh. L. 38,8 cm; Klinge: L. ca. 21 cm, gr. Br. 6,2 cm; Heftbr. 8,6 cm; Knaufbr. 8,4 cm (ergänzt) (*Taf. 17, 95;* nach Rieth). – Beifunde: Eisenlanzenspitze, L. noch 16 cm; Eisenlanzenspitze, L. noch 12 cm; Bronzegürtelblech vom Typ Bleichstetten (PBF. XII, 1 [Kilian-Dirlmeier] Nr. 93); zwei Bronzekahnfibeln; Bronzepinzette; Bronzepinzettenteil. – *Datierung:* Ha D1(?). – Mus. Stuttgart (11017). – Fundber. Schwaben 5, 1897, 2; 6, 1898, 3; Oberamtsbeschr. Urach (1909) 148f.; Rieth, Hallstattzeit Abb. 34, 2, Abb. 74, 2; Rieth, Herstellungstechnik 26ff. Abb. 4, a–c; F. Maier, Ber. RGK. 39, 1958, 195 Taf. 32, 3–12.

96. Hallstatt, B.H. Gmunden, Oberösterreich; Flachgrab 18. – Brandbestattung (1871). – Dolchmesser, erh. L. 35,3 cm; Klinge: L. noch 16,8 cm, gr. Br. 5 cm; Heftbr. 7,7 cm; Knaufbr. 7,9 cm (*Taf. 17, 96*). – Beifunde: Lanzenspitze (nicht erh.); Wetzstein. – *Datierung:* Ha D. – Mus. Linz (A 2670. 2669). – Kromer, Hallstatt 211, Taf. 232, 4, 5.

97. Pfullendorf, Kr. Überlingen, Baden-Württemberg; Hgl. – „Knochenreste auf einer Brandstelle" (19. Jh.). – Dolch, erh. L. 27,8 cm; Klinge: L. noch 17 cm, gr. Br. ca. 7 cm; Heftbr. noch 8,9 cm; Knaufbr. 8,3 cm (*Taf. 17, 97;* nach Rieth). – Beifunde: Urnenscherben, einfach. – *Datierung:* Ha D. – Mus. Sigmaringen. – Lindenschmit, Sigmaringen 211 Taf. 16; Wagner, Fundstätten I, 49; Rieth, Hallstattzeit Abb. 34, 6; 36, 3; Rieth, Herstellungstechnik 29f. Abb. 5, a–c.

98. Todtenweis-Sand, Ldkr. Aichach, Bayern. – Einzelfund aus Kiesgrube (1969). – Dolch, erh. L. 12,8 cm; Klinge: L. noch 2,1 cm, gr. Br. 4,5 cm; Heftbr. noch 5,5 cm; Knaufbr. noch 5,5 cm (*Taf. 17, 98*). – *Datierung:* Ha D. – Mus. Aichach (1970/2462). – Bayer. Vorgeschbl. 37, 1972, 168 Abb. 58, 4.

99. Kappel II, Kr. Sigmaringen, Baden-Württemberg. – Aus Hügel, Bestattungsart unbekannt (1882). – Dolch, erh. L. ca. 42 cm; Klinge: L. noch 17,5 cm, gr. Br. 6,5 cm; Heftbr. noch 7,6 cm; Knaufbr. 9,5 cm (*Taf. 18, 99;* nach Rieth). – Beifunde (eventuell zugehörig): Gürtelblech. – *Datierung:* Ha D. – Mus. Sigmaringen (1354). – Rieth, Hallstattzeit 34, 5; Mitt. Ver. Gesch. Altertumskde. Hohenzollern 17, 1959, 49ff; Rieth, Herstellungstechnik 34f. Abb. 7, a–e.

100. Býčí-Skála-Höhle, Habrůvka, Bez. Blansko; Tschechoslowakei. – Körperbestattung, Lage nicht bekannt. – Dolch, erh. L. 32,9 cm; Klinge: L. noch 21 cm, gr. Br. ca. 6 cm; Heftbr. 6,9 cm; Knaufbr. noch 3,1 cm (*Taf. 18, 100*) – *Datierung:* Ha D. – Mus. Wien (11746). – H. Wankel, Krieger und Salzherren. RGZM. Ausstellungskataloge IV (1970) Abb. S. 126.

101. **Tannheim**, Kr. Biberach, Baden-Württemberg; Im „Härdtle", Hgl. 20, Körperbestattung 2 (1906). – Dolch, erh. L. 30,2 cm; Klinge: L. 19,7 cm, gr. Br. 4,9 cm; Heftbr. noch 6,5 cm; Knaufbr. noch 3,8 cm *(Taf. 18, 101)*. – Beifunde: Eisernes Gürtelblech, glatt; Kieselstein, rund. – *Datierung:* Ha D. – Mus. Stuttgart (A 3266, b). – Geyr/Goessler, Hügelgräber 53 ff. Taf. 12, 3; Rieth, Hallstattzeit Abb. 33, 1; 36, 1; F. Maier, Ber. RGK. 39, 1958, 195 f. Taf. 33, 1–3.

102. **Mögglingen**, Kr. Schwäbisch Gmünd, Baden-Württemberg; aus Hügel, wahrscheinlich im Wald „Stöckach" (19. Jh.). – Dolch, erh. L. 26,5 cm (ergänzt); Klinge: L. ca. 22 cm, gr. Br. ca. 6 cm *(Taf. 19, 102; nach Fundber.)*. – Beifunde: Urnenscherbe mit Rillen und Graphit- und Rotbemalung. – *Datierung:* Ha D. – Privatbesitz. – Fundber. Schwaben N.F. 16, 1962, 233 Taf. 28, A.

103. **Würtingen-St.-Johann**, Kr. Reutlingen, Baden-Württemberg; Flur Eulenwiesen, Hgl. 1, wahrscheinlich Gr. C. – Körperdoppelbestattung (1884). – Dolch, erh. L. 23,5 cm; Klinge: L. noch 23,5 cm, gr. Br. noch 7,2 cm *(Taf. 19, 103)*. – Beifunde (Best. C): zwei Bronzeringchen; Bronzedraht, verbogen; Bronzegürtelblech vom Typ Hundersingen (PBF. XII, 1 [Kilian-Dirlmeier] Nr. 218); Scherben; Eisenreste (Wagen?). – *Datierung:* Ha D. – Mus. Stuttgart (A 3562). – Föhr/Mayer, Hügelgräber 15. 56; Goessler, Oberamtsbeschr. Urach 152.

104. **Hallstatt**, B.H. Gmunden, Oberösterreich; Flachgrab 769. – Brandbestattung (1859). – Dolchmesser, erh. L. 24,2 cm; Klinge: L. noch 13 cm, gr. Br. 5 cm; Heftbr. 5,6 cm; Knaufbr. noch 3,3 cm *(Taf. 19, 104; nach Kromer)*. – Beifunde: Eisenlanzenspitze (durch Rost zusammengebacken), L. zus. 29 cm; Eisenlappenbeil, oberständig; Bronzeziste, enggerippt; Bronzeschalenrandbruchstück; zwei Bronzekahnfibeln; Tongefäßfragmente, Tierknochen (nicht erh.). – *Datierung:* Ha D1(?). – Mus. Wien (25986–2057). – Kromer, Hallstatt 155 Taf. 144, 3.

Zeitstellung: Die äußerst seltene Vergesellschaftung mit Kahnfibeln legt eine Datierung nach Ha D1 nahe. Auf Grund typologischer Überlegungen, etwa ein Vergleich der Komplizierung der Knauf- und Scheidengestaltung dieser Dolche gegenüber Ha D1-Dolchen mit verkümmerten Antennen, möchte man die Funde dieser Variante aber eher an das Ende von Ha D1 stellen bzw. an den Übergang von Ha D1 nach Ha D2. Eine Ha D2-Datierung ist jedoch in keinem Fall gesichert.

Verbreitung (Taf. 43, A): Der Großteil der Funde stammt aus Baden-Württemberg, wo diese Variante entwickelt worden sein dürfte. Zu verweisen ist in diesem Zusammenhang auch auf die westliche Verbreitung der Varianten Obermodern und der Dolche mit verkümmerten Antennen, die beide in Einzelheiten der Griffgestaltung an die Variante Etting erinnern. Weitere Fundpunkte stammen aus Bayern, Österreich und der Tschechoslowakei.

Variante Estavayer-le-Lac

Abweichungen gegenüber der Variante Etting bestehen darin, daß die Knaufstange mehrteilig, durchbrochen oder sonst verziert sein kann und drei oder mehr genau gleiche, aneinandergereihte Knaufknöpfe aufweist. Ist der Riemenhalter erhalten, so ist er, obwohl zweireihig, optisch mindestens dreigeteilt, das heißt, auch die eigentlichen Niete werden wie Zierniete verkleidet. Der Ortbandsteg schließlich kann gerippt sein. Der Dolch von Auerbach ist zwar entsprechend gearbeitet, besteht aber aus Bronze! Die Griffstange ist aus mehreren Teilen zusammengesetzt: Die Profilierung der Griffmitte besteht aus zwei quergerippten Halbkugeln. Die eigentliche Knaufstange bilden zwei längsgerippte zylindrische Röhren, die wahrscheinlich auf Holzmuffen aufsaßen.

Möglicherweise hier anzuschließen sind die Dolchmesser von Grüningen und Býčí-Skála-Höhle, die auf einer relativ hohen Knaufstange drei Knaufknöpfe aufweisen. Über den Aufbau der Griffstangen ist keine Aussage mehr möglich. Bei dem tschechoslowakischen Fund wird die Abweichung in eine Art Griffplattenmesser allerdings deutlich. Bei den übrigen Funden fehlen die kennzeichnenden Teile des Knaufs.

105. Estavayer-le-Lac, D. Broye, Kt. Freiburg. – Einzelfund aus dem Neuenburgersee (1962). – Dolch, L. erg. 26,3 cm; Klinge: L. 14,1 cm, gr. Br. 3,8 cm; Heftbr. 5,9 cm; Knaufbr. 5,5 cm *(Taf. 20, 105; nach Drack).* – *Datierung:* Ha D. – Mus. Fribourg (200). – O. Perler, Jb. SGU. 49, 1962, 25 ff. Abb. 1; Taf. 1; Drack, Eisenzeit H. 4, 19 Taf. L; H.-J. Hundt, Jb. SGU. 52, 1965, 95 ff. Abb. 1; ders., Jb. RGZM. 10, 1963, 182 ff. Abb. 1; W. Drack, Jb. SGU. 57, 1972/73, 128 ff. Abb. 3, 1; 10.

106. Wolfegg, Kr. Ravensburg, Baden-Württemberg; Hgl. – Körper-Doppelbestattung (kreuzweise übereinander), Dolch quer zu den Beckenknochen (1965). – Dolch, L. 39 cm; Klinge: L. 27,6 cm, gr. Br. 7,7 cm; Heftbr. 10,2 cm; Knaufbr. 10,7 cm *(Taf. 20, 106; nach Rieth).* – Beifunde: Eisenlanzenspitze, L. 36,5 cm; Bronzeschlangenfibel (S4), Fußknopf getrieben (Taf. 44, D). – *Datierung:* Ha D1. – Mus. Bad Buchau. – Rieth, Herstellungstechnik 18 ff. Abb. 2, a–c.

107. Auerbach, B.H. Braunau am Inn; Oberösterreich; Siedelberg, Hgl. 2. – Brandbestattung. – Dolch, L. 32,5 cm; Scheide: L. 26,2 cm, Br. 5,9 cm; Heftbr. 7,9 cm; Knaufbr. 7,95 cm *(Taf. 19, 107; nach Egg).* – Beifunde: Fibel; Gürtelblechbruchstücke; Bronzeringchen; Eisenringchen; Urne; zwei Henkelschalen. – *Datierung:* Ha D. – Mus. Linz (A 1416). – Jb. Oberösterreich Musealver. 48, 1890, S. LVI; E. Theuer, Urgeschichte Oberösterreichs (1925) Taf. 5, 7; K. Willvonseder, Oberösterreich in der Urzeit (1933) Abb. 83, 5; R. Pittioni, Österreichs Urgeschichte im Bild (1938) Taf. 36, 5; Oberösterreich. Heimatbl. 4, 1950, 200 Abb. 13; Reitinger, Oberösterreich 334 Abb. 268. – Ausführliche Publikation durch M. Egg in Vorbereitung.

108. Kappel I, Kr. Sigmaringen, Baden-Württemberg. – Aus Hgl., Bestattungsart unbekannt (1882). – Dolch, L. 29,3 cm; Klinge: L. noch 16,6 cm, gr. Br. 4,3 cm; Heftbr. 6,5 cm; Knaufbr. ca. 7,5 cm (ergänzt) *(Taf. 21, 108; nach Rieth).* – Beifunde: Eisenlanzenspitze; Eisenpfeilspitze; zwei Schlangenfibeln; Kahnfibel; zwei Gefäße. – *Datierung:* Ha D(1). – Mus. Sigmaringen (1355). – Mitt. Ver. Gesch. Altertumskde. Hohenzollern 17, 1883/84, 49; Rieth, Hallstattzeit Abb. 34, 3; 36, 2; 73; Rieth, Herstellungstechnik 31 ff. Abb. 6, a–e.

109. Walk, arr. Haguenau, dép. Bas-Rhin. – Wahrscheinlich aus Hgl. (1926). – Dolch, erh. L. 14,3 cm; Klinge: L. noch 3,3 cm, gr. Br. 3,3 cm; Heftbr. 5,8 cm; Knaufbr. 6,4 cm *(Taf. 19, 109).* – *Datierung:* Ha D. – Mus. Haguenau (161). – Schaeffer, Haguenau II 173 Fig. 151, h; Rieth, Hallstattzeit Abb. 35, 6.

110. Grüningen, Kt. Zürich; Strangenholz, Hgl. 1. – Bestattungsart unbekannt (1891). – Dolchmesser, erh. L. 21 cm; Klinge: L. noch 10 cm, gr. Br. 2,8 cm; Heftbr. noch 3 cm; Knaufbr. 3,6 cm *(Taf. 21, 110; nach Drack).* – Beifunde (nicht völlig gesichert): Kegelhalstopf; Topf mit Einstichdekor auf Schulter; Fußschale; Schüsseltöpfchen. – *Datierung:* Ha D. – Mus. Wetzikon. – W. Drack, Jb. SGU. 57, 1972/73, 132 Abb. 3,3; 12.

111. Býčí Skála-Höhle, Habruvka, Bez. Blansko, Tschechoslowakei. – Körperbestattung, Lage nicht bekannt. – Dolchmesser, erh. L. 16,7 cm; Klinge: L. noch 5,5 cm, gr. Br. ehemals 2,7 cm; Heftbr. 3,8 cm; Knaufbr. 5,1 cm *(Taf. 21, 111).* – *Datierung:* Ha D. – Mus. Wien (11 736). – Unpubliziert.

Bei den Dolchen und Dolchmessern von Eglingen, Munderkingen, Heuneburg, Kurzgeländ und Köstendorf (Nr. 112–116) fehlen die kennzeichnenden Teile des Knaufes. Eine Zuordnung zu einer der beiden Varianten ist somit nicht vorzunehmen. Bei Köstendorf ist der Nachweis einer Holzfütterung der Scheide hervorzuheben. Lediglich das Dolchmesser von der Heuneburg ist sicher zu datieren, es stammt aus der letzten Ha D1-Phase der Heuneburg, der Burgperiode IVa/1.

112. Eglingen, Kr. Reutlingen, Baden-Württemberg. – Einzelfund (1980). – Dolch, erh. L. 16,9 cm; Klinge: L. noch 7,5 cm, gr. Br. 6,8 cm; Heftbr. noch 8,7 cm *(Taf. 21, 112).* – *Datierung:* Ha D. – Privatbesitz. – Unpubliziert.

113. Munderkingen, Kr. Ehingen, Baden-Württemberg; Flur „Oberes Ried", Hgl. 3. – Brandbestattung (1884). – Eisendolch (Scheide?) *(Taf. 21, 113; nach Miller).* – Beifunde: Scherben von bemalten Tongefäßen; Knochen (nicht erh.); Wagenreste mit Bronzenaben (nicht erh.); Haselnüsse. – *Datierung:* Ha D. – Aufbewahrungsort unbekannt. – Miller, Oberamtsbeschr. Ehingen 289. 291 Abb. 6; Fundber. Schwaben 1, 1893, 5; Fundber. Schwaben 2, 1894; Ergänzungsheft, 26; Prähist. Bl. 4, 1892, 65 f.; Fundber. Schwaben N.F. 8, 1935, Anhang, 25.

114. Heuneburg, Kr. Saulgau, Baden-Württemberg. – Siedlungsfund (1971). – Dolchmesser, erh. L. 22,3 cm; Klinge: L. noch 12 cm, gr. Br. 2,3 cm; Heftbr. noch 4 cm *(Taf. 21, 114).* – *Datierung:* Ha D1. – Mus. Tübingen (U 368). – S. Sievers, Die Kleinfunde der Heuneburg. Heuneburgstudien V (in Vorbereitung).

115. Kurzgeländ, arr. Haguenau, dép. Bas-Rhin; Hgl. 3, Gr. 5 (1926?). – Dolchmesser, erh. L. 30,7 cm; Klinge: L. noch ca. 21 cm, gr. Br. 4 cm; Heftbr. ca. 4,5 cm *(Taf. 21, 115).* – Beifunde: Bronzegürtelblech, glatt. –

Datierung: Ha D. – Mus. Haguenau, Slg. Nessel (329). – Schaeffer, Haguenau II, 56, Abb. 52, c. d.
116. Köstendorf, Salzburg, Oberösterreich; Grab 4. – Brandbestattung (1911). – Dolchmesser, erh. L. 21,3 cm; Klinge: L. 14,8 cm; gr. Br. 3,7 cm; Heftbr. erg. 3,7 cm *(Taf. 21, 116).* – Beifunde: Eisenlanzenspitze, L. ca. 27 cm; kleine Schüssel. – Datierung: Ha D. – Mus. Salzburg. – G. Kyrle, Urgeschichte des Kronlandes Salzburg (1918) 109 ff. Fig. 53, 3.

Zeitstellung: Auch hier ist durch die Schlangen- und Kahnfibelbeigabe ein Hinweis auf eine Ha D1-Datierung gegeben: Der Fund von Grüningen (Nr. 110) ist nach W. Drack[2] auf Grund der Fundumstände spätestens um Ha D1 anzusetzen. Insgesamt kann das gleiche gelten wie für die Variante Etting.

Verbreitung (Taf. 43, A): Dolche dieser Variante sind vom Elsaß bis in die Tschechoslowakei zu finden, zeichnen sich sonst aber durch eine eher südliche Verbreitung aus, was besagt, daß sie in der Schweiz und in Österreich vorkommen, in Baden-Württemberg ausschließlich südlich der Donau.

DOLCHMESSER UND DOLCHE MIT BRONZEDRAHTUMWICKELTER SCHEIDE

Charakteristisch für diesen Waffentyp ist das häufige Auftreten von einschneidigen Formen und vor allem die Scheidengestaltung. Die eigentliche Scheide besteht aus Holz oder Leder, ist an den Seiten durch ein Bronzeband verstärkt und meist zonenartig mit Bronzedraht umwickelt, der auf der Rückseite mit einem oder mehreren senkrechten Bronzedrähten oder -bändern verflochten ist, d. h. an dem die waagerecht laufenden Drahtenden befestigt sind. Zum Heft hin sind auf Vorder- und Rückseite oft je ein Scheidenmundblech angenietet, die seitlich wiederum durch Niete zusammengehalten werden. Der Riemenhalter besteht in einem Fall aus einer aufgenieteten Eisenhülse; sonst ist die Anbringung am Gürtel unklar. Das ebenfalls angenietete oder durch Umwicklung gehaltene Ortband ist, ob aus Bronze oder Eisen bestehend, halbmondförmig. Seine beiden Hälften sind durch kugelförmige (Zier-)Niete zusammengehalten. Das die Scheidenseiten verstärkende Bronzeband kann auch das Ortband miteinbeziehen und so mit der restlichen Scheide verbinden. Das Ortband kann allerdings auch nach oben hin verlängert und somit gleichzeitig ein fester Bestandteil der Scheide sein.

Die Griffgestaltung weist mehrere Varianten auf, die im folgenden vorgestellt werden sollen. Ebenso soll auf Besonderheiten im Scheiden- und Ortbandaufbau hingewiesen werden.

Variante Neuenegg

Bei der Variante Neuenegg sind Dolchmesser vorherrschend, die durch einen auf die Griffangel aufgesteckten und durch sie vernieteten ein- oder mehrteiligen Bronzegriff mit oval eingebogenen, profilierten Knaufenden charakterisiert sind.

Die sehr ähnlichen, möglicherweise aus einer Werkstatt stammenden Dolche von Sesto-Calende (Nr. 118) und Sitten (Nr. 117) weisen eine durch Eisenscheibchen unterteilte Griffstange auf. Die Dolchmesser von Neuenegg (Nr. 119) und Belluno (Nr. 121) zeigen lediglich auf der Mitte der Griffstangenvorderseite waagerechte, streifenförmige Eisen- bzw. Kupfereinlagen, Belluno zusätzlich in Eisen eingelegte konzentrische Kreise. Auch auf dem Dolchmesser von Neuenegg finden sich Kreisaugen, allerdings nicht in Einlagetechnik, sondern eingepunzt oder mitgegossen.

Bei Neuenegg sind Reste der Scheide erhalten, deren Grundmaterial Holz war. Eine Bronzedraht-

---

[2] Drack, Jb. SGU. 57, 1972/73, 122.

umwicklung ist nicht mehr (?) vorhanden, jedoch Bruchstücke der Scheidenrandverstärkung. Der nach unten abschließende, aus Bronze gefertigte Teil der Scheide geht in das halbmondförmige, mit Bronzenieten besetzte Ortband über. Bei Mühlehölzli (Nr. 120) sind die beiden Scheidenlängsseiten übereinandergelegt und werden durch einen wulstförmigen Rand unten zusammengehalten.

Auf Grund identischer Griffgestaltung, wobei die Knauflänge 7 bis 10 cm betragen kann, lassen sich auch die Dolchmesser von Thalheim (Nr. 122) und Hallstatt, Gr. 703 (Nr. 123) hier einordnen. Möglicherweise sind auch das oberitalische Dolch- bzw. Dolchmesserfragment von Ca'Morta (Nr. 124) sowie das Dolchmesser aus Grab 664 von Hallstatt (Nr. 125) anzuschließen. Dies wird bei Ca'Morta durch das Grifffragment nahegelegt. Die Ortbandform mit eingerollten Zipfeln erinnert an Eisendolche wie die von Salem (Nr. 80) und Golasecca (Nr. 90). Das Messer von Hallstatt, Gr. 664, ist eben durch die Bronzescheide mit eingerollten Ortbandzipfeln im Anschluß an Ca'Morta dieser Variante zuzuordnen.

117. Sitten, Kt. Valais; Rue de Lausanne. – Einzelfund aus Sionne-Schotter (M. 19. Jh.). – Kurzschwert, erh. L. 43,6 cm; Klinge: L. 29,4 cm; gr. Br. 5,8 cm; Heftbr. 7,7 cm; Knaufbr. 8,4 cm (*Taf. 22, 117;* nach Drack). – *Datierung:* Ha C/D(?). – Mus. Sion. – Drack, Eisenzeit H. 4, 63 Taf. 29, 13; ders., Jb. SGU. 57, 1972/73, 136 Abb. 4, 5; 14.

118. Sesto-Calende, provincia di Varese, Lombardia; „Seconda tomba di guerriero" (B), Gruppe 1, Grab 3. – Brandbestattung (1928/29). – Dolch, erh. L. 17,1 cm; Klinge: L. noch 2 cm, gr. Br. 5,8 cm; Heftbr. 7,6 cm; Knaufbr. 8,8 cm (*Taf. 22, 118;* nach de Marinis). – Beifunde: 2rädriger Wagen; Pferdegeschirr für zwei Pferde; Eisenlanzenspitze, L. 35,1 cm; Helm mit zusammengesetzter Kalotte; zwei Bronzebeinschienen; Bronze-Rippenziste; Bronzeeimer, Typ Kurd; zwei Bronzetassen, eine fragmentiert; Bronzesitula, fragmentiert; zwei Fragmente einer Bronzetasse; Rippenzistenboden; Kesselwagen; Bronzegürtelblech, fragmentiert; Bronzearmring. – *Datierung:* Ha C2. – Mus. Varese. – E. Ghislanzoni, in: Munera, Raccolta di scritti in onore di A. Giussani 1 ff; de Marinis, Sesto-Calende 20 ff. Taf. 6,4.

119. Neuenegg, Bez. Laupen, Kt. Bern; Hgl. II. – Bestattungsart unbekannt (19. Jh.). – Dolchmesser, L. 38 cm; Klinge: L. ca. 25 cm, gr. Br. 5,2 cm; Heftbr. 5,6 cm; Knaufbr. 7,2 cm (*Taf. 22, 119;* nach Drack). – Beifunde: Bronzegürtelblechfragment vom Typ Geigerle (PBF. XII, 1 [Kilian-Dirlmeier] Nr. 264). – *Datierung:* Ha D. – Mus. Bern. – Rieth, Hallstattzeit Abb. 32, 1; Drack, Eisenzeit H. 1, 24 Taf. 25, 2; ders., Jb. SGU. 57, 1972/73, 136 Abb. 4, 6; 15.

120. Mühlehölzli bei Gurzelen, Bez. Kerzers, Kt. Fribourg; in der Nähe von Hgl. 64: Streufund (1974). – Bronzedolchscheide, erh. L. 4 cm (*Taf. 23, 120;* nach Schwab). – *Datierung:* Ha C/D(?). – Mus. Fribourg (?). – H. Schwab, Festschr. Drack (1977) 56 ff. Abb. 6.

121. Belluno, Veneto; „Aus der Nekropole von Belluno" (19. Jh.). – Dolchmesser, erh. L. 17,4 cm; Klinge: L. noch 3,3 cm, gr. Br. 5 cm; Heftbr. 5,7 cm; Knaufbr. 6,7 cm (*Taf. 23, 121;* nach Forrer). – *Datierung:* Ha C/D(?). – Mus. (?). – R. Forrer, Beiträge zur prähistorischen Archäologie (1892) 15 Taf. 9, 1.

122. Thalheim, Kr. Konstanz, Baden-Württemberg; Fundumstände unbekannt (19. Jh.). – Dolchmesser, erh. L. 13,5 cm; Klinge: gr. Br. 3,7 cm; Heftbr. 5 cm; Knaufbr. 7,2 cm (*Taf. 23, 122*). – *Datierung:* Ha D. – Mus. Tübingen (Studiensammlung). – Lindenschmit, Sigmaringen 126 Fig. 67, 8; AuhV. 2, 2, Taf. 4, 7: Rieth, Hallstattzeit Abb. 30, 2.

123. Hallstatt, B.H. Gmunden, Oberösterreich; Flachgrab 703. – Brandbestattung (1859). – Messer, erh. L. 34,5 cm (gebogen); Klinge: L. noch 22,8 cm, gr. Br. 4,9 cm; Heftbr. 5,2 cm; Knaufbr. 6,6 cm (*Taf. 23, 123;* z.T. nach Kromer). – Beifunde: Bronzearmreif, hohl, strichgruppenverziert; Bronzekahnfibel; Eisengriffdornmesser; Eisenwaffen; Tongefäßfragmente; Tierknochen (nicht erh.). – *Datierung:* Ha D. – Mus. Wien (25 840–1927). – Kromer, Hallstatt 147 Taf. 145, 5.

124. Ca'Morta, Como, Lombardia; „Tomba della situla Baserga" (1929). – Dolch oder Messer, erh. L. 8,3 cm; Knaufbr. 9,8 cm (*Taf. 23, 124;* nach de Marinis). – Beifunde: Bronzesitula. – *Datierung:* Ha D. – Mus. Como (1106). – M. Bertolone, Sibrium 3, 1956/57, 37f. Taf. 20, 1–4; P. Saronio, Riv. Arch. Com. 150/51, 1968/69, 57f. Taf. 6, 41, 42; de Marinis, Sesto Calende 238 Taf. 12, 8.

125. Hallstatt, B.H. Gmunden, Oberösterreich; Flachgrab 664. – Brandbestattung (1858). – Dolchmesser, erh. L. 21,6 cm; Klinge: L. 20,5 cm, gr. Br. noch 3,6 cm; Heftbr. mind. 4,3 cm (*Taf. 23, 125;* nach Kromer). – Beifunde: Gürtelblechfragm. (nicht erh.) (PBF. XII, 1 [Kilian-Dirlmeier] Nr. 666); Bronzekettchen mit Klapperblech (zugehörig?); Wetzsteinfragm. – *Datierung:* Ha D. – Mus. Wien (25 678–1782). – Kromer, Hallstatt 141 Taf. 133, 1 a. b.

Zeitstellung: Datiert man Sesto-Calende (Nr. 118), nicht nur auf Grund des Dolches, nach Ha C2, so spricht nichts gegen eine Datierung der norditalischen und vielleicht auch der Schweizer Dolche nach Ha C2. Die übrigen Stücke dürften jünger sein.

Verbreitung (Taf. 42, B): Der Verbreitungsschwerpunkt liegt in Oberitalien, wobei anzumerken ist, daß auf einer der Grabstelen aus Filetto ein Dolch dieser Gruppe abgebildet ist.[1] In enger Verbindung zu Oberitalien sind die beiden Schweizer Funde zu sehen. Weitere Ausläufer finden sich in Hallstatt und Baden-Württemberg.

Variante Hoffenheim

Hierzu gehören einige Dolchmesser, die wegen ihrer der Variante Neuenegg ähnelnden Griffe mit durchgehender Griffstange zusammenzufassen sind. Von dieser Variante unterscheiden sie sich durch den zierlichen Griff mit Knauflängen von 5–6 cm und einer schmaleren, gestreckteren Form vor allem was die Klinge anbelangt. Bei dem Dolchmesser von Hoffenheim (Nr. 126) ist die Scheidenkonstruktion noch ersichtlich, nämlich eine mit Bronzedraht umwickelte Holzscheide mit Scheidenrandverstärkung im unteren Drittel und ein kahnförmiges Ortband, dessen Befestigung in der Scheide nicht mehr klar erkennbar ist. Zu erwähnen ist bei dem Dolchmesser von Hoffenheim außerdem die „entwickelte Knaufzier", wobei die Knaufform in Miniatur im Knaufoval wiederholt wird, was die Verlängerung des Griffangelniets, der profiliert ist, bedingte.[2]

Bei dem Dolchmesser von Böblingen (Nr. 127) ist eine Bronzedrahtumwicklung der Scheide nicht erhalten; Eisenreste lassen vielmehr an eine Eisenscheide denken, doch ist dies nicht eindeutig nachzuweisen. Von den Dolchmessern von San Matteo delle Chiaviche (Nr. 129) und Hallstatt, Gr. 33 (Nr. 128) ist lediglich noch der Griff vorhanden; dieser ist bei dem Hallstattgrab geschlossen.

126. Hoffenheim, Kr. Sinsheim, Baden-Württemberg; Hgl. F. – Körperbestattung, O–W; Dolchmesser in Beckengegend (1908). – Dolchmesser, erh. L. 35,1 cm; Klinge: L. 23,3 cm; gr. Br. ca. 3,5 cm; Heftbr. 3,7 cm; Knaufbr. 5,3 cm *(Taf. 23, 126)*. – Beifunde: Eisengürtelhakenteile; Bronzestift (zugehörig?); Tongefäßscherben. – *Datierung:* Ha D. – Mus. Karlsruhe (5745). – Wagner, Fundstätten II 344 Fig. 279; Rieth, Hallstattzeit Abb. 30, 4; Nellissen, Nordbaden 100 Taf. 10, B 1.2.

127. Böblingen, Baden-Württemberg; Wald „Brand", Hgl. 1, Gr. 3. – Körperbestattung, WSW–ONO; Dolchmesser am linken Bein mit Spitze nach oben (1969). – Dolchmesser, erh. L. 31 cm; Klinge: L. (ergänzt) 21 cm; gr. Br. 3,1 cm; Heftbr. 3,8 cm; Knaufbr. 5,1 cm *(Taf. 23, 127)*. – Beigaben: Eisenblechteile, wohl von der Scheide. – *Datierung:* Ha D. – Mus. Stuttgart (V 72/47). – Fundber. Baden-Württemberg 4, 1979, 56, Abb. 53, 3.

128. Hallstatt, B.H. Gmunden, Oberösterreich; Flachgrab 33. – Körperbestattung (1847). – Dolchmesser, erh. L. 21,5 cm; Klinge: L. noch 9,9 cm; gr. Br. 3,6 cm; Heftbr. 3,9 cm; Knaufbr. 5,8 *(Taf. 24, 128)*. – Beifunde: Bronzepaukenfibel. – *Datierung:* Ha D2. – Mus. Wien (2371). – Kromer, Hallstatt 46 Taf. 1, 27.

129. San Matteo delle Chiaviche, Commune di Viadana, Provincia di Mantova, Lombardia; Fundumstände unbekannt (vor 1914). – Dolchmesser, erh. L. 10,6 cm; Heftbr. 3,8 cm; Knaufbr. 5,2 cm *(Taf. 24, 129;* nach de Marinis). – *Datierung:* Ha D. – Mus. Civico Museo di Cremona. – de Marinis, Sesto-Calende 238 Taf. 11, 3.

---

[1] A.C. Ambrosi, Corpus delle Statue-Stele Lunigianesi (1972), 138, Abb. 1.

[2] Eine sehr enge Parallele zu Hoffenheim stellt das Dolchmesser von Santa Lucia di Tolmino dar (Taf. 39, 1). L'arte preistorica nell' Italia settentripuale dalle origini alla civilta paleoveneta (1978) Fig. 48, 1.

Sonderform

Möglicherweise ist auch das Kurzschwert von Maegstub in Zusammenhang mit der Variante Hoffenheim zu betrachten, und zwar auf Grund der langschmalen Klinge, deren Holzscheide mit einem Bronzeband umwickelt ist. Allerdings weist das Kurzschwert ein einfaches Bronzekugelortband auf. Der Griff mit gerundetem Heft dürfte als eiserner Antennengriff zu ergänzen sein. Wenn Maegstub auch am ehesten hier anzuschließen ist, so soll doch hervorgehoben werden, daß es sich um eine Sonderform handelt.

130. Maegstub, arr. Haguenau, dép. Bas-Rhin; Hgl.-Gruppe C, Hgl. 4, Gr. 7. – Bestattungsart unbekannt (1926). – Dolch, erh. L. 38 cm; Klinge: L. etwa 34 cm, gr. Br. etwa 2,5 cm; Heftbr. 4,7 cm *(Taf. 24, 130)*. – *Datierung:* Ha D. – Mus. Haguenau, Slg. Nessel (27). – Schaeffer, Haguenau II 150 Fig. 133; B. Normand, L'âge du fer en Basse-Alsace (1973) 101, Taf. 9c.

Zeitstellung: Hallstatt, Gr. 33 (Nr. 128) wird durch eine Paukenfibel nach Ha D2 datiert. Aus horizontalstratigraphischen Gründen möchte man aber Hoffenheim (Nr. 126) nicht später als Ha D1/2 ansetzen,[3] eine Datierung, die auch mit dem Fundbild von Böblingen (Nr. 127) zu vereinbaren wäre.[4] Allgemein ist für die westlichen Funde eine Datierung nach Ha D1 vorzuschlagen, und zwar auf Grund der Knaufgestaltung und der besonders bei Hoffenheim klar ersichtlichen Scheidenkonstruktion mit Bronzedrahtumwicklung.

Verbreitung (Taf. 42, B): Den verhältnismäßig weit nördlich gelegenen Funden von Nordbaden, Nordwürttemberg und Elsaß stehen lediglich ein oberitalienischer und ein oberösterreichischer Fund gegenüber.

Variante Sulz

Die von Zürn[5] seinerzeit gegebene Benennung soll beibehalten werden, wenn auch der Dolch von Sulz (Nr. 131), da nicht mehr erhalten und unzulänglich beschrieben, nicht unbedingt dazu geeignet erscheint; doch trifft Zürns Definition dieses seines „Typs Sulz", nämlich „Dolche mit drahtumwickelter Scheide..., denen vielfach ein halbmondförmiges Ortband eigen ist"[6] auch auf die hier enger einzugrenzende Variante zu, wenn sich auch diese Definition nicht ausschließlich auf die Variante Sulz beschränken läßt. Im Unterschied zu bisher aufgeführten Varianten dieses Typs handelt es sich bei der Variante Sulz ausschließlich um Dolche. Bronzedrahtumwicklung der Scheide und ein halbmondförmiges, oft fast halbkreisförmiges Ortband aus Bronze sind obligatorisch. Der in der Regel aus Bronze bestehende Griff ist jeweils aus mehreren Teilen zusammengesetzt. Bei Villingen (Nr. 132) und, wie es scheint, auch bei Sulz (Nr. 131) sind die untere Griffhälfte (mit Heft) und die obere Griffhälfte (mit Knauf) auf einer Holzmuffe aufliegend, durch schrägen Anschliff der Enden paßgerecht zusammengefügt. Die Nahtstelle wird durch die Rippung der Griffstange verdeckt.[7] Bei Rehling-Unterach (Nr. 134) sind Eisenheft, -knauf und -griffstange gesondert hergestellt und bei Niederaunau (Nr. 133) scheint das gleiche in Bronze der Fall zu sein. Die Knaufform entspricht normalerweise der Variante Neuenegg. Bei dem Dolch von Niederaunau ist das Knaufoval allerdings geschlossen und anstelle der profilierten

---

[3] Pauli, Nordwürttemberg, 83 ff.
[4] Durch z.B. Schlangenfibelfunde läßt sich die Belegung des Gräberfeldes bereits für Ha D1 nachweisen.

[5] Zürn 1942, 119.
[6] Ebd.
[7] Siehe Kapitel „Einleitung" Anm. 13.

Dolchmesser und Dolche mit bronzedrahtumwickelter Scheide

Knaufenden sind drei Bronzescheiben angebracht. Auch in der Scheidengestaltung nimmt Niederaunau eine Sonderstellung ein, indem zusätzlich zum obligatorischen Scheidenmundblech Teile eines gleichfalls buckelverzierten Scheidenbronzeblechs über der Holzscheide der Vorderseite erhalten sind.

131. Sulz, Kr. Calw, Baden-Württemberg; Hgl. im „Stadtwald Hundsrück". – Bestattungsart unbekannt (Brand?) (1891). – Doch (verschollen), erh. L. 30,2 cm; Klinge: gr. Br. 5 cm; Heftbr. 6,1 cm *(Taf. 24, 131;* nach Rieth). – Beifunde: Wagenreste. – *Datierung:* Ha D1. – Mus. Stuttgart (verschollen). – Prähist. Bl. 3, 1891, 81 ff. Taf. 8; Fundber. Schwaben 2, 1894, 25; Fundber. Schwaben 3, 1895, 44 f.; H. Zürn; Germania 26, 1942; 119; Rieth, Hallstattzeit Abb. 31, 6.

132. Villingen-Magdalenenberg, Kr. Villingen-Schwenningen, Baden-Württemberg; Nachbest. 39. – Körpergrab, SSW–NNO; Dolch rechts oberhalb des Kopfes (1971). – Dolch, erh. L. 31,6 cm; Klinge: noch 18,8 cm (nur in Rostspuren erh.), gr. Br. ca. 6 cm; Heftbr. 6,4 cm; Knaufbr. 8,5 cm *(Taf. 24, 132;* nach Hundt). – Beifunde: sieben Bronzeniete mit kugeligem Kopf; zwei Bronzebogenfibeln; Töpfchen, flachbodig. – *Datierung:* Ha D1. – Mus. Villingen (Vi 71/129). – Spindler, Magdalenenberg II, 34 f. Taf. 19, 1a–b; 55; H.-J. Hundt, Jb. RGZM. 20, 1973, 212 ff. Abb. 1. 2.

133. Niederaunau, Ldkr. Krumbach, Bayern; Hgl. im „Bannhölzle". – Bestattungsart unbekannt (1860). – Dolch, L. 35,4 cm; Klinge: L. 19 cm, gr. Br. 5,8 cm; Heftbr. 6,8 cm; Knaufbr. 7 cm *(Taf. 24, 133;* nach Kossack). – Beifunde: zwei Eisenlanzenspitzen; Dragofibel mit Hörnchenpaar; Bronzeknebel; Bronzestäbchen mit zwei Ösen; Bronzeblech-Hohlringfragment. – *Datierung:* Ha D1. – Mus. Sigmaringen. – Lindenschmit, Sigmaringen 215 Taf. 22, 1; AuhV. 2, 2 Taf. 4, 8; Korr. Bl. dt. Ges. Anthr. Ethn. Urgesch. 34, 1903, 20; Rieth, Hallstattzeit Abb. 30, 6; 31, 2; Kossack, Südbayern 161 Nr. 73 Taf. 18, 10.

134. Rehling-Unterach, Ldkr. Aichach, Bayern; Hgl. 2. – Körperbestattung, S–N; Dolch quer über Becken (1896). – Dolch, L. 32,6 cm; Klinge: L. 17,6 cm, gr. Br. 4,3 cm; Heftbr. 5,6 cm; Knaufbr. 5,8 cm *(Taf. 26, 134;* z. T. nach Kossack). – Beifunde: Tonscherben (verschollen). – *Datierung:* Ha D. – Mus. München (1896/397). – Rieth, Hallstattzeit Abb. 33, 3; Kossack, Südbayern 188 Nr. 141 Taf. 49, 3.

Sonderformen

Die stark gerippte Griffstange von Hallstatt, Gr. 458 (Nr. 135) erinnert an die von Villingen, Gr. 39 (Nr. 132), doch fällt die Antennenknaufform aus dem Rahmen. Sollte das kreisaugenverzierte Knauffragment des Ha D1 Fürstengrabes von Hügelsheim (Nr. 136) wirklich zu einem Dolch gehören, so wäre dieser eventuell in die Nähe der Dolche der Variante Sulz zu rücken. Es dürfte sich allerdings auf jeden Fall um eine Sonderform handeln.

135. Hallstatt, B.H. Gmunden, Oberösterreich; Flachgrab 458. – Brandbestattung (1856). – Dolch, erh. L. 15,7 cm; Klinge: L. noch 3,8 cm, gr. Br. 4,7 cm; Heftbr. 5,2 cm; Knaufbr. 8,7 cm *(Taf. 25, 135).* – Beifunde: zwei Bronzesitulen; Bronzefingerring; Glasperle, hellgrün; zwei Bronzeknöpfe; Tierknochen (nicht erh.); Tonring (zusätzlich auch drei Bronzereifen und Nadel?). – *Datierung:* Ha D(?). – Mus. Wien (25040–1313). – Kromer, Hallstatt 108 Taf. 74, 5; Abb. 86.

136. Hügelsheim, Kr. Rastatt, Baden-Württemberg; „Heiligenbuck", Hgl. (ausgeraubt). – Körperbestattung (?). – Dolch (?), erh. L. 4,2 cm; Knaufbr. ca. 2,1 cm *(Taf. 25, 136).* – Beifunde: Reste eines 4rädrigen Wagens; Bronzeschlangenfibelfragmente; zwei Bronzekugeln, massiv mit je einem Bronzestiftrest; Bronzeblechfragmente mit drei darin steckenden Nieten; zwei Bronzebeschläge fragmentiert, rinnenförmig; Bronzebandfragment, abgewinkelt: Bronzeringfragment, dreieckiger Querschnitt; zwei Bronzeringchen, zusammenoxydiert; drei Eisenringchen, zusammengerostet; Bronzekannenfragment; Bronzezistenfragmente, enggerippt; Eisenring, Dm. ca. 9 cm, (wohl Ringhenkel eines weitmünd. Bronzebeckens); Bronzeblechfragment mit zwei Buckelreihen; Bronzeblechfragmente mit eingerollten Rändern; Eisentrensenfragment; vier Bronzeringe, fragmentiert mit vier Ösen auf der Rückseite; zwei Bronzescheibenfragmente; zwei Bronzeplättchen, quadratisch, durchbrochen gearbeitet; 20 Riemenbesatzstücke aus drei Bronzebuckeln; 41 Bronzeriemenbesatzstücke aus zwei Buckeln; fünf Bronzebuckel, halbkugelig; zwei Bronzeringchen, fragmentiert: – *Datierung:* Ha D1. – Mus. Karlsruhe (C 3574). – Wagner, Hügelgräber 29ff.; Wagner, Fundstätten II 51ff.; Schiek, Fürstengräber 25ff.; ders., Der „Heiligenbuck" bei Hügelsheim, Fundber. Baden-Württemberg 6, 1981, 273ff. (Festschr. Zürn).

Zeitstellung: Durch die Dragofibelbeigabe bei Niederaunau, die Beigabe zweier Bogenfibeln im Falle von Villingen und schließlich durch die Vergesellschaftung mit Ha D1-Wagenresten bei Sulz ist eine Datierung eng auf Ha D1 einzugrenzen, wobei daran zu erinnern ist, daß Zürn in Dolchen seines „Typ Sulz" gerade eine Leitform für Ha D1 sah[8], woran festgehalten werden kann.
Verbreitung (Taf. 42, B): Die wenigen Stücke der Variante Sulz verteilen sich auf Baden-Württemberg und Bayern, wobei von der Griffkonstruktion her die beiden baden-württembergischen Funde enger zusammengehören.

Variante Obermodern

Die Eigenart der Variante Obermodern besteht vor allem in der von der Variante Sulz völlig abweichenden Griffgestaltung, aus Holz und Eisen oder, im Falle von Villingen, Gr. 118 (Nr. 137) aus Holz und Bronze. Sofern Griffreste erhalten sind, wie es bei Villingen und Obermodern der Fall ist, weisen sie auf eine Holzverschalung der Griffstange hin, sowie auf eine gerade Knaufstange, ebenfalls aus Holz, auf der drei Eisen- bzw. Bronzeknaufknöpfe aufgenietet waren, wobei der mittlere gleichzeitig als Griffangelniet zu verstehen ist. Die mehrteiligen, wohl durch Hartlot verbundenen Knaufknöpfe des Dolches von Obermodern (Nr. 138), die schon extrem zu nennende Ausmaße erreichen, lassen bei der Knaufbildung an Dolche der Variantengruppen Etting und Estavayer-le-Lac denken, von denen sie zeitlich nicht allzu weit entfernt sein dürften.

Bei Ebingen (Nr. 139–140) und Nehren (Nr. 141) scheint es sich um Dolchmesser zu handeln, wenn dies auch bei der Klingenform verwundert. Das Scheidenfragment von Pratteln (Nr. 142) wird wohl hier anzuschließen sein, wenn auch die Tatsache, daß es sich höchstwahrscheinlich ebenfalls um ein Dolchmesser handelt, als einziger Anhaltspunkt für eine Zuordnung zur Variante Obermodern anzusehen ist. Das Dolchscheidenfragment von Port (Nr. 143) ist keiner Gruppe mit Sicherheit zuzuordnen.

Im Falle von Ebingen ist erstmals die Aufhängungsvorrichtung deutlich zu erkennen. Die am unteren Rand des Scheidenmundblechs angenietete Eisenhülse war für einen Riemen gedacht und erinnert an Riemenhalterungen bei Eisendolchen.

137. Villingen-Magdalenenberg, Kr. Villingen-Schwenningen, Baden-Württemberg; Doppel-Nachbestattung 118. – Körpergrab, SSW–NNO; Dolch an linker Seite (1973). – Dolch, L. 33,6 cm; Klinge: L. 21,6 cm, gr. Br. 4,8 cm; Heftbr. 6 cm; Knaufbr. 7,7 cm (ergänzt) (*Taf. 25, 137*; nach Spindler). – Beifunde: zwei Bronzezwergknebel; zwei Bronzeringchen; Bronzebogenfibel; Töpfchen, flachbodig, bauchig (Taf. 44, B). – *Datierung:* Ha D1. – Mus. Villingen (73/464). – Spindler, Magdalenenberg IV 66ff. Taf. 58, 2; 59, 4; 126–128.

138. Obermodern, arr. Haguenau, dép. Bas-Rhin; zwischen Obermodern und Pfaffenhofen, aus Hgl. – Körperbestattung (?) (1926). – Dolch, erh. L. – (zu fragmentarisch); Klinge: L. noch 21,3 cm, gr. Br. noch 5,5 cm; Knaufbr. mind. 11 cm (*Taf. 26, 138*). – Anscheinend zugehörige Beigaben: zwei Bronzebogenfibeln; Bernsteinperle; Silexschaber, grau; Bronzehalsringfragmente. – *Datierung:* Ha D1. – Mus. Haguenau, Slg. Nessel (677). – Schaeffer, Haguenau II 180f. Fig. 153, R; B. Normand, L'âge du fer en Basse-Alsace (1973) 107 Taf. 5, A.

---

[8] Siehe Anm. 5.

139. **Ebingen**, Kr. Balingen, Baden-Württemberg; „Wasserwerk", Hgl. 2 A. – Körperdoppelbestattung (übereinander), S–N; Dolchmesser (?) an rechter Schulter (1932). – Dolchmesser (?), erg. L. 24,1 cm; Klinge: L. ca. 20,5 cm, gr. Br. ca. 5,5 cm *(Taf. 26, 139)*. – Beifunde Bestattung A, oberes Skelett: zwei Bronzebogenfibeln. – *Datierung:* Ha D1. – Mus. Ebingen. – Fundber. Schwaben N.F. 8, 1935, 71 f.; Breeg, Gräber bei Ebingen 405 ff. Abb. 5; Rieth Hallstattzeit Abb. 74, 3.

140. **Ebingen**, Kr. Balingen, Baden-Württemberg; „Wasserwerk", Hgl. 1, Gr. 1. – Körperbestattung, NW–SO (1932). – Dolch (?), Maße nicht zu rekonstruieren *(Taf. 26, 140)*. – Beifunde: zwei Eisentrensen, eine in Resten; Radreifenreste (Eisen), mit großköpfigen Nägeln; Eisenmesser, L. 10 cm; zwei Bronzebogenfibeln in Resten; zwei Bronzeringe, geschlossen; Eisenring, geschlossen; zehn Bronzeniete; Bronzeblechreste (Armband); Schüssel, verziert; zwei Teller, ritz- und stempelverziert. – *Datierung:* Ha D1. – Mus. Ebingen. – Fundber. Schwaben N.F. 8, 1935, 70 f.; Breeg, Gräber bei Ebingen 405 ff.

141. **Nehren**, Kr. Tübingen, Baden-Württemberg; Flur „Hennisch" und „Neue Wiesen", Hgl. 7, Gr. 1. – Körperbestattung, S–N (1894). – Dolchmesser, erh. L. 12,3 cm *(Taf. 26, 141)*. – Beifunde: Eisentülle (noch 4,2 cm) von Lanzenspitze; Bogenfibel. – *Datierung:* Ha D1. – Mus. Stuttgart (10831). – Fundber. Schwaben 3, 1895, 3. 35; Rieth, Hallstattzeit Abb. 78, 1. 2.

142. **Prattelen**, Kt. Baselland; Hgl. D in der Hardt. – Bestattungsart unbekannt (1841). – Dolchmesser (?), erh. L. 11,6 cm *(Taf. 26, 142; nach Drack)*. – Beifunde: zur gleichen „Fundgrube" gehören u.a. Eisentülle einer großen Pfeilspitze; Steilrandschälchen. – *Datierung:* Ha D. – Mus. Basel (1904/2366). – R. Giessler/G. Kraft, Ber. RGK. 32, 1942, 107; W. Drack, Jb. SGU. 57, 1972/73, 150 Abb. 6, 19.

143. **Port**, Bz. Nidau, Kt. Bern; „aus der Aare" (1893). – Dolch, erh. L. 18,0 cm *(Taf. 26, 143; nach Bill)*. – *Datierung:* Ha D. – Mus. Zürich (P 10855). – J. Bill, Zeitschr. Schweiz. Arch. Kunstgesch. 33, 1976, 182 ff. Abb. 1; W. Drack, Jb. SGU. 60, 1977, 120 Abb. 17.

Zeitstellung: Eine Datierung der Variante Obermodern nach Ha D1 wird durch die häufige Vergesellschaftung mit Bogenfibeln nahegelegt.

Verbreitung: Die Fundpunkte konzentrieren sich im westlichen Württemberg. Diese westliche Verbreitung der Variante wird durch die Funde im Elsaß und am Oberlauf des Rheins noch unterstrichen.

Variante Erkertshofen: Variantengruppe von Dolchmessern mit T-förmigem Griffabschluß

Der Anschluß an den Grundtyp ist insofern gegeben, als halbmondförmige Ortbänder und z.T. auch Bronzedrahtumwicklung nachgewiesen werden können. Die Eigenart dieser Gruppe besteht darin, daß es sich ausschließlich um einschneidige Formen handelt, und zwar um Dolchmesser mit Griffplatte, auf die der aus zwei Griffschalen oder -platten bestehende T-förmige Griff mit leicht nach unten gebogenem Knauf aufgenietet wurde. Griffe wie Ortbänder bestehen in der Regel aus Bronze.

Die Dolchmesser von Hallstatt, Gr. 547 und 611 (Nr. 149. 150) gehören ihrer schlanken, mit Kreisaugen verzierten Griffe wegen, zusammen. Ein derartiger Griff ist wohl auch bei Hallstatt, Gr. 667 (Nr. 151) zu ergänzen. Wenn auch dieses Dolchmesser eine Eisenscheide besitzt, so ist doch wie bei den eben erwähnten Stücken die Ortbandgestaltung in engem Zusammenhang mit westlichen Funden der oben genannten Variantengruppen zu sehen. Dagegen scheinen die beiden Hallstätter Dolchmesserteile Nr. 148 und 152 eine etwas breitere Griffstangenbildung aufzuweisen; ebenso ist es nicht auszuschließen, daß bei beiden Waffen die Griffplatte mit Holz belegt war. Holzreste am Heft von Nr. 152 lassen zumindest darauf schließen. Bei diesem Stück ist zudem eine Eisenscheide erhalten, die aus einem Teil besteht und an der Schneidenseite durch Überfalzung der Längsseiten zusammengehalten wird. Der Riemenhalter für zwei Riemen ist durch Aufschlitzen und Aufbiegen der Scheidenvorderwand hergestellt worden.

Enger zusammengehören dürften auch die Griffteile von Orpund (Nr. 145) und Wohlen (Nr. 146) mit leicht spindelförmiger Griffstangengestaltung. Falls das Dolchmesser von Erkertshofen (Nr. 144) nicht mit profilierter Griffstange zu ergänzen ist, rückt es in die Nähe der beiden Schweizer Stücke. Zu erwähnen sind bei Erkertshofen auch die Koralleneinlagen sowie die Eigenart, die sonst bei Bronzedolchen mit entwickelter Scheiden- und Knaufgestaltung wiederkehrt, daß nämlich die Scheidenvorderwand aus Bronze besteht, die Rückwand aber aus Eisen. Dies ist am halbmondförmigen Ortband von Erkertshofen zu beobachten. Anzuschließen ist eventuell das Dolchmesser von Wangen (Nr. 147) mit unvollständig erhaltener Eisenscheide und ebenso unvollständig erhaltenem Schalengriff aus Eisen. In der Spindelform der Griffstange könnte ein Anschluß an die beiden anderen Schweizer Formen gegeben sein; auf Grund des Fehlens des entscheidenden Griffoberteils aber ist eine Zuordnung nur unter Vorbehalt möglich.

144. Erkertshofen, Ldkr. Eichstätt, Bayern. – Körperbestattung aus Hgl., drei Skelette nebeneinander; Dolchmesser an Unterschenkelknochen des mittleren Skeletts (1855). – Dolchmesser, erh. L. 10,9 cm; Klinge: gr. Br. ca. 3 cm; Heftbr. 3 cm; Knaufbr. 5,2 cm *(Taf. 27, 144)*. – Beifunde (kaum zu trennen): Eisenlanzenspitze; Bronzearmring; Bronzeschlangenfibelfragment; zwei Bronzetonnenarmbänder; Eberhauer; zwei Bronzeketten; Bronzeklapperbleche; Bronzedrahtzierstück; Bronzeblechbrustschmuck; Halsschmuck aus Bronzeblechringen; Urne. – Datierung: Ha D1. – Mus. München (IV 389 K). – Kataloge des Bayer. Nationalmus. 4 (1892), 70 ff. Taf. 27, 5.6; Kossack, Südbayern 27 Abb. 3, 6.

145. Orpund, Bez. Nidau, Kt. Bern. – Einzelfund (19. Jh.). – Dolchmesser, erh. L. 11 cm; Klinge: gr. Br. ca. 4 cm; Heftbr. 4,4 cm; Knaufbr. 5,4 cm *(Taf. 27, 145;* nach Drack). – Datierung: Ha D. – Mus. Bern. – Drack, Eisenzeit H. 1, 27 Taf. 24, 13; ders., Jb. SGU. 57, 1972/73, 147. 150 Abb. 6, 18.

146. Wohlen, Bez. Bern, Kt. Bern; „Murzelen", Hgl. I oder II (1846). – Dolchmesser, erh. L. 10,7 cm; Klinge: gr. Br. ca. 4 cm; Heftbr. 4,3 cm; Knaufbr. 4,8 cm *(Taf. 27, 146;* nach Drack). – Beifunde: Bronzeblechrosette auf Eisenscheibe (Scheibenfibel?). – Datierung: Ha D. – Mus. Bern. – Drack, Eisenzeit H. 2, 24 Taf. 11, 31. 32; ders., Jb. SGU. 57, 1972/73, 142 ff. Abb. 6, 17.

147. Wangen, Kt. Zürich; Hgl. im „Wieslistein", Gr. 18. – Körperbestattung (1901). – Dolchmesser, erh. L. 31 cm; Klinge: L. 22 cm, gr. Br. 2,5 cm; Heftbr. 3,1 cm *(Taf. 27, 147;* nach Drack). – Beifunde: zwei Schlangenfibeln; (Inventar Gr. 13 eventuell ebenfalls zugehörig?) Bronzeohrring; Bronze-Certosafibel; Bronzegürtelblech; zwei Bronzespiralarmringe; Schale mit S-Wandung. – Datierung: Ha D1. – Mus. Zürich. – R. Ulrich, Catalog der Sammlungen der Antiquarischen Gesellschaft in Zürich, 1. Theil (1890), 8 ff.; W. Drack, Jb. SGU. 57, 1972/73, 137 Abb. 4, 7; 16.

148. Hallstatt, B.H. Gmunden, Oberösterreich; Flachgrab 51. – Brandbestattung (1847). – Dolchmesser (?), erh. L. 7,5 cm; Knaufbr. 4,6 cm *(Taf. 27, 148)*. – Beifunde: Bronzearmreif; zwei Bronzebrillenfibeln ohne Achterschleife; Eisengriffzungenmesserfragmente; Tongefäßfragmente. – Datierung: Ha D. – Mus. Wien (23809). – Kromer, Hallstatt 48 Taf. 5, 23.

149. Hallstatt, B.H. Gmunden, Oberösterreich; Flachgrab 547. – Brandbestattung (1857). – Dolchmesser, erh. L. 22,9 cm; Klinge: gr. Br. noch 3,3 cm; Heftbr. 3,8 cm; Knaufbr. 7,7 cm *(Taf. 27, 149)*. – Beifunde: zwei Vasenkopfnadeln; Bronzegefäß, Tierknochen (nicht erh.). – Datierung: Ha C/D(?). – Mus. Wien (25374-1558. 25375-1559 = Ortband). – Kromer, Hallstatt 124 Taf. 104, 1–2b.

150. Hallstatt, B.H. Gmunden, Oberösterreich; Flachgrab 611. – Brandbestattung (1858). – Dolchmesser, erh. L. ca. 33 cm; Klinge: noch 20,2 cm, gr. Br. ca. 4,8 cm; Heftbr. 5 cm; Knaufbr. 7,1 cm *(Taf. 27, 150;* z.T. nach Kromer). – Beifunde: Bronziergehänge; Bronzegefäßfragm.; Tongefäße (nicht erh.). – Datierung: Ha C/D(?). – Mus. Wien (25566-1707). – Kromer, Hallstatt 135 Taf. 120, 3–4.

151. Hallstatt, B.H. Gmunden, Oberösterreich; Flachgrab 667. – Brandbestattung (1858). – Dolchmesser, erh. L. ca. 28 cm; Klinge: L. ca. 21 cm, gr. Br. 5,7 cm; Heftbr. ca. 5,7 cm; Knaufbr. 7,1 cm *(Taf. 28, 151;* z.T. nach Kromer). – Beifunde: Bronzesitula; Bronzegitterscheibenfibel; Bronzegürtelblech (PBF. XII, 1 [Kilian-Dirlmeier] Nr. 609); zwei Bronzeringe; Bronzeschale; Tongefäßfragmente; Tierknochen (nicht erh.). – Datierung: Ha D. – Mus. Wien (25690-1792). – Kromer, Hallstatt 141, Taf. 135, 1 a, b.

152. Hallstatt, B.H. Gmunden, Oberösterreich. – Wohl Grabfund. – Dolchmesser, erh. L. 19,1 cm; Klinge: L. noch 15,7 cm, gr. Br. ca. 5 cm; Heftl. 5 cm *(Taf. 28, 152)*. – Datierung: Ha D(?). – Mus. Wien (23796). – Unpubliziert.

Dolchmesser und Dolche mit ringförmigem Ortband

Zeitstellung: Das Grab 547 von Hallstatt (Nr. 149) weist Vasenkopfnadeln auf, könnte demnach noch an das Ende von Ha C gestellt werden, während die restlichen Hallstätter Dolchmesser dieser Variantengruppe – etwa auf Grund einer Gürtelblechbeigabe – z. T. nach Ha D datiert werden müssen. Mit Erkertshofen (Nr. 144) – das aus einer Dreierbestattung stammt, zu der u. a. eine Schlangenfibel gehört, ist ein Hinweis auf Ha D1 gegeben. Ein Beleg für eine Ha D2-Datierung liegt bislang nicht vor. Dies gilt für sämtliche Varianten des hier behandelten Typs.

Verbreitung: Es existieren zwei Verbreitungsschwerpunkte, nimmt man die sog. Este-Messer aus, nämlich Hallstatt und die Schweiz. Der dazwischenliegende Fund von Erkertshofen ist keiner der beiden Gruppen eindeutig zuzuordnen.

DOLCHMESSER UND DOLCHE MIT RINGFÖRMIGEM ORTBAND

Zum Teil handelt es sich um Griffplattenmesser, bei denen auf der in der Mitte einziehenden Griffplatte Holzplättchen aufgenietet waren, von denen in einigen Fällen noch Reste erhalten sind. Derartige Griffformen sind von Ebingen (Nr. 153), Tübingen-Kilchberg (Nr. 156), Hallstatt-Eckerntal (Nr. 157) und Inneringen (Nr. 158) bekannt. Sonst ist nur noch bei Veringenstadt (Nr. 159), dem einzigen Dolch der Gruppe, der Griff erhalten. Er stellt das genaue Abbild eines Griffs der Eisenantennenwaffen mit mehrteiliger Griffstange dar, nur daß er aus Bronze besteht.

Bei den übrigen Waffen dieser Gruppe ist lediglich die Scheide mit Ortband oder auch nur das ringförmige Ortband erhalten, das als Definitionskriterium zu betrachten ist. Bei Hallstatt, Tübingen-Kilchberg und Würtingen-Rutschenhofen (Nr. 155) fehlt das Ortband. In Anlehnung an Ebingen sollen auf Grund der identischen Griffform diese drei Dolchmesser hier zugeordnet werden. Eiserne Ortbandformen liegen nur dreimal vor. In erster Linie sind bronzene Ringortbänder nachzuweisen. Hierbei ist dann das massive ringförmige Ortband samt Steg und dessen Knöpfen in einem Stück gegossen und mit der Scheide vernietet. Besteht es nicht aus einem Ring, so ist es zumindest kreisrund und kann in der eingetieften Mitte eine Einlage aus Koralle tragen. Ortbandtülle und -steg können quer- bzw. längsrippt sein. Hierdurch und auch durch die Verwendung von Metallscheiden mit zweireihigen Riemenhaltern ist ein Anschluß vor allem an Waffen der Varianten Ludwigsburg und Aichach gegeben.

Gruppierungen

Die beiden Stuttgarter Scheidenreste (Nr. 161. 162) lassen sich dadurch miteinander in Verbindung bringen, daß das Innere des Ringes jeweils eine Einlage besaß. Bei Weil-im-Dorf könnte es sich um Koralle handeln.

In beiden Fällen ist der Griff nicht erhalten. Sollte man die Waffe des „Kriegers von Hirschlanden" mit Ringortmessern in Verbindung bringen dürfen, so wäre ein Hinweis auf einen antennenartigen Griff gegeben, wie er danach eventuell bei den beiden Stuttgarter Stücken zu ergänzen wäre, die ja in relativer Nähe zu Hirschlanden gefunden wurden. Im Falle von Inneringen (Nr. 158) und Veringenstadt (Nr. 159) – beide Fundorte liegen dicht beisammen – sind die Ortbänder durch einen in der Mitte offenen Ring abgeschlossen. Aus der Umgebung von Sigmaringen (Nr. 160) stammt ein Bronzeortband mit Scheidenansatz, das eine linsenförmige Gestalt aufweist. Mit Ebingen (Nr. 153) fassen wir die einzige vollständig erhaltene Waffe dieser Variantengruppe. Wie das ganze Dolchmesser besteht auch das

Ortband aus Eisen; es hat seine Parallele in einem ehemals wohl mit einer Einlage versehenen Eisenortband aus Baden-Württemberg, „Fundort unbekannt" (Nr. 154) und dem dosenförmigen Ortband von der Heuneburg (Nr. 154A), dessen zwei Hälften durch Hartlot miteinander verbunden sind. Aus Materialgründen ist auch das Dolchmesser von Tübingen-Kilchberg (Nr. 156) hier anzuschließen. Das fehlende Ortband wird wohl als ein ringförmiges zu ergänzen sein.

Auf Grund von Resten der Bronzescheide dürfte Hallstatt-Eckerntal (Nr. 157) eher der Gruppe mit Bronze-Ringort angehören. Von Muttenhofen (Nr. 163) ist allein das Ortband erhalten; dieses endet flach kleeblattförmig, allerdings mit durchbrochenen Enden, so daß der Eindruck von drei Ringen entsteht und ein Anschluß an die Variantengruppe mit Ringort gerechtfertigt erscheint, wenngleich es sich um eine Sonderform handelt.

153. Ebingen, Kr. Balingen, Baden-Württemberg; „Schmiechatal", Hgl. 1. – Körperbestattung, S–N; Dolchmesser an linker Seite, Spitze nach oben (1935). – Dolchmesser, L. 40,2 cm; Klinge: L. ca. 26 cm, gr. Br. ca. 3,5 cm; Heftbr. 3,3 cm; Knaufbr. 3,3 cm *(Taf. 28, 153)*. – Beifunde: Bronzelanzenspitze; zwei Bronzeschlangenfibeln (S5); Bronzegürtelblech vom Typ Hundersingen (PBF. XII, 1 [Kilian-Dirlmeier] Nr. 217); Bronzering; Bronzekessel, Boden aufgenietet. – *Datierung:* Ha D1. – Mus. Ebingen. – Fundber. Schwaben N.F. 9, 1935–38, 47 ff.; Breeg, Gräber bei Ebingen 405 ff.

154. Fundort unbekannt, Baden-Württemberg. – Fundumstände unbekannt. – Eisenortband, erh. L. 5,1 cm; Br. 3,6 cm *(Taf. 28, 154)*. – *Datierung:* Ha D. – Mus. Stuttgart. – Unpubliziert.

154A. Heuneburg, Kr. Saulgau, Baden-Württemberg. – Siedlungsfund (1977). – Eisenortband von Dolchmesser, erh. L. 3,7 cm *(Taf. 28, 154A)*. – *Datierung:* Ha D. – Mus. Tübingen (312/77). – S. Sievers, Die Kleinfunde der Heuneburg. Heuneburgstudien V (in Vorbereitung).

155. Würtingen, Kr. Reutlingen, Baden-Württemberg; „Rutschenhofen", „Hgl. 2, Gr. a". – Körperbestattung (?) (1886). – Dolchmesser, L. 26,5 cm *(Taf. 28, 155)*. – Beifunde nicht gesichert. – *Datierung:* Ha D. – Mus. Stuttgart (9266a). – Goessler, Oberamtsbeschr. 152; Zürn, Hallstattzeit.

156. Tübingen-Kilchberg, Baden-Württemberg; Hgl. 2. – Körperbestattung, SO–NW; Dolchmesser eventuell auf linker Seite (1968). – Dolchmesser, erh. L. 32,1 cm; Klinge: L. noch ca. 23 cm, gr. Br. ca. 3,2 cm; Heftbr. noch 2,8 cm; Knaufbr. 2,3 cm *(Taf. 28, 156;* nach Beck). – Beifunde: Eisentüllenfragment (wohl Lanze) L. noch 4,3 cm; Goldblech-Hohlohrring; Bronzekniefibel; Bronzereste (unbestimmbar) (Taf. 45, B). – *Datierung:* Ha D2. – Mus. Stuttgart (V 72/110). – Fundber. Baden-Württemberg 1, 1974, 251 ff. Abb. 18, 1.

157. Hallstatt, B.H. Gmunden, Oberösterreich; „Eckerntal", Flachgrab 558. – Körperbestattung, W–O (1940); Dolchmesser an den Füßen. – Dolchmesser, erh. L. 32,2 cm; Klinge: L. noch 22 cm, gr. Br. noch 3,5 cm; Knaufbr. noch 4,7 cm *(Taf. 28, 157)*. – Beifunde: Bronzegürtelblech (PBF. XX, 1 [Kilian-Dirlmeier] Nr. 558); zwei Bronzetutulusfibeln; zwei Bronzearmringe; Bronzearmring; Bernsteinperlen. – *Datierung:* Ha D. – Mus. Hallstatt (11302). – F. Morton, Arch. Austriaca 10, 1952, 45 ff. Abb. 3, 2; Kilian-Dirlmeier, PBF. XII, 1 (1972) 87 Nr. 558 Taf. 93, B.

158. Inneringen, Kr. Sigmaringen, Baden-Württemberg; aus Hgl. – Körperbestattung (?) (ca. 1900). – Dolchmesser, erh. L. 32,5 cm; Klinge: L. ca. 21,5 cm, gr. Br. 3,2 cm *(Taf. 29, 158)*. – *Datierung:* Ha D. – Mus. Sigmaringen (202). – Lindenschmit, Sigmaringen 212 Taf. 18, 1; Rieth, Hallstattzeit Abb. 31, 4.

159. Veringenstadt, Kr. Sigmaringen, Baden-Württemberg; aus Hgl. – Dolch, L. 33,9 cm; Klinge: L. ca. 20 cm, gr. Br. 3,6 cm; Heftbr. 5,3 cm; Knaufbr. 5,8 cm *(Taf. 29, 159)*. – *Datierung:* Ha D. – Mus. Sigmaringen (510). – AuhV. 4, Taf. 2, 2; Rieth, Hallstattzeit Abb. 31, 1.

160. Bei Sigmaringen, Baden-Württemberg; Fundumstände unbekannt. – Dolchmesser, erh. L. 5,0 cm *(Taf. 29, 160)*. – *Datierung:* Ha D. – Mus. Sigmaringen (511). – Unpubliziert.

161. Stuttgart-Ludwigsburgerstraße, Baden-Württemberg. – Einzelfund (1909). – Dolchmesser, erh. L. 25 cm; Klinge: L. ca. 21–22 cm (nicht erh.), gr. Br. ca. 2,3 cm *(Taf. 29, 161)*. – *Datierung:* Ha D. – Mus. Stuttgart (A 44). – Fundber. Schwaben 17, 1909, 18; Bl. Schwäb. Albver. 22, 1910, 85; P. Goessler, Vor- und Frühgeschichte von Stuttgart-Cannstatt (1920) 29, Abb. 2, 19.

162. Stuttgart-Weil-im-Dorf, Baden-Württemberg; Flur „Gschnaid", Hgl. 7. – Körperbestattung, S–N; Dolchmesser auf rechter Seite (1928). – Dolchmesser, erh. L. 5,9 cm *(Taf. 29, 162)*. – Beifunde: Eisenlanzenspitze? (Eisenreste); zwei Bronzepaukenfibeln; Bronzearmring, geschlossen, glatt (Taf. 45, E). – *Datierung:* Ha D2. – Mus. Stuttgart (A 29/140). – Fundber. Schwaben N.F. 5, 1928–30, 35 f. Abb. 16.

163. Muttenhofen, Ldkr. Neumarkt, Bayern; Hgl. 3 (vor 1895?). – Dolch (?), erh. L. 3,7 cm *(Taf. 29, 163).* – Beifunde: Bronzekahnfibel; Urne. – *Datierung:* Ha D1. – Mus. München (1895/179, 2). – J. Naue, Nachr. dt. Altertumskde. 5, 1894, 90f.; ders., Revue Arch. 1895, II, 68, Abb. VIII, 60; W. Kersten, PZ. 24, 1933, 113; W. Torbrügge, Die Hallstattzeit in der Oberpfalz (1979) Taf. 129, 9.

Zeitstellung: Während die Funde von Tübingen-Kilchberg (Nr. 156) und Weil-im-Dorf (Nr. 162) klar nach Ha D2 gehören, läßt sich das mit einer Schlangenfibel S5 vergesellschaftete Dolchmesser von Ebingen (Nr. 153) weder Ha D1 noch Ha D2 mit Sicherheit zuweisen. Somit läßt sich keine der möglichen Gruppierungen chronologisch schärfer auswerten. Dies ist nicht zuletzt auf den Mangel an geschlossenen Fundzusammenhängen innerhalb dieser Variantengruppe zurückzuführen.

Verbreitung (Taf. 43, B): Fast alle Funde dieser Gruppe stammen aus Baden-Württemberg. Die Fundorte verwandter Formen liegen jeweils auffällig dicht beieinander. Weitere Fundpunkte finden sich in Bayern und Oberösterreich.

BRONZEDOLCHE UND DOLCHMESSER MIT ENTWICKELTER KNAUF- UND SCHEIDENGESTALTUNG

Diese Gruppe verursacht bei dem Versuch einer Unterteilung besondere Schwierigkeiten, da durch die reiche Ausschmückung viele Kombinationsmöglichkeiten durch Verzierungselemente entstehen. Insgesamt machen die Dolche also – von Ausnahmen abgesehen – einen sehr individuellen Eindruck. Es bleiben bei einer Gliederung dieses Dolchmaterials somit zwei Möglichkeiten: entweder eine Unterteilung in sehr viele Varianten, die dann zum Großteil allerdings aus nur zwei Stücken bestehen würden, oder eine Unterteilung nach Grifftypen. Im zweiten Fall würden zwei große Gruppen entstehen sowie eine dritte mit kaum einzuordnenden Einzelstücken und Fragmenten. Da die zweite Möglichkeit nicht ausschließt, daß man auf kleinere Gruppierungen hinweist, die Einheitlichkeit des Dolchmaterials dieses Typs aber berücksichtigt und eine gewisse Übersichtlichkeit schafft, wurde eine Entscheidung für eben diese Möglichkeit getroffen.

Der Griff entstand im Gußverfahren, ist entweder einteilig oder erinnert im Aufbau an die Variante Sulz. Auf die Griffangel wurde im letzteren Fall das mit dem unteren Teil der Griffstange in einem Stück gegossene Heft aufgeschoben, und zwar über einen Holzzapfen bzw. eine Muffe in der Griffmitte. Der obere Griffteil wurde daraufgesetzt. Durch das Holz wurde ein Verrutschen verhindert und die Nahtstelle wurde durch die Profilierung der Griffmitte unkenntlich gemacht.[1] Die Grundkonstruktion des ovalen Knaufs samt der oberen Griffstangenhälfte war wiederum in einem Stück gegossen. Die Vernietung fand in oder auf einem relativ hohen, meist stark profilierten, die Griffstange verlängernden Zierknopf statt. Die z. T. figürliche Verzierung des Knaufovals, sowie die auf den Knaufenden aufsitzenden profilierten Knaufknöpfe waren mitgegossen. In etlichen Fällen war die Griffkonstruktion zusätzlich am Heft mit dem Klingenoberteil vernietet.

Der Scheidenaufbau ähnelt dem der eisernen Dolche mit komplizierter Scheiden- und Knaufgestaltung: zwei z. T. unberippte Scheidenbleche, von denen das hintere auch aus Eisen bestehen kann, sind durch Umbörtelung zusammengefügt. Zum Teil ist auch noch das Scheidenfutter aus Holz, Birkenrinde (Hundersingen, Hgl. 4 [Nr. 172]) oder Leder zu erkennen. Der Unterschied in der Herstellung ist nur durch das Material bedingt; so werden wie bei den Eisendolchen Ortbandsteg, Ortbandkugel-

---

[1] So durch H.-J. Hundt bei Hundersingen, Hgl. 4 vermutet. Magdalenenberg V (1977) S. 143 f.

hälften und Endknöpfe aufgeschoben und mit den Scheidenzipfeln vernietet – nur, daß hier der Steg samt Endknöpfen in einem Stück gegossen wurde, was eigentlich die Endknöpfe überflüssig und somit zu einem typologischen Rudiment macht.

Der zweireihige Riemenhalter unterscheidet sich in der Konstruktion und Anbringung in der Regel nicht von dem der Eisengruppe oder der Gruppe mit Ringort. In Ausnahmefällen wurden die Riemen nicht durch Metallhülsen, sondern, wo möglich hinter dem Dolch, durch Bronzeringe geführt, die Teil eines auf der Vorderseite angenieteten Steges sind.

Variante Ludwigsburg

Die Variante Ludwigsburg weist Dolche und Dolchmesser auf. Charakterisiert wird diese Gruppe durch die auf den eingebogenen Knaufenden angebrachten Knaufaufsätze. Bei der Griffstangengestaltung sind nur das Dolchmesser von Wattendorf (Nr. 170) durch den glatten, einteiligen Griff und die Dolche von Hochdorf (Nr. 165A) und Ludwigsburg I (Nr. 164) mit ihren durchgehend rippenverzierten Griffen abweichend. Die Knaufenden sind normalerweise oval eingebogen, bei dem Dolch von Burrenhof zu Ringen eingerollt und tragen unterschiedlich gestaltete, meist profilierte Aufsätze, denen der Griffangelniet, oder besser die Verlängerung der Griffstange, in Form und Höhe angepaßt ist. Ausnahmen bilden Wattendorf, wo der Griffangelniet fehlt, und Ludwigsburg I, wo auf dem Griffangelniet ein gewinkeltes Bronzeband aufsitzt, das zwei Näpfe statt eines trägt, so daß eine Reihung von vier statt drei Knaufaufsätzen entsteht. In der Scheidengestaltung lassen sich keine Besonderheiten erkennen, die für die gesamte Variante typisch wären. Immerhin ist die reiche Tremolierstichverzierung des Dolches von Hochdorf (Nr. 165A) hervorzuheben, die die obere Hälfte der Scheidenvorderseite bedeckt. Strichlinien und Gittermuster herrschen vor. Eine ähnlich aufwendige Dekoration des Scheidenblechs (aus Bronze) ist nur noch bei der Variante Aichach von Hundersingen, Hgl. 1, Nachbestattung 1 (Nr. 184) bekannt. Auch in der Ortbandgestaltung fällt Hochdorf mit seinem Rädchenortband, das eng mit den Ringortbändern verwandt ist, aus dem Rahmen. Die seitlichen Zierknöpfe sind abgefeilt, wie auch sonst sämtliche Zierstifte, z.B. am Riemenhalter, entfernt wurden. Dies mag mit dem nachträglichen Umkleiden des Dolches mit einer (nicht abgebildeten) Goldblechfolie in Zusammenhang stehen.

Zu Gruppenbildungen innerhalb dieser Variante ist zu sagen, daß die beiden Hallstätter Dolche (Nr. 166. 167) fast identisch sind, sicher aus der gleichen Werkstatt stammen und das gleiche Prinzip der Knaufgestaltung aufweisen wie Hochdorf und Ludwigsburg II (Nr. 165), das wieder mit Ludwigsburg I durch die Verwendung von Bernstein bei der Füllung der Knaufaufsätze in Verbindung zu bringen ist. Von den Hallstätter Dolchen ist auch der von Burrenhof (Nr. 169) nicht allzu weit entfernt, bedenkt man neben der ähnlichen Knaufgestaltung die gerade, in der Mitte dreifach profilierte Knaufstange.

164. Ludwigsburg, Baden-Württemberg; „Römerhügel", Kammer 1. – Körperbestattung, S–N; Dolch an rechter Seite (1877). – Dolch, L. 37,6 cm; Klinge: L. ca. 20,8 cm, gr. Br. 6,4 cm; Heftbr. 8,5 cm; Knaufbr. 6 cm (*Taf. 29, 164;* nach Schiek). – Beifunde: Goldblechhalsreif, geschlossen; Goldblechstreifen, offen; Bronzeröhre; Bronzepferdchen, gegossen; vier Bronzevögel; vierrädriger Wagen; Eisenkettenbruchst.; drei Bronzeringe; Pferdegeschirr; Bronzeziste, enggerippt; Bronzebecken; Bonzegefäßrandstücke; Bronzeperlrandteller; Schleifstein, L. 7,9 cm (nat. Kiesel? – nicht mehr vorhanden); Glasfläschchen (wohl nicht zum Grabfund gehörig). – *Datierung:* Ha D2/3 (?). – Mus. Stuttgart (6948). – O. Paret, Urgeschichte Württembergs (1921) 68 ff. Abb. 13, 4; Schiek, Fürstengräber 47 ff.

165. Ludwigsburg, Baden-Württemberg; „Römerhügel", Kammer 2 (1877). – Dolch (?), erh. L. 10,4 cm; Knaufbr. 5,6 cm *(Taf. 29, 165)*. – Beifunde: Goldblechstreifen; zwei Bernsteinplättchen, keulenförmig; Bronzeblechreste (nicht erhalten). – *Datierung:* Ha D2/3. – Mus. Stuttgart (8722). – Rieth, Hallstattzeit Abb. 30, 11; Schiek, Fürstengräber 47 ff.

165 A. Eberdingen-Hochdorf, Kr. Ludwigsburg, Baden-Württembergs; „Biegel". – Körperbestattung eines 40jährigen Mannes in Kammer, Dolch an rechter Seite (1978/79). – Dolch, L. 41,8 cm; Klinge: L. 27,8 cm, gr. Br. 3,5 cm; Heftbr. 4,0 cm; Knaufbr. 5,3 cm *(Taf. 30, 165 A; nach Biel)*. – Beifunde: Goldblech-Halsreif; zwei Goldschlangenfibeln; Goldblech-Armband; Bronzegürtelblech mit Goldblechüberzug; Goldblech-Schuhbeschläge; Birkenrindenhut; Eisenrasiermesser; Eisennagelschneider; drei Bronzeangelhaken; Köcher mit Pfeilen; Eisenbeil; Eisenlanzenspitze; Eisenmesser; Holzstachel mit Bronzespitze; Totenbett aus Bronze; vierrädriger Wagen mit Schirrung für zwei Pferde; Bronzekessel; Goldschale; drei Bronzebecken; neun Bronzeteller. – *Datierung:* Ha D2. – Mus. Stuttgart. – J. Biel, in: K. Bittel/W. Kimmig/S. Schiek (Hrsg.), Die Kelten in Baden-Württemberg (1981) 395 ff.; ders., Archäologische Ausgrabungen 1978, 27 ff.; ders., ebd. 1979, 45 ff.; ders., National Geographic Magazine, März 1980; ders., Germania 60 H. 1, 1982, 61 ff.

166. Hallstatt, B.H. Gmunden, Oberösterreich; Flachgrab 32. – Brandbestattung (1939). – Dolch, erh. L. 38 cm; Klinge: L. noch ca. 22 cm, gr. Br. ca. 3,7 cm; Heftbr. 6,1 cm; Knaufbr. 5,1 cm *(Taf. 31, 166)*. – Beifunde: zwei Bronzelanzenspitzen; L. 37 cm; Tonschale, rot bemalt, Graphitdreiecke; Scherben und Randstücke, z.T. graphitiert. – *Datierung:* Ha D. – Mus. Hallstatt (3566). – Kromer, Hallstatt 199 Taf. 205, 2 a. b.

167. Hallstatt, B.H. Gmunden, Oberösterreich; Flachgrab 13. – Körperbestattung; Dolch am linken Handgelenk (1939). – Dolch, erh. L. 34,6 cm; Klinge: L. noch 19 cm, gr. Br. ca. 3,5 cm; Heftbr. 5,7 cm; Knaufbr. 5,4 cm *(Taf. 31, 167)*. – Beifunde: Bronzelanzenspitzenfragmente, L. 2,9 cm; Eisen-Tüllenbeil, L. 19,5 cm; Bronzepfeilspitze, tüllenförmig, L. 3,4 cm; Bronzefibelfragmente, längsgerippt; Armbrustfibel mit Aufsatz; Bronzeeimer; zwei Bronzesitulen (nicht erh.); Goldarmband; Bronzearmreif; Bronzering; Bronzespirale; Tierknochen; Bronzeringchen, Beingriff, L. noch 5,8 cm; Bronzeringchen; Bronzefingerring. – *Datierung:* Ha D3. – Mus. Hallstatt (3471). – Kromer, Hallstatt 197 Taf. 210, 9. 9 a; Abb. 149.

168. Bittelschieß, Kr. Sigmaringen, Baden-Württemberg, aus Hgl. (1881). – Dolchmesser, L. 35,8 cm; Klinge: L. ca. 22,2 cm, gr. Br. 3,1 cm; Heftbr. 3,2 cm; Knaufbr. 3,3 cm *(Taf. 30, 168)*. – Beifunde (aus gleichem Hgl.): Hochhalsurnenteil; Bronzegürtelblechreste vom Typ Inneringen (PBF. XII, 1 [Kilian-Dirlmeier] Nr. 71); Bronzefußring; Bronzefußringhälfte. – *Datierung:* Ha D. – Mus. Sigmaringen (344). – Rieth, Hallstattzeit Abb. 30, 5; 31, 3; 77.

169. Erkenbrechtsweiler-Burrenhof, Kr. Nürtingen, Baden-Württemberg; Hgl. 2, Bestattung 1 (1893). – Dolch, erh. L. 28 cm; Klinge: L. 17,25 cm, gr. Br. 3 cm; Heftbr. noch 3,6 cm; Knaufbr. 3,3 cm *(Taf. 31, 169; nach Zürn)*. – Beifunde: Eisenlanzenspitze (nicht erhalten); Hochhalsurne, bemalt, H. 20 cm. – *Datierung:* Ha D1/2. – Mus. Stuttgart (A 1199). – Fundber. Schwaben 1, 1893, 19; Goessler, Oberamtsbeschr. Urach, 1909, 139; Bl. Schwäb. Alber. 17, 1905, 385 f. u. Abb. 384, 7; Zürn, Veröffentlichungen Stuttgart, Böblingen, Nürtingen 30 Taf. 8, 1.

170. Wattendorf, Kr. Bamberg, Bayern; „Heerdweg", Hgl. 4. – Körperdoppelbestattung, O-W (19. Jh.). – Dolchmesser, L. 30 cm; Klinge: L. 18,9 cm, gr. Br. 2,4 cm; Heftbr. 2,7 cm; Knaufbr. 4,3 cm *(Taf. 31, 170)*. – Beifunde: Bronzegürtelblech vom Typ Cannstatt (PBF. XII, 1 [Kilian-Dirlmeier] Nr. 91); zwei Eisenmesser, halbmondförmig; zwei Fibeln (Armbrustkonstruktion); Schweinezähne. – *Datierung:* Ha D2/3. – Mus. Bamberg (180). – AuhV. 4 Taf. 2, 1; Lindenschmit, Sigmaringen 126 Fig. 66, 7; L. Hermann, Ber. Hist. Ver. Bamberg 5, 1842, 28 Taf. 9, 116; Rieth, Hallstattzeit Abb. 30, 3.

Zeitstellung: Die beiden Ludwigsburger Dolche (Nr. 164. 165) lassen sich durch weitere Beigaben der Fürstengräber nach Ha D2 bzw. Ha D3 datieren, wobei man sie zeitlich nicht allzu weit voneinander trennen möchte. Der Dolch von Burrenhof (Nr. 169) ist durch die mitgefundene Hochhalsurne ab Ha D1 denkbar, der Zeitpunkt der Grablege von Hochdorf (Nr. 165 A) ist durch eine Paukenfibel an den Beginn von Ha D2 datierbar und bei Wattendorf (Nr. 170) und Hallstatt, Gr. 13 (Nr. 167) weisen Fibelreste ins späte Ha D, wo der Schwerpunkt dieser Variante liegen mag.

Verbreitung (Taf. 43, B): Auf Grund des Verbreitungsschwerpunkts in Baden-Württemberg ist es wahrscheinlich, daß die Entwicklung der Variante Ludwigsburg hier ihren Ausgangspunkt hatte, der bayerische und die beiden oberösterreichischen Funde also in Abhängigkeit von den westlichen zu sehen sind.

Variantengruppe Aichach

In der Griffkonstruktion besteht zur Variante Ludwigsburg prinzipiell kein Unterschied. Verhältnismäßig oft ist das Heft nach unten abgeknickt und weist öfter als bei der Variante Ludwigsburg Kreisaugen auf. Die eigentliche Eigenart dieser Variantengruppe besteht auch hier in der Knaufgestaltung: Der Knauf ist wiederum oval eingebogen, der Griffangelniet ist profiliert und hochgezogen, jedoch nicht so extrem wie bei der Variante Ludwigsburg. Die Knaufenden sind entweder trichterförmig gebildet oder besitzen eine Verbindung zum Knaufoval, das figürlich ausgeschmückt sein kann: bei Hallstatt, Gr. 116 (Nr. 180) mit Menschenfiguren, bei Aichach (Nr. 178) mit Tierfiguren, bei Augsburg (Nr. 177) mit Vogelköpfen. Bei Hallstatt, Gr. 116, deutlich sichtbar und womöglich auch bei Hallstatt, Gr. 11 (Nr. 175) sind die Knaufenden, die mit dem Griffangelniet lose verbunden sind, als Tierköpfe gestaltet.

Innerhalb der Dolchgruppe mit trichterförmig gestalteten Knaufenden sind die Dolche von Hundersingen, Hgl. 4, Gr. 14 (Nr. 172) und Hallstatt, Gr. 702 (Nr. 171) in engem Zusammenhang zu sehen, ja scheinen eng verwandt.

In der Scheidengestaltung und der Ortbandform läßt sich keine ausgesprochene Einheitlichkeit feststellen, bis auf die Tatsache, daß es sich ausschließlich um zweischneidige Formen handelt, daß höchstens die Scheidenrückwand aus Eisen geformt sein kann; sonst wurde Bronze verwendet. Der aus einem Kasten oder aus einem doppelt aufgebogenen Blech bestehende, oft mit Ziernieten versehene Riemenhalter ist immer zweireihig. Die Riemen können wie bei Hundersingen, Hgl. 1, Nachbest. 2 (Nr. 176) und Aichach (Nr. 178) auch durch zwei an einem Steg angebrachte Ringösen geführt worden sein, womöglich auf der Scheidenrückwand, wie dies bei Hundersingen sehr wahrscheinlich ist. Die Ortbänder sind in jedem Fall kugelförmig, können aber auch traubenförmig enden.

171. Hallstatt, B.H. Gmunden, Oberösterreich; Flachgrab 702. – Brandbestattung (1859). – Dolch, erh. L. 37,5 cm (Klinge gebogen); Klinge: L. noch 17,5 cm, gr. Br. 5,8 cm; Heftbr. 7,3 cm; Knaufbr. 7,2 cm *(Taf. 31, 171;* z.T. nach Kromer). – Beifunde: Bronze-Eisenlappenaxt, L. 17 cm; Eisenwaffen, Tongefäße, Tierknochen (nicht erh.). – *Datierung:* Ha D. – Mus. Wien (25837-1925. 25838-1925¹/₂ = Scheide). – Kromer, Hallstatt 147 Taf. 143, 1, 2.

172. Hundersingen, Kr. Saulgau, Baden-Württemberg; Hgl. 4, Nachbestattung 14; Körperbestattung, S–N; Dolch an rechter Seite (1962). – Dolch, L. 39,4 cm; Klinge: L. noch 22,6 cm, gr. Br. 4,6 cm; Heftbr. 5,4 cm; Knaufbr. 6,3 cm *(Taf. 32, 172).* – Beifunde: zwei Eisenlanzenspitzen, L. 18,8 cm u. erh. L. 15,7 cm; Bronzearmringfragment, hohl; Bronzefußzierfibelfragment (bandförmiger Bügel mit Armbrustkonstruktion); Armring und Fibel etwas abseits. – *Datierung:* Ha D3. – Mus. Stuttgart (V 62/63). – Unpubliziert.

173. Wildenroth-Grafrath, Ldkr. Fürstenfeldbruck, Bayern; „Meringer Wald", Hgl. 15. – Körperbestattung, W–O, Dolch an rechter Seite (?) (1895). – Dolch, L. 39,8 cm; Klinge: L. ca. 25 cm, gr. Br. ca. 2,5 cm; Heftbr. 4,2 cm; Knaufbr. 4,8 cm *(Taf. 32, 173).* – Beifunde (50 cm tiefer): Eisenlanzenspitze, L. noch 14,8 cm (zugehörig?). – *Datierung:* Ha D. – Mus. München (1896/195). – Prähist. Bl. 8, 1896, 70 f.; Rieth, Hallstattzeit Abb. 30, 7; Kossack, Südbayern, 203 f. Nr. 188 Taf. 74, 22. 22 a.

174. Hallstatt, B.H. Gmunden, Oberösterreich. – Wohl Grabfund (vor 1880). – Dolch, L. 41,2 cm; Klinge: L. ca. 25 cm, gr. Br. 6,4 cm; Heftbr. 7,9 cm; Knaufbr. 6,3 cm *(Taf. 32, 174).* – *Datierung:* Ha D. – Mus. Stift Kremsmünster (F 57). – Lindenschmit, Sigmaringen 126 Fig. 65, 2.

175. Hallstatt, B.H. Gmunden, Oberösterreich; Flachgrab 11. – Körperbestattung, Dolch auf Leibesmitte (1889). – Dolch, L. 44,7 cm; Klinge: L. ca. 27 cm, gr. Br. 6,4 cm; Heftbr. 7,2 cm; Knaufbr. 8,3 cm *(Taf. 33, 175;* nach Kromer). – Beifunde: vier Eisenlanzenspitzen, L. 14,5 cm; dreimal ca. 35 cm; drei (?) Eisenflügelpfeilspitzen, L. 5,5 cm; Bronzekniefibel; Beinschmuckanhänger mit Bronzedrahtring; Golddrahtring; Bronzegürtelblech vom Typ Inneringen (PBF. XII, 1 [Kilian-Dirlmeier] Nr. 67); zwei Bronzeringe; Wetzstein; Bein-Messerheft, Würfelaugenmuster. – *Datierung:* Ha D2. – Mus. Hallstatt (124). – Kromer, Hallstatt 193 Taf. 205, 5 a. b.

176. Hundersingen, Kr. Saulgau, Baden-Württemberg; Wald Gießübel; Hgl. 1, Nachbestattung 2. – Körperbestattung (1876/77). – Dolch, L. 42,5 cm; Klinge: L. ca. 28 cm, gr. Br. 4 cm; Heftbr. 4,5 cm; Knaufbr. 6,2 cm *(Taf. 33, 176;* nach Schiek). – Beifunde: Goldblech-Halsreif; Goldblech-Armreif; Bronzegürtelblech vom Typ Hundersingen (PBF. XII, 1 [Kilian-Dirlmeier] Nr. 211); Bronzeringfragment; Bronzefibel mit kreuzförmigem Bügel und zurückgebogenem Fuß; Glasperle, gelblich, fragmentiert; Bronzebecken; „Pferdeknochen" (nicht erhalten) (Taf. 45, D). – *Datierung:* Ha D3. – Mus. Stuttgart (8721). – Goessler, Oberamtsbeschr. Riedlingen 212f. Abb. 11c; Rieth, Hallstattzeit Abb. 30, 8; 76, 1; Schiek, Fürstengräber 35; Fundber. Schwaben N.F. 15, 1959, 108 ff. Taf. G; Zürn, Nordwürttemberg 108 Taf. O, A 1.

177. „In oder bei Augsburg", Bayern. – Fundumstände unbekannt (vor 1850). – Dolch, erh. L. 29,5 cm; Klinge: L. noch 17,8 cm, gr. Br. 4,6 cm; Heftbr. 6,2 cm; Knaufbr. 5,4 cm *(Taf. 33, 177).* – *Datierung:* Ha D. – Mus. Augsburg (1268). – F. Ohlenschlager, Römische Überreste aus Bayern (1902), 202; Rieth, Hallstattzeit Abb. 30, 9; Kossack, Südbayern 134 Nr. 4 Abb. 20; AuhV. 2, 2, Taf. 4; Lindenschmit, Sigmaringen 126 Fig. 66, 6.

178. Aichach, Bayern. – Aus wahrscheinlich eingeebnetem Hügel von 1948. – Dolch, L. 41,8 cm; Klinge: L. noch 24,4 cm, gr. Br. 5,7 cm; Heftbr. noch 7,5 cm; Knaufbr. 7,7 cm *(Taf. 33, 178).* – Beifunde: Eisenwagenteile (Nabenreste, Ring, Nägel); Bronzeblecheimer; Gürtelblech vom Typ Cannstatt (PBF. XII, 1 [Kilian-Dirlmeier] Nr. 104); Lederreste mit Gewebe; Bronzeknebel, gerippt, Kniefibelform; Eisenfragmente; Scherben mehrerer Gefäße: u.a. zwei Trichterrandschalen; Trichterrandschalenrandstück; Schale, doppelkonisch; Gefäß mit hohem Kragenrand; Tierzähne. – *Datierung:* Ha D2. – Mus. Aichach. – Germania 29, 1951, 139, Taf. 9, 1. 2; Bayer. Vorgeschbl. 18/19, 1951/52, 262; Kossack, Südbayern 186 f. Nr. 136 Taf. 46, 8.

179. Pfaffstätt, B.H. Braunau am Inn, Oberösterreich; Siedelberg, Hgl. 7. – Brand(doppel?)bestattung. – Dolch, L. 40,6 cm; Scheide: L. 28,6 cm, Br. 4,2 cm; Heftbr. 5,2 cm; Knaufbr. 5,6 cm *(Taf. 3, 179;* nach Egg). – Beifunde: Fibel; sechs Lanzenspitzen; zwei Urnen; zwei Schüsseln; kl. Henkeltasse. – *Datierung:* Ha D. – Mus. Linz (A 1415). – Straberger, Mitt. Zentralkomm. N.F. 15, 1889, 230; ebd. 16, 1890, 136 Abb. Beil. III; K. Willvonseder, Oberösterreich in der Urzeit (1933) Abb. 83, 3; R. Pittioni, Österreichs Urgeschichte im Bild (1938) Taf. 36, 3; Oberösterreich. Heimatbl. 4, 1940, 200 Abb. 14; Reitinger, Oberösterreich 334. – Ausführliche Publikation durch M. Egg in Vorbereitung.

180. Hallstatt, B.H. Gmunden, Oberösterreich; Flachgrab 116. – Körperbestattung (1849). – Dolch, L. 39,2 cm; Klinge: L. 24 cm, gr. Br. 3,9 cm: Heftbr. 5,5 cm; Knaufbr. 5,9 cm *(Taf. 34, 180;* nach Kromer). – Beifunde: Bronzegürtelblech, glatt (PBF. XII, 1 [Kilian-Dirlmeier] Nr. 170); Bronzeschlangenfibel (S 5); Glas, verschlackt (Taf. 45, A). – *Datierung:* Ha D1/2 (?). – Mus. Wien (24048–352). – Kromer, Hallstatt 56 Taf. 16, 3; 221.

Bei den Funden von Buchsee (Nr. 181) und Altenberg (Nr. 185) (Bayern), Braunfels (Hessen) (Nr. 182), Châtonnaye (Schweiz) (Nr. 183) und Hundersingen (Baden-Württemberg) (Nr. 184) sind nur das Ortband und Teile der Scheide erhalten, so daß eine Zuordnung aus Mangel an Kenntnis der Griffform schwerfällt. Da bei den Dolchen von Buchsee die Scheide ganz und gar aus Eisen besteht, wird man vielleicht geneigt sein, den Dolch der Variante Ludwigsburg zuzurechnen, doch ist dieser Punkt nicht maßgebend bei der Definition der Variante, so daß auf eine genauere Einordnung verzichtet werden muß. Die Tatsache, daß die Ortbandkugeln dreier Dolche nicht oder nur wenig berippt sind, würde eher an eine Zuordnung an die Variante Aichach denken lassen, doch dürfte auch dies nicht ausschlaggebend sein. Der Dolch von Hundersingen, Hgl. 1, Gr. 1 (Nr. 184), besitzt dagegen ein geripptes Ortband. Allerdings weist er, wie auch der Dolch von Hundersingen, Hgl. 1, Gr. 2 (Nr. 176), eine Klingentauschierung auf,[2] was nahelegt, beide Stücke miteinander in Verbindung zu bringen. Dies würde den ersteren in die Nähe der Variante Aichach rücken. Leider sind aber nur die beiden Hundersinger Dolche auf diese Eigenart hin überprüft worden. Sichere Anhaltspunkte zu einer Frühdatierung sind in keinem Fall gegeben. Die Zusammengehörigkeit von Dolch und Kahnfibel im Fall von Châtonnaye ist nicht genügend gesichert.

181. Buchsee, Ldkr. Wolfratshausen, Bayern; zwischen dem Buchseehof und Münsing, Hgl. 3 (vor 1908). – Dolch (?) erh. L. 7,9 cm; Klinge: L. noch ca. 4 cm *(Taf. 34, 181).* – Beifunde: zwei Eisenlanzenspitzen; Eisen-

---

[2] Siehe Kapitel „Einleitung" Anm. 12.

bänderreste, gebogen (Holzeimer?, Radnabe?). – *Datierung:* Ha D. – Mus. München (HV 2154–2158). – Kossack, Südbayern 247 Nr. 318 Taf. 86, 10.

182. Braunfels, Kr. Wetzlar, Hessen; Hügelgräberfeld „Brühlberg", Hgl. 3 (1816). – Dolch, erh. L. 5,8 cm (*Taf. 34, 182;* nach Janke). – Beifunde (aus gleichem Hgl.): Eisenschwertreste; Becher. – *Datierung:* Ha D. – Mus. Schloß Braunfels (49–58). – Janke, Kreis Wetzlar 16f. Taf. 2, 12.

183. Châtonnaye, D. Glâne, Kt. Fribourg; Hgl. „Au prâ don bou" (1880). – Dolch erh. L. ca. 9 cm (*Taf. 34, 183;* nach Drack). – Funde aus demselben Hgl. (evtl. zwei Bestattungen?): Radreifenstücke; Radnabenbeschlag; Bronzekahnfibel; Gagatarmring, fragm.; Goldohrring mit Stöpselverschluß; Halsringfragment, vergoldet; Goldhalsreif, in Treibtechnik verziert. – *Datierung:* Ha D. – Mus. Fribourg. – Drack, Eisenzeit H. 4, 4f. Taf. 1, 14; ders., Jb. SGU. 57, 1972/73, 142 Abb. 6, 16.

184. Hundersingen, Kr. Saulgau, Baden-Württemberg; Hgl. 1, Nachbestattung 1. – Körperbestattung (1875/77). – Dolch, erh. L. 32,1 cm; Klinge: L. ca. 28 cm, gr. Br. 3,8 cm; Heftbr. 4,6 cm (*Taf. 34, 184;* nach Schiek). – Beifunde: Goldblech-Halsreiffragmente; Bronzegürtelblech vom Typ Gießübel (PBF. XII, 1 [Kilian-Dirlmeier] Nr. 442); Eisenlanzenspitze, L. noch 39,7 cm; zwei Eisenlanzenspitzen (nicht mehr vorhanden); Eisentüllenbeil, L. 11,4 cm; Reste eines wohl vierrädrigen Wagens (nicht mehr vorhanden); zwei Bronzebuckel, halbkugelig mit Durchbohrung, gegossen; drei Bronzestangenaufsätze; 21 Bronzeblechscheiben; drei Bronzeblechriemenbeschläge; Bronzeblechriemenendbeschlag, fragmentiert; zwei Bronzeblechstreifen; Bronzeanhänger, messerförmig mit ausgebrochener Ringöse; Bronzeriemenkreuzung, ringförmig; zwei Bronzeringe mit angegossenen Knebeln; Bronzeknebel mit Buckelende; zwei Bronzebuckel; zwei Bronze-Ringgehänge; Bronzebeckenfragmente (nicht mehr vorhanden); Tongefäßscherben (wohl nicht zugehörig; nicht mehr vorhanden); „Pferdeknochen" (nicht mehr vorhanden). – *Datierung:* Ha D2/3. – Mus. Stuttgart (8721). – Goessler, Oberamtsbeschr. Riedlingen 212f.; Schiek, Fürstengräber 34f.; Fundber. Schwaben N.F. 15, 1959, 108ff. Taf. G, 1. 3.

185. Altenberg, Ldkr. Dillingen, Bayern; Hgl. 12, Fundgruppe 3 (1896). – Dolchreste (nicht zugänglich). Nach Kossack längsgeriefte Scheidenreste, Rest der Ortbandzwinge mit seitlichem Zierknopf, Bruchstück vom Heft mit Bronzeniet (*Taf. 34, 185;* nach Prähist. Blätter). – Beifunde: Eisenlanzenspitze; Keramik. – *Datierung:* Ha D. – Mus. Dillingen. – Prähist. Bl. 8, 1896, 74 Taf. 10, 4; Kossack, Südbayern 142 Nr. 16.

Zeitstellung: Die Beigabe einer Schlangenfibel westlichen Typs (S5), verleitete dazu, den Dolch von Hallstatt, Gr. 116 (Nr. 180) nach Ha D1 zu datieren, doch scheint er jünger zu sein, bedenkt man seine Zugehörigkeit zu einer Variantengruppe, die etwa durch die Fibelbeigaben von Hundersingen, Hgl. 1, Gr. 2 (Nr. 176) schließlich bis nach Ha D3 zu datieren ist. Da sonst Hinweise auf eine zeitliche Überschneidung mit den Ha D1-Bronzedolchen fehlen, wird man auch die Dolche der Variantengruppe Aichach im Anschluß an die Ha D1-Dolche mit ovalem Bronzegriff nach Ha D2 und Ha D3 stellen, was selbstverständlich zeitliche Überlappungen nicht ausschließt.

Verbreitung (Taf. 43, B): Eine Fundhäufung ist durch Hallstatt in Österreich gegeben. Eng verwandte Dolche stammen aus Bayern und Baden-Württemberg, genauer aus Hügeln der Heuneburg-Umgebung. Zwar ist nicht auszuschließen, daß ein Teil der Dolche im östlichen Verbreitungsgebiet hergestellt wurde, doch ist anzunehmen, daß die Anregung zu derartigen Formen eher aus dem Westen kommt, da klare Vorformen, wie etwa Hoffenheim, in Hallstatt fehlen.

Sonderformen

Der Dolch von Apremont (Ostfrankreich) (Nr. 186) wäre in seiner Scheidengestaltung sowohl an die Variante Ludwigsburg wie an die Variantengruppe Aichach anzuschließen. Jedoch ist von der die Griffangel umschließenden Griffstange nur der untere Teil in Resten erhalten, was eine Zuordnung unmöglich macht. Hinzu kommt, daß der Eisengriffangelniet sehr klobig wirkt, was natürlich auch daran liegen kann, daß das verrostete Eisen blasig wurde. Dennoch ist zu vermerken, daß derartige Griffangelniete in beiden Variantengruppen nicht vorkommen, was es immerhin denkbar erscheinen läßt, daß ein antennenartiger Knauf zu ergänzen ist oder daß z.T. organisches Material verwendet wurde. Beides läßt auf eine Sonderform schließen, die aber leider nicht mehr genauer zu fassen ist. Zeitlich ist der Dolch spät innerhalb Ha D anzusetzen.

Wenn auch das Dolchmesser von Hallstatt, Gr. 696 (Nr. 188) aus Eisen gefertigt ist und anschließend erst mit Goldblech überzogen wurde, so erinnert es doch in Einzelheiten eher an Bronzedolche der Variantengruppen Ludwigsburg und Aichach. Am Griff fällt vor allem die Knaufgestaltung auf. So ist die Knaufstange stark verkürzt; in der Mitte sitzt ein nur noch teilweise erhaltener, stark profilierter Griffangelniet zwischen zwei radförmigen, mit Speichen versehenen Gebilden.

Die Scheide ist ungerippt und trägt einen einfachen kastenförmigen Riemenhalter mit einer Reihe verlorener Zierniete, wie dies auch bei einigen Dolchen der Variante Aichach der Fall ist. Das Kugelortband ist ebenfalls ungerippt, ein Ortbandsteg fehlt, scheint auch nie vorhanden gewesen zu sein. Die Klinge weist, sogar auf dem Klingenrücken, zahlreiche in Gold eingelegte Kreisaugen auf. Der Ausdruck „Prunkdolch" scheint in diesem Fall durchaus angebracht. Der männliche und weibliche Beigaben enthaltende, unsichere Grabfund wäre durch die Beigabe einer Schlangenfibel nach Ha D1 zu datieren. Eine Datierung nach Ha D2, so wie es sich im West-Hallstattkreis darstellt, wäre eher anzunehmen, wenn es auch wahrscheinlich ist, daß die Entwicklung derartiger Dolche schon während Ha D1 begonnen hat. So ist das Fürstengrab 1 von Kappel/Rhein (Nr. 187) wohl spätestens an den Übergang Ha D1/2 zu datieren und es gewinnt besonders das Dolchmesser dieser Bestattung an Bedeutung, da es eine durchgehend aus Bronze gebildete Scheide aufzuweisen hat. Der aus zwei kurzen, hintereinander liegenden Bronzekästchen bestehende Riemenhalter war, wie es für Ha D1 typisch ist, für nur einen Riemen bestimmt. Ob bei dem außerdem aufgefundenen zweischneidigen Waffenstück mit Bronzeklinge die nur am unteren Ende vorhandene Bronzeschneide den ganzen Klingenkörper bedeckt hat, ist nicht mehr auszumachen. So bleibt festzuhalten, daß in Kappel möglicherweise ein Vorläufer der oben beschriebenen Variantengruppen zu sehen ist.

Das Kurzschwert von Saraz (Ostfrankreich) (Nr. 189) besitzt zwar einen Bronzeantennenknauf, ist aber durch die Profilierung der Griffstange, also den Griffaufbau, die Verwendung von Koralleeinlagen in den profilierten Knaufenden und das (nicht mehr erhaltene) stark gegliederte, eher traubenförmig als kugelförmig zu nennende Ortband in Zusammenhang mit den oben erwähnten Variantengruppen zu bringen. Auch die Umfalzung der beiden bronzenen Scheidenbleche, wobei auf dem vorderen am Scheidenmund Kreisaugen angebracht sind, weist in diese Richtung. Die Eigenart der Waffe besteht neben dem Antennenknauf im stark herabgezogenen, einziehenden Heft und in der kreisrunden, mit Kreisaugen verzierten Bronzeplatte, die dem Vorderblech aufsitzt und möglicherweise als Riemenhalter gedient hat. Allerdings ist darauf hinzuweisen, daß sich auf der Scheidenrückwand vier Nietlöcher unbekannten Zwecks befinden, die auch einen Riemenhalter befestigt haben konnten, jedoch nicht einen der gewohnten Form. Dann wäre die Bronzeplatte lediglich als Schmuck zu deuten. Daß es sich um einen Riemenhalter handeln könnte, zeigt das Kurzschwert von Ins (Nr. 190), das über den runden Riemenhalter, die langschmale Bronzescheide und das herabgezogene Heft zwar mit Saraz in Verbindung zu bringen ist, mit den Variantengruppen Ludwigsburg und Aichach aber nur die Bronzescheide gemeinsam hat. Die Ortbandform z.B. erinnert noch am ehesten an halbmondförmige Ortbänder, wobei bei Ins das zugespitzte Ende stört. Die Griffstange besteht aus einzelnen Bronzescheibchen, was ebenso an frühe Formen erinnert, ist aber in der Mitte profiliert, was andererseits einen Zusammenhang zu jüngeren Formen herstellt. Der Knauf ist leider nicht erhalten. Während bei Saraz eine Spätdatierung wahrscheinlich ist, ist Ins nur allgemein nach Ha D zu setzen.

186. Apremont, dép. Haute-Saône, arr. Vesoul; Tumulus de la Motte des Fées. – Körperbestattung in Grabkammer; Dolch zu Füßen (1887). – Dolch, erh. L. 36,4 cm; Klinge: L. ca. 24 cm, gr. Br. 4 cm; Heftbr. noch

4,9 cm *(Taf. 34, 186).* – Beifunde: vierrädriger Wagen; Goldblechhalsring, hohl, punzverziert; vier Bernsteinperlen; drei Goldblechanhänger, hohl, tubenförmig; zwei Goldblechscheibenanhänger; Elfenbein(?)stab, gedrechselt; drei Knochenringchen; Goldblechschale; Bronzebecken; Eisenschwert. Dolch zugehörig?. – *Datierung:* Ha D2/3. – Mus. Besançon (887. 7. 1). – A. Castan, Revue Arch. N.S, 38, 1879, 380 ff.; Joffroy, Revue Arch. Est et Centre-Est 8, 1957, 39 ff.; Millotte, Le Jura 259; Wamser, Ostfrankreich 111 f. 89 f. Taf. 8, 3.

187. Kappel am Rhein, Kr. Lahr, Baden-Württemberg; Flur „Triesloch", Hgl. (gestört) (1880). – Dolchmesser(?), erh. L. 24,2 cm; Klinge: L. noch 24,2 cm (ergänzt), gr. Br. noch ca. 4 cm *(Taf. 35, 187;* nach Schiek). – Beifunde: Bronzedolch (Nr. 200); vierrädriger Wagen; Pferdegeschirr; Goldblechhalsreif; Goldblecharmring; Goldblechstreifenfragment; Goldblechzierstück, kegelförmig; zwei Goldblechhalbkugeln; Bronzegürtelfragmente vom Typ Kaltbrunn (PBF. XII, 1 [Kilian-Dirlmeier] Nr. 426); Bronzebänder, lamellenförmig; Bronzekanne mit kleeblattförmiger Mündung; Bronzebeckenrandstück; Streuscherben (nicht mehr vorhanden); Reste vom Kiefer eines jungen Schweines. – *Datierung:* Ha D1. – Mus. Karlsruhe (C 3461). – Wagner, Hügelgräber 27 ff.; Wagner, Fundstätten I 209 ff.; W. Kimmig/W. Rest, Jb. RGZM. 1, 1954, 179 ff. Abb. 2, 5; Schiek, Fürstengräber 44 ff.

188. Hallstatt, B.H. Gmunden, Oberösterreich; Flachgrab 696. – Brandbestattung (1858). (Funde zu einer Bestattung gehörig?). – Dolchmesser, L. 29,1 cm; Klinge: L. 18,4 cm, gr. Br. 2,4 cm; Heftbr. 2,7 cm; Knaufbr. 6,1 cm *(Taf. 35, 188;* nach Kromer). – Beifunde: Golddraht, spiralig; Bronzearmreif, gebuckelt; Bronzearmreiffragm. ähnlich; 22 Bernsteinperlen, linsenförmig; zwei Bronzeschlangenfibeln; Bronzespiralrolle; Bronzegürtelblech vom Typ Schrotzhofen (PBF. XII, 1 [Kilian-Dirlmeier] Nr. 606); Bronzehängebecken; Bronzesitula; Bronzedeckel, figürlich verziert; Bronzesitula, Tongefäßfragmente, Tierknochen (nicht erh.). – *Datierung:* Ha D. – Mus. Wien (25819–1897). – Kromer, Hallstatt 146 Taf. 124, 1 a, b; 17; v. Sacken, Grabfeld von Hallstatt Taf. VI, 6.

189. Saraz, dép. Doubs, arr. Besançon; Tumulus Croix de Gros Murger, gestört, zentrale Nachbestattung A. – Körper-Doppelbestattung (Mitte 19. Jh.). – Kurzschwert, erh. L. 41,7 cm; Klinge: L. noch 32,3 cm, gr. Br. ca. 2,7 cm; Heftbr. 3,5 cm; Knaufbr. 6,3 cm *(Taf. 35, 189).* – Beifunde (? Bestattung b): über den Toten Wagenreste (vier Eisenreifenbeschläge und Nabenbüchsen). – *Datierung:* Ha D. – Mus. Besançon (849. 15. 85). – A. Castan, Revue Arch. 15, 1858, 303 f.; M. Piroutet, L.'Anthropologie 11, 1900, 371. 373 f.; ders., Congrès Lons-le-Saunier 1913 (1914), 625; ders., Rev. des Musées 13, 1928, 42; L. Coutil, Congrès Lons-le-Saunier 1913 (1914) 531; R. Joffroy, Revue Arch. Est et Centre-Est 8, 1957, 8 ff. Fig. 1; Wamser, Ostfrankreich 152 Taf. 8, 2.

190. Ins, Bez. Erlach, Kt. Bern; „Großholz", Hgl. VI, b. – Körperbestattung (?) (1848). – Dolch, erh. L. 41 cm; Klinge: L. 31,7 cm, gr. Br. 2,5 cm; Heftbr. 3,7 cm *(Taf. 35, 190;* nach Drack). – Beifunde: nicht gesichert, eventuell zu Wagengrab gehörig. – *Datierung:* Ha D. – Mus. Bern. – Rieth, Hallstattzeit Abb. 39; Drack, Eisenzeit H. 1, 12 Taf. 14, 117 F1; ders., Jb. SGU. 57, 1972/73, 132/36 Abb. 4, 4; 13.

VARIANTENGRUPPE WILZHOFEN-WIELENBACH

Erhalten ist von Wilzhofen-Wielenbach (Nr. 191) neben Klingenteilen nur noch der mittlere Griffstangenteil, der durch einen großen profilierten Knopf betont war. Im Unterschied zu Dolchen der Variantengruppen Etting und Estavayer-le-Lac waren auf die Griffangel neben Holzteilen noch weitere dünnere Eisenhülsen aufgeschoben. Vom Knauf und vom Heft blieb nichts erhalten. Eine derartige Gliederung der Griffstange ist sonst nur noch von den beiden Ha D-zeitlichen Schwertern von Etting in der Nähe von Wilzhofen (Nr. 192) und von Maegstub (Nr. 193) im Hagenauer Forst bekannt. Beide Schwerter besitzen einen Rundknauf, der womöglich auch bei Wilzhofen zu ergänzen ist. Da Heft und oberer Klingenteil fehlen, die Klingenbreite – soweit erhalten – aber nur 3 cm beträgt, ist es nicht einmal auszuschließen, daß es sich auch bei Wilzhofen um ein Schwert mit herabgezogenem Heft handelt.

191. Wilzhofen-Wielenbach, Ldkr. Weilheim, Bayern; „Höhenberger Mooswiesen", Gruppe Vb, Hgl. 18. – Brandbestattung (1884). – Dolch, erh. L. ehemals noch 31 cm; Klinge: L. ehemals noch 22 cm, gr. Br. ehemals noch 2 cm *(Taf. 35, 191).* – Beifunde: Eisenmesser mit Ring, L. ca. 35 cm; Bronzeteile; Scherben. – *Datierung:*

Ha D. – Mus. München (812). – Naue, Hügelgräber 31. 95 Taf. 13, 5; Kossack, Südbayern 244 Nr. 308 Taf. 100, 9.

192. Etting, Kr. Weilheim, Bayern; Hgl. 2. – Bestattungsart unbekannt (1889). – Schwert, erh. L. 80 cm; Klinge: L. noch 71,8 cm, gr. Br. 4,8 cm; Griff 11 cm (*Taf. 35, 192;* nach Naue). – Beifunde: Eisendolch; Eisenmesser; Bronzeblechtasse; Bronzeziste; Tongefäß; Kegelhalsgefäß; zwei Kragenschüsseln; drei Omphalosschalen (zugehörig?). – *Datierung:* Ha D. – Mus. München (856). – Naue, Hügelgräber 34ff. Taf. 10, 6; Kossack, Südbayern 234f. Nr. 282 Taf. 102, 3.

193. Maegstub, arr. Haguenau, dép. Bas-Rhin; Hgl. Gruppe C, Hgl. 2, Bestattung III. – Körperbestattung, Schwert mit Griff neben Schulter (vor 1930). – Schwert, erh. L. ca. 85 cm; Klinge: L. 72,8 cm, gr. Br. 5,2 cm; Heftbr. 6,3 cm; Knaufbr. 5,2 cm (*Taf. 35, 193;* nach Hundt). – Beifunde: drei Eisenspeerspitzen; Paukenfibel mit Fußzier; Doppelpaukenfibel; Pauke einer Paukenfibel. – *Datierung:* Ha D3. – Mus. Haguenau. – Schaeffer, Haguenau II 144f. Fig. 131, h; Rieth, Hallstattzeit 57 Abb. 41, 1: H.-J. Hundt, Jb. RGZM 10, 1963, 177ff. Abb. 1.

Sonderform

Die Griffgestaltung des kleinen Dolchmessers von Hegnach (Nr. 194), durch Fibeln nach Ha D2 datierbar, gestattet es, dieses hier anzuschließen. Der Griff wird durch Zürn folgendermaßen beschrieben: „Über dem Eisendorn des Griffes haben sich noch Holzreste erhalten. Dicht über dem Scheidenmundblech sitzt im Holzgriff eine Reihe feinster Bronzenägelchen. Die Griffmitte ziert eine profilierte Bronzeröhre. Der profilierte Knauf besteht ebenfalls aus Bronze. Er ist mit einem seitlich angebrachten Bronzeniet an der Spitze des Holzgriffs mit Eisenkern befestigt. Dicht unterhalb des Knaufs sitzt wieder eine Reihe kleinster Bronzenägelchen im Holzgriff."[3]

194. Hegnach, Kr. Waiblingen, Baden-Württemberg; Flur „Unter dem Esslinger Weg", Hgl., Gr. 2. – Körperbestattung, SW–NO (1967/68). – Dolchmesser auf rechter Seite in Beckengegend. Dolchmesser, L. noch 19,7 cm; Klinge: L. ca. 9 cm, gr. Br. ca. 2 cm; Heftbr. 1,8 cm; Knaufbr. 1,8 cm (*Taf. 35, 194*). – Beifunde: Bronzeoberarmring; Bronzeringchen; drei Bronzepaukenfibeln; Bronzekahnfibel; Standring eines flaschen(?)förmigen Gefäßes (Taf. 45, C). – *Datierung:* Ha D2. – Mus. Stuttgart (V 71/128). – H. Zürn, Fundber. Baden-Württemberg 1, 1974, 326ff. Abb. 8, 1.

Zeitstellung: Maegstub (Nr. 193) ist durch Fibelbeigaben sicher nach Ha D3, Hegnach nach Ha D2 zu datieren.

Verbreitung: Baden-Württemberg, Bayern, Elsaß.

DOLCHE MIT GLOCKENFÖRMIGEM HEFT VOM TYP LARÇON

Diese Dolchgruppe ist auf Frankreich beschränkt; es werden hier nur die ostfranzösischen Stücke vorgestellt. Ein direkter Anschluß an geläufige Typen des Westhallstattkreises ist nicht gegeben, es handelt sich vielmehr um eine französische Eigenentwicklung, deren Zentrum wohl in Burgund zu suchen sein dürfte. Die glockenförmige Heftgestaltung leitet über zu Latèneformen wie den Waffen mit antropomorphem Griff. Für unser Verbreitungsgebiet wäre in diesem Zusammenhang das Schwert von Champberceau (Taf. 39, 4) zu nennen, das als direkter Nachfolger der hier behandelten Gruppe gelten kann. Über den Dolch von Mâcon (Nr. 198) könnte eventuell eine Brücke zu den Knollenknaufschwertern[1] zu schlagen sein.

---

[3] H. Zürn, Fundber. Baden-Württemberg 1, 1974, 330.

[1] Zu Knollenknaufschwertern vgl. W. Krämer, in: Festschr. F. Wagner (1962) 109ff.; K. Spindler, Germania 58, 1980, 105ff.

Definiert wird der Typ Larçon (hier ist das glockenförmige Heft am ausgeprägtesten) durch das herabgezogene und ausschwingende Heft, das in relativ großen Heftknöpfen oder Heftkugeln enden kann. Die eigentliche Griffstange ist stark verkürzt, der obere Teil ist z.T. noch als Griffstange (jedenfalls funktional) anzusprechen. Die Profilierung der Griffmitte macht den größten Teil der Griffstange aus. Der Knauf ist halbrund gebogen, bildet eine Entsprechung zum Heft und kann von extrem großen Endknöpfen bzw. -kugeln bekrönt sein, wie es bei Larçon und Créancey der Fall ist. Nur im Falle von Larçon sind Reste der Eisenscheide erhalten.

195. Larçon, comm. de Salives, dép. Côtes-d'Or, arr. Dijon; Tumulus Rameget, Bestattung 2. – Körpernachbestattung, NW–SO; Dolch auf dem Becken (1966). – Dolch, erh. L. 31,7 cm; Klinge: L. noch ca. 21,5 cm, gr. Br. 8,4 cm; Heftbr. 8,5 cm; Knaufbr. 8,7 cm *(Taf. 36, 195)*. – Beifunde: zwei Bronzeblechhaken, punzverziert; kleiner Eisenring; Eisenhaken. – *Datierung:* Ha D. – Mus. Dijon (70. 2). – Gallia 24, 1966, 392f. Fig. 26; OGAM 19, 1967, 1 ff. Fig. 13–14; Wamser, Ostfrankreich 132 Taf. 25, 7.

196. Créancy, dép. Côte-d'Or, arr. Beaune; Tumulus des Murots Bleus 2. – Bestattungsart unbekannt (1852). – Schwert(?) (verschollen), erh. L. 46 cm; Klinge, gr. Br. 6 cm; Heftbr. 8,6 cm; Knaufbr. 13 cm (ergänzt) *(Taf. 36, 196;* nach Corot). – Beifunde (nach Wamser): Bronzegürtelblech vom Typ Créancy (PBF. XII, 1 [Kilian-Dirlmeier] Nr. 144); Bronzeblechbeinringe, hohl. – *Datierung:* Ha D. – Aufbewahrungsort unbekannt. – H. Corot, Mem. Soc. Hist. Arch. Beaune 1901/02, 149 ff. Fig. 1, 3; L. de Montille, Mém. Soc. Hist. Arch. Beaune 1902/03, 59 ff.: F. Henry, Les tumulus du Département de la Côte-d'Or (1933) 131 Fog. 19, 1; 6; Wamser, Ostfrankreich 123 Taf. 25, 6; Rev. Arch. Est et Centre Est 3, 1908, 134 ff. Fig. 7.

197. Chalon-sur-Saône, dép. Saône et Loire. – Einzelfund aus der Saône (1974). – Dolch, erh. L. 33 cm; Klinge: L. noch 22,2 cm, gr. Br. 5 cm; Heftbr. 5,9 cm; Knaufbr. ca. 7,5 cm *(Taf. 36, 197)*. – *Datierung:* Ha D(?). – Mus. Chalon-sur-Saône (74. 17. 3). – Unpubliziert.

Sonderform

Ein Dolch mit Bronzegriff aus der Gegend von Mâcon (Nr. 198) ist, wenn überhaupt einer Variante, dann dieser anzuschließen. Das breite flache Heft mit den schon riesig zu nennenden Heftkugeln weist zur Klinge hin einen kleinen halbrunden Ausschnitt auf und ist zusammen mit Heftkugeln und dem unteren Abschnitt der quergerieften Griffstange in einem Stück gegossen. Die Griffmitte fehlt, eine Profilierung ist nicht ausgeschlossen, wird aber wohl aus organischem Material bestanden haben. Der Knauf ist entsprechend dem Heft gebildet, nur daß die Knaufmitte, wo am Heft der halbrunde Ausschnitt saß, ein tonnenförmiger Knopf quer zwischen den beiden Knaufknöpfen angebracht ist und gleichzeitig als Griffangelniet dient, wie ein Eisenrest auf der Mitte dieses Knopfes bezeugt. Obwohl zu diesem Stück genauere Parallelen fehlen, möchte man es auf Grund der übermäßig großen Knauf- und Heftknöpfe in die Nähe des Typus Larçon stellen. Die plattenartige Heft- und Knaufgestaltung läßt an eine Entwicklung hin zu den Knollenknaufschwertern denken, doch trennt in diesem Stadium noch beide Typen mehr, als daß sie etwas verbindet.[2]

198. Mâcon, dép. Saône et Loire. – Einzelfund aus der Saône. – Dolch, erh. L. 27,4 cm; Klinge: L. noch 16 c,. gr. Br. 3,2 cm; Heftbr. 5,9 cm; Knaufbr. 5,9 cm *(Taf. 36, 198)*. – *Datierung:* Ha D(?). – Mus. Mâcon (75). – K. Bittel, Germania 15, 1931, 150 ff.

Zeitstellung: Sichere Anhaltspunkte, etwa durch Fibelbeigaben, liegen nicht vor. Da aber ein Anschluß an Latènewaffen gegeben scheint, ist eine Datierung bis in die Spätphase von Ha D am wahrscheinlichsten.

Verbreitung: Ostfrankreich (Burgund).

---

[2] Hierzu auch K. Bittel, Germania 15, 1931, 150 ff.

DOLCHFRAGMENTE UND DOLCHE UNBEKANNTER FORM

Einige Waffen sind nicht einzuordnen, da nur die Klinge oder Teile davon erhalten sind. Sie sollen deshalb hier gemeinsam aufgeführt werden.

199. Crailsheim, Baden-Württemberg; „Am Lohweg". – Einzelfund (1959). – Bronzedolchklinge mit Absatz der Griffangel und stark profilierter Mittelrippe, erh. L. 14 cm; Klinge: 11,9 cm, gr. Br. 2,9 cm (*Taf. 36, 199*; nach Fundber.). – *Datierung:* Ha D(?). – Privatbesitz. – Fundber. Schwaben N. F. 15, 1959, 152 Taf. 29, 1.

200. Kappel am Rhein, Kr. Lahr, Baden-Württemberg; „Triesloch", Hgl. (gestört) (1880). – Vgl. Nr. 187. – Bronzedolchklinge mit Resten der Scheide, erh. L. 27,2 cm; Klinge: L. noch 27,1 cm, gr. Br. noch 5,4 cm (*Taf. 36, 200*; nach Schiek). – *Datierung:* Ha D1. – Mus. Karlsruhe (C 3462). – Wagner, Hügelgräber 27 ff.; Wagner, Fundstätten I 209 ff.; W. Kimmig/W. Rest, Jb. RGZM. 1, 1954, 179 ff. Abb. 2, 4. 6; Schiek, Fürstengräber 44 ff.

201. Nenzingen, Kr. Stockach, Baden-Württemberg; „Eckenwasen", Hgl. 1. – Körperbestattung, S–N; Dolchmesser auf Becken (1900). – Dolchmesser mit Griffangel, an der noch Holzreste kleben, und Teile der Eisenscheide, erh. L. 24,4 cm und 3,2 cm?; Klinge: L. noch 21,1 cm, gr. Br. ca. 3 cm; Heftbr. noch 3,1 cm (*Taf. 37, 201*). – Beifunde: Eisenmesser, halbmondförmig (Rasiermesser); zwei Bronzekahnfibeln mit Fußzier; Eisenbeschlag, rechteckig mit drei Nieten; zwei Eisenstücke. – *Datierung:* Ha D3. – Mus. Karlsruhe (C 8537). – Wagner, Hügelgräber 20; Wagner, Fundstätten I 62 f. Fig. 41.

202. Hallstatt, B.H. Gmunden, Oberösterreich; Flachgrab 1036. – Körperbestattung, W–O; Dolchmesser bei rechter Hand (1886). – Dolchmesser in Eisenscheide mit Resten des Riemenhalters (?), erh. L. 25,1 cm; Klinge: L. noch 23,4 cm, gr. Br. 3,5 cm (*Taf. 37, 202*; z.T. nach Kromer). – Beifunde: Bronzekahnfibel, L. 9 cm; Gefäßfragm., Außenfläche rot, Verzierung in Graphitstrichen. – *Datierung:* Ha D. – Mus. Wien (48357). – J. Szombathy, Mitt. prähist. Kom. Akad. Wiss. Wien I/1888 (1903) 5; Kromer, Hallstatt 188 Taf. 198, 1.

203. Liptingen, Kr. Stockach, Baden-Württemberg; „Hennelöh", Hgl. 3, Gr. 1. – Körperbestattung, SO–NW (1897). – Dolch(?)fragment, wohl von der Eisenklinge, erh. L. ca. 27 cm; Klinge: L. ca. 27 cm, gr. Br. noch ca. 4 cm. – Beifunde: Eisenlanzenspitze, 27 cm; getriebene Bronzepaukenfibel; Bronzegürtelblech vom Typ Arbois (PBF. XII, 1 [Kilian-Dirlmeier] Nr. 384); drei Tongefäße. – *Datierung:* Ha D2. – Mus. Karlsruhe (C 7545). – Wagner, Fundstätten I 56 ff. Fig. 36 u. 38.

204. Esnoms-au-Val, arr. Langres, dép. Haute-Marne; „Tumulus de Champberceau", Hgl. Gr. 4. – Körperbestattung (1908?). – Eisenklinge mit Griffangel von Dolch (von der Verbreitung her mit glockenförmigem Heft vorstellbar), erh. L. 33 cm; Klinge: L. noch 25,5 cm, gr. Br. noch 4,1 cm (*Taf. 37, 204*). – Beifunde: Bronzegürtelblech vom Typ Gerolfing (PBF, XII, 1 [Kilian-Dirlmeier] Nr. 530; Gürtelhaken; Funde von Grab 1 zugehörig?: zwei Lignittonnenarmbänder; fünf Bronzebeinringe, 2 offen. – *Datierung:* Ha D. – Mus. Musée Dubreuil, Langres (270). – C. Royer, Mém. Soc. Hist. Langres 1909, 1 ff.; Revue Préhist. Illustrée Est France 3, 1908, 69 ff. Taf. 1, 3; Wamser, Ostfrankreich 125.

205. Dompierre-les-Tilleuls, dép. Doubs, arr. Besançon; Tumulus 2 Grand Communal. – Körperbestattung (Doppelbestattung?), NNO–SSW. – Eisendolchklinge, erh. L. ca. 18 cm; Klinge: L. ca. 18 cm, gr. Br. 4 cm. – Beifunde nicht sicher zuzuordnen. – *Datierung:* Ha D(?). – Mus. Besançon (12). – Millotte, Le Jura 291.

206. Hallstatt, B.H. Gmunden, Oberösterreich. – Wohl Grabfund. – Eisendolchklingenfragment mit Griffangelansatz, erh. L. 10,8 cm; Klinge: L. noch 8 cm, gr. Br. noch 5,8 cm (*Taf. 37, 206*). – *Datierung:* Ha C/D(?). – Mus. Wien (26809). – Unpubliziert.

207. Fundort unbekannt, dép. Doubs, arr. Besançon (?). – Fundumstände unbekannt. – Bronzeortband, erh. L. 6,8 cm (*Taf. 37, 207*). – *Datierung:* Ha D(?). – Mus. Besançon. – Unpubliziert.

208. Hallstatt, B.H. Gmunden, Oberösterreich; Flachgrab 741. – Brandbestattung (1859). – Dolchmesser mit Bronzescheide, deren übereinandergelegte Längsseiten miteinander vernietet sind, erh. L. 20,5 cm; Klinge: L. noch 20 cm, gr. Br. ca. 3,1 cm (*Taf. 37, 208*). – Beifunde: Bronzegefäßtragreif (nicht erh.). – *Datierung:* Ha C/D(?). – Mus. Wien (25923–1999). – Kromer, Hallstatt 152 Taf. 158, 1 a. b.

Die im folgenden in alphabetischer Reihenfolge aufgeführten Dolche sind nicht mehr erhalten, verschollen oder waren in den Museen nicht aufzufinden. Da Abbildungen aus der Literatur nicht vorliegen, konnten sie in den Typenkatalog nicht eingeordnet werden.

209. **Buchheim,** Kr. Stockach, Baden-Württemberg; Hgl. von 1894. – Eisendolch (verschollen). – *Datierung:* Ha D(?). – Rest, Hallstattzeit in Baden.
210. **Buchheim,** Kr. Stockach, Baden-Württemberg; Hgl. von 1881. – Körperbestattung. – Eisendolch, erh. L. 31,5 cm (verschollen). – *Datierung:* Ha D(?). – Rest, Hallstattzeit in Baden.
211. **Clucy,** dép. Jura, arr. Lons-le-Saunier; Tumulus des Coudres. – Bestattungsart unbekannt (19. Jh.). – Dolch(?)reste(Eisen); nicht erhalten. – Beifunde nicht sicher zuzuordnen. – *Datierung:* Ha D. – Wamser, Ostfrankreich 121.
212. **Déservillers,** dép. Doubs, arr. Besançon. – Funde aus Hgl. (19. Jh.). – Antennendolchreste (Eisen) mit Kugelortband (nicht erhalten). – Beifunde nicht eindeutig zuzuweisen. – *Datierung:* Ha D. – M. Piroutet, Congrès Lons-le-Sauniers 1913 (1914) 625; Millotte, Le Jura 289; Wamser, Ostfrankreich 124.
213. **Hallstatt,** B.H. Gmunden, Oberösterreich; Flachgrab 169. – Brandbestattung (1851). – Eisendolch (in Sammlung nicht vorhanden). – Beifunde: Tüllenfragm. von Eisenlanzenspitze; Eisenring mit kl. Bronzering; Eisenmesser; Tierknochen; drei Eisenlanzenspitzen (nicht erh.). – *Datierung:* Ha C/D(?). – Mus. Wien. – Kromer, Hallstatt 64.
214. **Hallstatt,** B.H. Gmunden, Oberösterreich; Flachgrab 670. – Brandbestattung (1858). – Eisendolch (nicht erhalten). – Beifunde: Bronzenadel; Tongefäßfragmente (nicht erh.). – *Datierung:* Ha C/D(?). – Kromer, Hallstatt 142.
215. **Hallstatt,** B.H. Gmunden, Oberösterreich; Flachgrab 1014. – Brandbestattung (1878). – Zwei (?) Eisendolche (nicht erhalten). – Beifunde: Topf, Bronzenadeln (nicht erhalten). – *Datierung:* Ha C/D(?). – F. Heger, Bericht über die am Salzberge und am Hallberge bei Hallstatt ausgeführten Ausgrabungen (1888) 35; Kromer, Hallstatt 185.
216. **Hirschau,** Kr. Tübingen, Baden-Württemberg; Hgl. 2. – Körpergrab, S–N, Dolch quer über Becken (1919). – Eisendolch (verschollen). – Beifunde: Bronzeniete; Eisenreste. – *Datierung:* Ha D. – Fundber. Schwaben N.F. 1, 1922, 35; Tübinger Blätter 28, 1937, 13 f.
217. **Hundersingen,** Kr. Saulgau, Baden-Württemberg; Hgl. 1, Kammer, Bestattung 2. – Körperbestattung (1876/77). – Eisendolch in Eisenscheide mit Bronzeknöpfen, ehemals noch 10 cm (nicht erhalten). – Beifunde: Bronzerähmchen, rechteckig, mit abgebrochenem Stielansatz; Bronzeanhänger, dreieckig, mit Aufhängeloch; „Tongefäß" (wahrscheinlich Streufund). – *Datierung:* Ha D2. – Goessler, Oberamtsbeschr. Riedlingen 209; Schiek, Fürstengräber 33; Fundber. Schwaben 2, 1894, Erg.heft, 52 f.
218. **Hundersingen,** Kr. Saulgau, Baden-Württemberg; Hgl. 3, Kammer. – Körperbestattung, SO–NW; Dolch auf linker Seite (1877). – Eisendolch (nicht erhalten). – Beifunde: Bronzefibel; Bronzering mit eingesetztem Bernstein; Eisenlanzenspitze (sämtliche Funde nicht erh.). – *Datierung:* Ha D2/3. – Goessler, Oberamtsbeschr. Riedlingen 214f.; Schiek, Fürstengräber 40; Fundber. Schwaben 2, 1894, Erg.Heft, 54.
219. **Irrendorf,** Kr. Tuttlingen, Baden-Württemberg; aus Hgl. von 1884. – Körperbestattung; Dolch auf der Brust. – Dolch (nicht erhalten). – Beifunde (zugehörig?): Schwert (wohl Messer?); Eisen(?)gefäß; Tongefäß; fünf Bronzearmringe, teils strichverziert. – *Datierung:* Ha D(?). – Prähist. Bl. 2, 1890, 89.
220. **Lautlingen,** Kr. Balingen, Baden-Württemberg; Flur „Kriegsäcker", Hgl. 2 (1838). – Eisendolch mit Eisenscheide, L. 35 cm (nicht erhalten). – Beifunde: zwei Eisenlanzen; Eisenreste mit Gewebeabdrücken; mehrere Tongefäße in Bruchstücken, z.T. graphitiert u. stempelverziert; Sieb, trichterförmig in Resten. – *Datierung:* Ha D1. – Fundber. Schwaben N.F. 11, 1951, 77.
221. **Pfaffstätt,** B.H. Braunau am Inn, Oberösterreich; Siedelberg, Hgl. 1. – Wohl Grabfund. – Dolch mit Eisenklinge und Griff aus dünnem Bronzeblech (Bergung war nicht mehr möglich). – Beifunde: zwei Trensen; Knöpfe; zwei Gefäße. – Verbleib unbekannt. – Straberger, Mitt. Zentralkomm. N.F. 15, 1889, 229. – Ausführliche Publikation durch M. Egg in Vorbereitung.
222. **Pürgen,** Ldkr. Landsberg, Bayern; Hgl. 1. – Brandbestattung (1911). – Eisendolch (nicht zugänglich). – Beifunde: Bronzeringchen; Bronzeperlrandbecken (mit Birkenrinde bedeckt), darin Korb, darauf kl. Tongefäß; Tongefäß. – *Datierung:* Ha D. – Mus. Landsberg. – P. Reinecke, Festschrift O. Montelius (1913) 105 ff.; Kossack, Südbayern 209 Nr. 213.
223. **Saraz,** dép. Doubs, arr. Besançon; Tumulus au Souillard. – Drei Körperbestattungen nebeneinander (Mitte 19. Jh.). – Reste einer br. Dolchscheide (nicht erhalten). – Beifunde (Vergesellschaftung mit Dolch unklar): Eisenklinge, L. 8,5 cm; zwei Paukenfibeln; zwei Bronzebuckel, halbkugelig; Armring, rundstabig; Keramik. – *Datierung:* Ha D. – M. Piroutet, L'Anthropologie 11, 1900, 371; ders., Congrès Lons-le-Saunier 1913 (1914) 625; Wamser, Ostfrankreich 153.
224. **Überlingen,** Kr. Konstanz, Baden-Württemberg; wahrscheinlich Grabfund „Degenhardt" (1894). – Dolchmesser (verschollen), erh. L. 43,5 cm (?); Klinge: L. ehemals 29 cm (identisch mit Eisenspeerspitze?). – *Datierung:* Ha D. – Westdt. Zeitschr. 14, 1895, 366; Wagner, Fundstätten I 84.
225. **Ulm-Söflingen,** Kr. Ulm, Baden-Württemberg; „In dem Walde bei Söflingen". – Eisendolch (nicht aufzufinden). – *Datierung:* Ha D. – Mus. Stuttgart (469). – Unpubliziert.

ZUSAMMENFASSENDE BETRACHTUNG DER NORDALPINEN DOLCHENTWICKLUNG

Bei den Antennenwaffen zeichnete sich die Möglichkeit einer Frühdatierung ab. Einzelne Waffen, vor allem Schwerter und Kurzschwerter, ließen sich noch nach Ha C, zumindest aber an den Übergang von Ha C nach Ha D stellen. Es konnten drei Gruppen unterschieden werden: Eisenantennenwaffen mit einteiliger zylindrischer Griffhülse, deren Verbreitungsschwerpunkt im Westen des Untersuchungsgebietes liegt; Eisenantennenwaffen mit mehrteiliger Griffstange, die vor allem auf Hallstatt konzentriert sind, wo auch der Großteil der Bronzeantennenwaffen mit z.T. scheibenbesetzten Knaufenden zu finden ist.

Auffälligerweise sind beide Varianten der eisernen Antennenwaffen in Oberitalien anzutreffen, wo ebenfalls Frühdatierungen möglich sind. Der Eindruck einer südlichen Anregung zur westhallstättischen Dolchentwicklung wird dadurch verstärkt. Im folgenden entwickelten sich allerdings italische und nordalpine Dolche unabhängig voneinander weiter und erst ab Ha D1 erhalten die Hallstattdolche durch einheimische Handwerker ihr typisches und oft individuelles Gepräge.

Mit Ha D1 setzt im gesamten süddeutschen Raum die Dolchbeigabe ein, wobei nun Antennenwaffen die Ausnahme darstellen. Einige Dolche mit spindelförmiger Griffstange und verkümmerten Antennen, die, wie etwa Waltenhausen I und II (Nr. 78. 87) noch kurz gestielte Antennen aufweisen, lassen daran denken, daß man es hier mit den direkten Nachfolgern der Antennenwaffen zu tun hat. Das Fehlen von Dolchmessern unterstreicht dies. Die Entwicklung des hauptsächlich auf Südwestdeutschland beschränkten Dolchtyps dürfte eher über den Westen, also die Schweiz, als über Hallstatt angeregt worden sein.

Der Dolch aus Grab 90 des Magdalenenberges (Nr. 82) mit seiner einteiligen Griffstange und dem dem Dolch von Cudrefin/Schweiz (Nr. 83) sehr nahestehenden eingravierten Muster der Dolchscheide mag den deutlichsten Beleg zu dieser These darstellen. Fortschritte in der Schmiedetechnik, die Verwendung von Hartlot und schließlich das Anbringen von Verzierungen mit Hilfe einer neuen Methode des Tauschierens ermöglichten die Herstellung derart komplizierter Formen, wie wir sie in den Varianten Mauenheim, Magdalenenberg und in der Variantengruppe antreffen. Die Vergesellschaftung mit einschleifigen Schlangenfibeln und Dragofibeln läßt eine klare zeitliche Einordnung nach Ha D1 zu.

In engem Zusammenhang mit diesem Dolchtyp sind die Eisendolche und Dolchmesser mit entwickelter bzw. komplizierter Knauf- und Scheidengestaltung zu sehen. Ihr Verbreitungsschwerpunkt liegt, obwohl sie bis nach Österreich und in die Tschechoslowakei streuen, ebenfalls in Südwestdeutschland. Die Dolchvarianten Etting und Estavayer-le-Lac stellen Beispiele einer hochstehenden Schmiedekunst dar: Griff- wie Scheidengestaltung weisen zahlreiche Ausschmückungen auf, vom reich verzierten Knauf und Kugelortband bis zu dem auf einer meist gerippten Scheide aufgenieteten, aufwendig gestalteten Riemenhalter. Derartige Dolche sind auf Grund von Fibelbeigaben gleichfalls nach Ha D1 zu setzen, wenn auch wohl an das Ende dieser Periode. Mit einer zeitlichen Überschneidung beider Eisendolchtypen ist zu rechnen. Eine Art Verbindungsglied stellt der Dolch von Würtingen (Nr. 89) dar, der mit spindelförmiger Griffstange, unberippter Scheide und glattem Kugelortband ausgestattet ist. Nach Ha D2 oder gar Ha D3 sind derartige Eisendolche nicht zu verfolgen.

Auch bei den nordalpinen Bronzedolchen ist eine Anregung aus dem Süden über die Schweiz nicht auszuschließen. Dolche und Dolchmesser der Variante Neuenegg mit oval eingebogenen, profilierten Antennenenden, die vor allem in Oberitalien und der Schweiz, seltener in Süddeutschland und Hallstatt vorkommen, lassen sich in Einzelfällen früh datieren. Sie sind in enger Verbindung mit Formen der Varianten Hoffenheim (mit schmalem Knauf) und Sulz (Dolche verwandter Grifform) zu sehen, die ihren Verbreitungsschwerpunkt im südwestdeutschen Raum besitzen.

Von der Scheidengestaltung her ist die gleichfalls auf den Südwesten einzugrenzende Variante Obermodern mit der Variante Sulz verwandt, sieht man davon ab, daß es sich bei der Obermodern-Variante häufiger um Dolchmesser handelt. In der Griffgestaltung sind allerdings Anlehnungen an die Gruppe der Eisendolche festzustellen: Der Griff besteht zwar zum größten Teil aus Holz, auf der geraden Knaufstange aber sitzen drei gleichförmige Knaufknöpfe, die bei den Dolchen der Variante Obermodern solchen der Variante Etting ähneln. Da die Dolche der Variante Sulz wie die der Variante Obermodern durch die Bogenfibelbeigabe eng auf Ha D1 festgelegt sind, ist in der Verwandtschaft mit den Eisendolchen ein weiterer Hinweis auf deren Entstehungsgebiet und Datierung gegeben.

Die als gleichzeitig anzusehende Variante Erkertshofen schließlich ist ebenfalls wegen der Scheidengestaltung diesem Typ angegliedert, wenn auch die T-förmige Griffgestaltung an die italischen Schwerter des 8. Jhs. erinnert. Das Vorkommen derartiger Dolche, vor allem in der Schweiz und in Hallstatt, spricht gleichfalls für eine Verbindung mit dem Süden, was übrigens auch die Ähnlichkeit mit den sog. Este-Messern nahelegt.

Dolchmesser mit ringförmigem Ortband kommen während Ha D1 auf und sind, von Ausnahmen abgesehen, in ihrer Verbreitung eng auf Baden-Württemberg einzugrenzen. Es existieren, was Scheide und Ortband angeht, bronzene und eiserne Formen, die sowohl nach Ha D1 wie Ha D2 zu datieren sind und deren besondere Bedeutung darin besteht, daß der „Krieger von Hirschlanden" ein ebensolches Dolchmesser zu tragen scheint.

Fast als einziger Dolchtyp sind Bronzedolche und Dolchmesser mit komplizierter Knauf- und Scheidengestaltung relativ gleichmäßig im Westhallstattkreis einschließlich Hallstatt verbreitet. Hinweise auf die Entwicklung dieses Dolchtyps während Ha D1 sind vorhanden, doch lassen sich derartige Dolche z. B. in „Fürstengräbern" bis nach Ha D3 verfolgen. Ihr zeitlicher Schwerpunkt dürfte in den späten Phasen von Ha D liegen. Eine gewisse Ähnlichkeit in der Griffgestaltung mit den Varianten Neuenegg, Hoffenheim und Sulz ist nicht zu übersehen, wobei besonders auf Hoffenheim[2] mit seinem verzierten Knaufoval zu verweisen ist. In der Scheidengestaltung sind die Parallelen zu den Dolchen der Varianten Etting und Estavayer-le-Lac so offensichtlich, daß eine direkte Abhängigkeit nicht auszuschließen ist. Dies wird etwa dadurch deutlich, daß die Nietknöpfe des Ortbandsteges und des Heftes bei Eisendolchen einen durchaus praktischen Zweck erfüllen, bei den Bronzedolchen jedoch nutzlos sind und gleichsam zu einem typologischen Rudiment werden.

Bezeichnend für die westhallstättische Dolchentwicklung scheint einmal das Vorkommen ein- und zweischneidiger Formen zu sein, was möglicherweise durch den mehrwurzeligen, wohl im Süden zu suchenden Ursprung der frühen Hallstattdolche zu erklären ist. Zum anderen haben wir, davon abgesehen, ein zeitliches Nebeneinander mehrerer Dolchtypen vor uns, die in technischer und formaler Hinsicht nicht unabhängig voneinander betrachtet werden können. Vor einem einseitigen Schluß auf Arbeiten aus mehreren, gleichzeitigen Werkstätten sollte allerdings die Beobachtung warnen, daß während Ha D1 bestimmte Dolchtypen an eine bestimmte Fibeltracht gebunden sein konnten. Trotz der Formenvielfalt und der regionalen Eigenheiten während Ha D1 ist nicht zu übersehen, daß wir es von Ostfrankreich bis Hallstatt mit einer einheitlichen Entwicklung zu tun haben. Dies ist besonders gut am Verbreitungsbild der späten Dolche abzulesen. Die Interpretation dieses Befundes bleibt Aufgabe des folgenden auswertenden Teiles.

---

[1] Zürn, Nordwürttemberg Taf. A.

[2] Siehe auch das Dolchmesser von Santa Lucia di Tolmino, Taf. 39, 1. L'arte preistorica nell'Italia settentrionale dalle origini alla civiltà paleoveneta (1978) Fig. 48, 1.

ZUR WAFFENBEIGABE IM WESTHALLSTATTKREIS

BEGRIFFSBESTIMMUNG – FUNKTIONSANALYSE

Als eine der Voraussetzungen für die Auswertung des westhallstättischen Waffenmaterials ist die möglichst genaue Definition von Begriffen wie etwa Kurzschwert, Dolchmesser oder Lanze anzusehen. Ausgehend von Material, Form, Maßen und Ausstattung der Waffen soll der Versuch einer funktionalen Einordnung unternommen werden.

Schwert – Kurzschwert – Dolch

Nach wie vor sind nur wenige Ha D zeitliche Schwerter bekannt,[1] nämlich die von Maegstub (Nr. 193), Klingenlänge noch 74,4 cm; Etting (Nr. 192), Klingenlänge ca. 70 cm; Apremont[2], Gesamtlänge 83 cm und Ins (Nr. 8), Klingenlänge 63 cm. Zeitlich vor diesem Horizont anzusetzen, durch die Griffgestaltung jedoch schon nach Ha D weisend, sind die Schwerter von Dörflingen (Nr. 3), Klingenlänge 53 cm und Blasy-Bas (Nr. 9), Klingenlänge ca. 50 cm zu nennen. Da die nur unvollständig erhaltene Antennenwaffe von Jegenstorf (Nr. 4) in der Knauflänge das Schwert von Dörflingen noch übertrifft, so wird man sie wohl auch zu den Schwertern zählen dürfen.[3]

Bei einem Versuch der Trennung der Schwerter von den Kurzschwertern bietet es sich an, zuerst von der Länge auszugehen. Die Klingenlänge der Kurzschwerter beträgt bis zu 40 cm. Die verschollene Antennenwaffe von Marigny (Nr. 6) mit ca. 45 cm Klingenlänge wäre demnach zwischen beiden Gruppen einzuordnen.

Zur Definition des Begriffes Kurzschwert kann auf die Ausführungen A. Rieths[4] zurückgegriffen werden. Er setzte Kurzschwerter von den Dolchen dadurch ab, daß sie über 40 cm lang und jeweils zweischneidig sind. Bei einer Zusammenstellung der Gesamtlängen vollständig erhaltener Dolche und Kurzschwerter ergibt sich eine Häufung der Längen bei 33–40 cm. Längere Waffen sind bedeutend seltener. Es entsteht allerdings kein klarer Bruch zwischen Dolchen und Kurzschwertern, so daß man eine 40 cm lange Waffe noch als Dolch, eine 41 cm lange Waffe schon als Kurzschwert ansprechen müßte. Letztlich sagt eine derartige Zusammenstellung nur aus, daß kürzere Formen häufiger sind. Folgt man der knappen Definition Rieths, so lassen sich unter dem Oberbegriff Kurzschwert Waffen der verschiedensten Typen vereinigen.

Geht man aber davon aus, daß die Klinge der funktional wichtigste Teil der Waffe ist, so scheint es angebracht die Klingenlängen miteinander zu vergleichen oder zumindest bei einem Gesamtlängenver-

---

[1] Zum Thema Ha D zeitliche Schwerter und Kurzschwerter neuerdings K. Spindler, Das Eisenschwert von Möhrendorf. Vorzeit zwischen Main und Donau (1980). Das Kurzschwert von Möhrendorf halte ich auf Grund der Konstruktion, die bei den übrigen Antennenwaffen einheitlich ist, wegen der sehr feinen Silberverzierung, aber auch wegen der kurzen Griffstange und der Dichte des Eisens nicht für hallstattzeitlich.

[2] R. Joffroy, Revue Arch. Est et Centre-Est 8, 1957, 30 f.

[3] Auch W. Drack führt Jegenstorf – allerdings unter den Dolchen – als Antennenschwert auf und vergleicht es mit Dörflingen (Drack, Jb. SGU. 57, 1972/73, 141).

[4] Rieth, Hallstattzeit 54 f.

gleich nur Griff- und Klingenlänge zu berücksichtigen, da die Scheiden- bzw. Ortbandgestaltung modebedingte Unterschiede aufweisen, die sich auf die Gesamtlänge auswirken. Faßt man Rieths Definition also etwas enger, so bleiben in der geschrumpften Reihe der Kurzschwerter zweischneidige Waffen mit einer Klingenlänge von mindestens 30 cm, einer Gesamtlänge von mindestens 40 cm und soweit der Griff erhalten ist, mit Antennenknauf. Kürzere zweischneidige Waffen wären demnach als Dolche anzusprechen (Abb. 2 a).

Diese Abgrenzung erhebt allerdings nicht den Anspruch, allgemein gültig zu sein; sie ist allein in Bezug auf das vorliegende Material zu sehen.

Rein funktional ist eine Grenze zwischen Schwert, Kurzschwert und Dolch nur schwer zu ziehen. Es handelt sich, vielleicht mit Ausnahme der Schwerter von Maegstub und Etting[5] um Stichwaffen, die alle für den Nahkampf geeignet scheinen, wobei im Kampf vor allem der Dolch noch andere Waffen voraussetzen würde.[6] Das Schwert von Dörflingen (Nr. 3) und das Kurzschwert von Böttingen (Nr. 10) sind sich zu ähnlich, als daß sie zu unterschiedlichen Zwecken verwendet worden wären. Bei der Trennung von Kurzschwert und Dolch liegen die Maße zu dicht beisammen, als daß wesentliche funktionale Unterschiede bestehen können.

Zum Teil scheint es sich um regionale Eigenheiten zu handeln, bedenkt man z.B., daß sämtliche Antennenschwerter, die schon durch ihre Frühdatierung aus dem Rahmen fallen, aus Ostfrankreich bzw. der Schweiz kommen, Gebieten, die – nimmt man Hallstatt noch hinzu – mit dem Hauptverbreitungsgebiet der Kurzschwerter identisch sind (Taf. 44). Somit ist eine Unterteilung in Schwerter, Kurzschwerter und Dolche weniger mit der unterschiedlichen Funktion der einzelnen Waffe zu begründen als mit der Tatsache, daß das große Spektrum der Waffenlängen eine Unterteilung geradezu fordert, um es nicht zu Verwirrungen kommen zu lassen.

Dolch – Dolchmesser – Hiebmesser

Zu diesem Komplex hat sich bisher lediglich W. Kimmig ausführlicher geäußert.[7] So möchte er unter Dolchen stets zweischneidige Waffen verstanden wissen, während er die in der Griff- und Scheidengestaltung identischen „einschneidigen Dolchmesser" der Gruppe der Jagd- oder Hiebmesser (Taf. 46, 13) zuordnet.[8] Die offensichtlichen Gemeinsamkeiten erklärt er mit der Herstellung von Dolchen und Dolchmessern in den gleichen Werkstätten.

Dagegen ist einzuwenden, daß sich Hiebmesser in der Griff- und Klingengestaltung beträchtlich von den meisten der sog. Dolchmesser unterscheiden. Von den Dolchen aber sind die Dolchmesser, die im übrigen aus Ostfrankreich bislang fehlen, nur durch die Einschneidigkeit der Klinge zu trennen. In der Griffgestaltung, der Trageweise und der Scheidenkonstruktion existieren Formen, die man ohne weiteres einzelnen Dolchgruppen zuordnen kann. Eine Ausnahme stellen lediglich Eisendolche mit verkümmerten Antennen dar; bisher sind aus dieser Gruppe keine einschneidigen Formen bekannt geworden.

Demgegenüber bilden Messer der Variante Erkertshofen mit T-förmigem Griffabschluß und halbmondförmigem Ortband eine Gruppe, die in der Scheiden- und Ortbandgestaltung mit Dolchen vergleichbar ist, deren Griffform jedoch nur bei Messern vorkommt. Ebenso sind beidseitig in der Mitte

---

[5] Im Falle von Maegstub wird man, geht man von der Klingenform aus, wohl eher an ein Hiebschwert denken; jedoch ist, da die Klingenspitze fehlt, keine endgültige Entscheidung möglich. Bei Etting scheint es sich möglicherweise um eine Waffe zu handeln, die auch zum Zustechen geeignet war.

[6] Keines der Ha D Schwerter erreicht jedoch die Länge der Ha C Mindelheimschwerter.

[7] Kimmig, Hoops Reallexikon.

[8] S. Schiek äußerte sich ähnlich: Schiek, Fürstengräber 171 ff.

einziehende Griffplatten, auf denen Holzlättchen festgenietet waren, ausschließlich bei Messern üblich. Diese Gruppe ist durch Ringortbänder gekennzeichnet, die bis auf eine Ausnahme, nämlich Veringenstadt (Nr. 159), auf Messer beschränkt sind. Doch ist auch hier die Scheidenkonstruktion mit der der Dolche identisch.

Zwei Dolchmesser im wahrsten Sinne des Wortes aus dem Gräberfeld von Hallstatt verdienen besondere Erwähnung. Sie unterscheiden sich weder in Griff-, Heft-, noch Klingenform (!) von den Dolchen gleichen Typs mit der einzigen Ausnahme, daß sie einschneidig sind. Dies läßt daran denken, daß man zwar ein Messer benötigte, aber die Dolchform wahren wollte oder mußte. Das Äußere der Dolche, vielleicht auch nur Knauf- und Scheidengestaltung, scheinen ebenso wichtig gewesen zu sein wie die Einschneidigkeit (Nr. 26. 70).

Durch die aufwendige Ausstattung kommt dem Dolch wie dem Dolchmesser Abzeichencharakter zu. Sollte die Einschneidigkeit das wesentliche Element gewesen sein, so wäre die Waffe sicher nicht so allgemein dem Dolch angepaßt worden. Die Gestaltung der Dolchmesser rechtfertigt es, sie mit den Dolchen gemeinsam zu behandeln und rechtfertigt auch den scheinbar so widersprüchlichen Begriff Dolchmesser, der im folgenden beibehalten werden soll.[9]

Hiebmesser sind einmal von den Dolchmessern, zum anderen von den Gebrauchsmessern zu trennen. Durch Klingenform, das häufige Fehlen einer Metallscheide, aber auch durch Griffgestaltung und Länge unterscheiden sie sich von den Dolchmessern; von den restlichen Messern trennen sie vor allem deren schlankere, häufig geschweifte Klinge und die Länge.

Die Hiebmesser, die hauptsächlich aus dem süddeutschen und österreichischen Raum bekannt sind, besitzen in der Regel eine Klingenlänge von mindestens 30 cm und eine Klingenbreite von ca. 5 cm. Der gerade Klingenrücken kann zur Spitze hin leicht einziehen; die Schneide baucht häufig stark aus und kann unterhalb des Heftes einen kurzen Ausschnitt aufweisen. Soweit Griffe erhalten sind, handelt es sich um Griffplatten, die mit aufgenieteten Holzleisten verkleidet wurden. Sie sind im Gegensatz zu denen der Dolche und der meisten Dolchmesser als handgerecht zu bezeichnen und weisen auf latènezeitliche Hiebmesser hin. Metallscheiden sind von Hiebmessern äußerst selten bekannt.

Der in einigen Fällen[10] am Griffende angebrachte Ring wurde von G. Kossack[11] als Bestandteil der Halterung angesehen. L. Pauli dagegen, der, ausgehend vom Dürrnberg, wo Hiebmesser häufig in Frauengräbern zu finden sind, diese nicht als Waffen ansprach, nahm an, daß die Ringe zum Aufhängen im Haus dienten.[12] Es bleibt aber zu bedenken, daß z.B. südwestdeutsche Hiebmesserformen nicht unbedingt mit denen vom Dürrnberg identisch sein müssen. Außerdem stammen zumindest in Baden-Württemberg, soweit feststellbar, Hiebmesser aus Männergräbern, so daß Paulis Überlegungen nicht verallgemeinert werden können.[13]

Zur Funktion ist zu bemerken, daß Dolch und Dolchmesser gleichermaßen zum Zustechen und auch Schneiden verwendet werden konnten, während das Hiebmesser, wie der Name schon sagt, zum Hieb[14] aber auch zum Schneiden, weniger jedoch zum Zustechen geeignet ist.

---

[9] Die Bezeichnung „Dolchmesser" wird im übrigen auch für im Mittelalter und der Neuzeit verwendete Messerformen benutzt, deren Äußeres sonst dem der Dolche entspricht Jb. Hist. Mus. Bern 13, 1933, 124 ff.

[10] So bei dem Hiebmesser vom Hohmichele, Grab 6, das an der rechten Körperseite lag (Riek/Hundt, Der Hohmichele Taf. 9, 156).

[11] Kossack, Südbayern 94.

[12] Pauli, Dürrnberg III 256; vorher G. Jacobi, Werkzeug und Gerät. Die Ausgrabungen in Manching 5 (1974) 120.

[13] Unseren Hiebmessern ähnliche Waffen wurden in der Neuzeit oft als „Hauswehren" bezeichnet (R. Wegeli, Jb. Hist. Mus. Bern 6, 1926, 17 ff. Taf. 39, 1007–1010). Wie der Name schon sagt, sind sie nicht als ausgesprochene Kriegswaffen anzusehen.

[14] Zu Hiebverletzungen, im Falle von Asperg bei einer Frau: S. Erhardt/P. Simon, Skelettfunde der Urnenfelder- und Hallstattkultur in Württemberg und Hohenzollern. Naturwissenschaftliche Untersuchungen zur Vor- u. Frühgeschichte in Württemberg und Hohenzollern 9 (1971) 55 f. Taf. 19.

Wichtig erscheint auch eine Untersuchung der Rolle, die Messer im Grabbrauch gespielt haben. Als direkt dem Toten zugeordnete Beigaben heben sich die Dolchmesser deutlich von den restlichen Messerarten ab. Hiebmesser können direkt dem Toten beigegeben sein, liegen aber auch häufig, wie die größeren Griffplattenmesser, bei den Speisebeigaben. Kleinere Messer werden hier außer acht gelassen, da sie mit Sicherheit nicht zu den Waffen zu zählen sind. Somit rücken die Dolchmesser durch den Grabbrauch wiederum in die Nähe der Dolche, was man als einen Hinweis auf die verwandte Funktion deuten darf. Hiebmesser scheinen nicht nur im Kampf und bei der Jagd Verwendung gefunden zu haben,[15] sondern auch im täglichen Gebrauch.

Lanze – Speer – Pfeil

Es existieren mehrere Ansätze, Lanzen typologisch zu unterteilen: Wo Rieth,[16] ohne sich regional festzulegen, vier Gruppen unterschied und zwar lange schmale, lange breite, rautenförmige und kleine Spitzen, sah Kossack[17] für Südbayern zwei Gruppen, nämlich solche mit schmalem Blatt und Verstärkungsrippe (bis 54 cm) sowie Spitzen mit breitem Blatt (bis 35 cm). Drack trennte für das Schweizer Mittelland/Jura[18] breite Lanzenspitzen von schmalen und kleinen Lanzen- und Speerspitzen. Plädierte er nach außen hin für eine Zweiteilung, so hatte er offensichtlich eine Dreiteilung vor Augen, da er kleine Spitzen sehr deutlich absetzt. So verwirrend all dies im ersten Augenblick wirkt, so läßt sich doch eine Grundordnung herauskristallisieren, die zwischen schmalen und breiten Spitzen unterscheidet.

Betrachtet man die Lanzenspitzen Baden-Württembergs gesondert, so möchte man sich auch hier für eine Unterteilung in längere schmale und in breitere Blätter, die in der Regel etwas kürzer sind, entscheiden (Taf. 46, 4–13). Mit einer solchen Differenzierung ist allerdings noch nichts über die Funktion dieser Waffen ausgesagt. Außerdem ist dies keine starre Gliederung. Es existieren z.B. auch lange breite Spitzen (Taf. 46, 4–6).

Kossack[19] und später auch Kimmig[20] und Frey[21] sahen in langen Spitzen, die womöglich noch mit einem Lanzenschuh kombiniert waren, Spieße, die erst in einer geschlossenen Formation sinnvoll eingesetzt werden konnten. Es wurde in diesem Zusammenhang immer wieder auf Darstellungen der Situlenkunst verwiesen, wo neben Kriegern mit mannshohen Lanzen (Speeren) auch Krieger mit extrem langen Lanzen (Spießen) abgebildet sind.

Wir haben bei einer Bestimmung der möglichen Funktion aber von den Grabfunden des Westhallstattkreises auszugehen. Die Länge des Schaftes ist hier nur in einem einzigen Fall, nämlich Augsburg-Kriegshaber zu ermitteln.[22] Auch Lanzenschuhe, sofern sie nicht übersehen wurden, sind nur in Einzelfällen überliefert.[23] In Baden-Württemberg mißt die Masse der gut erhaltenen Lanzen zwischen 20 und 40 cm (Abb. 26). Darf man den Anteil der Spitzen an der Gesamtlänge als $^1/_5$ oder $^1/_6$ annehmen,[24] so entspricht dies einer Gesamtlänge von 1,0–2,5 m. Von Spießen wäre demnach nur selten zu

---

[15] Riek/Hundt, Der Hohmichele 154f. Riek z.B. erscheint das Hiebmesser zu Kampf, Jagd, aber auch als Machtsymbol denkbar.

[16] Rieth, Hallstattzeit 62.

[17] Kossack, Südbayern 96.

[18] Drack a.a.O. (Anm. 3) 125–150f.

[19] Kossack, Südbayern 96.

[20] Kimmig, Hoops Reallexikon 392ff.

[21] O.-H. Frey, Bewaffnung. Die Hallstattkultur. Frühform europäischer Einheit (1980) 95.

[22] Hierauf verweist auch Pauli, Dürrnberg III, 226.

[23] Außer von Augsburg-Kriegshaber, wo gleichzeitig die Lanzenlänge von über 2,5 m zu rekonstruieren ist (Kossack, Südbayern 96) sind mir Lanzenschuhe nur noch von Ebingen, Hohmichele, Buchsee und Hallstatt bekannt geworden.

[24] Kossack, Südbayern 96f.

sprechen. Gegen einen starren Schluß von Spitzenlänge auf Gesamtlänge sprechen folgende Beobachtungen: Einmal lehrt ein Blick auf Darstellungen der Situlenkunst, z. B. auf dem von Kossack zitierten Krieger-Fries der Certosa-Situla,[25] daß gleichlange Spitzen mit unterschiedlich langem Schaft versehen sein konnten. Zum anderen fällt im Vergleich mit den Spießen der Landsknechte des 16. Jhs. auf, daß die sehr lang geschäfteten Stücke relativ kurze Spitzen besitzen. Die Schäfte der Halparte z. B. aber, die auch zum Zuhauen benutzt wurden, sind bedeutend kürzer, ihre Spitzen erreichen dagegen beträchtliche Längen.

Mögen derartige Vergleiche auch sehr gewagt erscheinen – die Darstellungen der Situlenkunst sind stilisiert und stammen aus einem anderen Kulturkreis; Gegebenheiten des 16. nachchristlichen Jhs. sind auf die Vorgeschichte nur sehr bedingt übertragbar –, so lassen doch die baden-württembergischen Lanzen ähnliche Beobachtungen zu: Gleichlange Spitzen können eine unterschiedliche Breite, aber auch unterschiedlichen Tüllendurchmesser besitzen (Taf. 46, 7–13). Feste Bezüge der einzelnen, für die Funktion sicher nicht unwesentlichen Maße lassen sich nicht feststellen.

Hinweise auf eine Kampfesweise, bei der der Schaft mit beiden Händen gepackt wird, um mit der Spitze auch schlagen und parieren zu können, wie dies P. Schauer für die Urnenfelderzeit[26] und vorher schon M. Gebühr für die Kaiserzeit nachweisen konnten,[27] existieren für die Hallstattzeit nicht. Schlagspuren sind bisher nicht belegt. Es ist jedoch davon auszugehen, daß eine derartige Kampfesweise auch mit hallstattzeitlichen Lanzen durchzuführen ist. Die Spitzenlängen sprechen zumindest nicht dagegen.

Die meisten Spitzen waren sowohl zum Werfen wie zum Stoßen geeignet, solche mit blattförmigem Umriß auch zum Zuhauen. Eine klare Trennung zwischen Speer und Lanze dürfte somit schwierig sein.

Der Nachweis, daß die Lanze als Standarte oder Abzeichen benutzt wurde, läßt sich, wenn man vom einzelnen Stück ausgeht, ebensowenig erbringen wie die Verwendung bei der Jagd ausgeschlossen werden kann. An Belegen aus späterer Zeit fehlt es nicht: Der Fähnrich mit spitzenbewehrtem Fähnlein[28] oder der Hauptmann, dessen Lanze eine auffällige Quaste schmückt[29] sind aus Darstellungen des 16. Jhs. wohl bekannt. Diese Beispiele können allerdings nicht mehr als ein Hinweis auf die Vielfalt der Funktionsmöglichkeiten von Lanzenspitzen sein.

Der Schluß, daß es sich um Mehrzweckwaffen gehandelt hat, die keiner festen Norm unterworfen waren, liegt auf der Hand.

Sehr kurze Lanzenspitzen lassen sich durch ihren größeren Tüllendurchmesser von den Pfeilspitzen absetzen, bei denen dieser etwa 0,5 cm mißt (Taf. 46, 10–20). Folgt man Kossack[30] und geht davon aus, daß sich im Totenbrauchtum eher das Kriegs- denn das Jagderlebnis niedergeschlagen hat, so wären die Pfeilspitzen als Kriegsfernwaffe anzusprechen. Dem ist entgegenzusetzen, daß etwa die Waffenbeigabe der Nachbestattung 6 im Hohmichele, nämlich Hiebmesser mit Köcher und 51 Eisenpfeilen eher für die Jagdausrüstung denn für die Waffen eines einflußreichen Mannes sprechen.[31] „Königliche" Jagddarstellungen haben eine weitverbreitete und lange Tradition.[32] Dies würde allerdings Pfeilspitzen in einfach ausgestatteten Gräbern oder die Beigabe nur eines Pfeiles nicht erklären. Doch auch Freys

---

[25] Ebd. S. 97, Abb. 16.
[26] Schauer, Arch. Korrbl. 9, 1979, 69ff.
[27] Gebühr, Kampfspuren an Waffen des Nydam-Fundes. Mat. Hefte zur Ur- u. Frühgesch. Niedersachsens 16, 1980 (Festschrift Raddatz) 69 ff. bes. 78–82.
[28] G. Liebe, Soldat und Waffenhandwerk (1899) (Nachdruck 1972) Abb. 49.
[29] Ebd. Abb. 36.
[30] Kossack, Südbayern 96.
[31] Riek/Hundt, Der Hohmichele, Taf. 9 u. 10, 156f. Hier wird auch ausgeführt, daß es sich um Waffen für den Kampf handeln könnte.
[32] Erinnert sei an assyrische, persische und auch ägyptische königliche Jagddarstellungen.

Hinweis auf Köcher mit unterschiedlichen Arten von Pfeilspitzen[33] zielt darauf ab, daß wir Jagdwaffen vor uns haben.

Typenmäßig haben wir es mit Tüllen-, Dorn- und flachen Dreiecksspitzen zu tun (Taf. 46, 14–20). Die mit Sicherheit auch im nordalpinen Raum bekannten dreiflügeligen Pfeilspitzen – von der Heuneburg sind sie in zwei Fällen überliefert[34] – sind nicht Bestandteil der westhallstättischen Waffenbeigabe. Es stellt sich die Frage, ob die auffällige Fundlücke im nordalpinen Raum[35] nicht auch so gedeutet werden kann, daß Pfeile, z.T. in Köchern, als Zeichen für das Privileg des Jagens und nicht als Kriegswaffe ins Grab mitgegeben wurden?[36]

Fast für jede Waffenart gilt, daß zu ihrer Funktion nichts endgültiges gesagt werden kann. Die Funktionsmöglichkeiten können zwar aufgezeigt werden, doch fehlen, um eine Eingrenzung auf eine bestimmte Verwendung vornehmen zu können, für den hier zu behandelnden Raum schriftliche wie bildliche Zeugnisse. Die Darstellungen der Situlenkunst sollten nicht überstrapaziert und nicht zu schnell auf westlich angrenzende Gebiete übertragen werden. Auch eine Deutung als Abzeichen ist nicht auszuschließen. Letztlich ist damit zu rechnen, daß der Grabbrauch als Filter wirkte und wir viel eher Einblick in die regionalen Besonderheiten der Bestattungssitten gewinnen, als daß wir etwas über die reale Funktion einzelner Waffentypen erfahren.

ZUR WAFFENBEIGABE IN BADEN-WÜRTTEMBERG

Die Voraussetzung zu einer Beschäftigung mit der Waffenbeigabe in Baden-Württemberg bildete die Aufnahme sämtlicher Waffengräber und waffenführender Nekropolen (s. Katalog S. 131 ff.). Dabei kann aufgrund der Quellenlage nicht von einer absoluten Vollständigkeit gesprochen werden. Die meisten der behandelten Gräberfelder wurden im letzten Jahrhundert ergraben. Die damaligen Grabungsmethoden – Ergrabung ausschließlich der Hügelmitte, Vermischung von Fundbeständen usw. – lassen vermuten, daß z.B. viele der Nachbestattungen nicht erfaßt wurden. Auch die Zeitstellung der einzelnen Waffen konnte nicht immer in zufriedenstellender Weise geklärt werden. Erschwerend wirkt zudem die Tatsache, daß viele Waffen nur in Bruchstücken erhalten sind. Es wurde außerdem eine größere Anzahl verschollener Waffen in den Katalog mit aufgenommen, die in der Literatur nur selten genauer beschrieben wurden.

Bei einer Kartierung sämtlicher Dolche, Lanzen, Messer und Pfeile (Taf. 47) heben sich waffenarme bzw. waffenleere Gebiete deutlich von solchen ab, in denen die Waffenbeigabe reichlich geübt wurde. Die stärkste Konzentration von Waffen ist auf der Schwäbischen Alb festzustellen, gefolgt von Funden des oberschwäbischen Raumes und der Bereiche Tübingen und Stuttgart. Als fundleere Räume sind der Schwarzwald, zum Teil das nordbadische Gebiet und der ostwürttembergische Raum um Göppingen und Schwäbisch Gmünd anzusehen. Nördlich anschließend lassen sich vereinzelt Waffenfunde feststellen und südlich der Donau, östlich des Bodensees ist eine Anzahl waffenführender Nekropolen aufgereiht. Nur der Schwarzwald darf als siedlungsfeindliches Gebiet angesehen werden. Im übrigen muß für das Fehlen bzw. die Seltenheit der Waffenbeigabe nach einer Erklärung gesucht werden.

---

[33] Siehe Anm. 21.
[34] S. Sievers, Die Kleinfunde der Heuneburg (in Vorbereitung).
[35] Zur Problematik zuletzt Kimmig, Hoops Reallexikon 399 ff. mit Abb. 87.
[36] Zuletzt ausführlich Pauli, Dürrnberg III, 228 f., der die Pfeilbeigabe auch unter dem Aspekt des Abzeichens betrachtet. Der äußerst geringe Prozentsatz an Rotwildknochen am Knochenbestand der Heuneburg kann gleichfalls dahingehend gedeutet werden, daß die Jagd von Wild (Kleinwild ausgeschlossen) nicht der allgemeinen Nahrungsbeschaffung diente, sondern ein Privileg der oberen Standesschicht darstellte.

Das Bild von der hallstattzeitlichen Waffenbeigabe, wie es sich uns heute darstellt, beruht z.T. auf Verallgemeinerungen.[1] Diese ergaben sich dadurch, daß entweder von zu großen Gebieten ausgegangen wurde, oder daß man versuchte, an geschlossenen Räumen erarbeitete Ergebnisse auf andere Gebiete zu übertragen.

Voraussetzung für Aussagen über Regelhaftigkeiten in der Waffenbeigabe, über den Rang[2] der Waffenträger und über die Bewaffnung ist eine kleinräumige Analyse der Waffenbeigabe. Nur so kann gewährleistet sein, daß neben überregionalen Gemeinsamkeiten in der Beigabensitte Besonderheiten nicht übersehen werden, die das Gesamtbild relativieren könnten. Dies soll dadurch ermöglicht werden, daß für Baden-Württemberg von Kleinräumen ausgegangen wird, die unabhängig voneinander auf die Waffenbeigabe hin analysiert werden. Die Abgrenzung einzelner Gebiete voneinander ergibt sich aus Ballungen waffenführender Nekropolen: Oberschwaben, Ostalb und Zollernalb, der Raum um Tübingen sowie Nordwürttemberg werden im folgenden getrennt untersucht.

Im Anschluß wird man feststellen können, inwieweit Verallgemeinerungen zulässig sind. Eine gültige Definition der Funktion einzelner Waffen im Grabbrauch wird jedoch nicht zu erwarten sein, da hierfür eine größere Anzahl vollständig und modern ergrabener Gräberfelder vorauszusetzen wäre. Dies ist nicht oder nur in bescheidenem Umfang der Fall und muß somit jedes Ergebnis relativieren. So kann die Analyse in vielen Fällen nur zeigen wie gering die derzeitige Aussagefähigkeit des Waffenmaterials ist.

GRÄBERANALYSE

In der Gräberanalyse wird in erster Linie auf Gräberfelder und Grabhügel eingegangen, die mehrere verwertbare Gräber aufweisen. Eingeschlossen sind auch Fundorte, die sowohl während Ha C wie Ha D die Waffenbeigabe kennen. Die übrigen Waffengräber sind im Katalog erfaßt. Die Numerierung entspricht der des Kataloges.

Im Mittelpunkt der Untersuchung stehen die Fragen, ob die Waffenbeigabe irgendwelchen Regeln unterworfen war, ob Besonderheiten der Beigaben- und Bestattungssitte den Waffenträger vor anderen Männern hervorheben, ob die beigegebenen Waffen Schlüsse auf die Kampftechnik zulassen und schließlich, ob von einer Ha C/D Kontinuität in der Waffenbeigabe gesprochen werden kann.

Oberschwäbische Gruppe

Unter diesem Begriff sind waffenführende Nekropolen zusammengefaßt, die sich am Oberlauf der Donau aufreihen und solche, die aus dem Gebiet zwischen Donau und Bodensee sowie aus dem Nordwestteil des Bodenseegebietes bekannt wurden.

75. Mauenheim, Kr. Donaueschingen
Bei Mauenheim handelt es sich um ein ausgedehntes Grabhügelfeld mit Flachgräbern zwischen den Hügeln. In den Flachgräbern – ausschließlich Brandgräber –, die meist beigabenlos sind, wurde die Waffenbeigabe nicht geübt. Die Flachgräber werden deshalb im folgenden außeracht gelassen.

---

[1] Z.B. Kimmig, Hoops Reallexikon 389ff. und zuletzt K.W. Zeller, Kriegswesen und Bewaffnung. Die Kelten in Mitteleuropa (1980) 116.

[2] Der im folgenden häufig wiederkehrende Begriff „Rang" meint in diesem Zusammenhang die Stellung des Waffenträgers innerhalb seines Sozialgefüges. Dies kann die Familie sein, aber auch ein größerer Siedlungsverband.

Von den in Grabhügeln angelegten Bestattungen lassen sich ca. 20 als männlich identifizieren.[3] Vier Gräber weisen Waffen auf, nämlich die Gräber N3, eine Nachbestattung mit Schwert, Wagen, Fibeln und Eber, dann E1, ein Dolchgrab mit zwei Lanzen, Dragofibel und ebenfalls einem Eber und im gleichen Hügel E2, eine Nachbestattung mit zwei Lanzen und Fibeln; schließlich die gestörte Primärbestattung U1 mit zwei Lanzen.

Der Wagen hebt das Ha D1-Schwertgrab N3 besonders hervor. Die Beigabe eine Ebers wiederholt sich bezeichnenderweise nur noch im reich mit Waffen ausgestatteten Ha D1-Grab E1. Das Lanzengrab E2, etwas jünger, ist davon abzusetzen.

Die übrigen Männergräber sind als ausgesprochen beigabenarm einzustufen. Den meisten Gräbern sind nur Tongefäße beigefügt. Besondere Ausstattungsgegenstände sind Gürtel, Fibeln und Rasiermesser. Ein Grab, N9, enthielt neben der Fibeltracht und einem kleinen Ringchen einen Halsring.

Die Befunde sind zu dürftig, als daß über Trachteigenheiten eine Gruppierung der Männergräber herausgearbeitet werden könnte. In den Waffengräbern lagen keine Gürtelhaken, dagegen in E2 einmal ein Gürtelblech, das nicht in Trachtlage deponiert war. Wamser schließt aus diesem Phänomen, daß das Gürtelblech als eine Art Abzeichen ins Grab mitgegeben wurde.

Er nimmt an, daß die unterschiedliche Art der Waffenbeigabe einen unterschiedlichen „militärischen" Rang spiegelt, billigt aber auch wie gesagt dem Gürtelblech Abzeichencharakter zu und meint so, daß als einfachste Art des Abzeichens die Lanzenbeigabe und die Beigabe eines Lederkoppels mit oder ohne Gürtelblech gelten kann. Die zusätzliche Beigabe eines Dolches würde dann die nächsthöhere Stufe darstellen. Er weist jedoch darauf hin, daß es anderen Ortes auch die Dolchbeigabe ohne Lanze gibt. In der Beigabe eines Schwertes oder eines schweren Hiebmessers – hier denkt Wamser offensichtlich an das Grab VI des Hohmichele – möchte er einen noch höheren Rang des Toten sehen. Da Wamser Schwert- und Dolchgrab nicht gleichzeitig ansetzt, kommt er zu der Feststellung, daß besonders am Ende von Ha D1 Dolche und große Lanzen an die Stelle der Schwerter und Hiebmesser treten.[4]

Die Ha D1 Fibeltracht im Schwert- wie im Dolchgrab läßt allerdings an eine zeitliche Überschneidung der beiden Trageweisen denken. Hierfür spricht auch, daß es sich bei dem Schwertgrab um eine Nachbestattung handelt. Denkbar ist, daß wir mit dem Schwertträger einen älteren Mann fassen, der mit seiner traditionellen Waffe bestattet wurde, sich aber schon der neuen Tracht angepaßt hatte. Es besteht kein Grund, den Mauenheimer Eisendolch mit verkümmerten Antennen, kombiniert mit einer Dragofibel, am Ende von Ha D1 anzusetzen.

124. Tuttlingen–Ludwigstal, Kr. Tuttlingen

Von neun Hügeln sind fünf untersucht.

Das einzige eindeutige Waffengrab ist in Hgl. 8 erhalten. In Zusammenhang mit den Hügeln 1 und 9 wird zwar von Eisenresten gesprochen, bei denen es sich um Waffenreste handeln könnte, doch sind diese nicht näher beschrieben.[5]

Während alle anderen Gräber O–W orientiert sind, ist das Waffengrab, wie während Ha D weit verbreitet, S–N ausgerichtet. Die Beigabe einer Bogenfibel legt eine Datierung nach Ha D1 nahe. Daneben wurden drei Lanzenspitzen, Reste eines Eisenschwertes, Tierknochen und Gefäßscherben

---

[3] Wamser, Mauenheim.

[4] Hier folgt Wamser offensichtlich Riek: Riek/Hundt, Der Hohmichele 155.

[5] In älteren Darstellungen wird daneben u.a. von einem Körpergrab mit Bronzearmring, Eisenwaffenresten und Scherben gesprochen. Zürn, dessen Katalog (Zürn, Hallstattzeit) hier zum Großteil zu Grunde liegt, konnte anscheinend seinerzeit keine Waffenreste mehr ausmachen. Es muß daher unklar bleiben, um welche Waffen es sich hierbei gehandelt haben könnte.

gefunden. Schenkt man der Bezeichnung „Schwert" Glauben, so fühlt man sich an Mauenheim, Grab N3 erinnert, wo ebenfalls Schwert, Fibel und Eberknochen kombiniert vorlagen. Die zusätzliche Beigabe dreier Lanzen muß, wenn es sich um ein Ha D1-Grab handelt, nicht gegen die Mitgabe eines Schwertes sprechen.

Die Beigaben der übrigen Gräber stehen in keinem Verhältnis zu denen des Waffengrabes. Die soziale Stellung des Waffenträgers kann als herausragend bezeichnet werden, wenn auch nicht auszuschließen ist, daß die unberührten Hügel weitere Waffengräber bergen.

85. Nendingen, Kr. Tuttlingen

Leider sind die Angaben über die Grabhügel von Nendingen so ungenau, daß nur äußerst allgemeine Aussagen gewagt werden können. Verhältnismäßig häufig sind Eisenmesser mit Beingriffen, die durch die z.T. feststellbare Vergesellschaftung mit Tierknochen funktional festgelegt und nicht zu den Waffen zu zählen sind. Waffen im eigentlichen Sinne werden nicht in Zusammenhang mit bestimmten Grabkomplexen erwähnt, so daß nur festzuhalten bleibt, daß mehrere Schwertgräber existiert haben müssen. Eventuell nach Ha D zu datieren ist eine Lanzenspitze. Man wird somit unter Vorbehalt von einer Waffentradition von Ha C nach Ha D sprechen können.

87. Neuhausen ob Eck, Kr. Tuttlingen

Die Masse der ca. 30 Grabhügel, die fast alle alt gegraben sind, gehört nach Ha C und beinhaltet vor allem Keramik. In einem Brandgrab soll ein jetzt verschollenes Schwert gefunden worden sein. Eindeutig nach Ha D lassen sich nur zwei Gräber datieren, wobei es sich bei dem einen um ein Ha D1-Frauengrab mit verziertem Gürtelblech, reichem Armschmuck und zwei Bogenfibeln handelt. Das zweite Grab, eine Nachbestattung, ist ein Waffengrab mit zwei Lanzen. Um die Hüfte trug der Tote eine Bronzekette, dabei ein Bernsteinring, Bronzehäkchen und -ringchen, am linken Handgelenk einen Bronzearmreif. Zwei Paukenfibeln datieren das Grab nach Ha D2. Die um die Hüfte getragene Bronzekette spricht dagegen für einen Ha D3-Zusammenhang. Unter den nicht mehr zuweisbaren Funden werden keine weiteren Waffen erwähnt.

Weder läßt sich die Waffentradition (Schwert-Lanze) genauer fassen, da ein Ha D1-Grab fehlt, noch ist die sicher hervorragende Stellung des Lanzenträgers genauer ansprechbar, da die meisten Hügel unzureichend ergraben sind.

17. Buchheim, Kr. Stockach

Wegen einiger außergewöhnlicher Befunde ist es besonders bedauerlich, daß die Hügel von Buchheim bereits im letzten Jahrhundert gegraben wurden. Die Dokumentation der Fundumstände ist in manchen Fällen in Zweifel zu ziehen.

Im Hügel von 1892 sind Schwert, Eisenmesser und Eberknochen zusammen aufgefunden worden. In dem 1897 gegrabenen Hügel bildet ein Schwertgrab mit Pferdegeschirr die Primärbestattung; Nachbestattung 1 beinhaltete einen weiteren Waffenträger mit zwei Lanzen und einer Kropfnadel. Nachbestattung 2 mit einem Segelohrring und Hirschhornhammer dürfte ebenfalls als Männergrab angesprochen werden. Grab 4 schließlich mit Bronzehalsring, Pinzette, drei Bandohrringen und zwei Armreifen wäre durch die Pinzette als männlich zu identifizieren, doch ist auf Grund der reichen Schmuckausstattung eine Vermischung zweier Bestände nicht auszuschließen. Eventuell in Nachfolge des Schwertgrabes ist das Lanzengrab zu sehen. Außergewöhnlich mutet die Häufung von Männergräbern innerhalb eines Hügels an.

Die übrigen Waffengräber weisen z.T. die Kombination Schwert/Dolch auf: Im Falle des 1881 aufgedeckten Grabes wird von einem aufrecht stehenden Skelett gesprochen, um das im Kreis mehrere

Skelette horizontal niedergelegt worden waren. Der zentralen Bestattung sind Dolch und Schwert zugeordnet, wobei nicht erwähnt wird, wo die Funde gelegen haben sollen. Zwar wird der verschollene Dolch beschrieben, dennoch soll das Grab wegen der zweifelhaften Fundumstände nicht weiter berücksichtigt werden.

Für den Hügel von 1894 werden die Funde recht allgemein aufgezählt; es ist nicht gesichert, daß sie aus einem Grab stammen. An hallstattzeitlichen Funden werden genannt: Eisenhallstattschwert, Eisendolch, Schlangenfibelfragment, Bronzeschale und mehrere Tongefäße. Rein theoretisch ließe sich eine Folge Schwertgrab mit Keramik und möglicherweise Bronzeschale – Dolchgrab mit Schlangenfibel rekonstruieren; dies ist aber nicht weiter zu belegen. In dem 1898 gegrabenen Hügel kamen u. a. zwei Lanzenspitzen zum Vorschein.

Ein eindeutiges Frauengrab ist, sieht man von dem merkwürdigen Befund Gr. 4/1897 einmal ab, demnach nicht nachzuweisen, was sonst nicht üblich ist. Zudem ist die Zahl der Waffengräber, auch der Schwertgräber, erstaunlich hoch. Zwar wird man den direkten Vergleich mit Großeibstadt scheuen, doch dürfte sich eine Interpretation des, wenn auch insgesamt etwas zweifelhaften Befundes, zumindest daran orientieren.[6] Die Rolle des Dolches ist aufgrund der unklaren Fundumstände nicht genauer zu fassen. Die Ha D-Waffengräber heben sich, außer durch die Waffenbeigabe, von den übrigen Männergräbern nicht weiter ab.

99. Salem, Kr. Überlingen

Die Fundverhältnisse sind auch hier nicht immer klar, weshalb die Salemer Funde nur kurz erwähnt werden sollen. Es muß jedoch betont werden, daß, was eine Seltenheit darstellt, alle 20 Hügel ergraben sind. Trotzdem kann nicht ausgeschlossen werden, daß bei den damaligen Grabungsmethoden Nachbestattungen übersehen wurden.

Die Hügel D,M,N lieferten in den Primärgräbern je ein Eisenschwert. Zum Schwertgrab M gehört eine Nadel, die von einer Fibel stammen könnte. Bei Hügel N muß unklar bleiben, in welchem Bezug das Schwert zu ganz in der Nähe gelegenem Ha D1-Schmuck- und Trachtzubehör steht. Der sichere Nachweis, daß eines der Schwertgräber nach Ha D1 zu datieren ist, kann bei Salem nicht geführt werden.

Hügel M (Abb. 3 C) ergab in der das Schwertgrab bedeckenden Steinsetzung als Nachbestattung ein weiteres Waffengrab: Neben einem Bronzehalsring lagen insgesamt fünf Lanzenspitzen in zwei Gruppen. In Hügel G sind die Fundumstände unklar, doch dürften zwei Lanzenspitzen, ein Armring, zwei Bronzehäkchen und zwei zweischleifige Schlangenfibeln zusammengehören. Der abgesondert gelegene Hügel F (Abb. 3 A) mit mehreren auf gleichem Niveau gelegenen Fundgruppen (Abb. 3 B) erbrachte unter einer Steinsetzung neben Tongefäßen einen tauschierten Eisendolch und Teile eines Bronzekessels. Etwas abseits lagen ein Bronzehalsring und Bronzeringchen. Die restlichen Funde des Hügels könnten auf Grund des zahlreich beigegebenen Ringschmucks und der zwei Lanzenspitzen zu einer weiblichen und einer männlichen Bestattung gehören. Die übrigen Funde sind aber nicht sicher auf zwei Bestattungen aufzuteilen, so daß dieser Komplex wegen der ungenauen Dokumentation nur bedingt zu verwenden ist.

Das Gräberfeld von Salem wurde ohne Unterbrechung von Ha C bis Ha D3[7] belegt. Der zeitliche Schwerpunkt ist allerdings durch die häufige Schlangen- und vor allem Bogenfibelbeigabe während

---

[6] G. Kossack, Gräberfelder der Hallstattzeit an Main und Fränkischer Saale. Mat. Hefte zur Bayer. Vorgeschichte 24 (1970); auch bei Großeibstadt handelt es sich ausschließlich um Männergräber, deren Besonderheiten in der Grabsitte von Kossack in Zusammenhang mit religiösen Vorstellungen gesehen wurden.

[7] Für Ha D3 spricht eine Stangengliederkette in Hgl. F.

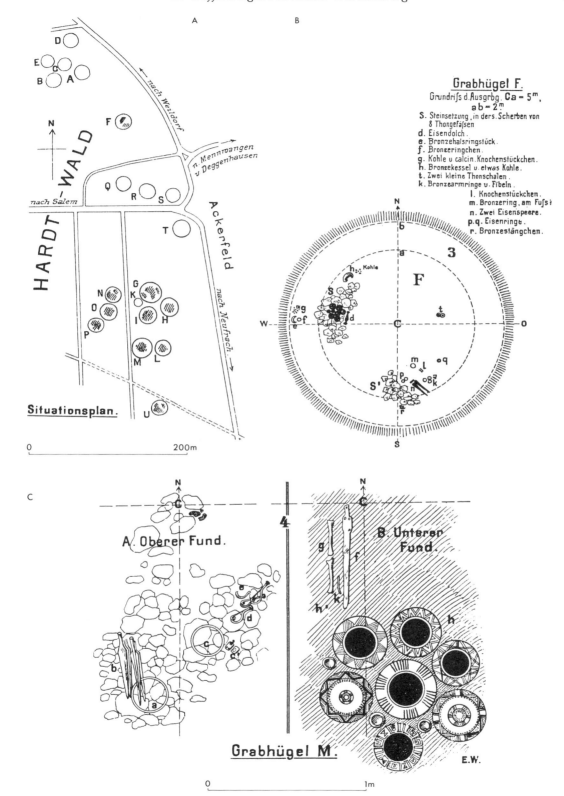

Abb. 3. Gräberfeld von Salem (A = Situationsplan; B = Hügel F; C = Hügel M).

Ha D1 anzusetzen. In vielen Fällen lagen männliche und weibliche Bestattungen dicht beieinander, was auf familiäre Bindungen verweist.

Speziell zur Waffenbeigabe sei auf die Ha C/D Waffentradition aufmerksam gemacht, außerdem auf die abgesonderte Lage des Hügels F, aus dem u. a. ein Dolch stammt.

71. Liptingen, Kr. Stockach

Zwar besteht das Gräberfeld aus ca. 27 Hügeln, doch sind die Funde nur selten genau zuzuweisen. Die meisten Hgl. ergaben „keine" Funde oder lediglich Keramik. Von den wenigen Gräbern, die mit Sicherheit nach Ha D zu datieren sind, ist ein reiches Frauengrab aus Hgl. 6 zu nennen.

Wichtig sind vor allem die Funde aus Hgl. 3. Hier lagen auf gewachsenem Boden, jeweils auf einer „Holzunterlage", parallel in ca. 1 m Entfernung ein Männer- und ein Frauengrab, der Mann eher in der Hügelmitte. Beide besaßen die gleichen Trachtbestandteile, nämlich eine kleine getriebene Paukenfibel in Halsgegend und ein Gürtelblech. Während die Frau außerdem reich mit Schmuck ausgestattet war, standen dem Mann eine Lanze (mit Spitze an den Füßen!)[8] und ein Dolch zu.

Der enge Bezug der Gräber zueinander läßt an eine familiäre Verbindung (Ehepaar?) der beiden Toten denken. Die identische Trachtausstattung ist allerdings ungewöhnlich. Es fällt schwer dieses Waffengrab in Bezug zu anderen Männergräbern zu setzen; hierfür ist keine Grundlage vorhanden. Das Waffengrab wurde vor allem wegen des besonderen Bezuges zu dem Frauengrab hier aufgeführt.

60. Kaltbrunn, Kr. Konstanz

Es handelt sich um einen ab Ha D2 belegten Hügel, der mindestens 18 Körper- und zwei Brandbestattungen aufwies. Für eine Grabung von 1864 sind die Fundangaben zwar sehr genau, genügen aber modernen Ansprüchen trotzdem nicht. So wüßte man gerne mehr über die Zuordnung der einzelnen Gräber zueinander und über ihre genaue Lage im Hügel.

Es ist auffällig, daß sich die Männergräber im östlichen Teil des Hügels häufen. Sie sind gekennzeichnet durch die Fibeltracht an der rechten Schulter, nur einen Armring und einen Ohrring. Ein Grab, das eines „alten Individuums", wird durch die Beigabe einer Lanze hervorgehoben (bei Wagner werden zwei Lanzen erwähnt). An Trachtbestandteilen trug der Mann zwei Paukenfibeln auf der rechten Schulter.

Da es sich um das einzige Waffengrab des Hügels handelt, dürfte dem Waffenträger eine besondere Stellung zukommen.

73. Villingen-„Magdalenenberg", Kr. Villingen–Schwenningen

Trotz seiner westlichen Lage ist der Magdalenenberg bei Villingen in engem Zusammenhang mit der oberschwäbischen Gruppe zu sehen, wie aus der häufigen Beigabe zweier Lanzen hervorgeht.

Mit der beraubten Kammer fassen wir eines der frühesten hallstattzeitlichen Fürstengräber; dendrochronologische Daten verhalfen zur absoluten Datierung der Grablege, die heute bei 551 angesetzt wird.[9] Hierdurch ist der bislang sicherste Anhaltspunkt zu einer Festlegung des Beginns von Ha D1 gegeben, wenn auch unklar bleiben muß, in welchem Lebensalter der Tote den ihm ins Grab mitgegebenen Besitz erhielt.[10]

Wir haben es mit 127 um das Zentralgrab angelegten Nachbestattungen zu tun, die allem Anschein nach einem Zeithorizont angehören. Da genaue Beobachtungen zu Grabbrauch und Beigabensitte

---

[8] Gewöhnlich zeigen die Lanzenspitzen zum Kopfende des Grabes hin.

[9] E. Hollstein, Mitteleuropäische Fichtenchronologie. Trierer Grabungen und Forschungen XI (1980) 184f.

[10] H. Polenz, Zu den Grabfunden der Späthallstattzeit im Rhein-Main-Gebiet. Ber. RGK 54, 1973, 146.

Grab	Dolchkat. Nr.	Waffenkat. Nr.	Waffe	Fibel	Gürtelblech	Nadel	Gürtelhaken	Schmuck	Gerät
19	–	73	2	2	–	–	–	–	–
38a	–	73	2	2	–	–	–	–	–
93	–	73	2	2	–	–	–	–	–
62	–	73	2	1	x	–	–	–	x
90	82	73	2	–	x	–	–	–	–
39	132	73	1	2	–	–	–	–	–
51	–	73	1	1	–	–	–	x	x
81	–	73	1	1	–	–	–	–	x
118	137	73	1	1	–	–	–	–	–
67	79	73	1	–	–	–	–	x	–
54	77	73	1	–	–	–	–	–	x
73	–	73	1	–	–	–	–	–	–
106	–	–	–	2	x	–	–	–	–
80	–	–	–	2	–	–	–	–	x
110	–	–	–	1	x	–	–	x	–
117	–	–	–	–	x	–	–	x	–
11	–	–	–	–	x	–	–	–	–
31	–	–	–	–	–	x	x	–	–
61	–	–	–	–	–	x	–	–	x
83	–	–	–	–	–	x	–	–	x
108	–	–	–	–	–	x	–	–	x
94	–	–	–	–	–	x	–	x	–
100b	–	–	–	–	–	x	–	–	–
121	–	–	–	–	–	x	–	–	–
14	–	–	–	–	–	–	x	–	–
60	–	–	–	–	–	–	x	–	–
111	–	–	–	–	–	–	x	–	–
42	–	–	–	2	–	–	–	x	–
52	–	–	–	2	–	–	–	–	–
35	–	–	–	1	–	–	–	–	–
45?	–	–	–	–	–	–	–	x	x

Abb. 4. Kombinationsstatistik der Männergräber von Villingen-Magdalenenberg.

vorliegen und es sich immerhin um 12 Waffengräber handelt, müßten sämtliche Voraussetzungen vorhanden sein, die Rolle der Waffenbeigabe genauer zu fassen. Zu diesem Zweck soll exemplarisch eine Feinanalyse durchgeführt werden.

Der Grabhügel lieferte fünf Dolchgräber, vier Gräber mit zwei Lanzen und drei Gräber mit je einer Lanze. In einem Dolchgrab lagen zusätzlich noch sieben Pfeile, die dem Toten, wahrscheinlich in einem Köcher, beigegeben wurden. Folgt man Spindler, der 63 Männergräber zu erkennen glaubt,[11] so würde dies bedeuten, daß etwa ein Fünftel der Männer mit Waffen bestattet wurde. Hervorzuheben ist, daß Dolch und Lanze in keinem Fall miteinander kombiniert sind, was in dieser Ausschließlichkeit ungewöhnlich ist.[12] Kennzeichnend für Männergräber erachtete Spindler[13] die Beigabe eines eisernen Rasiermessers, die Trageweise eines Armrings am linken Arm,[14] die Beigabe von Zwergknebeln, von

---

[11] Spindler, Ausgrabungen in Deutschland 238.

[12] Sicher wird es sich nicht um einen Zufall handeln, daß in Villingen eine derart deutliche Trennung von Dolch- und Lanzenträgern vorgenommen wurde. Dennoch darf dies nicht verallgemeinert werden.

[13] Spindler, Ausgrabungen in Deutschland 227. 237 ff.

[14] Dies beobachtete bereits Zürn, Nordwürttemberg 111; Pauli erklärt diesen Umstand damit, daß die Waffe rechts getragen wurde (Pauli, Nordwürttemberg Anm. 10).

nur einem Ohrring oder von einem Geröllschlegel. Die jeweils ohne Zwingenbesatz auftretenden Gürtelbleche und die durch ihre Größe von denen der Frauentracht unterscheidbaren Fibeln, sowie die Waffen, können auch ohne Bezug zur Trachtlage deponiert sein. Bei Fibeln ist dies so zu denken, daß ein Gewand außerhalb des Körperbereiches niedergelegt wurde. Die Waffengräber sind im folgenden in Bezug zu den übrigen Männer- und Knabengräbern zu setzen; auf diese Weise sind die Besonderheiten der Waffenbeigabe im Magdalenenberg möglicherweise besser in den Griff zu bekommen (Abb. 40).

Von den Trachtbestandteilen ausgehend fällt auf, daß die Beigaben von Fibel/Gürtelblech und Nadel/Gürtelhaken zwei sich ausschließende Paare bilden (Abb. 4), die in Männer- wie Knabengräbern vorkommen, also nicht durch Altersgrenzen bedingt sind. Will man nicht wie Spindler[15] annehmen, daß es auch Gewandschließen aus organischem Material gab, muß man mit einer dritten Gruppe rechnen, zu der auch die beigabenlosen Gräber gehören, die keine Trachtbestandteile aufzuweisen hat. Immerhin sind der letzten Gruppe auch Waffengräber zuzurechnen.

Allen drei Gruppen ist die sporadische Beigabe eines halbmondförmigen Eisenmessers und von Schmuck gemeinsam. Die Waffengräber sind auf die Gruppen 1 und 3 beschränkt, d.h. mit der Nadel/ Gürtelhakentracht fassen wir Bestattungen, die von den Waffengräbern abzugrenzen sind. Da in den Knabengräbern Waffen, Rasiermesser, aber auch Nadeln und Gürtelbleche fehlen, wird klar, daß wir mit den drei Trachtgruppen keine Altersgruppen erhalten, will man nicht speziell dem Gürtelblech einen besonderen Symbolwert zusprechen.[16] Fast scheint es so, als wäre die Tracht der Männer nicht allzu streng reglementiert gewesen, was besonders die Variationen der Fibeltracht nahelegen.

Mit Vorsicht wird man vermuten dürfen, daß Waffen, Rasiermesser, Nadeln und Gürtelbleche der Gruppe der erwachsenen Männer vorbehalten waren. Daß man sich davor hüten sollte, von armen und reichen Bestattungen zu sprechen, zeigt allein schon die Tatsache, daß der Dolch als einzige Beigabe auftreten kann. Demnach sind Trachtbestandteile, wenn überhaupt, unabhängig von der Waffenbeigabe zur Definition des Ranges des Toten heranzuziehen. Gruppe 3, ohne Trachtbestandteile, ist dann u.U. auf die Gruppen 1 und 2 aufzuteilen: Waffengräber gehörten zur Gruppe 1; Gräber, die lediglich Schmuck und Rasiermesser aufzuweisen haben, gehörten der Gruppe 2 an. Dieser Hintergrund sollte im Auge behalten werden, geht man an die Analyse der Waffengräber (Abb. 5).

Als Beigaben, die häufiger in Waffengräbern zu finden sind, sind vor allem Fibeln zu nennen. In zwei Fällen treffen wir die Kombination Dolch mit bronzedrahtumwickelter Scheide/Bogenfibel an, die, wie oben schon bemerkt wurde, im Westteil unseres Untersuchungsgebietes häufiger vorkommt. Im Falle des Magdalenenberges ist je einmal die Einfibeltracht und je einmal die Zweifibeltracht zu registrieren. Auch aus dem kürzlich aufgedeckten „Fürstengrab" II von Kappel/Rhein ist die genannte Zusammenstellung bekannt geworden,[17] was die frühen Bronzedolche in einem besonderen Licht erscheinen läßt.

Keiner der drei Eisendolche (mit verkümmerten Antennen) ist mit Fibeln vergesellschaftet. Dieser Dolchtyp kommt sonst mit der einschleifigen Schlangenfibel oder der Dragofibel vor.

Auch in Zusammenhang mit der Lanzenbeigabe differieren die Fibeltypen. Es hat den Anschein, als sei die Einfibeltracht eher an die Beigabe einer Lanze gekoppelt, die Zweifibeltracht eher an die Beigabe zweier Lanzen. Allerdings warnen die Beobachtungen zur Dolch/Fibel-Kombination vor voreiligen

---

[15] Spindler, Ausgrabungen in Deutschland 227. Von der Heuneburg sind inzwischen auch Knochennadeln bekannt geworden! S. Sievers, Die Kleinfunde der Heuneburg (in Vorbereitung).

[16] Genau dies nahm Wamser, Mauenheim an. Eine Untersuchung über frühlatènezeitliche Gürtelhaken scheint dies zu bestätigen: M. Lenerz-de Wilde, Die frühlatènezeitlichen Gürtelhaken mit figuraler Verzierung. Germania 58, 1980, 61 ff.

[17] C. Beyer, R. Dehn, Ein zweiter, reich ausgestatteter Grabfund der Hallstattzeit von Kappel a. Rh. (Ortenaukreis). Arch. Korrespondenzbl. 7, 1977, 273 ff.

Grab	Dolchkat. Nr.	Waffenkat. Nr.	Dolch	Lanze	Pfeil	Messer	Wagen	Bronzegeschirr	Gürtel	Fibel	Ringschmuck	Rasiermesser
39	132	73	x	–	–	–	–	–	–	2	–	–
118	137	73	x	–	–	–	–	–	–	1	–	–
54	77	73	x	–	–	–	–	–	–	–	–	–
67	79	73	x	–	–	–	–	–	–	–	–	–
90	82	73	x	–	7	–	–	–	x	–	–	–
19	–	73	–	2	–	–	–	–	–	2	–	–
38 D.	–	73	–	2	–	–	–	–	–	4	–	–
62	–	73	–	2	–	–	–	–	x	1	–	x
93	–	73	–	2	–	–	–	–	–	2	–	–
51	–	73	–	1	–	–	–	–	–	1	x	x
81	–	73	–	1	–	–	–	–	–	1	–	x
73	–	73	–	1	–	–	–	–	–	–	–	–

Abb. 5. Kombinationsstatistik der Waffengräber von Villingen-Magdalenenberg (D = Doppelbestattung).

Schlüssen. Da die Fibeltracht auch in Knabengräbern belegt ist, worauf bereits hingewiesen wurde, wird man sie nicht zur Definition von Altersgruppen heranziehen können.

Kaum auf einem Zufall dürfte die Kombination Lanze/Rasiermesser beruhen. Zumindest ist auffällig, daß im Untersuchungsgebiet Dolche in gesicherten Fundzusammenhängen sehr selten mit halbmondförmigen Messern vergesellschaftet sind. Da auch vorerst die Prinzipien, nach denen Gürtelbleche mitgegeben wurden, nicht zu fassen sind, ist über die Beigabenauswahl im Augenblick nicht weiterzukommen.

Als nächstes wäre zu untersuchen, ob Grabraumgröße oder Lage der Beigaben in engerem Zusammenhang mit bestimmten Waffenkombinationen zu sehen sind. Betrachtet man die Waffengräber gesondert, so scheint es, als käme den Dolchträgern der größte Grabraum zu, den Trägern nur einer Lanze dagegen der kleinste. Im Vergleich mit den restlichen Männergräbern wird allerdings klar, daß es sich hierbei um einen Zufall handeln muß.

Zur Lage der Beigaben ist zu sagen, daß allein die Lanzenspitzen ihren festen Platz innerhalb des Grabes gehabt zu haben scheinen, nämlich meist links, seltener rechts der Schulter. Fibeln und Dolche wurden nur zum Teil in Trachtlage gefunden, Gürtelbleche immer in Extremlage. Bringt man nun Beigabenlage und Art der Beigabe in einen Zusammenhang, so ergibt sich folgendes Bild: Allein Bogenfibeln finden sich nicht außerhalb der Trachtlage; Bogenfibeln aber sind mit allen Waffenarten und -kombinationen vergesellschaftet, stellen im Magdalenenberg die häufigste Fibelart dar und vermögen deshalb einen Waffenträger nicht besonders zu kennzeichnen. Vielmehr werden einige Träger von Bogenfibeln durch die Waffenbeigabe hervorgehoben.

Bei den Dolchen kommt die Trachtlage, – also an der Seite oder im Beckenbereich –, zwar bei eisernen wie bronzenen Exemplaren vor, doch fällt auf, daß die Eisendolche quer liegen oder mit der Spitze zum Kopfende weisen (Abb. 6). Bei den Lanzenspitzen wird die Typeneinteilung in langschmale und kürzere-breite Spitzen mit langer Tülle durch Beobachtungen des Grabbrauches nicht unterstützt, bzw. gewährt keine weitergehenden Schlüsse. Dagegen wird eine typmäßige Gliederung der Dolche durch die Fibelbeigabe und die Art der Dolchausrichtung im Grabe unterstrichen.

Geht man davon aus, daß wichtige Normierungen nicht übersehen wurden, dann kann man annehmen, daß die Beigabensitte nicht allzu streng reglementiert gewesen ist. Wir hätten es mit der Gruppe

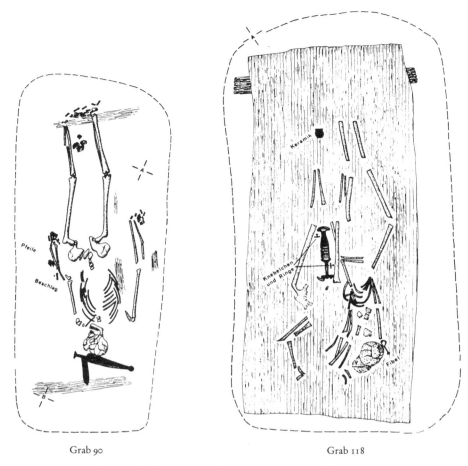

Abb. 6. Fundlage des Dolches in den Gräbern 90 und 118 von Villingen-Magdalenenberg.

der beigabenlosen Männer, der Knabengräber, der normal ausgestatteten Männergräber und der Gruppe der zusätzlich mit Waffen ausgestatteten Männergräber zu tun, wobei der Ausstattungs„reichtum" der Knabengräber dem der Männergräber gleichkommt. Eine unterste „soziale" Stufe ohne Beigaben ist somit auszusondern.

Über die Beigaben sind zwei Trachtgruppen voneinander zu trennen: eine mit Gürtelblech und/oder Fibel und eine mit Gürtelhaken und/oder Nadel. Dabei fällt auf, daß Waffen nur in der ersten Gruppe vorkommen und diese dadurch aufwerten. Allgemein den Erwachsenen sind Waffen, Gürtelbleche und Rasiermesser vorbehalten. Solange jedoch keine anthropologischen Befunde vorliegen, ist die Waffenbeigabe nicht mit einer bestimmten Altersgrenze in Verbindung zu bringen.

Eine Deutung des Befundes ist mit Schwierigkeiten verbunden. Auf Grund der häufigen Dolchbeigabe und auch wegen des Fehlens von Schutzwaffen können wir bei der Waffenbeigabe nicht von der Ausrüstung eines Kriegers sprechen. So bleibt nichts anderes übrig, als die Waffenträger insgesamt als die bedeutendsten Männer im Rahmen der Nachbestattungen des Magdalenenbergs zu betrachten und die Waffen als Würdezeichen anzusprechen, die wohl ein Zeichen für Wehrhaftigkeit gewesen sein können, die aller Wahrscheinlichkeit nach aber nur den bedeutenden Männern des Verbandes zukamen. Eine rangmäßige Staffelung innerhalb der Gruppe der Waffengräber zeichnet sich in der Beigabenauswahl nicht ab, doch darf man sicher – unabhängig davon – den Dolchträger allein wegen seines aufwendigen Attributs an die Spitze stellen. Ob die Art der Waffenbeigabe eher auf die Funktion des Mannes im Kampfgeschehen oder auf seine gesellschaftliche bzw. familiäre Stellung abgestimmt war oder ob das eine durch das andere bedingt wurde, ist freilich für den Magdalenenberg nicht mehr herauszufinden.

Im Anschluß seien noch die Waffengräber von Tettnang (Waffenkat. Nr. 117), Wolfegg (Waffenkat. Nr. 132), Tannheim (Waffenkat. Nr. 115), Waltenhausen I und II/Bayern (Dolchkat. Nr. 78, 87) und Niederaunau/Bayern (Dolchkat. Nr. 133) erwähnt, die alle nach Ha D1 zu datieren sind. Sie liegen wie aufgereiht bis nach Bayern hinein in etlichem Abstand südlich zur Donau und muten an wie Posten entlang einer Grenzlinie. Eine Erarbeitung prähistorischer Verkehrswege würde hier möglicherweise etliche Fragen klären helfen.

In der Zusammensetzung der Waffenbeigabe lassen sich keine besonderen Gemeinsamkeiten ablesen. Lediglich Tannheim ist gesondert aufzuführen, da hier neben einem Ha D-Dolchgrab und einem Ha D-Lanzengrab auch noch drei Schwertgräber vorliegen. Zwei dieser Schwertgräber weisen zusätzlich die Lanzenbeigabe auf, wobei die Zugehörigkeit der Lanze zum Schwertgrab im Falle von Grab 22 unsicher ist, da sie etwas höher lag. Eine Abgrenzung des Ha D-Lanzengrabes vom Dolchgrab fällt schwer, doch ist auf die abseitige Lage des Dolchgrabes hinzuweisen, die es mit einigen anderen, durch Wagen, Schwert oder sonst hervorgehobenen Gräbern gemeinsam hat.

Bei der häufigen Beigabe von Wagen muß es erstaunen, daß weder während Ha C noch Ha D Wagen und Waffen kombiniert sind. Zwar ist nicht gesichert, daß in den Wagengräbern ausschließlich Männergräber zu sehen sind, doch muß damit gerechnet werden, daß wir es hier mit zwei sich speziell in diesem Gebiet ausschließenden Machtsymbolen zu tun haben.

Zusammenfassung (Abb. 7):
Zur Charakterisierung des oberschwäbischen Raumes trägt vor allem die gehäufte Beigabe zweier Lanzen bei. Eine Kontinuität in der Waffenbeigabe von Ha C nach Ha D läßt sich in etlichen Fällen nachweisen, ja sogar eine Ha D1-Datierung einiger Schwertgräber deutet sich an. Die Trageweise zweier Fibeln an der rechten Schulter ist vermehrt bei Lanzenträgern zu beobachten.

Die Ostalb

133. Würtingen, Kr. Reutlingen

Die Würtinger Hügel, die sich auf die Gemarkungen Holzwiesen, Eulenwiesen und Heselbuch verteilen, weisen nur im Bereich Holzwiesen eindeutige Ha C-Waffengräber auf. Es handelt sich hierbei um ein Grab mit Schwert, ein zweites mit Schwert und möglicherweise zusätzlich einer Lanze sowie um ein Schwertgrab mit Lanze und Pfeilbeigabe. Nach Angaben Föhrs stammen diese drei Brandgräber, wie auch noch ein viertes und eine Körperbestattung aus einem Grabhügel und sollen um die Mitte herum angelegt worden sein. Bemerkenswert ist die Anhäufung von Männergräbern bzw. von Waffengräbern.

Ein weiterer Hügel von der Gemarkung Holzwiesen ergab außer einer Lanze einen Bronzekessel und Keramik. Dieses Grab ist mit Sicherheit Ha D-zeitlich. Funde eines dritten Hügels tragen zwar die Aufschrift „Holzwiesen", sollen nach P. Goessler jedoch von der Flur „Ried" stammen. Es handelt sich hierbei wiederum um einen Bronzekessel, um Wagenreste, weiterhin um einen Dolch, drei Dornpfeilspitzen, einen Halsring und Zierteile. Durch zwei Schlangenfibeln ließen sich die Funde nach Ha D1 datieren. Es muß allerdings angemerkt werden, daß die Oberamtsbeschreibung Urach für das Grab lediglich den Kessel, eine Lanze, einen Ring, ein gebogenes Eisenstück und den Dolch erwähnt.

Fundort	Dolchkat. Nr.	Waffenkat. Nr.	Dolch	Lanze	Pfeil	Messer	Wagen	Bronzegeschirr	Gürtel	Fibel	Ringschmuck	Rasiermesser
Hundersingen, Hgl. 1, Nachbestattung 1	184	55	x	3	Beil	–	x	x	x	–	G	–
Hundersingen, Hgl. 1, Nachbestattung 2	176	55	x	–	–	–	–	x	x	1	G	–
Hundersingen, Hgl. 1, Nachbestattung 5	–	55	–	1	–	–	–	?	x	–	G	–
Hundersingen, Hgl. 3, Kammer	218	55	x	1	–	–	–	–	–	1	–	–
Hundersingen, Hgl. 3, Steinkreis	219	55	x	2	–	–	–	x	x	1	H	–
Hundersingen, Hgl. 4, Nachbestattung 14	172	55	x	2	–	–	–	–	–	?	?	–
Hundersingen, Hgl. 4, Nachbestattung 2	–	55	–	2	–	–	–	–	–	–	–	–
Hundersingen, Hgl. 4, Nachbestattung 4	–	55	–	2	–	–	–	–	–	–	–	–
Heiligkreuztal-Hohmichele, Gr. 6	–	49	–	–	51	x	x	x	x	2	H	–
Heiligkreuztal-Hohmichele, Gr. 8	–	49	–	2	–	–	–	–	x	2	–	–
Vilsingen (Doppelbestattung?)	–	128	–	–	–	x	x	x	–	–	x	–
Mauenheim, Hgl. E, Gr. 1	75	75	x	2	–	–	–	–	–	1	–	–
Mauenheim, Hgl. E, Gr. 2	–	75	–	2?	–	–	–	–	x	3	–	–
Mauenheim, Hgl. N, Gr. 3	–	75	S	–	–	–	x	?	–	2	–	–
Salem, Hgl. F	80	99	x	–	–	–	–	?	–	–	?	–
Salem, Hgl. M	–	99	–	5?	–	–	–	–	–	–	H	–
Salem, Hgl. G	–	99	–	2	–	–	–	–	–	2	x	–
Nenzingen, Hgl. 1	201	86	x	–	–	–	–	?	–	2	–	x
Tannheim, Hgl. 20	101	115	x	–	–	–	–	–	x	–	–	–
Wolfegg	106	132	x	1	–	–	–	–	–	1	–	–
Kappel I	108	61	x	1	1	–	–	–	–	3	–	–
Kappel II	99	61	x	–	–	–	–	–	?	–	–	–
Sigmaringen-Ziegelholz	93	107	x	–	2	–	–	–	x	–	–	–
Tuttlingen-Ludwigstal, Hgl. 8	–	124	S?	3	–	–	–	–	–	1	–	–
Rielasingen, Hgl. B	11	95	x	–	–	–	–	–	–	–	–	–
Pfullendorf	97	92	x	–	–	–	–	–	–	–	–	–
Hailtingen, Hgl. 1	–	43	–	1	–	–	x	–	–	–	–	–
Hailtingen, Hgl. 2	–	43	–	4	–	–	x	–	–	–	–	–
Hailtingen, Hgl. 2 (daneben)	–	43	–	2	–	–	x	–	–	–	–	–
Reichenbach, Hgl. 2	–	93	–	2	–	–	–	–	–	–	–	–
Jungnau (Doppelbestattung?)	–	59	–	2	–	–	–	–	–	2	x	–
Buchheim, Hgl. 3 (Doppelbestattung?)	–	17	–	2	–	–	–	–	–	N	x	–
Neuhausen ob Eck	–	87	–	2	–	–	–	–	–	2	x	–
Dettingen-Steinenberg	–	23	–	2	–	–	–	–	–	–	–	–
Bittelbrunn, Hgl. 2	–	8	–	2	–	–	–	–	–	2	–	–
Kaltbrunn (1864)	–	60	–	2?	–	–	–	–	–	2	–	–
Wahlweis, Hgl. F	–	129	–	1	–	?	–	–	–	2	x	–
Mahlspüren, Hgl. 2	–	74	–	1	–	–	–	–	–	–	–	–
Bargen, Hgl. B	–	4	–	2	–	–	–	–	x	–	–	–
Bargen, Hgl. E	–	4	–	–	2	–	–	–	x	1	–	–

Abb. 7. Kombinationsstatistik von waffenführenden Hallstattgräbern Oberschwabens
(G = Gold; H = Halsring; N = Nadel; S = Schwert).

Eine nachträgliche Vermischung zweier Fundbestände ist also nicht auszuschließen. Die Ha D-Waffengräber ständen aber in jedem Fall in Nachfolge der Schwertgräber. Man ist versucht, besonders das zweifelsfrei reich ausgestattete Dolchgrab unter diesem Gesichtspunkt einzuordnen.

Auch von der Flur „Eulenwiesen" sind Waffengräber bekannt geworden: Hgl. 2 enthielt neben Keramik und einem Bronzearmring eine Eisenpfeilspitze. Während die zahlreiche Keramikbeigabe eine Datierung nach Ha C nahelegt, spricht die Beigabe der Pfeilspitze eher für Ha D1. Möglicherweise ist die Bestattung am Übergang von Ha C nach Ha D anzusetzen. Hgl. 1 barg drei Körpergräber: ein

Grab mit Lanze und Bronzearm(?)ring, etwas tiefer eine Bestattung mit Lanze und Bronzeringchen, durch eine Paukenfibel nach Ha D2 datierbar, wiederum tiefer kam eine Doppelbestattung mit Dolch, zwei Bronzeringchen, Bronzedraht und einem Gürtelblech zutage. Da Schmuckbestandteile fehlen, ist eine Bestattung zweier Männer am wahrscheinlichsten. Somit hätten wir es auch in diesem Hügel wieder mit einer Häufung von Männer- bzw. Waffengräbern zu tun.

Drei weitere Hügel der Gemarkung „Eulenwiesen" beinhalten allerdings, soweit zuweisbar, vor allem Bestattungen von Frauen. Zwei Eisenlanzen lassen sich keinem der Hügel mehr zuordnen.

Eine dritte Gruppe von Grabhügeln in der Nähe Würtingens fand sich im Walde „Heselbuch". Die Grabhügel dieser Gemarkung wurden während Ha C angelegt und von Ha D1 bis Frühlatène mit Nachbestattungen versehen. Hier ist als einzige Waffe ein Dolchmesser mit beiderseits einziehenden Griffplatten zu verzeichnen. Der Griffgestaltung nach ist das Messer zu den Waffen mit Ringortband zu rechnen, leider aber nicht datierbar.

Nimmt man alle Waffenfunde zusammen, so kommt man auf drei Schwertgräber, zwei Dolchgräber, ein Pfeilgrab, vier Lanzengräber, wobei Lanzen auch in zwei Schwertgräbern und einem Dolchgrab vorkommen. Pfeile ergänzen die Ausstattung des reicheren Schwertgrabes sowie des reicheren Dolchgrabes. Das Messer sei zusätzlich erwähnt.

Es fällt auf, daß sich die Waffengräber, nach dem gegenwärtigen Wissensstand, auf bestimmte Hügel der Gemarkungen Holzwiesen (ältere Waffenfunde) und Eulenwiesen (jüngere Waffenfunde) konzentrieren. Außerdem ist nicht auszuschließen, daß Männer und Frauen in getrennten Hügeln bestattet wurden.

Die häufige Waffenbeigabe fällt aus dem Rahmen des Gewohnten. Möglicherweise handelt es sich dabei um eine Tradition im Grabbrauch, die bereits während Ha C faßbar ist und erst gegen Ende der Hallstattzeit aufgegeben wurde. Die Dolchgräber, in beiden Fällen wohl noch nach Ha D1 zu datieren, heben sich in ihrer Ausstattung von den übrigen Ha D Waffengräbern ab.

Von einer weiterführenden Interpretation der Würtinger Befunde wird man so lange zurückstehen müssen, wie der Zusammenhang zwischen den einzelnen Gemarkungen ungeklärt ist und bevor nicht alle Hügel gegraben sind.

27. Dottingen, Kr. Münsingen

Das Gräberfeld mit seinen 34 Hügeln wurde während Ha C angelegt. In einer Primärbestattung wurde u.a. ein Bronzeschwert mit Flügelortband gefunden. Die Hügel 6, 16, 17, 22, 24 und 26 weisen Ha D Nachbestattungen auf, die nach Ha D1 gehören, darunter ein Lanzengrab, zu dem eventuell eine Schlangenfibel zu zählen ist.

Sollte es sich um zusammengehörige Funde handeln, wäre dieses Grab von den übrigen Männergräbern klar abzusetzen, die als Trachtausstattung Nadeln aufweisen. Weiterhin sei auf die Waffentradition Schwert–Lanze hingewiesen.

77. Meidelstetten, Kr. Münsingen

Erwähnenswert sind von der Flur „Heidäcker" ein Ha C-Schwert aus Eisen und eine Eisenpfeilspitze, die allem Anschein nach nach Ha D1 zu datieren ist. Möglicherweise zu einem Hiebmesser gehört ein Messerrest aus einem doppelt belegten Wagengrab der Flur Mausäcker. Da nicht gesichert ist, daß durch die Grabung alle Hügel erfaßt wurden, das große Hiebmesser keiner Bestattung mehr zugewiesen werden kann, soll von einer weitergehenden Interpretation abgesehen werden. Mit Sicherheit aber kann man von einer Ha C/D-Waffentradition sprechen.

90. Oberstetten, Kr. Münsingen

Auch hier läßt sich eine Ha C/D-Waffentradition verfolgen. Hgl. 1 wies als Hauptbestattung in einer Holzbohlenkammer ein Schwertgrab auf. Die Nachbestattung war mit Lanze, Pfeil und Gürtelblech ausgestattet. Es wird zwar auch eine Schlangenfibel erwähnt, doch ist die Befundbeschreibung ungenau.

Hgl. 2 barg in seiner Primärbestattung außer Keramik lediglich drei Eisennägel und Eisenreste. Nachbestattung 1 war mit Eisenpfeil und Kropfnadel ausgestattet, Nachbestattung 2 mit Gürtelblech und von Nachbestattung 3 waren nur Knochenreste erhalten. Für den Fall, daß man es mit dem Bestattungsplatz einer Familie zu tun hat, dürfte die Feststellung zutreffen, daß jedem Mann die Waffenbeigabe zugestanden hat. Ein Hinweis auf eine Art Rangfolge ergibt sich daraus, daß der reich ausgestattete Ha D-Waffenträger im Hügel des Schwertträgers beigesetzt wurde.

109. Steingebronn, Kr. Münsingen

Hgl. 1 erbrachte im Primärgrab neben Keramik und zwei vielleicht zum Schwertgehänge gehörenden Ringen ein Schwert. Eine Nachbestattung, ebenfalls ein Brandgrab, lieferte unter einer Urne eine Messerklinge, womöglich von einem Hiebmesser, und Radreifenreste.

Aus dem größten Hügel (Hgl. 4) sind möglicherweise aus einem Wagengrab ein Messerbruchstück, Ha C Keramik und ein tönernes „Mondbild"-Fragment bekannt geworden. Die Nachbestattungen sind Ha D-zeitlich. Nachbestattung 1 wird durch zwei Lanzen und ein (Hieb?-)Messerfragment als Männergrab charakterisiert. An Trachtbestandteilen sind zwei Bogenfibeln und ein Gürtelblech zu nennen. Das Messer lag zwar bei der rechten Hand des Toten, doch ist darauf hinzuweisen, daß zu seinen Füßen Eberknochen gefunden wurden. Eventuell steht die Messerbeigabe in der Ha C-Tradition des Gräberfeldes.[18]

Nachbestattung 2 war teilweise gestört, doch sprechen die Trageweise eines Armrings am linken Arm und das glatte Gürtelblech für eine weitere männliche Bestattung.

Festzuhalten bleibt die Ha C/D-Waffentradition in der Folge Schwert–Lanze.

35. Erkenbrechtsweiler, Kr. Nürtingen

Von den 22 Hügeln, die alle ergraben sind, lassen sich lediglich für fünf die Fundzusammenhänge rekonstruieren und auch hier bleiben Zweifel bestehen.

In Hgl. 2 konzentrieren sich die Waffenfunde. Aus Grab 1 stammen Dolch, Lanze und das bekannte bemalte Hochhalsgefäß; Grab 2 enthielt fünf Armringe, einen Segelohrring und zwei Schlangenfibeln. Auf Grund des reichlichen Ringschmucks ist an ein Frauengrab zu denken. Grab 3 schließlich ergab eine Lanzenspitze.

Den Dolchträger wird man „rangmäßig" höher einschätzen dürfen als den Lanzenträger, zumal Dolche dieses Typs außerhalb von „Fürstengräbern" äußerst selten vorkommen.

11. Bleichstetten, Kr. Reutlingen

In der Oberamtsbeschreibung Urach ist von zwei Brandhügeln die Rede. Der Inhalt dreier Gräber eines dieser Hügel läßt sich rekonstruieren: Grab 1 enthielt einen Gold(ohr?)ring, was auf ein Männergrab schließen ließe, sowie zwei kleine Bronzeniete; Grab 2 ergab einen Dolch, zwei Lanzen, zwei Bronzepinzetten und an Trachtbestandteilen zwei Kahnfibeln und ein Gürtelblech. In Grab 3 fanden sich acht Eisenpfeilspitzen, Eisenreste, eine Pinzette und Keramik.

---

[18] Dies muß nicht unbedingt bedeuten, daß es sich um Hiebmesser im Sinne von Waffen handelt.

Fundort	Dolchkat. Nr.	Waffenkat. Nr.	Dolch	Lanze	Pfeil	Messer	Wagen	Bronzegeschirr	Gürtel	Fibel	Ringschmuck	Rasiermesser
Würtingen-Holzwiesen (1897)	89	133	x	2?	3?	–	?	x	–	2?	H?	–
Würtingen-Holzwiesen (1884) Hgl. E	–	133	–	1?	–	–	–	x	–	–	–	–
Würtingen-Eulenwiesen, Hgl. 2	–	133	–	–	1	–	–	–	–	–	x	–
Würtingen-Eulenwiesen, Hgl. 1 oben	–	133	–	1	–	–	–	–	–	–	x	–
Würtingen-Eulenwiesen, Hgl. 1 unten	–	133	–	1	–	–	–	–	–	?	–	–
Erkenbrechtsweiler-Burrenhof, Hgl. 2, Gr. 1	169	35	x	1	–	–	–	–	–	–	–	–
Erkenbrechtsweiler-Burrenhof, Hgl. 2, Gr. 3	–	35	–	1	–	–	–	–	–	–	–	–
Bleichstetten, Hgl. 2	95	11	x	2	–	–	–	x	–	2	–	–
Bleichstetten, Hgl. 2, Gr. 3 (1896/97)	–	11	–	–	9	–	–	–	–	–	–	–
Zainingen, Hgl. 3	–	134	–	1	19	xE	–	–	–	2	–	–
Oberstetten, Nachbestattung	–	90	–	1	1	–	–	x	–	?	–	–
Oberstetten, Hgl. 2	–	90	–	–	1	–	–	–	–	N	–	–
Meidelstetten-Mausäcker	–	77	–	–	–	xE	x	–	–	–	–	x
Meidelstetten-Heidäcker	–	77	–	–	1	–	–	–	–	N	–	–
Böttingen-Ludwigshöhe	–	13	–	2	–	x	–	–	–	–	–	x
Steingebronn, Hgl. 4, Nachbestattung A	–	109	–	2	–	xE	–	–	x	2	–	–
Eglingen, Hgl. 2	–	32	–	1	–	–	–	–	–	–	–	–
Bremelau-Oberlau, Hgl. IV	–	15	–	–	1	–	–	–	–	–	–	–
Schopfloch (1894)	–	102	–	1	–	–	–	–	–	1	–	–
Dottingen, Hgl. 24	–	27	–	1	–	–	–	–	–	?	–	–
Truchtelfingen (1886)	–	121	–	1	–	–	?	–	–	–	–	–
Pfronstetten (1897)	–	91	–	–	1	–	–	–	–	–	–	–

Abb. 8. Kombinationsstatistik von waffenführenden Hallstattgräbern der Ostalb (E = Eberknochen; H = Halsring; N = Nadel).

Das Dolchgrab ist durch seine reiche Ausstattung vor den anderen Männergräbern hervorgehoben.

Weitere, nicht genauer dokumentierte Grabungen von 1898 sollen u.a. ein Paukenfibelfragment ergeben haben. Demnach ist das Material nur ausschnitthaft überliefert und berechtigt nicht zu detaillierteren Interpretationen.

Zusammenfassung (Abb. 8):
Auch auf der Ostalb läßt sich eine Ha C/D-Waffentradition nachweisen. Besonders auffällig ist die Häufung der Pfeilbeigabe in diesem Gebiet.

Die Zollernalb

39. Gauselfingen, Kr. Sigmaringen

Wenn auch die Gauselfinger Funde nicht mehr sicher zu trennen sind, so soll doch auch hier auf eine Waffentradition hingewiesen werden. Im größten der drei Hügel sollen „sicherem Vernehmen nach"[19] Eisenschwerter gefunden worden sein. Nachgrabungen im betreffenden Hügel ergaben u.a. Teile eines Wagens. Aus einem der beiden kleineren Hügel stammen ein Dolch, Bronzeblech und eine Lanze, wobei nur die Vergesellschaftung Dolch – Blech gesichert ist. Möglicherweise ist das Dolchgrab in der Folge der Schwertgräber zu sehen, doch sind gesicherte Aussagen nicht mehr möglich.

---

[19] Lindenschmit, Sigmaringen 209.

26. Dormettingen, Kr. Balingen

1939 wurden 12 Hügel ergraben, die in der Mehrzahl der Bronzezeit angehören. Zwei Hügel sind der Hallstattzeit zuzuweisen. Hgl. 9 enthielt in einem Kammergrab einen Lanzenträger mit hohlem Halsring und drei Armringen. In Hgl. 3 wurden fünf Personen bestattet, wobei bei zwei Gräbern neben Scherben nur von Eisenresten gesprochen wird. In Grab 5 könnte es sich hierbei um ein Eisenschwert handeln. Drei der Gräber gehören nach Ha D; sie kamen im Bereich des Hügelrandes zum Vorschein: ein Ha D1-Männergrab mit Kropfnadel und Armring, ein Ha D2-Frauengrab mit reicher Schmuck- und Trachtausstattung, sowie ein ähnlich reich ausgestattetes Kindergrab.

Bei derart wenigen Ha D-Gräbern wird man davon ausgehen können, daß es sich um Mitglieder einer Familie handelt.

Die Sonderstellung des Lanzenträgers ergibt sich aus seiner Bestattung in einer Grabkammer innerhalb eines gesondert aufgeschütteten Hügels, sowie aus der ungewöhnlichen Schmuckbeigabe. Sollte Grab 5 in Hgl. 3 wirklich einen Schwertträger bergen, wäre rangmäßig in Hgl. 9 sein Nachfolger zu suchen.

53. Hossingen, Kr. Balingen

Alle sechs Hügel sind ergraben; für vier Hügel liegen genauere Befundbeschreibungen vor.

Hgl. 1 mit sechs Gräbern, darunter einer Doppelbestattung, enthält als einziges Waffengrab ein Schwert. Die übrigen Gräber dürften nach Ha D1 gehören. Auch aus Hgl. 4 kennen wir ein Schwertgrab, doch stellt dieses die einzige Bestattung des Hügels dar. In Hgl. 2 schließlich erfassen wir mit dem Primärgrab einen Schwertträger, dem neben einer Pinzette eine Pfeilspitze mitgegeben worden war. Die einzige Nachbestattung dieses Hügels barg ein Ha D3-Grab mit Bronzemesser, das seitlich des Skelettes gefunden wurde, aber auch in der Nähe von Eberknochen lag. Die Stangengliederkette läßt an eine weibliche Bestattung denken, die durch die zusätzliche Beigabe von Bronzegeschirr von den übrigen Bestattungen des Grabhügelfeldes abgesetzt wird. Zwar kann man somit nicht von einem Ha D-Waffengrab sprechen, doch erinnern die Attribute dieser (anthropologisch nicht untersuchten) Frau an die eines Waffenträgers.

29. Ebingen, Kr. Balingen

Von einer wahrscheinlich größeren Anzahl von Grabhügeln sind fünf ergraben. Sie wurden, was sonst nicht üblich ist, auf der Talsohle angelegt.

Jeder der Hügel weist mehrere Gräber auf: In Hgl. 1 haben wir zwei Waffengräber und ein Kindergrab vor uns, wobei das Ha D1-Dolchgrab durch Wagen, Pferdegeschirr und evtl. Bronzegeschirr deutlich von dem Lanzengrab abgehoben wird. Der Dolchträger wird als 60- bis 70jähriger beschrieben, der Lanzenträger als 35jähriger Mann. In Zusammenhang mit dem Lanzengrab wird noch ein Teil einer dünnwandigen Schädeldecke erwähnt, was auf eine weitere gestörte Bestattung schließen läßt. Geht man von einem Familienverband aus, so könnte man die unterschiedliche Waffenausstattung mit dem Altersunterschied beider Männer erklären.

Aus Hgl. 2 stammen mehrere übereinander angelegte Bestattungen, die als Doppelbestattungen angesprochen wurden. Aller Wahrscheinlichkeit nach wird es sich aber nicht um gleichzeitige Niederlegungen handeln, wenn auch, nach der Fibeltracht zu schließen, die Toten innerhalb eines kürzeren Zeitraums beerdigt wurden. In einem Fall scheint ein Dolchträger mit zwei Bogenfibeln dicht über einem Lanzenträger mit Fibeln und Armreif zu liegen (nach Grabungsakten). O. Paret[20] allerdings

---

[20] Paret, Hallstattgräber bei Ebingen. Fundber. Schwaben N.F. 8, 1935, 70 ff.

Fundort	Dolchkat. Nr.	Waffenkat. Nr.	Dolch	Lanze	Pfeil	Messer	Wagen	Bronzegeschirr	Gürtel	Fibel	Ringschmuck	Rasiermesser
Ebingen-Wasserwerk, Hgl. 1, Gr. 1	140	29	x	–	–	x	x	?	–	2	x	–
Ebingen-Schmiechatal, Hgl. 1	153	29	x	1	–	–	–	x	x	2	–	–
Ebingen-Wasserwerk, Hgl. 2A	139	29	x	–	–	–	–	–	–	2	–	–
Ebingen-Schmiechatal, Hgl. 1, Gr. 3	–	29	–	1	–	–	–	–	–	3?	–	–
Hossingen-Wangen, Hgl. 2, Gr. 1	–	53	–	–	–	x	–	x	x	–	–	–
Winterlingen, Hgl. 3	–	131	–	–	–	x	x	–	–	–	–	–
Lautlingen-Kriegsäcker, Hgl. 2	221	69	x	2	–	–	–	–	–	–	–	–
Gauselfingen, Hgl. 3	76	39	x	?	–	–	–	–	x	–	–	–
Harthausen a.d. Scheer, Hgl. 3	–	45	–	2	–	–	–	–	–	–	–	–
Gammertingen-Schrot, Gr. V	–	38	–	2	–	x	–	–	–	2	–	–
Dormettingen-Eisenloch, Hgl. 9	–	26	–	1	–	–	–	–	–	–	3 H	–
Tailfingen, Hgl.gruppe III, Hgl. 4, Gr. 2	–	114	–	1	–	–	–	–	x	–	–	–
Dautmergen-Heuburg	–	21	–	1	–	–	–	–	–	–	–	–

Abb. 9. Kombinationsstatistik von waffenführenden Hallstattgräbern der Zollernalb (H = Halsring).

berichtet, daß Lanze und Dolch zusammengehören. Somit erscheint es ratsam, keine weiteren Schlüsse aus diesem Befund zu ziehen.

Die Hügel mit der Bezeichnung „Schmiechatal" sind in engem Zusammenhang mit der Hügelgruppe „Wasserwerk" zu sehen, da das Wasserwerk im Schmiechatal liegt. Hgl. 1 dieser Gruppe weist neben der gestörten Hauptbestattung sieben Bestattungen, darunter ein Dolchgrab auf, das vielleicht das einzige Männergrab des Hügels darstellt. Die Sonderstellung des Dolchträgers wird zusätzlich durch Gürtelblech, Lanze und Bronzegeschirr betont. Es ist anzunehmen, daß auch mit diesem Hügel ein Familienverband u. a. mit Kindergräbern zu fassen ist. Nach der Fibeltracht (zweischleifige Schlangenfibel) zu schließen, handelt es sich bei dem letztgenannten Dolchträger womöglich um die jüngste Bestattung mit Dolch.

Der zeitliche Schwerpunkt der untersuchten Ebinger Gräber ist während Ha D1 anzusetzen. Soweit bisher faßbar, birgt jeder Hügel den Bestattungsplatz einer Familie. Ähnlich wie am Magdalenenberg war auch hier die Dolchbeigabe mehreren Männern zugänglich. Bei einem Deutungsversuch ist zu bedenken, daß aller Wahrscheinlichkeit nach nicht alle Hügel erfaßt wurden; zudem wurden von der Flur „Rauenwiesle" hallstattzeitliche Flachgräber bekannt, die jedoch als beigabenarm zu bezeichnen sind und keine Waffen erwarten lassen.[21]

Man wird sich damit zufrieden geben müssen, auf die jeweiligen Besonderheiten der Dolchgräber gegenüber den übrigen Männergräbern hinzuweisen sowie auf die Interpretation möglicher innerfamiliärer bzw. altersabhängiger Staffelung der Waffenbeigabe (Abb. 9).

---

[21] S. Schiek danke ich für diese Information. Die Gräber sind unpubliziert.

Fundort	Dolchkat. Nr.	Waffenkat. Nr.	Dolch	Lanze	Pfeil	Messer	Wagen	Bronzegeschirr	Gürtel	Fibel	Ringschmuck	Rasiermesser
Dußlingen, Gr. 1	–	28	–	1	–	–	–	x	–	–	G	–
Dußlingen, Gr. 4	–	28	–	2	–	–	–	–	–	2	–	–
Tübingen-Kilchberg	156	122	x	1	–	–	–	–	–	1	GO	–
Nehren-Hennisch, Hgl. 7, Gr. 1	141	84	x	1	–	–	–	–	–	1	–	–
Hirschau, Hgl. 2	216	50	x	–	–	–	–	–	–	–	–	–
Mössingen-Belsen, Hgl. 2	–	80	–	2	–	–	–	x	–	–	–	–
Mössingen-Belsen, Hgl. 1	–	80	–	1	–	–	–	–	–	1	–	–

Abb. 10. Kombinationsstatistik von waffenführenden Hallstattgräbern des Tübinger Raumes (G = Gold; O = Ohrring).

Der Raum um Tübingen

Hatten wir es bisher mit Gebieten zu tun, die nur wenige Ha D2-Waffengräber aufzuweisen hatten, so ändert sich nun das Bild (Abb. 10). Der Raum Tübingen stellt gleichsam ein Übergangsgebiet dar. Es wird eine Brücke vom Zollernalbkreis zum mittleren Neckargebiet geschlagen.

Zu diesem Befund paßt auch, daß eine Ha C/D-Waffentradition, wenn überhaupt, nur an einem Gräberfeld nachzuvollziehen ist, nämlich an

123. Tübingen-Waldhausen
Die Überlieferung der Fundumstände ist nicht immer klar und glaubhaft. Erwähnenswert aber ist, daß wir auch hier wieder mehrere Ha D1-Dolchgräber kennen.

84. Nehren, Kr. Tübingen
Von ca. 30 Hügeln sind 13 ergraben. Hiervon ergaben nur sechs Funde. Aus Hgl. 1 stammt eine Eisenlanze; Hgl. 6 beinhaltete über einem reichen Bronzezeitgrab eine Bestattung mit Dolch, Bogenfibel und einer Lanze. Ein Frauengrab des gleichen Hügels ist später anzusetzen. Da die Datierung des Lanzengrabes nicht gesichert ist, ist nichts weiter festzuhalten, als daß das Dolchgrab reicher ausgestattet ist.

28. Dußlingen, Kr. Tübingen
Der Hügel von Dußlingen lieferte von insgesamt acht Gräbern zwei Waffengräber. Das u.a. mit goldenem Hals- und Armreif, sowie Bronzebecken ausgestattete Grab 1 aus der Hügelmitte wies als Waffe eine Lanze auf; Grab 4 ergab neben Fibeln und einer Nadel zwei Lanzen; die Datierung ist nicht gesichert, doch ist von der Lage her eine Ha D1-Bestattung auszuschließen.

Die Reste von zwei oder drei weiteren Lanzenspitzen können nicht mit Sicherheit einzelnen Gräbern zugeordnet werden. Die Beigaben der übrigen Bestattungen lassen leider nicht auf Männer- oder Frauengräber schließen.

Eine Rangfolge innerhalb dieser Gräbergruppe ist durch die „fürstliche" Ausstattung des Grabes 1 gegeben. Grab 4 mit der reicheren Lanzenbeigabe wäre dann im Anschluß zu sehen.

79. Mössingen-Belsen, Kr. Tübingen
In der Oberamtsbeschreibung Rottenburg werden insgesamt 23 Hügel genannt.

In den beiden 1894 ergrabenen Hügeln kamen zwei Lanzengräber zutage, wobei das Grab mit zwei

Lanzen in Hügel 2 durch Bronzegeschirr hervorgehoben wird. Hügel 1 mit einer Lanze wird durch eine Paukenfibel zeitlich auf Ha D2 festgelegt.

Ein Goldohrring, der bereits 1830 bei einer Grabung ans Licht kam, und eine große getriebene Paukenfibel, die aus dem Gräberfeld stammen soll, machen klar, wie bruchstückhaft unsere Kenntnis dieses Gräberfeldes ist. Es sind somit keine weiteren Schlüsse aus dem Waffenmaterial zu ziehen.

Nordwürttemberg

Der hier behandelte Raum reicht vom Schönbuch im Süden bis in den Raum um Ludwigsburg im Norden.

12. Böblingen

Das Gräberfeld von Böblingen mit 28 Hügeln ist erst etwa zur Hälfte gegraben.[22] Es ist von Ha D1 bis Ha D3 belegt worden und weist bisher drei Waffengräber auf.

Aus dem abseits gelegenen Hügel 1 (Abb. 11A) stammt ein Dolchgrab (Grab 3). Der am Fußende des Grabes mit der Spitze zum Kopfende niedergelegte Dolch stellt die einzige Beigabe des Toten dar, der immerhin in einer Kammer beigesetzt wurde. Der Bronzedolch mit oval eingebogenen Antennenenden ist dem Typ mit bronzedrahtumwickelter Scheide zuzurechnen, der auf Ha D1 einzugrenzen ist. Selbst wenn man ihn am Übergang zu Ha D2 ansetzen würde,[23] wäre zu bedenken, daß frühe Dolche in Nordwürttemberg bisher äußerst selten sind. Dies unterstreicht, wenn nicht die Sonderstellung seines Besitzers, so doch die Bedeutung seiner Mitgabe ins Grab.

Die beiden anderen Waffengräber stammen aus den Hügeln 13 (Abb. 11), und zwar aus Grab 2 und 10. In beiden Fällen handelt es sich um Speerspitzen, die einmal mit einer, einmal mit zwei Paukenfibeln vergesellschaftet sind. Während die Ha D3-Gräber des Hügels halbkreisförmig im Grabenbereich angelegt sind, und die Ha D1-Bestatteten sich südlich des Hauptgrabes finden, scheinen sich die Ha D2-Gräber einer klaren Anordnung zu entziehen, doch liegen zwei Ha D2-Gräber innerhalb des Kreisgrabens entlang des Randes, was ebenfalls an eine Kreisordnung denken läßt. Die beiden Waffengräber allerdings sind parallel zum beigabenlosen Grab 1 angeordnet, nämlich SO–NW, wobei auch Grab 10 parallel zum Kreisgraben zu liegen kam. Das S–N ausgerichtete Grab 6 ist leider gestört.

Außer der Tatsache, daß beide Waffengräber als Kammergräber anzusprechen sind, was in diesem Hügel nicht die Regel ist, fallen sie durch ihren besonders großen Grabraum aus dem Rahmen. Nur Primärgrab 1 und Grab 6 sind hiermit vergleichbar.

Während die Ha D3-Männergräber in der Regel nichts weiter als eine Fibel aufweisen, treffen wir in den möglichen Ha D1-Männergräbern 4 und 5 neben Fibeln je ein Gürtelblech an. Es ist nicht auszuschließen, daß die Stellung der Ha D2-Waffenträger in der Tradition der Gürtelträger zu sehen ist, zumal in Nordwürttemberg wie gesagt die Waffenbeigabe erst mit Ha D2 voll einsetzt. Weitere Schlüsse sind erst nach einer vollständigen Ergrabung des Gräberfeldes zu ziehen.

41. Gerlingen, Kr. Leonberg

Von Gerlingen sind fünf Grabhügel bekannt; drei davon lieferten Funde. Darüberhinaus ist bemerkenswert, daß jeder dieser Hügel je ein Waffengrab enthielt.

---

[22] Die Grabungen der letzten Jahre ergaben laut freundlicher Auskunft des Ausgräbers J. Biel keine weiteren Waffenfunde.

[23] Die fehlende Bronzedrahtumwicklung der Scheide, von der möglicherweise Eisenblechreste zeugen, könnten hieran denken lassen.

82 Zur Waffenbeigabe im Westhallstattkreis

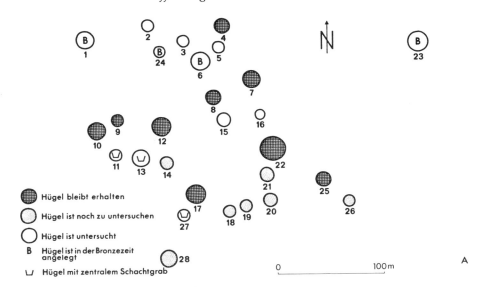
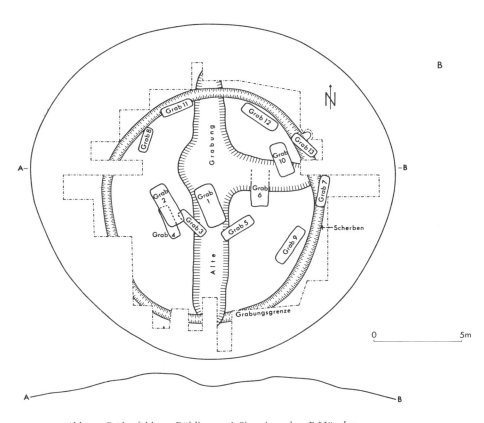

Abb. 11. Gräberfeld von Böblingen: A Situationsplan, B Hügel 13.

Hgl. 2 mit vier Bestattungen ergab u. a. ein Männergrab mit Bronzepfeilspitze, einer zweischleifigen Schlangenfibel und einem glatten Gürtelblech. Da die Beigaben des wohl ältesten (Kammer-)Grabes 4 nicht mehr rekonstruiert werden können, auch das Geschlecht des Toten nicht feststeht, soll einstweilen das Waffengrab als das bedeutendste Männergrab des Hügels gelten. Der Hügel wurde bis Ha D3 belegt.

Hgl. 3 barg neben einem Männergrab ein Frauengrab, wobei Pauli[24] bemerkt, daß es sich auf Grund der Trachtausstattung der Frau kaum um ein Ehepaar handeln kann. Der Mann war mit links getragenem Oberarmring, Lanze und zwei Paukenfibeln ausgestattet, ist also nach Ha D2 zu datieren. Hügel 4 enthielt als einziges Grab ein Ha D1-Waffengrab mit zwei Lanzen, Halsring, Gürtelblech und einer Schlangenfibel.

Die Gleichzeitigkeit der Waffengräber aus Hügel 2 und 4 scheint durch die Beigabe der Schlangenfibeln gegeben, so daß beide Gräber miteinander verglichen werden können. In der Trachtausstattung (Schlangenfibel auf Brust bzw. Hals und unverziertes Gürtelblech) sind sie identisch. Die Tatsache, daß über dem Waffenträger aus Hügel 4 ein neuer Grabhügel errichtet wurde, den man nicht weiter belegt hat, es sich also nicht um eine Nachbestattung handelt, und die reichere Waffen- und Schmuckausstattung sprechen für den besonderen Rang, den dieser Mann zu seinen Lebzeiten eingenommen hatte.

Der Waffenträger aus Hügel 3 ist von der Grabausstattung her nur schwer mit den beiden Ha D1-Waffenträgern zu vergleichen. Aufgrund seiner Beigaben dürfte er den Rang des Mannes aus Hügel 4 nicht erreicht haben, doch fassen wir mit diesem Grab das einzige Männergrab der Stufe Ha D2.

Es ist somit festzuhalten, daß die Waffenbeigabe in Gerlingen bereits seit Ha D1 üblich war, was als Ausnahme anzusehen ist, und nahezu jedem der Bestatteten zustand. Innerhalb der Gräbergruppe zeichnet sich eine Rangfolge ab, die sich auch in der Waffenbeigabe spiegelt.

65. Kleinbottwar, Kr. Ludwigsburg

Von Hgl. 6 heißt es lediglich „in Kleinbottwar geht die Sage, daß früher schon hier gegraben und eine Lanzenspitze gefunden worden sei".[25] Sollte diese Angabe stimmen, ist zu vermerken, daß es sich dabei um einen der großen Hügel handelt.

Eine zweite Lanze stammt aus Hgl. 4, der ein Kammergrab barg, in dem mindestens zwei Skelette gelegen haben sollen, was wohl aus der Beigabenmenge geschlossen wurde. Nichts spricht allerdings dagegen, daß es sich um ein reich mit Ringschmuck versehenes Frauengrab und ein Männergrab gehandelt hat. Dem Mann kann nur die Lanze mit Sicherheit zugesprochen werden.

Mit diesen beiden unsicheren Gräbern läßt sich die Rolle der Waffenträger kaum genauer bestimmen, wenn auch die Bestattung in einer Grabkammer auf jeden Fall ein bezeichnendes Licht auf die soziale Stellung des Lanzenträgers wirft.

112. Stuttgart–Weil im Dorf

Von den neun Hügeln von Weil i. D. wurden bisher acht gegraben. Aus drei Hügeln sind hallstattzeitliche Bestattungen gesichert. Ein Hügel scheint ein Wagengrab beinhaltet zu haben.[26] Der 1970 untersuchte Hgl. 1 barg ein Frauengrab,[27] die Hgl. 6 und 7 ergaben ausschließlich Waffengräber. Diese Tradition ist in Hgl. 6 bis in die Frühlatènezeit zu verfolgen (Schwertkrieger mit Oberarmring). Hgl. 6 weist außer dem Frühlatènegrab eine Bestattung mit buckelverziertem Gürtelblech, zwei Kahn- einer Paukenfibel und einer Lanzenspitze auf. Zeitmäßig vergleichbar, rangmäßig aber wohl bedeutender,

---

[24] Pauli, Nordwürttemberg 74 f.
[25] Aktennotiz zu Kleinbottwar.
[26] Zürn, Veröffentlichungen Stuttgart, Böblingen, Nürtingen 12, Nr. 2.
[27] Zürn, Fundber. Baden-Württemberg 2, 1975, 100 ff.

dürfte der im größten Hügel in einer Grabkammer bestattete Waffenträger aus Hgl. 7 sein. Seine Beigaben bestanden aus einem Dolchmesser, zwei Paukenfibeln und einem links getragenen Armring. Weiterhin sind zwei, wohl zu zwei Lanzenspitzen gehörende Tüllen zu nennen.

Da keiner der beiden Grabhügel vollständig untersucht wurde, sind natürlich keine endgültigen Aussagen zu machen. Dennoch sind die beiden Ha D2-Waffengräber gut gegeneinander abzugrenzen. Mit anderen Männergräbern sind die beiden Waffengräber leider nicht zu vergleichen.

22. Deckenpfronn, Kr. Calw (Abb. 12 A)

Von einem Grabhügel, der nicht planmäßig untersucht wurde, sind elf Nachbestattungen erhalten, die einem späten Ha D1 und Ha D2 angehören.

Das Zentralgrab, wie auch der Ostteil des Hügels sind zerstört. Unter den Nachbestattungen befindet sich ein einziges Waffengrab; außerdem lassen sich mehrere waffenlose Männergräber aussondern.

Das Waffengrab 2, als einziges eingetieft, stellt mit Lanze, Paukenfibel, verziertem (!) Gürtelblech mit Eisenresten und drei Gagatperlen das am reichsten ausgestattete Männergrab dar. Ebenfalls nach Ha D2 gehört Grab 7 mit zwei Fibeln, darunter einer Kniefibel mit zwei Nadeln und einem Gürtelblech (nach Pauli schon Ha D3). Für Ha D1 läßt sich kein Waffengrab nachweisen, es ist allerdings nicht auszuschließen, daß ursprünglich eines existierte. Auf jeden Fall können die Männergräber 3 und 9 noch der Stufe Ha D1 angehören, wobei Grab 3 mit einer dreischleifigen Schlangenfibel, einem glatten Gürtelblech und einem links getragenen Armring versehen war, Grab 9 mit zwei zweischleifigen Schlangenfibeln und Bronzeblechstreifen mit Nieten, die eventuell ebenfalls als Gürtelblech zu deuten sind. Dies hieße, daß Gürtelbleche durchweg getragen wurden, will man die am Becken erhaltenen Bronzereste von Grab 10 ebenso deuten. Worum es sich bei dem an der Hüfte gefundenen Eisenrest handelt, ist fraglich. Es ist nicht auszuschließen, daß wir es mit Resten einer Waffe zu tun haben.

Das einzige gesicherte Waffengrab, Grab 2, liegt dicht bei dem von der Ausstattung her reichsten Frauengrab. Beide besitzen die gleiche Ausrichtung, nämlich W–O. Das Waffengrab fällt, außer durch die Lanzenbeigabe, durch das verzierte Gürtelblech und die Gagatperlen aus dem Rahmen des üblichen.[28] Die besondere Ausschmückung des Gürtels und die beigefügten Amulette lassen an eine Persönlichkeit denken, die besonderen Schutz benötigte.[29]

In den übrigen Männergräbern ist gleichfalls die Gürtelblechbeigabe üblich. Zwar stellt sich die Frage nach der Bedeutung der Ein- und Zweifibeltracht, doch würde ein Bezug etwa zum Lebensalter erst durch anthropologische Bestimmungen erkennbar werden.

46. Hegnach, Kr. Waiblingen (Abb. 12 B)

Der stark verflachte Hügel von Hegnach stellt insofern eine Besonderheit dar, als die Gräber sämtlich in einen fast verschütteten Kreisgraben eingetieft sind, in dessen Innenraum sich keine Bestattung, aber nach Ansicht des Ausgräbers ehemals ein zu kultischen Zwecken benutzter Platz fand.[30]

Zwei der vier Gräber wird man mit Sicherheit als Männergräber ansprechen können: Grab 2, ein Knabengrab mit kleinem Dolchmesser, drei Paukenfibeln, einer Fibel mit kahnförmigem Bügel, einem links getragenen Oberarmring, einem kleinen Ringchen und einem Gefäßrest, sowie Grab 3 mit einer

---

[28] Verzierte Gürtelbleche und Perlen verweisen normalerweise auf ein Frauengrab. I. Kilian-Dirlmeier, Die hallstattzeitlichen Gürtelbleche und Blechgürtel Mitteleuropas. Prähist. Bronzefunde XII, 1 (1972) 124 ff.; Pauli, Nordwürttemberg 7 ff. Abb. 3; ders., Keltischer Volksglaube (1975).

[29] Hierzu zuletzt M. Lenerz-de Wilde (siehe Anm. 15).

[30] Auf einen ähnlichen Befund machte H. Reim aufmerksam: H. Reim, Ein Kultplatz der Urnenfelder- und Hallstattkultur bei Berghülen-Treffensbuch, Alb-Donau-Kreis. Archäologische Ausgrabungen 1979, 33 ff.

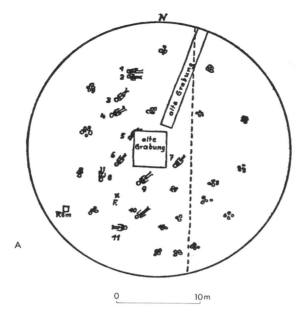
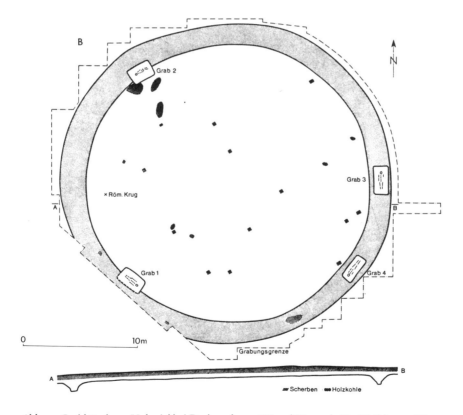

Abb. 12. Grabhügel von Hohwiel bei Deckenpfronn (A) und Hegnach, Kr. Waiblingen (B).

Fußzierfibel und einem Goldohrring.³¹ Die Gräber gehören nach Ha D2 und D3. Läßt man die zeitliche Differenz außeracht, scheint eine Rangfolge klar ersichtlich, doch erstaunt dabei, daß es sich bei dem „Waffen"grab um ein Knabengrab handelt, was ungewöhnlich ist; zudem ist das Dolchmesser keinem der gängigen Typen klar zuzuordnen.

Sollte es sich bestätigen, daß es sich hier nicht um einen gewöhnlichen Bestattungsplatz handelt, könnte das Knabengrab nicht weiter verwundern. Allerdings sollte die Beigabe eines Goldohrringes in Grab 3 nicht unterschätzt werden.

Direkt neben diesem Hügel liegt ein weiterer, der sehr viele reich ausgestattete, z.T. beraubte Nachbestattungen aufweist. Außer von Messerresten ist in dem bisher nur in Vorberichten publizierten Hügel von Waffen nicht die Rede. Der Ausgräber D. Planck schließt eine sehr späte Anlage des Hügels nicht aus.³²

114. Tailfingen, Kr. Böblingen

Von insgesamt 46 Hügeln, die auf drei Hügelgruppen verteilt sind, sind 31 untersucht. In der Regel barg jeder Hügel eine Bestattung in einem S–N orientierten Schachtgrab. Sehr viele Gräber sind beigabenlos.

In zwei Gräbern konnten Waffen festgestellt werden: In einem Kindergrab in Hgl. 8 fand man zwei Feuersteinpfeilspitzen und eine Klinge aus dem gleichen Material, dazu eine winzige Kahnfibel, zwei Fußringe, einen großen Eisenring und ein, einen Menschen darstellendes Tonidol.

In Hügel 4, Gruppe III, wo man in den Hügeln auch Nachbestattungen anlegte, fanden sich in Grab 2 eine Lanze und ein Gürtelblech. Grab 1 des gleichen Hügels ergab als einzige Beigabe ein Gürtelblech. Da auch sonst Gürtelbleche in den Ha D-Gräbern nicht vorkommen, dürfte diese Beigabe die Stellung des Bestatteten unterstreichen. Daß dem Kindergrab eine Sonderstellung zukommt, braucht nicht weiter betont zu werden. Die Fußringe verweisen auf ein Mädchen. Da außer den Pfeilspitzen auch eine Klinge mitgegeben wurde, bleibt die Bedeutung dieser Gegenstände im Grabbrauch fraglich. Bedenkt man die Beigabe des Tonidoles, so liegt es nahe, auch den Feuersteingeräten Amulettcharakter zuzusprechen.³³

Als einziges Waffengrab bleibt das Lanzengrab. Es fällt schwer, weitere gesicherte Männergräber innerhalb des Gräberfeldes zu identifizieren. So kann nur festgestellt werden, daß aller Wahrscheinlichkeit nach mit dem Waffenträger einer der bedeutenden Männer zu fassen ist.

81. Mühlacker, Kr. Vaihingen

In aller Ausführlichkeit wurde dieses Gräberfeld von Zürn und später von Pauli behandelt.³⁴ Pauli glaubte nachweisen zu können, daß ab Ha D2 nur über einer verheirateten Frau, die auch Mutter war, ein neuer Grabhügel aufgeschüttet wurde. Dies würde ein bezeichnendes Licht auf die Stellung der Mutter im entsprechenden Familienverband werfen.

Der älteste Hügel des Gräberfeldes aber barg im Zentralgrab ein gestörtes Männergrab mit halbmondförmigem Eisenmesser. Da in einer Nachbestattung noch eine Schlangenfibel gefunden wurde, wird man auch das Zentralgrab früh, d.h. nach Ha D1 datieren können. Das einzige Waffengrab,

---

[31] Die Beigabe eines einzelnen Goldohrrings ist auch von Tübingen-Kilchberg (Dolchkat. Nr. 156) bekannt geworden. Es scheint sich dabei um ein Ausstattungsmerkmal für Männer zu handeln. Auf die von Männern bevorzugte Tracht nur eines Ohrrings machte auch Spindler, Ausgrabungen in Deutschland 238 aufmerksam.

[32] Planck, Bestattungen in einem späthallstattzeitlichen Grabhügel bei Hegnach, Rems-Murr-Kreis. Archäologische Ausgrabungen 1974, 18 ff.

[33] Pauli, Keltischer Volksglaube (1975).

[34] Zürn, Nordwürttemberg 73 ff.; Pauli, Nordwürttemberg 39 ff.

Hgl. 5, Nachbestattung 2, mit Lanze, einer Fußzier- und einer Spitzpaukenfibel gehört nach Ha D3, also zu den wenigen späten Waffengräbern, die bisher bekannt wurden.

Es ist nun zu fragen, inwiefern sich die Stellung dieses Lanzenträgers von der der übrigen Männergräber Mühlackers unterscheidet.[35] Nach Paulis Aufstellung sind elf Männergräber anzunehmen. Bei dem Lanzenträger von Hgl. 5 glaubt Pauli erkennen zu können, daß dieser als Witwer die Schwester seiner Frau heiratete und dadurch seine Stellung innerhalb der Familie aufgewertet hätte, da dies nämlich die „traditionelle Erbfolge" wieder gewährleistete.[36] Ob ihn allein diese Tatsache dazu berechtigte, mit einer Waffe bestattet zu werden, ist fraglich. Dennoch läßt die Lanze auf eine besondere Stellung schließen.

Fast alle Männergräber sind durch Fibeltracht gekennzeichnet, wobei eine oder zwei kleine Paukenfibeln bevorzugt wurden. Den beiden (nach Pauli) potentiellen Ehemännern (Hgl. 5, Gr. 2 und Hgl. 8, Gr. 2) ist die Zweifibeltracht gemeinsam, die sonst nur noch bei zwei von Pauli als Söhne bezeichneten Männern (Hgl. 8, Gr. 3 und Hgl. 4, Gr. 5) vorkommt.

Folgt man Paulis Verwandtschaftsanalyse und übernimmt seine Methode, so spricht auch nichts dagegen, in den beiden letztgenannten Männern verheiratete Söhne zu sehen, die noch im Hügel ihrer Eltern bestattet wurden, da sie vor ihren Ehefrauen gestorben sind. Bei Grab 5 aus Hügel 4 ist es nicht einmal auszuschließen, daß es sich nicht um den Sohn, sondern den spät verstorbenen Ehemann handelt. Die Beigabe eines Gürtelhakenendbeschlages verbindet zusätzlich diese beiden Gräber. Demnach hätte man ab Ha D2 in den Männergräbern mit nur einer Fibel die unverheirateten Männer zu sehen.

Derartige, sehr theoretische Überlegungen sind in diesem Zusammenhang aber nur dazu geeignet zu zeigen, auf welch tönernen Füßen selbst bei modern gegrabenen Gräberfeldern eine Analyse der Männergräber, basierend auf Trachtbestandteilen, steht.

Geht man von der Waffenbeigabe aus, muß, weil es sich um nur ein Lanzengrab handelt, der Sinngehalt dieser Beigabenart besonders hoch eingeschätzt werden. Wenn es sich aber, wie Pauli wahrscheinlich machen kann, um den Begräbnisplatz nur einer Familie handelt, so kann die Auszeichnung auf der Stellung des Mannes innerhalb der Familie beruhen. Man würde dann auch in den vorhergehenden Generationen Waffengräber erwarten. Es wird vielmehr der Verdacht nahegelegt, daß die Waffenbeigabe in diesem Fall die Stellung eines Mannes dokumentiert, der den Familienverband übersteigende Pflichten bzw. Rechte innehatte.

51. Hirschlanden, Kr. Leonberg

Der durch seine Stele bekannt gewordene Grabhügel mit mindestens 18 in Kreisen angelegten Bestattungen ergab zwei Waffengräber. Aus Gr. 4, einer Doppelbestattung, stammt ein Lanzenträger und aus Gr. 13, einer gestörten Anlage, ist ebenfalls eine Lanze bekannt. Das älteste Grab, über dem der Hügel angelegt wurde, ist, wie schon bei Mühlacker, ein Männergrab mit zwei Kahnfibeln und einem halbmondförmigem Eisenmesser. Weitere Männergräber sind nicht mit Sicherheit nachzuweisen, jedoch in den beigabenlosen Bestattungen zu vermuten. Die Bestattungsfolge der gesicherten Männergräber ist 1–4–13.

Die Beobachtung der jeweils verdoppelten Fibelbeigabe, wie sie in Mühlacker möglich war, läßt sich hier, sieht man von Gr. 1 ab, nicht wiederholen. Überhaupt möchte man Abstand davon nehmen, die unterschiedliche Grabausstattung der wohl jeweils verheirateten Männer auf eine unterschiedliche

---

[35] Gräber von Jugendlichen sollen hierbei nicht berücksichtigt werden, da das Geschlecht oft nicht einwandfrei bestimmt werden konnte.

[36] Pauli, Nordwürttemberg 48.

Stellung in der Familie zurückzuführen: Die zu Grab 1 gehörende Frau vermutet Pauli in Gr. 7, wo sich die Tracht zweier Kahnfibeln wiederholt; Grab 4 barg Mann und Frau und in Gr. 13 vermutet Pauli Mann, Frau und Kind. Die nicht auszuschließende Möglichkeit einer altersmäßigen Unterscheidung der Männergräber nach der Beigabenauswahl könnte eventuell die Beigabenarmut von Grab 4b mit dem noch jugendlichen Alter des Toten erklären.

Zu fragen bliebe aber immer noch, worauf die Waffenbeigabe, die ja im übrigen in Nordwürttemberg erst mit Ha D2 voll einsetzt, zurückzuführen ist. Entweder handelt es sich um eine Kennzeichnung des Alters bzw. des Familienstandes oder die Männer von Gr. 4 und 13 sind auch innerhalb eines Verbandes, der den kleinsten Siedlungsverband, nämlich den Hof übersteigt, von Bedeutung gewesen. Der genaue Hintergrund ist leider auch hier nicht faßbar.

Die eigentliche Besonderheit des Grabhügels liegt in der Stele des „Kriegers von Hirschlanden". Diese wirft zwar mehr Fragen auf, als daß sie zu deren Klärung beiträgt, doch ist es nicht ohne Bedeutung, daß sie einen Bewaffneten darstellt. Immerhin überragte sie einen Hügel, der zwei Waffengräber barg.

Nun wurde verschiedentlich die Meinung geäußert, die Stele stelle den Toten aus Gr. 13 dar.[37] Dem ist folgendes entgegenzusetzen: Einmal ist Grab 13 gestört, doch sind dem männlichen Toten sehr wahrscheinlich Lanze und Frühlatènegürtelhaken zuzusprechen. Die Stele aber kennzeichnet durch Gürtung, Dolch, (Gold?) Halsreif und Hut einen Mann höchsten Ranges. Als Grabanlage wäre eine Art „Fürstengrab" zu erwarten, das wir im Hirschlandener Hügel nicht nachweisen können. Auch wenn der Gürtelhaken ein Kennzeichen gehobener Stellung ist,[38] besteht eine Diskrepanz zwischen Grabausstattung und Stele.

Wichtig erscheint zum anderen die Datierung der Stele. Möglichkeiten hierzu ergeben sich durch den Dolch. Zürn beschreibt ihn als eine Waffe mit hufeisenförmigem Griff und halbmondförmigem Ortband. Diesen Dolchtyp (Variante Sulz) stellt er als eine Leitform für Ha D1[39] vor. Um so mehr verwundert es, daß er dann den Dolch des Hirschlandeners nach Ha D2 datiert und mit dem sehr späten Gr. 13 in Verbindung bringt. Kimmigs Lösung, den Dolch als einen Les-Jogasses Dolch anzusprechen,[40] würde die Spätdatierung schon eher erklären. Allerdings ist es nicht nötig, Parallelen von weit her zu holen. Das eher runde Ortband beim Dolch der Stele weist im Zentrum eine Delle auf. In Nordwürttemberg existiert eine Dolchgruppe mit ringförmigem Ortband, oft langschmale Dolchmesser, deren Datierung einem späten Ansatz der Stele nicht widersprechen würde.[41] Mit derartigen Dolchen fassen wir den einzigen Dolchtyp, der – von Fürstengräbern abgesehen – während Ha D2 noch ins Grab mitgegeben wurde, und dies äußerst selten.

Der Dolch von Hochdorf besitzt ebenfalls ein rundes, aber rädchenförmiges Ortband, das den Ringortbändern näher steht als den in den Fürstengräbern sonst üblichen Kugelortbändern. Hochdorf ist, soweit absehbar, am Beginn von Ha D2 anzusetzen.[42]

Über Hochdorf ist die Möglichkeit nicht von der Hand zu weisen, daß außer durch Hut und Halsreif auch durch den Dolchtyp ein Hinweis auf die heroisierende Darstellung eines „Fürsten" gegeben ist. Die Stele als Kenotaph anzusprechen, wie dies F. Fischer tat,[43] erscheint von der Definition

---

[37] Zürn, Nordwürttemberg 68; Pauli, Nordwürttemberg 35f. schließt dies letztlich auch nicht aus.
[38] Siehe Anm. 28.
[39] Zürn, Zur Chronologie der späten Hallstattzeit. Germania 26, 1942, 119.
[40] Kimmig, Hoops Reallexikon 396.
[41] Dolchkat. Nr. 161 und 162.

[42] J. Biel, Das frühkeltische Fürstengrab von Eberdingen-Hochdorf, Landkreis Ludwigsburg. Denkmalpflege in Baden-Württemberg 7, 1978, 168ff.; ders., Archäologische Ausgrabungen 1978, 27ff.
[43] Fischer, Hallstattzeitliche Fürstengräber in Südwestdeutschland. Bausteine zur geschichtlichen Landeskunde von Baden-Württemberg (1979) 69.

des Wortes her nicht unbedingt gerechtfertigt. Eine reich ausgestattete Grabkammer ohne den Toten wäre in einem solchen Fall zu erwarten gewesen. Gleichwohl wird der Hirschlandener durch die Maske als Toter gekennzeichnet.[44] Wäre es indessen nicht denkbar, die Stele als ein Erinnerungsmal oder ein Zeichen der Verbundenheit, wenn nicht gar Abhängigkeit zu deuten? Da nicht auszuschließen ist, daß sich im „Fürsten" der Hallstattzeit politische und religiöse Macht vereinigen, muß eine derartige Darstellung in Verbindung mit einem Begräbnisplatz, der zudem nahe bei Hochdorf liegt, nicht verwundern.[45]

72. Ludwigsburg

Auf Ludwigsburg wird in Zusammenhang mit den „Fürstengräbern" noch einzugehen sein. Da aber eine der Nachbestattungen ein Waffengrab darstellt, soll der Fundort kurz erwähnt werden. Nur in vier Nachbestattungen konnten Beigaben nachgewiesen werden, doch wurden nicht alle Gräber erfaßt; außerdem können sich in den beigabenlosen Gräbern Männergräber verbergen.

Das einzig sichere Männergrab war nur mit einer Lanzenspitze ausgestattet, was unter diesen Umständen das Grab schon hervorhebt. Kein Fund spricht dafür, daß das Lanzengrab vor Ha D2 anzusetzen ist. Zu erwähnen bleibt außerdem eine Latène B-Nachbestattung mit Schwert und Flasche, was an die Frühlatène-Nachbestattung von Stuttgart-Weil-im-Dorf erinnert.

Zusammenfassung (Abb. 13):
Für Nordwürttemberg bleibt neben dem Fehlen einer Ha C/D-Waffentradition das äußerst seltene Vorkommen von Ha D1-Waffengräbern festzuhalten. Die Waffenbeigabe setzt erst ab Ha D2 verstärkt ein, wobei Dolche nur in wenigen Fällen beigegeben wurden. Kombinationen mehrerer Waffen in einem Grab stellen eine Ausnahme dar.

Fundort	Dolchkat. Nr.	Waffenkat. Nr.	Dolch	Lanze	Pfeil	Messer	Wagen	Bronzegeschirr	Gürtel	Fibel	Ringschmuck	Rasiermesser
Hochdorf, Kammer	168a	28a	G	1	x	–	x	x	G	2G	G	x
Ludwigsburg, Kammer 1	164	72	x	–	–	–	x	x	–	–	G	–
Stuttgart-Bad Cannstatt, Kammer 1	–	110	–	3	–	–	x	x	x	3	G	–
Stuttgart-Bad Cannstatt, Kammer 2	–	110	–	2	–	–	–	x	x	2	G	–
Stuttgart-Weil im Dorf, Hgl. 7	162	112	x	1	–	–	–	–	–	2	x	–
Stuttgart-Weil im Dorf, Hgl. 6, Gr. 2	–	112	–	1	–	–	–	–	x	2	–	–
Hegnach, Gr. 2	194	46	x	–	–	–	–	–	–	4	x	–
Böblingen, Hgl. 1	127	12	x	–	–	–	–	–	–	–	–	–
Böblingen, Hgl. 13, Gr. 2	–	12	–	1	–	–	–	–	–	1	–	–
Böblingen, Hgl. 13, Gr. 10	–	12	–	1	–	–	–	–	–	2	–	–
Gerlingen, Hgl. 4	–	41	–	2	–	–	–	–	x	1	H	–
Gerlingen, Hgl. 2, Gr. 3	–	41	–	1	–	–	–	–	x	1	–	–
Gerlingen, Hgl. 3, Gr. 2	–	41	–	1	–	–	–	–	–	2	x	–
Hirschlanden, Gr. 4	–	51	–	1	–	–	–	–	–	–	–	–
Mühlacker, Hgl. 5, Gr. 2	–	81	–	1	–	–	–	–	–	2	–	–

Abb. 13. Kombinationsstatistik von waffenführenden Hallstattgräbern aus Nordwürttemberg (G = Gold; H = Halsring).

---

[44] Im Krieger von Capestrano besitzen wir eine Parallele. Nicht auszuschließen ist eine im kultischen Bereiche verwendete Maske.

[45] Das von Zürn in Erinnerung gebrachte Pausanias Zitat (Graeciae descriptio VII, 2, 8–9 – ed. F. Spiro II, S. 173f., Leipzig 1903, Nachdruck Stuttgart 1959 „Als *Denkmal* auf dem Grab steht ein gewaffneter Mann") unterstreicht diese Vorstellung. Zürn, Nordwürttemberg 67, Anm. 3.

Zur Waffenbeigabe in Fürstengräbern

Bei den Ha D1-Fürstengräbern ist von Kappel, Kr. Lahr (Waffenkat. Nr. 62), Hügelsheim, Kr. Rastatt (Waffenkat. Nr. 54), „Hohmichele", Heiligkreuztal, Kr. Saulgau (Waffenkat. Nr. 49) und Vilsingen, Kr. Sigmaringen (Waffenkat. Nr. 128) die Waffenbeigabe überliefert. Leider lassen die ausgeraubten Zentralkammern von Villingen-Magdalenenberg und vom Hohmichele keine Waffenreste erkennen, was besonders beim Magdalenenberg, bedenkt man die häufige Waffenbeigabe in Nachbestattungen, zu bedauern ist.

Außer den Waffen ist allen männlichen Ha D1-Fürstengräbern die Beigabe von Wagen und Bronzegeschirr gemeinsam. Nur von Kappel I sind Hals- und Armreif aus Gold erhalten; bei Hügelsheim könnten sie theoretisch Grabräubern zum Opfer gefallen sein.

Wie bei Grab VI des Hohmichele, einer Nachbestattung (!), haben wir es auch bei Vilsingen mit einer Doppelbestattung zu tun,[46] bei der eventuell Hiebmesser und Bronzearmring miteinander in Verbindung zu bringen sind. Beim Hohmichele sind der männlichen Bestattung eindeutig das Hiebmesser, Pfeil und Bogen, der Eisenhalsring, Gürtelblech und einschleifige Schlangenfibeln zuzuordnen. Hohmichele VI und Vilsingen wären demnach nicht nur durch den fehlenden Goldschmuck, sondern auch durch die Hiebmesserbeigabe miteinander in Verbindung zu bringen. Die im Hohmichele in Gewandresten nachgewiesene Seide ist als Importgut durchaus mit der Bronzekanne von Vilsingen zu vergleichen.

Von der Waffenausstattung und auch der Lage her ist Hügelsheim mit seinem Dolchgriffteil eher an die beiden Gräber von Kappel/Rhein anzuschließen. Kappel II weist Dolch- und Lanzenbeigabe auf, von Kappel I sind zwei Fragmente erhalten, die gewöhnlich als Dolch und Dolchmesser bezeichnet wurden (Dolchkat. 187. 200). Bei dem zweischneidigen Fragment mit gebuckeltem Scheidenrand, einer sonst unbekannten Scheidengestaltung, ist zu überlegen, ob es sich nicht um den Rest eines Kurz-Schwertes handelt. Auch von Etting (Dolchkat. 94. 182) kennen wir die Kombination Schwert/Dolch, während die Vergesellschaftung zweier Dolche ungewöhnlich erscheint. Im Falle von Kappel liegt es nahe, die beiden Waffenträger miteinander zu vergleichen. Im goldführenden Grab I sind zwei Abzeichen ersten Ranges mitgegeben worden, im bronzegeschirrreichen Grab II, ebenfalls (durch Bogenfibelbeigabe) nach Ha D1 zu datieren, fanden sich Dolch und zwei Lanzen. Wird man auch beide Gräber als Fürstengräber ansprechen wollen, so bleibt doch ein beträchtlicher Unterschied in der Ausstattung: Neben Gold fehlen in Grab II auch Importe. Man wird also nicht fehlgehen, wenn man die ungewöhnliche Waffenausstattung des Grabes I mit der fürstlichen Ausstattung des Grabes in Zusammenhang bringt.

Bei einer Analyse der Waffenbeigabe in den Fürstengräbern von Hundersingen, Kr. Saulgau (Waffenkat. Nr. 55), stößt man auf Schwierigkeiten, die allgemein mit der Dokumentation der frühen Ausgrabungen zusammenhängen. Bei einer Trennung der Fundkomplexe wird im folgenden nach den Untersuchungen S. Schieks[47] vorgegangen. Die Waffen der Kammer des Hgls. 1 lassen sich auf Grund der übrigen Beigaben kaum mit denen aus Fürstengräbern vergleichen. Die zur Bestattung 1 gehörenden drei Lanzenspitzen und die durch ihr Ornament bekannt gewordene Bronzelanzenspitze sind zusammen mit Bernsteinplättchen gefunden worden, die man auch aus dem Grafenbühl und der Kammer 2 von Ludwigsburg kennt. Der (nicht erhaltene) Eisendolch gehört zur Bestattung 2. Leider ist der Dolch an keiner Stelle genauer beschrieben. Da Eisendolche während Ha D2 und Ha D3 nur

---

[46] C. Oeftiger, Mehrfachbestattungen im Westhallstattkreis – Zum Problem der Totenfolge (ungedr. Diss. Tübingen 1981).

[47] Schiek, Fürstengräber.

noch selten vorkommen, möchte man das Grab an den Beginn von Ha D2 setzen. Eine Erklärungsmöglichkeit wäre, daß es sich um einen Dolch mit Ringortband gehandelt hat.

Das Lanzengrab wird man wegen der Bernsteinplättchen frühestens nach Ha D2 setzen. Da der Hügel über der Ha D1-Außensiedlung der Heuneburg angelegt wurde,[48] ist eine Ha D1-Datierung ohnehin auszuschließen. Ob die Bernsteinplättchen wirklich zur Mehrfachbestattung der Kammer gehören, wird wohl nicht endgültig zu entscheiden sein.

Drei dieser Nachbestattungen (1, 2 und 5) sind mit Waffen versehen. Auch hier läßt sich, wie etwa bei den reichen Gräbern von Kappel, beobachten, daß die reichere Waffenbeigabe mit der übrigen Beigabenauswahl korrespondiert. So fassen wir nur mit Nachbestattung 1 ein Waffengrab mit Wagen und Pferdegeschirr. Die Waffenausstattung besteht aus Dolch, drei Lanzen sowie Tüllenbeil. Nachbestattung 2, durch die Fibelbeigabe nach Ha D3 zu datieren, führt lediglich den Dolch, Nachbestattung 5 eine Lanze. Allen drei Gräbern ist die Beigabe eines Goldhalsreifs, eines Gürtelblechs und von Bronzegeschirr gemeinsam, wobei letzteres in Gr. 5 durch Schiek in Frage gestellt wird. Grab 5 allerdings ist ohnehin das unbedeutendste der drei Waffengräber. Grab 2 weist zusätzlich zur Grundausstattung noch Goldarmreif und Perle auf.

Wenn man davon ausgeht, daß die drei Gräber zeitlich vergleichbar sind – und nichts spricht dagegen –, so ist man versucht, eine Rangfolge von Grab 1 mit Wagen, Pferdegeschirr und überaus reicher Waffenbeigabe über Grab 2 mit Dolch zu Grab 5 mit Lanze aufzustellen. Da mit der Nachbestattung 4 eine „fürstlich" bestattete Frau erfaßt werden konnte, bietet sich als Interpretation an, in der Gruppe reicher Nachbestattungen die Angehörigen der herrschenden Familie zu sehen. Unterschiede in der Ausstattung könnte man ebenso mit dem Familienstand, wie mit dem offiziellen „Rang" einzelner Familienmitglieder in Verbindung bringen. Sehr wahrscheinlich aber ist das eine vom anderen nicht zu trennen und außerdem fehlen ohne anthropologische Analysen wichtige Hinweise.

Die Kammer des Hügels 4 war beraubt,[49] Waffen sind nicht erhalten. Die waffenführenden Nachbestattungen[50] sind nicht mit fürstlichen Bestattungen in Verbindung zu bringen, wenn auch aus Nachbestattung 14 ein Ha D3-Dolch vorliegt. Für die Kammer aus Hgl. 3 sind ein verlorener Eisendolch und eine Lanze zu nennen. Die Kammer des Hügels 2 soll (inzwischen verlorene) Reste von Eisenwaffen beinhaltet haben; aus dem Hügelaufbau ist eine kurze Speerspitze zu nennen. Unter diesen Umständen muß von einer umfassenderen Interpretation, die sich an der Waffenbeigabe zu orientieren hätte, abgesehen werden.

Die Dolchbeigabe in Fürstengräbern kennen wir auch von den beiden Ludwigsburger Kammergräbern (Waffenkat. Nr. 72). Kammer 1 mit Bronzedolch enthielt ein Wagengrab mit dazugehörigem Pferdegeschirr, reicher Bronzegeschirrbeigabe und einem Goldhalsreifen. Auf Grund eines Goldbandes, von dem Pauli annimmt, daß es sich um einen Trinkhornbeschlag handelt, möchte er das Grab, da man Trinkhornbeschläge, allerdings paarig, bisher nur aus Frühlatènefürstengräbern kannte, nach Ha D3 datieren. Neuerdings haben wir aber aus Hochdorf eine ganze Reihe von Trinkhörnern, die nach

---

[48] Während Schiek davon ausgeht, daß der Tote aus der Kammer von Hgl. 4 im Zentrum seines (zerstörten) Hauses beigesetzt wurde, nimmt E. Gersbach an, daß in den in der Gießübel-Talhau-Nekropole Bestatteten die Eroberer der Heuneburg Per. IVa und deren Nachkommen zu sehen sind. Schiek, Vorbericht über die Ausgrabungen des vierten Fürstengrabhügels bei der Heuneburg. Germania 37, 1959, 117 ff.; Gersbach, Heuneburg – Außensiedlung – jüngere Adelsnekropole. Fundber. aus Hessen, Beiheft 1, 1969 (Festschrift Dehn) 29 ff. – Auch unter den in den letzten Jahren durch Nachgrabungen untersuchten Hügeln 1 und 2 fanden sich Siedlungsspuren: L. Sperber, Archäologische Ausgrabungen 1978, 35 ff.; ders., ebd. 1979, 39 ff.; ders., Archäologische Ausgrabungen 1980, 43 ff.

[49] Schiek (siehe Anm. 48) 128.

[50] Die beiden Lanzengräber ergaben außer je zwei Lanzen keine weiteren Beigaben (Waffenkat. Nr. 55).

Ha D2 datiert werden können. Ein sehr später Ansatz ist auch aufgrund des Dolches nicht zwingend, ja man möchte diesen nur ungern nach Ha D3 setzen.[51] Aus Kammer 2 sind lediglich ein Bronzedolchgriff, Bernsteinplättchen, Goldblechstreifen und Bronzeblechreste ergraben. Diese Kammer wurde nur angeschnitten, scheint aber größer als Kammer 1 gewesen zu sein. Da sie in den Boden eingetieft war, ist in ihr möglicherweise die ältere Bestattung zu sehen,[52] was Pauli nun dazu führte, diese Kammer nach Ha D2 zu stellen. Geht man von den Dolchen aus, so fällt auf, daß bei beiden Stücken Bernsteineinlagen verwendet wurden, was sonst im gesamten Verbreitungsgebiet der Dolche unbekannt ist. Wenn sich auch die Griffbildung der Dolche deutlich voneinander unterscheidet, so ist doch über den in beiden Fällen verarbeiteten Bernstein an eine Arbeit aus der gleichen Werkstatt zu denken. Zumindest dürften die beiden Stücke zeitlich nicht allzu weit auseinander liegen.

Sollte es sich bewahrheiten, daß Kammer 2, da größer, auch reicher ausgestattet sein sollte, so möchte man zusätzlich zum Dolch noch andere Waffen erwarten; dies allerdings nur unter der Voraussetzung, daß beide Gräber gleichzeitig sind.

Das durch seine Lage innerhalb des Hügels nach Ha D2 zu datierende Fürstengrab von Dußlingen, Waffenkat. Nr. 28, wird durch die Beigabe einer Lanze für uns interessant. Als fürstliches Grab gibt es sich durch Goldhals- und Armreif sowie durch Bronzegeschirr zu erkennen. Auch früher eingetiefte Bestattungen wiesen schon Lanzenspitzen auf, sind aber in ihrer Ausstattung mit diesem Grab nicht vergleichbar. Vermerkt werden soll die fehlende Beigabe eines Wagens.

Zu den beiden Cannstätter Gräbern (Waffenkat. Nr. 110) liegen neuerdings die Ausführungen Paulis vor,[53] der annimt, daß es sich bei beiden Bestattungen möglicherweise um „kultisches Transvestitentum" handelt.[54] Die gleichzeitige Beigabe von Waffen und Haarschmuck, sowie von Trachtbestandteilen einer verheirateten Frau lassen Pauli einen solchen Schluß ziehen.

Um die beiden Gräber mit den vorher besprochenen Waffengräbern vergleichen zu können, sei kurz auf einige Beigaben verwiesen: Grab 1 ist ein Wagengrab mit Pferdegeschirr, Goldhalsreif, Goldarmreif, Goldringchen, Bronzearmring, Trachtbestandteilen, die nach Pauli auf eine Frau hinwiesen, und einer Goldblechschale sowie Bronzegeschirr. Hinzu kommen eine Lanze mit übermäßig, nämlich 65 cm langem Blatt, sowie zwei weitere Lanzenspitzen. Die Frage, ob es sich um eine Doppelbestattung oder um das Niederlegen von Abzeichen wie vielleicht Prachtgewand und Waffe handelt,[55] ist nicht endgültig zu entscheiden.

Grab 2 besitzt ebenfalls einen Goldhalsreifen und insgesamt eine ähnliche Ausstattung wie Grab 1, doch deutet nichts auf einen Wagen hin. Zwei Lanzenspitzen vervollständigen das Bild einer fürstlichen Bestattung.

Somit hätten wir, vorausgesetzt in Grab 1 wäre nur ein Toter bestattet, wiederum den Fall, daß Waffenreichtum und übrige Beigabenauswahl in Zusammenhang zu sehen sind.

Auf Grund der Fibelbeigaben datiert Pauli beide Gräber nach Ha D2, wobei er Grab 1 an das Ende dieser Stufe setzt. Insgesamt dürfte aber die Bestattung beider Toter zeitlich nicht allzu weit auseinander liegen.

Das beraubte Grab des „Grafenbühl", Asperg, Kr. Ludwigsburg (Waffenkat. Nr. 3) soll nur kurz erwähnt werden, da es als unwahrscheinlich anzusehen ist, daß das Pfeilspitzenfragment die einzige

---

[51] Hierzu führten typologische Überlegungen: Der Scheidenmund ist halbrund gebogen und besitzt eine Buckelzier; zudem ist die Griffstange gerippt. All dies erinnert an Ha D1-Bronzedolche der Varianten Sulz und Obermodern.

[52] Pauli, Nordwürttemberg 102 ff.

[53] Ebd. 104 ff.

[54] Ebd. 115 ff.

[55] Außerhalb der Trachtlage deponierte Beigaben, u.a. auch Fibeln und Gürtel, sind vom Magdalenenberg bekannt. An Doppelbestattungen ist dort aber nicht zu denken. Spindler, Magdalenenberg.

Waffe des Ha D3 zeitlichen Fürsten dargestellt hat. Bemerkenswert ist, daß keine der zahlreichen Nachbestattungen eine Waffe führt.

Über das kürzlich aufgedeckte Fürstengrab von Hochdorf kann nur Vorläufiges ausgesagt werden.[56] Das wohl am Beginn von Ha D2 anzusetzende Grab, das glücklicherweise nicht beraubt wurde, barg neben Wagen, Bronzegeschirr, Importgut, goldenen Schmuck- und Trachtbestandteilen einen Bronzedolch in Bronzescheide mit Rädchenortband. Der Dolch war, womöglich extra für die Bestattung, mit einer Goldblechauflage versehen worden. In Schädelnähe wurde ein Köcher mit Pfeilen gefunden, auf dem Wagen schließlich waren ein Eisentüllenbeil und eine Lanzenspitze deponiert. Eine derart reichhaltige und vor allem vielfältige Waffenbeigabe scheint nach den bisherigen Beobachtungen auf Fürstengräber begrenzt zu sein.[57] Besonders der vergoldete Dolch und die Mitgabe eines Beiles[58] lassen den Hochdorfer Herren in einem besonderen Licht erscheinen.

AUSWERTUNG

In den vorhergehenden Kapiteln wurden einzelne Gräberfelder, die zu regionalen Gruppen zusammengeschlossen waren, auf die Frage nach dem Hintergrund der Waffenbeigabe hin untersucht. Auf drei Fragestellungen wurde dabei besonders geachtet:
1. Können in bezug auf die Waffenbeigabe irgendwelche Regelhaftigkeiten oder Besonderheiten innerhalb eines Hügels, einer Nekropole oder eines größeren Gebietes festgestellt werden?
2. Erlauben etwaige Beobachtungen in diese Richtung Schlüsse auf die Stellung des einzelnen Waffenträgers innerhalb des durch die Nekropole repräsentierten Sozialgefüges?
3. Ergeben sich aus der Waffenbeigabe Hinweise auf die reale Bewaffnung und Kampftechnik?

Die Besonderheiten einzelner Gräberfelder wurden in der Einzelanalyse bereits berücksichtigt. Im folgenden wird deshalb so vorgegangen, daß jeder der einzelnen Fragenkomplexe gesondert behandelt wird. Auf diese Weise werden an Kleinräumen gewonnene Ergebnisse bzw. Tendenzen in Beziehung zueinander gebracht. Darüber hinaus besteht die Möglichkeit, zu Aussagen zu kommen, die für ganz Baden-Württemberg gültig sind.

Ausstattungsnormen in Waffengräbern

Die regionale Gliederung der baden-württembergischen Waffengräber, die sich auf einer Verbreitungskarte dieser Denkmälergruppe bereits abzeichnete (Taf. 47), erfährt in einer Zusammenstellung verschiedener Waffenkombinationen ihre Bestätigung.

Während die Stückzahlen einzelner Waffengattungen und ihrer Kombinationen für ganz Baden-Württemberg betrachtet nur einen Eindruck der Vielfalt an Möglichkeiten hinterlassen (Abb. 14) und die bereits vielerorts hervorgehobene Dominanz der Lanzenbeigabe bestätigt wird,[59] läßt eine kleinräumige Aufschlüsselung regionale Eigenheiten erkennen (Abb. 15).

---

[56] Siehe Anm. 42.
[57] Hundersingen. Hgl. 1, Gr. 1 (Dolchkat. Nr. 184) bietet sich von der Waffenausstattung her als Parallele an.
[58] Sonst nur von Hundersingen, Hgl. 1, Gr. 1 und von St. Colombe (R. Joffroy, L'oppidum de Vix et la civilisation hallstattienne finale [1960] Taf. 32, 1) bekannt (siehe Anm. 57) Zur Beilbeigabe siehe auch S. Sievers, Die Kleinfunde der Heuneburg (in Vorbereitung). Das Beil wird dort weniger als Waffe denn als Schlacht- oder Opferwerkzeug angesehen.

[59] Es handelt sich bei der Zusammenstellung um Stückzahlen, nicht um Gräber; in Bezug auf die Kombinationen wurden unsichere Funde ausgesondert, so daß beide Zahlenreihen unabhängig voneinander gelesen werden müssen.

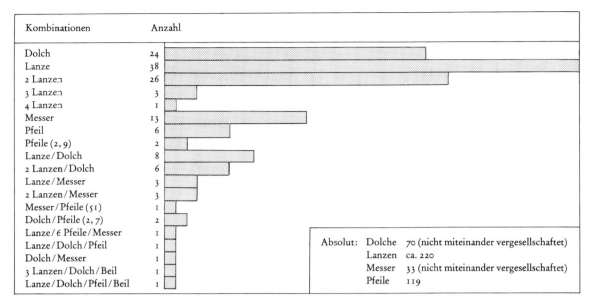

Abb. 14. Anzahl der Waffenfunde.

Die Lanzenbeigabe rangiert deutlich an erster Stelle, jedoch ist nicht zu übersehen, daß Dolche verhältnismäßig häufig ins Grab mitgegeben wurden. Kombinationen, außer Lanze/Dolch fallen dagegen kaum ins Gewicht.

Die Beigabe eines Dolches, bisher in 24 Fällen nachweisbar, ist relativ gleichmäßig über das gesamte Verbreitungsgebiet verteilt. Die im Raume der Schwäbischen Alb, besonders im Kreis Sigmaringen, zumindest auf der Verbreitungskarte auftretende Fundlücke ist durch die oft unklare Quellenlage zu erklären. Auf eine Kartierung mußte deshalb verzichtet werden. Nur wenn nicht mehr als eine Waffe vom betreffenden Gräberfeld bekannt wurde, wurde der Fundort in die Karte aufgenommen.

Die Beigabe *einer* Lanze (38mal) besitzt ebenfalls eine regelmäßige Verbreitung, die lediglich das Gebiet zwischen Donau und Bodensee auszusparen scheint. Hier wiederum hat die Kombination *zweier* Lanzen ihren Schwerpunkt. Während sie sporadisch auch aus den übrigen Gebieten bekannt ist, scheint sie den Raum der Ostalb zu meiden. Dies gilt auch für die Dreierkombination, die nur dreimal nachzuweisen ist. Immerhin ist diese Kombination zweimal in „Fürstengräbern" anzutreffen, während sie sonst auf Randgebiete beschränkt ist.

Bei der Kombination Lanze/Dolch (8mal) fällt auf, daß sie vor allem auf das Gebiet der Schwäbischen Alb konzentriert ist und in Nordwürttemberg fast völlig fehlt.

Auch die nicht in allen Fällen als Waffen anzusprechenden Messer sind einige Male mit Lanzen kombiniert, so das Hiebmesser von Grab VI des Hohmichele (Waffenkat. Nr. 49) mit 51 Pfeilen. Eine Konzentration der Messerbeigabe scheint sich auf der Ostalb abzuzeichnen, wo sich auch die Beigabe von Pfeilspitzen häuft, mit denen sie jedoch nur in einem Fall vergesellschaftet sind.

Auf einzelne Regionen bezogen ergibt sich somit folgendes Bild (Abb. 15): Im Magdalenenberg (Waffenkat. Nr. 73) etwa fehlt die Vergesellschaftung von Dolch und Lanze, was in dieser Ausschließlichkeit sonst nie vorkommt. In Oberschwaben fällt die häufige Mitgabe zweier Lanzen auf, öfters mit einem Dolch kombiniert, der sonst allein als Waffenbeigabe auftritt. Während der Raum um Tübingen und die Zollernalb in der Waffenbeigabe ein recht indifferentes Bild ergeben, setzt sich die Ostalb durch das sehr häufige Auftreten von einem oder mehreren Pfeilen, aber auch Messern von den

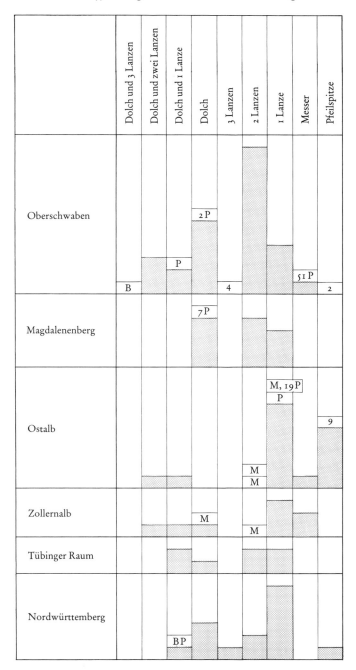

Abb. 15. Waffenkombinationen in Baden-Württemberg
(B = Beil; M = Messer; P = Pfeil).

angrenzenden Gebieten ab. Lanzen, Messer und Pfeile als alleinige Waffenbeigabe stehen hier im Vordergrund; der Dolch tritt nur in Kombinationen auf. Im Raum um den Hohen Asperg wiederum sind Kombinationen die Ausnahme und vor allem in Fürstengräbern anzutreffen. Die Mitgabe eines Dolches bzw. einer Lanze dominiert.

Erwähnt werden soll ferner, daß sich in keinem der behandelten Gebiete eine einheitliche Waffentradition von Schwert zu Dolch oder von Schwert zu Lanze nachweisen läßt. Nur in Nordwürttemberg, wo die Waffenbeigabe verstärkt erst mit Ha D2 einsetzt, fehlt diese Kontinuität vollständig. Die Möglichkeit, Schwertgräber noch nach Ha D1 zu datieren, scheint sich für den oberschwäbischen Raum zu eröffnen. Obwohl die Kombination Hallstattschwert/Fibel seit neuestem erwiesen ist,[60] ist bei diesem Thema die oft unklare Befundbeschreibung zu berücksichtigen.

Es stellt sich nun ganz allgemein die Frage nach der chronologischen Auswertbarkeit der festgestellten Verbreitungsschwerpunkte. Haben wir es mit regionalen oder chronologischen Erscheinungen zu tun oder mit einer Vermischung von beiden?

Die Beigabe zweier und mehr Lanzen in Oberschwaben läßt sich nicht klar auf die Frühphase oder die Spätphasen von Ha D festlegen, wenn auch der Schwerpunkt dieser Beigabensitte während Ha D1 zu sehen ist. Auch die auf der Ostalb gehäuft auftretende Mitgabe von einem oder mehreren Pfeilen können wir in erster Linie während Ha D1 fassen. Dagegen scheint die überwiegende Beschränkung auf die Beigabe nur einer Waffe in Nordwürttemberg für Ha D2/D3 typisch zu sein.

Es sieht so aus, als liege das Hauptgewicht in der Waffenbeigabe während Ha D1 im Süden des Landes, also in Oberschwaben, wobei der Magdalenenberg anzuschließen ist, und auf der Schwäbischen Alb. Der Raum um Tübingen bietet sich gleichsam als Mittler zu Nordwürttemberg an, wo sich die Waffenfunde während Ha D2, D3 häufen. Zürn[61] machte im übrigen bei seiner Behandlung der Fibeln eine ganz ähnliche Feststellung. Doch muß auch an dieser Stelle relativiert werden: Vor dem Hintergrund sämtlicher Waffenfunde fällt nämlich auf, daß während Ha D2, D3 sehr viel seltener Waffen ins Grab mitgegeben wurden, als während Ha D1 (Taf. 48, A). Hierauf wird noch zurückzukommen sein. Von einer allgemeinen Reglementierung in der Zusammensetzung der Waffenbeigabe kann jedenfalls keine Rede sein. Auch die zur Charakterisierung einzelner Kleinräume beitragenden Schwerpunkte in bezug auf einzelne Waffenkombinationen stellen keine starren Regeln dar.

Wie steht es nun um mögliche Zusammenhänge zwischen der Waffenbeigabe und sonstigen Funden aus Waffengräbern, seien es Bestandteile der Tracht oder Außerordentliches wie Wagen oder Bronzegeschirr. Lassen sich Zusammenhänge zwischen Waffenbeigabe und Bestattungsbrauch herstellen?

Allein die Fibeltracht bietet hier Anlaß zu einigen Bemerkungen. Während Ha D1 lassen sich bestimmte Fibeltypen mit der Beigabe bestimmter Dolchtypen verbinden. Dolche mit bronzedrahtumwickelter Scheide der Varianten Sulz und Obermodern sind – wenn überhaupt – mit einer oder zwei Bogenfibeln vergesellschaftet,[62] wie auch die Fibelbeigabe bei beiden Varianten auffällig häufig zu verfolgen ist. Dagegen ist die Kombination von Eisendolchen mit spindelförmiger Griffstange wie auch mit entwickelter Knauf- und Scheidengestaltung zusammen mit Schlangenfibeln, ab und zu auch Kahnfibeln, seltener. Es existiert – und dies gilt es festzuhalten – bisher kein Fall, in dem etwa eine Bogenfibel mit einem Eisendolch zusammen gefunden worden wäre. Allein Dragofibeln waren anscheinend an keinen Fibeltyp gebunden.[63] Während es sich hierbei um eine Sitte handelt, die für ganz Baden-Württemberg gilt, ist speziell für Oberschwaben das Tragen einer Schlangenfibel an der rechten Schulter für Lanzenträger typisch. Einschränkend muß noch einmal betont werden, daß es daneben genügend zeitgleiche Waffengräber ohne Fibeln gibt.

---

[60] In Prächting, Oberfranken, Hgl. 58 waren ein eisernes Hallstattschwert und eine eiserne Schlangenfibel miteinander kombiniert. B.-U. Abels, Ausgrabungen und Funde in Oberfranken 1, 1977–1978, 169.

[61] Zürn (siehe Anm. 39) 124.

[62] Diese Kombination ist bei Villingen-Magdalenenberg (Dolchkat. Nr. 132, 137), Ebingen (Dolchkat. Nr. 139, 140), Obermodern (Dolchkat. Nr. 138), Nehren (Dolchkat. Nr. 141) und Kappel II (siehe Anm. 17) zu verzeichnen.

[63] Dragofibeln sind mit den Dolchen von Mauenheim (Dolchkat. Nr. 75) und Niederaunau (Dolchkat. Nr. 133) vergesellschaftet.

Diese, wie gesagt nur für Ha D1 gültige Regelung von Einzelteilen der Tracht früher Waffenträger ist deshalb so zu betonen, weil wir damit Erscheinungen fassen, die sich über größere Gebiete hinweg verfolgen lassen. Zwar treffen Beobachtungen Spindlers zu Ha D1-Tracht- und Schmuckgewohnheiten, sowie Paulis Bemerkungen zur Ha D2/D3-Tracht in Nordwürttemberg erstaunlich häufig zu, doch sind genügend Abweichungen vorhanden, die vor Verallgemeinerungen warnen sollten.[64] Neben der Waffenbeigabe sind für eine männliche Bestattung nach wie vor die Tracht mit einem unverzierten Gürtelblech, einem Gürtelhaken, einer Kropf- oder Stufennadel, *einem* Armring am linken Arm und *einem* (goldenen) Ohrring typisch. Fußringe wurden in keinem Fall beigegeben.

Es bleibt die Frage, wie sich die einzelnen Waffenträger eines Gräberfeldes zueinander verhalten, in welcher Beziehung sie zu den „Unbewaffneten" stehen.

Die Untersuchung ergab, daß die reichere Waffenausstattung normalerweise das auch sonst hervorgehobene Grab kennzeichnet. Die Besonderheiten eines solchen Grabes können allerdings unterschiedlicher Art sein. Als Beispiele können aufgeführt werden: die Bestattung eines Dolchträgers in einem abgelegenen Hügel (Salem [Waffenkat. Nr. 99], Tannheim [Waffenkat. Nr. 115], Böblingen [Waffenkat. Nr. 12]), die Errichtung einer Grabkammer (Dormettingen [Waffenkat. Nr. 26], Böblingen [Waffenkat. Nr. 12], Kleinbottwar [Waffenkat. Nr. 65], Stuttgart-Weil-im-Dorf [Waffenkat. Nr. 112]), die Ausstattung mit besonderen Schmuck- und Trachtgegenständen (Halsring: Salem [Waffenkat. Nr. 99], Gerlingen [Waffenkat. Nr. 41], Dormettingen [Waffenkat. Nr. 26]; Perlen: Deckenpfronn [Waffenkat. Nr. 22], Neuhausen ob Eck – hier auch ein verziertes Gürtelblech! [Waffenkat. Nr. 87]; Goldohrring: Bleichstetten [Waffenkat. Nr. 11], Tübingen-Kilchberg [Waffenkat. Nr. 122]), eine abweichende Ausrichtung des Waffengrabes (Tuttlingen [Waffenkat. Nr. 124], Böblingen [Waffenkat. Nr. 12], Deckenpfronn [Waffenkat. Nr. 22]) und schließlich die Mitgabe besonderer Attribute wie Wagen und Bronzegeschirr (Ebingen [Waffenkat. Nr. 29], Würtingen [Waffenkat. Nr. 133]). Die sog. Fürstengräber wurden hierbei nicht mitberücksichtigt; sie unterstreichen aber unsere Zusammenstellung; man denke an die Goldhalsreifen, das durchbrochene Gürtelblech von Hundersingen (Waffenkat. Nr. 55) Hgl. 1, Gr. 1, sowie die Mitgabe von Wagen und Bronzegeschirr in „fürstlichen" Grabkammern.

Auch in der Waffenbeigabe selbst ist zu differenzieren. So muß z.B. nicht immer der Dolch ein herausragendes Waffengrab kennzeichnen. Häufig rangiert – beim Fehlen der Dolchbeigabe – ein Lanzengrab an erster Stelle, wofür genügend Beispiele zu belegen sind. Wurde allerdings in einem Gräberfeld die Dolchbeigabe geübt, so ist davon auszugehen, daß der Dolchträger rangmäßig an erster Stelle stand. Als Beispiele hierfür sind die goldreichen Gräber von Hundersingen (Waffenkat. Nr. 55), sowie Bleichstetten (Waffenkat. Nr. 11), Ebingen (Waffenkat. Nr. 29), Mauenheim (Waffenkat. Nr. 75), Stuttgart-Weil-im-Dorf (Waffenkat. Nr. 112) und Würtingen (Waffenkat. Nr. 133) zu nennen.

Sollte eine überregionale Ordnung vorhanden gewesen sein, so wäre diese weniger in der genauen Reglementierung der Beigabenkombinationen zu suchen, als vielmehr im Einhalten einer gewissen Rangordnung, deren Kennzeichnung unterschiedlich ausfallen konnte.

Obwohl sehr häufig Abstufungen zwischen den einzelnen, gleichzeitig bestatteten Waffenträgern festzustellen sind, muß doch darauf verwiesen werden, daß es, wenn auch seltener, Nekropolen gibt, deren mit Waffen versehene Bestattungen im Sinne einer Rangordnung nicht klar voneinander zu trennen sind. Man denke hierbei nur an den Magdalenenberg (Waffenkat. Nr. 73).

---

[64] Verzierte Gürtelbleche, Perlen, mehrere Armringe usw. kommen, wenn auch selten, in Männergräbern vor!

An dieser Stelle ist auch auf die z.T. sehr ausgefallene Zusammensetzung einiger Gräberfelder aufmerksam zu machen. Besonders während Ha D1 fassen wir im Süden des Untersuchungsgebietes mit Buchheim, Kr. Stockach (Waffenkat. Nr. 17), Bleichstetten (Waffenkat. Nr. 11) und Würtingen (Waffenkat. Nr. 133), beides Kr. Reutlingen, Gräberfelder oder Grabhügel, die vorwiegend oder sogar ausschließlich mit männlichen Bestattungen belegt zu sein scheinen und zudem mehrere Waffengräber aufweisen. In Gerlingen (Waffenkat. Nr. 41) wurde beinahe jeder Mann mit Waffen beigesetzt.

Auch in den meisten dieser Gräber wird eine Rangfolge innerhalb der Waffenträger deutlich, die im übrigen auch durch Beigabensitte und Bestattungsbrauch unterstützt wird. Dagegen sind im Magdalenenberg (Waffenkat. Nr. 73) die Waffengräber allein auf Grund der Waffenbeigabe hervorgehoben. Schließlich ist eine große Anzahl von Gräberfeldern mit nur einer waffenführenden Bestattung – oft einem Dolchgrab – zu nennen. Dies verstärkt den Eindruck, daß in nicht geringem Maße mit regionalen, ja sehr kleinräumigen Regelungen der Bestattungs- und Beigabensitte zu rechnen ist, was die Frage nach dem Hintergrund der Waffenbeigabe verstärkt aufwirft.

Rang der Waffenträger

Die Frage nach dem Rang der Waffenträger wurde zwar grundsätzlich schon beantwortet, indem auf Besonderheiten der Waffenträger hingewiesen wurde, aber es bleibt vor allem die Art dieses Ranges zu hinterfragen.

An dieser Stelle sei noch einmal ein Hinweis auf die Kostbarkeit hallstattzeitlicher Waffen, besonders der Dolche, erlaubt. Es gilt den Aufwand bei der Herstellung der Bronze- wie der Eisendolche zu würdigen; der Eindruck des Individuellen, des nicht Normierten wird durch die Ausschmückung des einzelnen Stückes verstärkt. Es ist an die fein gerippten Bleche der Dolchscheiden zu erinnern, an die komplizierten und in der Herstellung aufwendigen Formen der Ortbänder und Knaufknöpfe. Es müssen die reich verzierten Bronzegriffe bedacht werden, die figürliche Verzierungen oder Einlagen tragen können; viele der Eisendolche wurden auf eine besondere Art und Weise tauschiert und schließlich kennen wir zwei Dolche mit Goldblechauflage.[65] Bei den Lanzen ist an Bronzeverzierungen von Eisenlanzen zu denken,[66] aber auch an die Verzierung der Bronzespitze von Hundersingen, Hgl. 1.[67]

Wurden hier auch nur einige Details erwähnt, so ist doch allein, wenn man den Materialwert bedenkt, die Frage zu stellen, wer solche Stücke in Auftrag gegeben hat, wer schließlich damit bestattet wurde.

Vor dem bisher bekannten Hintergrund ergeben sich mehrere Möglichkeiten. Nimmt man an, daß prinzipiell jedem Mann durch Erwerb der Besitz einer Waffe möglich war und er diese auch mit ins Grab nahm, so hätten wir zwar eine ausgezeichnete Lösung für den etwas indifferenten Befund des Magdalenenberges (Waffenkat. Nr. 73), könnten aber die andernorts beobachtete Rangfolge nicht erklären. Auch wenn wir davon ausgehen, daß wir mit den Grabhügeln die Begräbnisplätze einer gehobenen Schicht fassen, mit den Waffenträgern innerhalb dieser Schicht wieder eine höhere Ebene, der man durchaus den Besitz derartiger Kostbarkeiten zutrauen darf, so bleibt doch die Abnahme der Waffenbeigabe während Ha D2, D3 zu bedenken. Der Schluß auf eine plötzliche Verarmung der Oberschicht müßte sich aufdrängen. In Gräberfeldern mit vielen Bewaffneten wären reiche, in den

---

[65] Hochdorf (Dolchkat. Nr. 165 A) und Hallstatt, Grab 696 (Dolchkat. Nr. 188).

[66] Z.B. Kappel, Kr. Sigmaringen (Waffenkat. Nr. 61).

[67] K. Bittel, Die Kelten in Baden-Württemberg (1934) Taf. 4, 1.

übrigen wären arme Bevölkerungsgruppen zu sehen. Im übrigen blieben die Gesetzmäßigkeiten in der Kombination von Fibeltracht und Waffentyp während Ha D1 ohne Erklärung.

Denkbar und sogar mit weniger Widersprüchen beladen, wäre die Möglichkeit einer kleinräumigen Regelung der Waffenbeigabe. Dies ist so zu verstehen, daß wir eine Spiegelung der Sozialstruktur vor uns hätten, die sich im Grabbrauch unterschiedlich niederschlagen konnte. Unter Sozialstruktur ist in diesem Falle aber auch Familienstruktur zu verstehen, da wir im Normalfall mit einem Hügel, evtl. gar mit einem Gräberfeld, Mitglieder einer Familie zu erfassen scheinen. Die uneinheitliche Quellenlage erschwert zwar weitergehende Aussagen zu diesem Thema, doch bietet sich hauptsächlich für Ha D1 eine derartige Lösung geradezu an: Ansatzweise sind, wie im Falle von Ebingen (Waffenkat. Nr. 29), altersmäßige Abstufungen denkbar, doch bleiben anthropologische Beobachtungen selten.

Wiederum ist auf den Magdalenenberg (Waffenkat. Nr. 73) zurückzukommen. Kennzeichnen die Dolche etwa die Familienoberhäupter? Wenn ja, wie ist dann die Ausstattung mit unterschiedlicher Fibeltracht und Dolchtypen zu erklären? Nichts spricht dafür, daß zwischen Bogenfibel und einschleifiger Schlangenfibel eine zeitliche Differenz besteht. Wir hätten es mit zwei unterschiedlich ausgestatteten, gleichzeitigen, räumlich nicht voneinander getrennten Gruppen von Dolchträgern zu tun. Dies als eine Frage des persönlichen Geschmacks des Auftraggebers zu deuten, erscheint kaum zulässig. Vielmehr möchte man hier an eine Art von Uniformierung denken.

Außer dem Magdalenenberg läßt aber auch eine andere Beobachtung an einer ausschließlich kleinräumigen Regelung zweifeln. Es handelt sich um die Abnahme der Waffen- vor allem der Dolchbeigabe ab Ha D2. Gerade in den durch Pauli auf familiäre Zusammenhänge hin analysierten nordwürttembergischen Gräberfeldern von Mühlacker (Waffenkat. Nr. 81), Hirschlanden und Asperg (Waffenkat. Nr. 51, Waffenkat. Nr. 3)[68] ist die Waffenbeigabe, die dort nur mit wenigen Gräbern faßbar wird, in das Paulische System schwer oder überhaupt nicht einzupassen.

Es sieht so aus, als würde während Ha D1 eine kleinräumige Regelung vorherrschen, die immer stärker durch eine überregionale verdrängt wurde und dies vor allem – die Ha D1-Dolch/Fibel-Uniformierung kündigt es schon an – in der Dolchbeigabe. Ab Ha D2 kennen wir, von den Dolchmessern mit Ringortband abgesehen, Dolche nur noch aus fürstlichen Bestattungen; sie gehören alle dem Typ der komplizierter gestalteten Bronzedolche an. Die einzige Ausnahme, ein Ha D3-Dolch, stammt aus Hgl. 4 der Gießübel-Talhau Nekropole (Waffenkat. Nr. 55).

Eine immer stärker werdende Reglementierung der Waffenbeigabe deutet sich an, was zugleich ein Hinweis darauf ist, daß die mitgegebene Waffe eher ein Symbol des anfänglich sehr individuell dokumentierten Ranges darstellt, als daß sie ausschließlich eine Altersstufe oder den Familienstand anzeigt.

Nur eine Reihe modern gegrabener, gut dokumentierter Nekropolen, wegen der häufigen Waffenbeigabe möglichst aus dem Süden Württembergs, könnte zur weitergehenden Lösung des hier angeschnittenen Problems beitragen.

Wenn es auch als wahrscheinlich angesehen werden darf, daß die Waffenträger allgemein einer gehobenen Schicht zuzurechnen sind, daß Waffen im Grabbrauch als eine Art Abzeichen anzusehen sind,[69] so ist doch die Frage nach dem Symbolgehalt der einzelnen Waffen noch nicht beantwortet. Mit anderen Worten: Haben wir es mit Kriegern, Herren oder kriegerischen Herren zu tun?

---

[68] Pauli, Nordwürttemberg.
[69] Erinnert sei daran, daß sämtliche aus Gräbern bekannte Waffen auch in den sog. Fürstengräbern zu finden sind. Der Dolch des „Kriegers von Hirschlanden" läßt eben diese Waffengattung in ganz besonderem Licht erscheinen. Auch die Tatsache, daß Beile im Westhallstattkreis ausschließlich in reich mit Waffen ausgestatteten „Fürstengräbern" vorkommen, gibt einen Hinweis auf den außergewöhnlichen Sinngehalt der Waffenbeigabe.

Da wir an dieser Stelle die Frage der späthallstattzeitlichen Bewaffnung und Kampftechnik berühren, ein Punkt, der in der Literatur immer wieder aufgegriffen wurde, scheint ein Rückblick auf den Forschungsstand angebracht.

Zur Bewaffnung

Rieth brachte zwar die Häufung von Eisenlanzenspitzen mit dem Aufschwung der Schmiedetechnik während des 6. Jhs. in Verbindung, doch sah er auch Zusammenhänge mit der Kampftechnik. Er wies nämlich darauf hin, daß bei den Griechen und Etruskern die Lanze zur Hauptwaffe wurde. Gleichzeitig warnte er davor, aus der geringen Anzahl der Ha D-Schwerter Schlüsse auf die Wehrhaftigkeit der damaligen Bevölkerung zu ziehen. Von einer genaueren Schilderung der Kampftechnik nahm er jedoch Abstand.[70]

Grundlegend für eine Auseinandersetzung mit der Frage nach Bewaffnung und Kampftechnik blieben daher die Ausführungen Kossacks. Da ein Ziel dieser Arbeit darin bestand, die Übertragbarkeit seiner Thesen auf andere Gebiete, vor allem Baden-Württemberg, zu untersuchen, sollen seine Ergebnisse, da sie bisher richtungsweisend waren, noch einmal kurz wiedergegeben werden.

Für Südbayern stellte Kossack von Ha C nach Ha D ein Ansteigen der Waffengräber von ca. 10% auf 20% fest. Während in Ha C Schwerter und gegen das Ende dieser Periode auch Lanzen ins Grab mitgegeben wurden, wurde für Ha D das Bild vielseitiger: 91% aller Waffengräber enthielten Lanzen, 7% Dolche und Lanzen, 2% Dolch und Pfeil und ein Grab erbrachte die Kombination Schwert/Dolch. Zusätzlich traten Hiebmesser auf. Beim Hiebmesser allerdings schloß Kossack die Möglichkeit der Jagdwaffe nicht aus; zur Funktion des Dolches bemerkte er, daß er höchstens im Nahkampf Einsatz finden konnte. Einer Deutung als Würdezeichen gab er den Vorzug. Die gleichförmig ärmliche Ausstattung der Lanzengräber ließ ihn an in Reih und Glied marschierende Krieger denken.

Aus all dem schloß Kossack auf eine Umstellung der Kampftechnik ähnlich wie in Griechenland, wo der Einzelkämpfer durch den taktischen Verband der Hoplitenphalanx abgelöst wurde. Dem würde die Ablösung des Schwertes durch die Lanze im Grabbrauch Südbayerns entsprechen.[71]

Für Nordbaden zog Nellissen Vergleiche mit Südbayern.[72] Er konnte kein Ansteigen der ohnehin wenigen Kriegergräber feststellen und schloß nicht aus, daß das Schwert nur aus dem Grabbrauch verschwand, jedoch weiterbenutzt wurde, ja, daß es sich auch weiterhin um Einzelkämpfer (mit Lanze oder Dolchmesser) handelte. Das Fehlen des Schwertes ist seiner Ansicht nach so zu erklären, daß die Situlenkunst lediglich die griechische Vasenmalerei, auf der Schwerter gleichfalls nicht zur Darstellung kamen, und nicht die reale Kampftechnik kopierte. Er sieht im Grabbrauch Lanze wie Dolch als Abzeichen an – das eine soll für Wehrhaftigkeit, das andere für verfeinerten Lebensstil, Reichtum, Geltung stehen. Diese Annahmen basieren darauf, daß das Gedankengut der Hoplitenphalanx dem Bewaffnungsumschwung bzw. dessen Ausdrucksweise im Grabbrauch zugrunde liegt.[73]

Auch Kimmig[74] und Frey[75] sehen in der Hoplitenphalanx das Vorbild für die späthallstattzeitliche Kampfesweise, dokumentiert durch die gehäufte Beigabe langer Lanzen.[76]

---

[70] Rieth, Hallstattzeit 53 ff.
[71] Kossack, Südbayern 93 ff.; H. L. Lorimer, Homer and the Monuments (1950); Delbrück, Kriegskunst I, 31 ff.
[72] Nellissen, Nordbaden 44 ff.
[73] Ebd. 46.
[74] Kimmig, Hoops Reallexikon 392 ff.
[75] O.-H. Frey, Bewaffnung. Die Hallstattkultur. Frühform europäischer Einheit (1980) 95.
[76] Ebd.; siehe hierzu Abb. 2 b.

Zuletzt äußerte sich K. W. Zeller zu diesem Thema und entwickelte sehr präzise Vorstellungen: „Nach dem griechischen Muster der Hoplitenphalanx werden Krieger mit einheitlichen Waffenkombinationen ausgestattet und ersetzen so den schwerttragenden Einzelkämpfer. Zur Standartausrüstung gehören 2 bis 3 Wurflanzen aus Eisen, ein Hiebmesser für den Nahkampf und der Schild aus organischem Material, der rund, oval oder auch rechteckig sein konnte. Kurze Dolche mit breiten Klingen und z. T. reicher Tauschierung waren, weil selten anzutreffen, im nordalpinen Hallstattraum offensichtlich nur Kaderführern vorbehalten...".[77]

Die Ausführungen Zellers werden allein schon durch die kleinräumigen Unterschiede in der Waffenbeigabe widerlegt und sollen nicht weiter diskutiert werden. Allgemeine Überblicke dieser Art laufen immer Gefahr zu pauschalisieren. Nellissen operiert mit zu vielen Unbekannten, als daß man sich seinen Thesen anschließen könnte. Es ist ihm jedoch darin zuzustimmen, daß das Schwert nie völlig außer Gebrauch kam. Wenn auch nur in Einzelfällen, so läßt es sich doch durchgehend von Ha C bis Latène A nachweisen.

Der für Kossacks Argumentation wichtige Umschwung in der Waffenbeigabe, vom Schwert zur Lanze und zum Dolch, und das zahlenmäßige Ansteigen der Waffengräber treten auch in Baden-Württemberg deutlich zutage. Ein Ha C2, wie Kossack es nannte, in der Waffenbeigabe versinnbildlicht durch Lanzengräber vom Typ Augsburg-Kriegshaber, ist in Baden-Württemberg nicht zu fassen, wenn auch der Übergang von Ha C nach Ha D – wie zu erwarten – fließend ist.[78]

Voraussetzung für eine sinnvolle Beschäftigung mit dem Thema „Bewaffnung und Kampftechnik" wäre die Kenntnis sämtlicher im Kampf benutzter Waffen. Gerade die Hallstattzeit und der hier speziell interessierende Westhallstattkreis lassen aber in dieser Hinsicht viele Fragen offen. Schutzwaffen sind allein aus dem Osthallstattkreis und von Darstellungen der Situlenkunst bekannt. Als Angriffswaffen kommen Lanzen in Frage. Die Verwendung von Dolchen, Hiebmessern und von Pfeil und Bogen im Kampfgeschehen sind nicht auszuschließen.[79] Schwerter kennen wir aus Bayern, der Schweiz und Ostfrankreich, nicht aber aus Baden-Württemberg. Bedeutet dies aber, daß man dort nicht mit ihnen gekämpft hat?

Mit Sicherheit läßt sich nur sagen, daß lediglich Teile der damaligen Bewaffnung ins Grab gekommen sein können. Wie aber sind diese zu interpretieren? Sind die beigegebenen Waffen typisch für die allgemeine Kampfesweise, kennzeichnen sie den persönlichen Einsatzbereich des Verstorbenen? Sind die regional unterschiedlichen Waffenkombinationen mit verschiedenen Kampftechniken gleichzusetzen?

Die Ausführungen der Funktionsanalyse ergaben, daß die reale Funktion einer Waffe kaum klar umrissen werden kann. Angenommen, die Waffen wurden zur Kennzeichnung des Kriegers ins Grab mitgegeben, so fällt auf, daß Spitzen extremer Länge und Lanzenschuhe in Baden-Württemberg nicht sehr häufig sind. Eine Kampfesweise aber über Mehrzweckwaffen zu definieren, stößt natürlich auf Schwierigkeiten. Man könnte zwar von der Beigabe eines Pfeiles auf einen Bogenschützen schließen, dem dieser Pfeil symbolisch mitgegeben wurde; konzentrieren sich aber demnach auf der Ostalb die Bogenschützen? Wollte man annehmen, daß hinter regionalen Unterschieden in den Waffenkombinationen reale Waffenausrüstungen stehen, so ergäbe sich das seltsame Bild, daß die Krieger in benach-

---

[77] Zeller, Kriegswesen und Bewaffnung. Die Kelten in Mitteleuropa (1980) 116.

[78] Das Auftreten von Lanzen in Schwertgräbern z.B. in Tannheim (Waffenkat. Nr. 115) und Würtingen (Waffenkat. Nr. 133) sowie die Vergesellschaftung von Lanzen mit zahlreicher Keramikbeigabe (ritz- und stempelverziert), z.B. Truchtelfingen (Waffenkat. Nr. 121) sind Hinweise auf einen fließenden Übergang. In einigen dieser Fälle ist zudem die Brandbestattung geübt worden.

[79] Siehe hierzu S. 1–7.

barten Gebieten unterschiedlich ausgestattet gewesen wären, jedoch im Prinzip mit den gleichen Waffen gekämpft hätten. Wie wäre in einem solchen Fall der Unterschied zwischen der Beigabe nur einer und der Beigabe zweier Lanzen einzuschätzen?

Kossack kennzeichnete die Lanzenträger als eine einförmig ärmlich ausgestattete Gruppe. In Baden-Württemberg dagegen ist keinesfalls von Einförmigkeit zu sprechen. Die Lanze kann hier einer fürstlichen Bestattung angehören, sie kann aber auch die einzige Beigabe darstellen[80] und dies ist für sämtliche Waffenarten festzuhalten. Gerade der Mangel an Ausstattungsnormen in der Waffenbeigabe aber erschwert es, von hallstattzeitlicher Bewaffnung generell zu sprechen.

Wie problematisch es ist, in den Waffenträgern die hallstattzeitlichen Krieger zu suchen, zeigt sich ferner in der zahlenmäßigen Abnahme der Waffengräber. Will man nicht der Theorie anhängen, es seien schon sehr früh keltische Scharen nach Süden gezogen, so bliebe nur der Schluß auf eine zunehmende Friedfertigkeit der Hallstattleute und dies ist wohl auszuschließen. Die Zerstörungshorizonte der Heuneburg sprechen hier eine zu deutliche Sprache.[81] Eine Reihe von eiförmigen Schleuder(?)steinen und bolzenartige Geschoßspitzen[82] aus dem Fundbestand dieser durchgehend befestigten (!) Siedlung können einen viel realistischeren Einblick in die damalige Kampftechnik bieten, als es die Inventare der Waffengräber erlauben.[83]

So sind also Kossacks Ergebnisse für Südbayern nicht auf das kleinräumig analysierte Baden-Württemberg zu übertragen; zumindest fehlen dort wichtige Glieder der Kossackschen Argumentationskette. Dennoch: An der Wende von Ha C nach Ha D ändert sich die Waffenbeigabe und dies im West- wie im Osthallstattkreis. In Griechenland löst das in Phalanx kämpfende Bürgerheer eine Kampfesform ab, die u. a. den Einzelkampf kannte. Auch die Etrusker kämpften in geschlossener Formation. Da überlegene Kampfesweisen sich rasch durchzusetzen pflegen, läßt all dies daran denken, daß die plötzliche Hochschätzung der Lanze im Grabbrauch in Zusammenhang mit ihrer weiträumig belegten führenden Rolle im Kampfgeschehen gesehen werden kann. Wie Kossack bereits betonte,[84] ist für den nordalpinen Raum ein hallstattzeitliches „Bürgerheer" jedoch nicht denkbar.

Allein aus der Waffenbeigabe in Baden-Württemberg sind Schlüsse auf die Bewaffnung aber nicht zu ziehen. Die Waffe im Grabbrauch *kann* einen Krieger kennzeichnen, doch scheint dies bei der Zusammenstellung der Waffenbeigabe nicht im Vordergrund gestanden zu haben.

Möglichkeiten sozialer Differenzierung

In den letzten Jahren setzte man sich verstärkt mit der Sozialstruktur des späten Hallstattzeit auseinander. „Fürstengräber" und „Fürstensitze" legten es nahe, ein Modell zu entwerfen, das am ehesten dem Feudalsystem des frühen Mittelalters entspricht. Die Übernahme von Begriffen wie Adel und Fürsten[85]

---

[80] Erinnert sei z.B. an die „Fürstengräber" von Stuttgart-Bad Cannstatt (Waffenkat. Nr. 110) und die Nachbestattungen 2 und 4 von Hundersingen, Hgl. 4 (Waffenkat. Nr. 55).

[81] W. Kimmig, Die Heuneburg an der oberen Donau. Ausgrabungen in Deutschland, Teil 1 (1975) 192 ff. mit weiterführender Literatur der letzten Jahre.

[82] Zu den Geschoßspitzen H. Drescher, in: S. Sievers, Die Kleinfunde der Heuneburg (in Vorbereitung); dort erfolgt auch die Behandlung der „Schleudersteine" der Heuneburg.

[83] Gerade diese Beispiele zeigen, wie gewagt es ist, Schlüsse von der Waffenbeigabe auf Bewaffnung und Kampftechnik zu ziehen. Der Bestattungsbrauch wirkt deutlich als Filter.

[84] Kossack, Südbayern 98; ders., Hallstattzeit. In: O. Kunkel (Hrsg.), Vor- und frühgeschichtliche Archäologie in Bayern (1972) 93.

[85] Gegen die Übertragung dieser Begriffe auf die Hallstatt- und sogar die Merowingerzeit wendete sich kürzlich H. Steuer, Frühgeschichtliche Sozialstrukturen in Mitteleuropa. Zur Analyse der Auswertungsmethoden des archäologischen Quellenmaterials in Geschichtswissenschaft und Archäologie. Untersuchungen zur Siedlungs-, Wirtschafts- und Kirchengeschichte (1979) 604 und 612: „Adel als rechtlich beschriebene Gruppe ist archäologisch nicht nachweisbar".

belegen dies. Doch haftet dem so lange etwas Spekulatives an, als unsere Quellen auf das Archäologische beschränkt sind. Zudem sind eingehende Analysen des archäologischen Materials zu fordern. Allein das Vorhandensein übermäßig reich ausgestatteter Gräber oder geplant angelegter Siedlungen berechtigt nicht zu Schlüssen auf die Art der gesellschaftlichen Struktur.[86]

Wie wenig bezeichnend bereits der Begriff „Fürstengrab" ist, wird klar, wenn man seine unterschiedliche Anwendung bedenkt. Man braucht nur daran zu erinnern, daß E. Paulus, der in Zusammenhang mit den goldreichen Hundersingener Gräbern 1876 diesen Begriff erstmals für hallstattzeitliche Gräber anwendet,[87] dies eher in romantisierender Weise – unter dem Eindruck der Schliemannschen Grabungen – tat, ohne sich auf eine Definition festzulegen.

In der Folge, etwa bei Paret,[88] wurden mit dem „Fürsten" die Begriffe Reichtum und Macht verbunden. Die Bestattung in einer Grabkammer, Goldreichtum, die Beigabe eines vierrädrigen Wagens und von Bronzegeschirr z.T. südlicher Herkunft waren für ihn Anzeichen einer fürstlichen Bestattung, von der er zudem annahm, daß sie in der Nähe des Wohnsitzes bzw. Palastes des Fürsten lag. Letzteren Punkt betonte auch Schiek. Die Nähe zu einem Fürstensitz sowie der Goldreichtum der Gräber waren für ihn Hauptkennzeichen der Fürstengräber. Der Dynastiegedanke wurde hier wichtig und er grenzte von den „Fürsten" andere bedeutende Persönlichkeiten ab, die ebenfalls mit Gold ausgestattet sein konnten, sich aber nur „vorübergehenden Reichtums" erfreuten.[89]

Auf die Schwierigkeiten bei einer Definition des Begriffes „Fürstengrab" bzw. „Adelsgrab" machte Kimmig aufmerksam, indem er danach fragte, nach welchen Kriterien Abstufungen zwischen einzelnen Gräbern vorgenommen werden könnten und dabei deutlich machte, wie wenig man von einer Einheit der sog. Fürstengräber sprechen kann.[90]

Zürn nun unternahm einen Versuch, den von Kimmig aufgeworfenen Fragen näherzukommen und führte aus, wie er sich, ausgehend vom nordwürttembergischen Raum, die gesellschaftliche Schichtung der späten Hallstattzeit vorstellt. Er dachte sich die Hallstattfürsten als eine Art Feudalherren, deren Macht sich einmal in der Anlage stadtähnlicher Burgen (südlich beeinflußt, mit Handwerksbetrieben)[91] dokumentierte, zum anderen in der Anlage gewaltiger burgnaher Grabhügel mit reicher, jeweils Goldreifen aufweisender Ausstattung. Dieser sog. ersten Garnitur stellte er ebenfalls reiche goldführende Gräber „zweiter Garnitur" gegenüber, denen allerdings der direkte Bezug zur Burg fehlte. Zürn mochte „darin die Gräber reicher Familien sehen, die über einen größeren Landbesitz verfügten und die dem Fürsten auf dem Hohen Asperg verpflichtet waren. Wenn der Hirschlandener Krieger einen Goldhalsreifen trägt, was wahrscheinlich ist, dann dürfen wir in diesem das Abbild eines dieser Grundherren sehen."[92]

Als eine Art „dritter Garnitur" faßte Zürn Bestattungen in Grabhügeln zusammen, die sich durch ihre Größe und Lage innerhalb des Gräberfeldes auszeichnen, also nicht mehr abseits liegen. In dieser

---

[86] Die Hintergründe des in den Gräbern demonstrierten Wohlstandes können theoretisch unterschiedlicher Natur sein. Macht kann auf der Kontrolle eines wichtigen Handelsweges beruhen, sie kann natürlich auch in Zusammenhang mit einer Art Feudalsystem stehen. Letzteren Punkt könnten kleinräumige Trachtuntersuchungen im Umkreis der sog. Fürstengräber klären helfen.

[87] P. Goessler, Oberamtsbeschr. Riedlingen (1923) 209.

[88] Paret, Das Fürstengrab der Hallstattzeit von Bad Cannstatt. Fundber. aus Schwaben N.F. 8, 1935, Anhang I, 35f.

[89] Schiek, Fürstengräber 257.

[90] W. Kimmig, Zum Problem späthallstättischer Adelssitze. Siedlung, Burg und Stadt. Studien zu ihren Anfängen. Dt. Akad. d. Wiss. zu Berlin. Schriften der Sektion F. Vor- und Frühgeschichte 25 (1969) 109.

[91] Schiek, Vorbericht über die Ausgrabungen des vierten Fürstengrabhügels bei der Heuneburg. Germania 37, 1959, 117ff.

[92] Zürn, Nordwürttemberg 125.

„dritten Garnitur" wollte er „aus dem Volk hervorgegangene Dorf- oder Sippenälteste" sehen.[93] Mit den restlichen Gräbern wären demnach Handwerker, Bauern usw. zu fassen.

Die Sachlage wurde dadurch komplizierter, daß Bestattungen der sog. zweiten Garnitur im Bereich der Heuneburg fehlen und nur um den Hohen Asperg vorhanden sind. Dies veranlaßte Zürn dazu, eine derartige Schichtung als bodenständige Entwicklung aus dem Verbreitungsgebiet der Alb-Salem-Keramik zu erklären. Für Ha D1 nahm er in diesem Raum eine größere Anzahl fürstlicher Gräber an, von denen sich die Heuneburg-Dynastie durchsetzen konnte. Die Gräber im weiteren Bereich um den Hohenasperg setzen jedoch nach Zürn erst mit einem entwickelten Ha D2 ein, was ihn dazu veranlaßte, es für denkbar zu halten, „daß der Stammvater der Hohenasperg-Dynastie ein ‚Heuneburger' war. Um den Raum, den der Hohenasperg-Fürst als seinen Herrschaftsbereich betrachtete, von Anfang an ‚in den Griff' zu bekommen, überzog er das Land mit Lehensleuten, die ihm ergeben waren und bestrebt waren, es in ihrem Lebensstandart ihrem Herrn gleichzutun. Gleich ihm betonten auch sie in der Anlage und Absonderung ihrer Gräber den Abstand vom Volk".[94] Den Untergang dieser Kultur sah Zürn in deren abruptem Abbruch mit dem Ende von Ha D3.

Zürns anschaulicher, an Mittelalter-Vorstellungen orientierter Darstellung soll die nicht minder anschauliche Darstellung Paulis[95] folgen, der sich auf das gleiche Material stützte, jedoch ausschließlicher als Zürn. Pauli ging streng von der Belegungsfolge der drei nordwürttembergischen Gräberfelder Mühlacker, Hirschlanden und Asperg aus und versuchte seine Ergebnisse nicht auf andere Gebiete außerhalb des nordwürttembergischen Raumes zu übertragen. Man könnte sagen, daß er als Ausgangspunkt Zürns vierte Gesellschaftsgruppe nahm und nachprüfte, ob die dort gewonnenen Erkenntnisse auch für Zürns übrige Gruppierungen zutreffen.

In aller Kürze referiert lauten seine Ergebnisse folgendermaßen: Durch Trachtbesonderheiten wurde spätestens ab Ha D2 die herausragende Rolle der verheirateten Frau sichtbar. Da jedoch ein neuer Hügel nur über einer verheirateten Frau, die zusätzlich Mutter war, errichtet wurde, wird die Sonderstellung der Mutter klar, insbesondere was die Definition der Familie anbelangt; Pauli meinte Matrilinearität erkennen zu können. In Bezug auf die agrarische Prägung der späthallstattzeitlichen Gesellschaft Nordwürttembergs kam er zu dem Schluß, daß nicht mit Großfamilien oder Sippen auf einem Hof, sondern mit kleineren Familienverbänden zu rechnen ist.

In den Fürstenhöfen sah er Zentren einer Feudalherrschaft, wobei der Beginn in Südwürttemberg während Ha D1 zu suchen ist. Das Ende der goldführenden Fürstengräber meinte er im Gegensatz zu Zürn mit den Frühlatènefürstengräbern gleichzeitig setzen zu können, sieht man von Waldalgesheim ab. Dem geht voraus, daß er die ersten Frühlatènefibeln nach Ha D2 datiert.[96] Nach einer Analyse der Beigaben der sog. Fürstengräber kommt Pauli, entgegen Zürn, zu folgendem Schluß:

„Auf dieser so stark differenzierten, aber auch sehr unvollständigen Basis Abstufungen innerhalb dieser ‚Fürstengräber' versuchen zu wollen und sie gar mit Begriffen wie ‚Reichtum', ‚Macht', ‚Fürsten', ‚Grundherren' zu verbinden, scheint derzeit aussichtslos".[97] Zu einer derartigen Feststellung ließen ihn Untersuchungen kommen, die ergaben, daß sog. Fürstengräber keinesfalls den gleichen Regeln gehorchten, daß vor allem bei Cannstatt festzustellender Trachtwechsel im Zusammenhang mit Bisexualität womöglich kultisch zu interpretieren sei, was nicht im Widerspruch zur festgestellten Matrilinearität stehen muß.

---

[93] Ebd. 126.
[94] Ebd. 127.
[95] Pauli, Nordwürttemberg.
[96] Ebd. 26, 43: „und ein Kind mit einer Frühlatèneausstattung, zu der *wahrscheinlich* noch die Reste einer *nicht näher* *bestimmbaren* Paukenfibel gehören". Das Kindergrab Mühlacker, Hgl. 8, Gr. 6 (siehe Zitat) und das *gestörte* Grab 13 von Hirschlanden ziehen Paulis Schlüsse in Zweifel.
[97] Ebd. 133.

Wenn man davon ausgeht, daß die reiche Trachtausstattung verheirateter Frauen nichts mit Reichtum zu tun haben muß, sondern vielmehr ein Hinweis auf deren Stellung innerhalb der Familie sein kann, können Goldhalsreifen, Trinkgeschirr und Wagenbeigabe zwar bezeichnend für die soziale Stellung des Bestatteten sein, doch braucht sich diese nicht auf die übrigen Familienmitglieder zu übertragen. Die Folge hiervon wäre, daß man von dem Dynastie-Gedanken Abschied nehmen müßte.

Kossack[98] weist in seiner Arbeit über Prunkgräber darauf hin, daß diese nicht unbedingt in zeitlichem Zusammenhang mit der Bildung oder dem Ende von Dynastien stehen müssen. Bei einem Adelsgrab, meint er, sei eine Überlieferung der Ausdrucksform an Ort und Stelle zu erwarten. Er gibt zu bedenken, daß in dem Augenblick, in dem ein Prunkgrab nicht zwangsweise ein Zeichen familiärer Abkunft, sondern möglicherweise der Ausdruck von Vermögensansammlung sein kann, nicht mehr auf den sozialen Status geschlossen werden darf. Als auslösendes Moment bei der Anlage von Prunkgräbern sieht er den Kontakt gesellschaftlich geschichteter Verbände des Barbarikums mit Hochkulturen, wobei Rangbewußtsein, Identifikation mit dem Stärkeren und einfach Imponiergehabe zur Nachahmung fremden Brauchtums geführt haben könnten. Dies gilt aber nur für eine Anfangsphase, in der Fremdeinflüsse etwas Besonderes darstellten. Die Absonderung vornehmer Einzelpersonen von der Restgemeinschaft, etwa auch in der Wahl ihres Begräbnisplatzes, würden dies unterstreichen.

Zwar kann ein Beitrag zu diesem Thema aus der Sicht der Waffenbeigabe nur bescheidener Art sein, da die Waffenträger einen geringen Anteil an der in Gräbern faßbaren damaligen Bevölkerung ausmachen, doch konnte bisher gezeigt werden, daß wir in den Waffenträgern eine gehobene Schicht vor uns haben, ja daß sich sogar Rangabstufungen andeuten. So bleibt der Versuch, durch die Analyse badenwürttembergischer Waffengräber einen kleinen Beitrag zur Kenntnis der hallstattzeitlichen Sozialstruktur zu leisten. Die oben kurz skizzierten Theorien sollen bei dieser Gelegenheit im Lichte der Waffenbeigabe überprüft werden.

Waffen als Grabbeigaben sollen im folgenden ausschließlich als Abzeichen klassifiziert werden. Sie wurden im Normalfall erwachsenen Männern mitgegeben, können aber derzeit noch nicht als Indikator für einen bestimmten Familienstand oder für ein bestimmtes Alter angesehen werden. Fallen diese Aspekte auch weg, so scheint es doch berechtigt, dem Waffenträger allgemein einen hohen sozialen Rang zuzusprechen.

Zürn entwarf das Bild einer sozialen Schichtung für ganz Baden-Württemberg. In jeder seiner vier Gruppen sind auch Waffenträger vertreten. Zwar fehlen in seinen Gräbern „zweiter Garnitur" die Dolchträger, doch sind diese dann wieder in den beiden unteren „Klassen" vorhanden. Mit Zürns „erster Garnitur" fassen wir die Träger reich ausgestatteter Bronzedolche.

Die kleinräumige Analyse der Waffengräber läßt darauf schließen, daß unter den Gräbern „dritter Garnitur" Waffen- und u.U. Gürtelträger[99] zu verstehen sind. Diese lassen sich jedoch nur im Rahmen des einzelnen Grabhügels und Gräberfeldes von den Bestattungen vierter Garnitur absetzen, wobei dieses „4-Klassen-System" zu schematisch erscheint. Noch wissen wir zu wenig über Flachgräber[100] und über den Gesamtprozentsatz der in Hügeln Bestatteten.

Auch Zürn sah zwischen Ha D1 und Ha D2/3 einen deutlichen Bruch. Die Tatsache, daß die Ha D1-

---

[98] Kossack, Prunkgräber. Bemerkungen zu Eigenschaft und Aussagewert. (Festschrift J. Werner I) (1974) 3 ff.

[99] Auf die besondere Stellung der Gürtelträger verwies schon Wamser, Mauenheim. Die Deponierung außerhalb der Trachtlage bei Villingen-Magdalenenberg weist in diese Richtung; aber auch Beobachtungen bei der kleinräumigen Gräberanalyse ließen den Gürtelträger als hervorgehoben erscheinen. Die besondere Bedeutung des Gürtels von der Latènezeit bis in das frühe Mittelalter wurde immer wieder betont. So ist es nur logisch, daß auch dem hallstattzeitlichen Gürtel ein außerordentlicher Sinngehalt zukommt.

[100] Auf die Flachgräber von Mauenheim und Ebingen wurde bereits hingewiesen. Hierzu auch Biel, Archäologische Ausgrabungen 1977, 32 ff.

Fürstengräber (im Rheintal, am Schwarzwald, an der Donau und am Neckar) räumlich nicht konzentriert waren, ist unter Umständen ähnlich zu interpretieren wie die Tatsache, daß es während Ha D1 in Südwürttemberg zahlreiche Dolchgräber gab. Beide Beobachtungen sind in Zusammenhang mit den für Ha D1 festgestellten kleinräumigen Regelungen zu sehen. Die für diesen Raum nachgewiesene Kontinuität in der Waffenbeigabe von Ha C nach Ha D unterstützt Zürns Auffassung von einer bodenständigen Entwicklung der späthallstattzeitlichen gesellschaftlichen Schichtung aus dem Verbreitungsgebiet der Alb-Salem Keramik. Ab Ha D2 wurden Fürstengräber wie Dolchgräber im Süden selten; es setzte eine Konzentration dieser Fundgruppen um den Hohen Asperg ein.

Es ist fraglich, ob die Heuneburg während Ha D1 eine Vormachtstellung über ähnliche Siedlungen besaß. Durch die Waffenbeigabe läßt sich dies nicht belegen: Das Hauptgrab des Hohmichele ist beraubt und andere reiche Gräber im Umkreis der Heuneburg sind unsystematisch ergraben. Die Unkenntnis weiterer befestigter Siedlungen darf nicht dazu verführen in der Heuneburg etwas Einzigartiges zu sehen.

Auch bei der Gegenüberstellung sich entsprechender Befunde ist Vorsicht geboten. So wenig von der gleichen Ausstattung einzelner Dolch- oder Lanzengräber aus verschiedenen Gräberfeldern auf den gleichen Rang geschlossen werden darf, so wenig darf etwa der Herr von Kappel I mit dem der Heuneburg Per. IV verglichen werden. Die Machtbasis kann unterschiedlich, der Drang zur Selbstdarstellung aber dürfte ähnlich zu bewerten sein.

Bedenkt man südliche Einflüsse wie Importgüter, die Lehmziegelmauer der Heuneburg, ja auch die angenommene südliche Anregung zur nordalpinen Dolchentwicklung, so ist den Thesen Kossacks unter dem Aspekt der Waffenbeigabe voll zuzustimmen.

Eine einheitliche soziale Schichtung zeichnet sich demnach in Baden-Württemberg nicht ab. Einflußreiche Herren ließen sich mit Waffen, möglichst dem Dolch beisetzen – Waffen, die als Kennzeichen für irgendwelche Privilegien (Jagd?), Rechte (Gerichtsbarkeit, Kriegswesen?), Verpflichtungen (Kult, Gefolgschaftswesen?) anzusehen sind. Eine Bestätigung solcher Funktionen ist freilich allein über die Grabbeigabe nicht herauszufinden. Kleinräumige Regelungen sind wahrscheinlich.

Ob der Stammvater der „Hohen-Asperg-Dynastie"[101] ein Heuneburger war, wie Zürn annimmt, muß dahingestellt bleiben. Zumindest nimmt, geht man von den Gräbern aus, die Macht des Heuneburgers ab und die des Herren vom Hohen Asperg zu. Die unberaubten „Fürstengräber" von Hundersingen sind nicht so reich ausgestattet wie etwa der gleichzeitige Grafenbühl. Zu einem derartigen Vergleich berechtigt die Heuneburg, deren Lehmziegelmauer und Außensiedlung nicht wieder aufgebaut wurden und die ab Per. III keine geplanten Wohnviertel mehr aufzuweisen hat.[102]

Pauli kann erst ab Ha D2 in Nordwürttemberg die herausragende Rolle der verheirateten Frau deutlich machen. Genau ab diesem Zeitpunkt setzen dort die Fürstengräber ein und in ganz Baden-Württemberg vermindert sich die Waffenbeigabe. Dolchgräber sind nun auch im Süden des Landes fast ausschließlich auf Fürstengräber beschränkt, wobei die vier Hundersinger Grabhügel eine Ausnahme zu bilden scheinen. Dolche mit Ringortband, leider nur selten datierbar, nehmen eine Sonderstellung ein, was der „Krieger von Hirschlanden" dokumentiert. Obwohl kleinräumige Tendenzen, wie die Beigabe zweier Lanzen in Oberschwaben, bestehen bleiben, so kann eine Vereinheitlichung in der Waffenbeigabe nicht übersehen werden. Dahinter könnte man eine zentrale Steuerung vermuten, die dann vom Herren des Hohen Asperg ausgegangen sein müßte.

Ließ die Materialgrundlage auch in den meisten Fällen nur das Aufzeigen von Tendenzen zu, so wurde unter dem Aspekt der Waffenbeigabe immerhin deutlich, daß wir mit der Späthallstattzeit kein

---

[101] Zürn, Nordwürttemberg 127.   [102] Gersbach (siehe Anm. 48) und Anm. 81.

ZUR WAFFENBEIGABE IN SÜDBAYERN

starres Sozialgefüge fassen. Wir werden – im Gegenteil – Zeugen einer Wandlung, deren Ergebnis wir mit der Frühlatènezeit vor uns haben. Die gleichförmig ausgestatteten Frühlatène-Kriegergräber bilden einen klaren Kontrast zur Waffenbeigabe der späten Hallstattzeit.

ZUR WAFFENBEIGABE IN SÜDBAYERN

Bei einer Beurteilung der Waffenbeigabe in Südbayern wird man als erstes von den Überlegungen G. Kossacks ausgehen[1] und sich mit der Begründung seiner Thesen auseinandersetzen. Um aber einen Vergleich mit Baden-Württemberg durchführen zu können, soll die dort angewendete Methode einer kleinräumigen Analyse der Waffengräber auf Bayern übertragen werden. Als Grundlage wird der Katalogteil von Kossacks Werk „Südbayern während der Hallstattzeit" herangezogen. Allgemeine Fragen zum Thema Bewaffnung wurden bereits bei der Behandlung der Waffenbeigabe Baden-Württembergs berücksichtigt (s. S. 100ff.).

Bei dem Beleg seiner These von der Ablösung des Einzelkämpfers durch den in Gruppen kämpfenden Lanzenkrieger verweist Kossack darauf, daß der Anteil an Waffengräbern von 10% während Ha C auf 20% während Ha D ansteigt.[2] Gleichfalls auf allgemeinen Statistiken beruht die Beobachtung, daß 91% der Ha D-Waffengräber Lanzen enthalten, nur 7% Dolche mit Lanzen, der Rest Dolche oder Pfeilspitzen.[3] Kossack vergleicht die Lanzenlängen mit Lanzendarstellungen auf Werken der Situlenkunst und spricht entsprechend von Spießen und Wurflanzen, die für unterschiedliche Kampfesweisen typisch sein sollen.[4]

Soweit in Südbayern die Lanzenspitzen erhalten sind, ist allerdings nur ein Bruchteil von extremer Länge (Abb. 2B). Bei diesen Stücken ist eine Abzeichenfunktion nicht auszuschließen – der Gedanke an eine Standarte oder ähnliches drängt sich hier auf. Die Mehrzahl der erhaltenen und auswertbaren Lanzenspitzen besitzt eine Länge von 30 cm und dürfte, wie in Baden-Württemberg, als Mehrzweckwaffe anzusprechen sein. Dies paßt auch besser zu Kossacks Vorstellung, daß kaum mit einer regelrechten Phalanx gerechnet werden kann.

Dadurch, daß Kossack die statistische Methode anwendet, wird klar, daß er jeweils vom Großraum Südbayern ausgeht und auch die Lanzenträger als eine einheitliche Gruppe behandelt.

Den Lanzenträger sieht Kossack als Lanzenkrieger.[5] Bei der kleinräumigen Behandlung der Waffenbeigabe Baden-Württembergs zeichnete sich als Ergebnis ab, daß sich in den „Bewaffneten" durchaus nicht die Krieger spiegeln *müssen*, daß die Waffenkombinationen weniger Aufschluß über eine bestimmte Kampftechnik als eventuell über regionale Regelungen der Beigabensitte geben.

Wendet man eine derartige Methode nun auf Südbayern an, was natürlich nicht im gleichen Ausmaß wie für Baden-Württemberg geschehen konnte, so bleibt zwar Kossacks Grundaussage, die den Wandel der Waffenbeigabe betrifft, durchaus gerechtfertigt, aber es sind auch Relativierungen vorzunehmen.

Kossack stellt fest, daß die wenigen reichen Gräber, inklusive der Wagengräber, meist waffenlos sind oder ab und zu Dolche führen. Nimmt man nun als Charakteristikum für „Reichtum" Wagen, Pferdegeschirr, Bronzegeschirr, evtl. auch eine aufwendige Tracht- und Schmuckausstattung, sucht nach diesen Kriterien Waffengräber heraus und kartiert diese, so ist festzuhalten, daß es sich im Gegensatz

---

[1] Kossack, Südbayern.
[2] Ebd. 94.
[3] Ebd.
[4] Ebd. 96f.
[5] G. Kossack, Hallstattzeit. In: O. Kunkel (Hrsg.), Vor- und frühgeschichtliche Archäologie in Bayern (1972) 93 f.

zu drei reich ausgestatteten Dolchgräbern um elf reich ausgestattete Lanzengräber handelt (Abb. 16). Selten sind dagegen mit besonderen Beigaben versehene Messergräber (einmal mit Pfeil).

Eine Häufung dieser Gräber ergibt sich im schwäbischen Raum entlang der Donau und im Umkreis von Augsburg, ferner im Gebiet um Ammer- und Starnbergersee; es handelt sich also nicht um gebietsspezifische Ausnahmen (Abb. 16; Taf. 48, B). Stellt man Gräberfelder mit fünf und mehr Waffengräbern zusammen, wobei Hiebmesser eingeschlossen sind, so konzentrieren sich diese auf das eben erwähnte Seengebiet, wo auch eine Ha C/D-Waffentradition existiert. Folglich sollte bei einer kleinräumigen Analyse ein solcher, wenn auch durch Nauesche Ausgrabungen geprägter Raum gesondert behandelt werden.

Bei einer Durchsicht der Ausstattung von Waffenträgern dieses Gebietes, speziell in Gräberfeldern mit häufiger Waffenbeigabe (Abb. 17), fällt auf, daß in der Mehrzahl der Fälle durchaus „Stufungen" vorzunehmen sind. Manche Waffengräber heben sich durch die Beigabe von Tracht- oder Schmuckbestandteilen oder durch Pferdegeschirr von Waffenträgern ab, deren einzige Beigabe eine Lanze darstellt. Hierbei ist jedoch zu berücksichtigen, daß der Anteil der Waffengräber an der Gesamtgräberzahl von Gräberfeld zu Gräberfeld unterschiedlich sein kann. Kaum ein Gräberfeld ist zudem vollständig ergraben. Wie in Baden-Württemberg stellen auch in Bayern anthropologische Untersuchungen die Ausnahme dar, was die Interpretation der Stellung einzelner Waffenträger erschwert.

Trotzdem entsteht der Eindruck, daß auch hier die Waffenbeigabe eher abzeichenhaften Charakter besitzt, wenn dieser auch nicht so klar ausgeprägt ist wie in Baden-Württemberg, wo die reichere Waffenausstattung in den meisten Fällen an den aufwendigeren Grabbrauch gekoppelt ist.

Fundort	Bestattungsart	Dolch	Lanzenspitze	Messer	Pfeile	Wagen	Pferdegeschirr	Bronzegeschirr	Keramik	Tierknochen	Gürtel	Sonstiges
Aichach	?	x	–	–	–	x	–	x	x	x	x	Br.-Knebel, Kniefibel
Münsing	?	x	2	–	–	?	–	–	–	–	–	
Etting, Hgl. 2	?	x	–	x	–	–	–	2	x	–	–	Schwert
Pürgen, Hgl. 1 (1911)	B	x	–	–	–	–	–	–	x	x	–	
Rehling-Au (1898)	K	–	x	–	–	x	x	–	–	–	x	2 Br.-Phaleren, 2 Armringe, Bernsteinring
Bubesheim, 14	B	–	6	–	–	x	x	–	x	–	–	2 Schaukelfußringe
Augsburg-Kriegshaber	B	–	LS	–	x	x	–	x	–	–	–	
Etting, Hgl. 19	?	–	x	–	–	?	–	–	x	x	–	
Horgauergreuth (1823)	?	–	x	x	–	–	–	x	x	–	–	E.-Nagel, 2 Br.-Ringchen, Br.-Tülle mit Stierkopfende
Aislingen-Lauingen, 1	?	–	x	–	–	–	–	2	–	–	–	
Traubing, Hgl. 23	K	–	x	–	–	–	–	x	x	–	–	
Huglfing, Fundstelle 3 (1891) Hgl. 8	?	–	x	x	–	–	–	x	–	–	–	
Wielenbach, Hgl. 17	?	–	x	–	–	–	–	x	x	x	–	E.-Nagel
Niederambach (1878) Hgl. 3	?	–	2	–	–	–	x	–	x	–	–	
Schlipps	K	–	x	x	–	–	–	x	–	–	–	
Stein/Traun, Hgl. 33	B	–	x	–	–	?	–	–	x	–	–	
Remmeltshofen, Hgl. 4	K	–	2	–	–	–	–	–	–	–	–	2 Bogenfibeln, 2 Br. Armringe, Br.-Ohrring?
Bruckberg	K	–	2	–	–	–	–	–	–	–	–	Goldringchen
Wielenbach, Hgl. 21	?	–	x	–	–	–	–	–	x	–	–	Br.-Halsring
Leutstetten-Mühltal, Hgl. 22	?	–	–	x	9?	?	–	x	x	–	–	E.-Ringchen, Br.-Niet, 2 Armbrustfibeln
Kissing-Bachern	?	–	–	–	x	x	–	–	–	–	–	
Traubing-Großherzogberg, Hgl. 1	K	–	–	x	–	–	–	x	x	–	–	E.-Nägel

Abb. 16. „Reiche" Waffengräber in Südbayern (nach G. Kossack).
(B = Brandbestattung; K = Körperbestattung; LS = Lanze mit Schuh).

Fundort		Bestattungsart	Dolch	Lanzenspitze	Messer	Pfeile	Wagen	Pferdegeschirr	Bronzegeschirr	Keramik	Tierknochen	Gürtel	Sonstiges
Altenberg	Hgl. 12	?	x	x	–	–	–	–	–	x	–	–	–
	Hgl. 1	?	–	2	–	–	–	–	–	–	–	?	E.-Fragmente, Ringfragment
	Hgl. 4	?	–	x	x	–	–	–	–	–	–	–	–
	Hgl. 5	?	–	x	x	–	–	–	–	–	–	–	–
	Hgl. 2	?	–	x	–	–	–	–	–	x	–	–	–
	Hgl. 11	?	–	x	–	–	–	–	–	x	–	–	–
	Hgl. 6	?	–	x	–	–	–	–	–	–	–	–	–
	Hgl. 16	B	–	–	x	–	–	–	–	x	–	x	2 Armringe, 3 Bernsteinperlen
	Hgl. 9	K	–	–	x	–	–	–	–	–	–	–	Fibelrest, Armringfragment
Mühlhart	Hgl. 74	?	–	–	–	?	–	–	–	–	–	–	Ha C-Schwert
	Hgl. 75	K	–	x	–	–	–	–	–	–	–	x	2 Kahnfibeln, Ringreste
	Hgl. 11	K	–	x	–	–	–	–	–	x	–	–	Rasiermesser
	Hgl. 47	?	–	x	–	–	–	–	–	x	–	–	–
	Hgl. 85	K	–	x	–	–	–	–	–	–	–	–	–
	Hgl. 87	?	–	x	–	–	–	–	–	–	–	–	–
	Hgl. 38	?	–	–	x	–	–	–	–	–	–	x	–
	Hgl. 48	?	–	–	x	–	–	–	–	–	–	–	Br.-Nadel
	Hgl. 24	?	–	–	x	–	–	–	–	x	–	–	–
Leutstetten-Mühltal	Hgl. 22	?	–	–	x	9?	?	–	x	x	–	–	2 Armbrustfibeln, E.-Ringchen, Br.-Niet
	Hgl. 66	?	–	x	–	–	–	–	–	–	–	x	Ring
	Hgl. 3	?	–	2	–	–	–	–	–	–	–	–	–
	Hgl. 4	?	–	2	–	–	–	–	–	–	–	–	–
	Hgl. 15	?	–	x	–	–	–	–	–	–	–	–	–
	Hgl. 11	?	–	x	–	–	–	–	–	–	–	–	–
Traubing	Hgl. 23	K	–	x	–	–	x	x	–	–	–	–	–
	Hgl. 8	B	–	2	–	–	–	–	–	–	–	x	Nadelrest
	Hgl. 17a	K	–	x	–	–	–	–	–	x	–	x	–
	Hgl. 17b	B	–	x	x	–	–	–	–	–	–	–	E.-Ring
	Hgl. 16	?	–	x	x	–	–	–	–	x	–	–	–
	Hgl. 18	K	–	x	–	–	–	–	–	x	–	–	2 Armbrustfibeln
	Hgl. 30	?	–	x	–	–	–	–	–	–	–	–	Br.-Blechfragmente
	Hgl. 37	?	–	x	–	–	–	–	–	x	–	–	–
	Hgl. 9	?	–	–	x	–	–	–	–	–	–	–	–
	Hgl. 10	?	–	–	x	–	–	–	–	–	–	–	–
	Hgl. 29	?	–	–	x	–	–	–	–	–	–	–	–
Stein/Traun	Hgl. 33	B	–	x	–	–	–	?	–	x	–	–	–
	Hgl. 29	?	–	2	–	–	–	–	–	–	–	–	–
	Hgl. 38	B	–	x	–	–	–	–	–	x	–	–	Brillennadel
	Hgl. 37	B	–	x	–	–	–	–	–	–	–	–	E.-Teile
	Hgl. 44	?	–	x	–	–	–	–	–	–	–	–	E.-Teile
	Hgl. 46	?	–	?	–	–	–	–	–	x	–	–	E.-Teile
	Hgl. 5	B	–	x	–	–	–	–	–	x	–	–	–
	Hgl. 41	?	–	x	–	–	–	–	–	x	–	–	–
	Hgl. 45	?	–	x	–	–	–	–	–	x	–	–	–
	Hgl. 2	B	–	x	–	–	–	–	–	–	–	–	–

Abb. 17. Auswahl von Gräberfeldern mit fünf und mehr Waffengräbern (nach G. Kossack)
(B = Brandbestattung; K = Körperbestattung).

Im Vergleich mit Baden-Württemberg fällt weiterhin auf, daß in Südbayern die Dolchbeigabe während Ha D1 nicht im gleichen Ausmaß wie dort geübt wurde. Eine deutliche Abnahme der Dolchbeigabe ab Ha D2 ist in Südbayern nicht festzustellen, was mit dem Fehlen sog. Fürstengräber bzw. der damit verbundenen wirtschaftlichen und gesellschaftlichen Strukturen in Zusammenhang stehen könnte. Sicher gibt es auch in Südbayern reich ausgestattete Gräber, doch lassen sich diese von der Beigabenauswahl her eher mit entsprechenden Bestattungen des Gräberfeldes von Hallstatt vergleichen als mit den goldreichen und importführenden Prunkgräbern des Westhallstattkreises. Weiterführende Interpretationen, die sich auf die Waffenbeigabe stützen, sind nicht möglich. Wie in Baden-Württemberg fehlen auch hier als Grundlage vollständige, modern gegrabene Gräberfelder.

Versucht man nun eine Relativierung der Aussagen Kossacks,[6] so sei an seine These erinnert, die besagt, daß ein Wandel in der Kampftechnik stattgefunden hat, daß die Lanze das Schwert als ausschlaggebende Waffe abgelöst hat. Dieser aus der Waffenbeigabe abgeleitete Schluß setzt allerdings voraus, daß wirklich die typischen Waffen beigegeben wurden, was auch für Südbayern nicht mit Sicherheit gesagt werden kann. Eine geschlossene Kampftechnik ist auf Grund der beigegebenen Waffen nicht anzunehmen; dem widersprechen die in den meisten Fällen als Mehrzweckwaffen anzusprechenden Lanzen. Die für Südbayern in einem Fall belegte späthallstattzeitliche Schwertbeigabe (Etting [Dolchkat. Nr. 192]) verweist in erster Linie auf die Ausschnitthaftigkeit des durch Gräber überlieferten Materials.

Bildliche Darstellungen der Situlenkunst sind zur Klärung von Problemen des Westhallstattkreises nicht geeignet. Sie können höchstens allgemein illustrierend eingesetzt werden, da sie der Vorstellungswelt des Südostalpenraumes entstammen.

Zwar existieren im Bereich der südbayerischen Seen eine Reihe von Gräberfeldern, die mehrere Waffengräber aufweisen, doch ist dies nicht die Regel. Die z.T. sehr unterschiedliche Art der Ausstattung von Waffengräbern innerhalb eines Gräberfeldes, das relativ häufige Vorkommen von reichen Gräbern mit Lanzenbeigabe, auch außerhalb dieses Gebietes, sprechen dafür, daß wir mit den Lanzenträgern nicht nur die „in Reih und Glied Marschierenden"[7] zu fassen bekommen, sondern daß auch die Lanze – und das gilt wohl besonders für den schwäbischen Raum – im Grabbrauch durchaus als Abzeichen zu verstehen ist. Kleinräumige Tendenzen zeichnen sich ab.

So kann ein Bezug zur Waffenbeigabe des benachbarten Baden-Württemberg hergestellt werden, der sich im übrigen auch schon bei der Behandlung einzelner Dolchtypen andeutete. Gleichzeitig ist Südbayern als Mittler zwischen dem Westen und Hallstatt anzusehen, was z.B. in der Vorliebe für Dolche der Variantengruppe Aichach zum Ausdruck kommt. Unterschiede in der Sozialstruktur könnte man auf Grund der fehlenden goldreichen „Fürstengräber" vermuten, doch braucht, wie Kossack erst jüngst feststellte, das „Imponiergehabe" der obersten Gesellschaftsschicht nicht unbedingt etwas über deren innere Struktur auszusagen.[8]

ZUR WAFFENBEIGABE IN OSTFRANKREICH

Als Materialgrundlage dieses Kapitels dienen einmal die auf Materialreisen aufgenommenen Dolche Ostfrankreichs, zum anderen G. Wamsers Arbeit „Zur Hallstattkultur in Ostfrankreich",[1] die eine

---

[6] Ähnliche Beobachtungen bei W. Torbrügge, Die Hallstattzeit in der Oberpfalz I (1979) 227ff. Anm. 943–950.

[7] Kossack, Südbayern 98.

[8] G. Kossack, Prunkgräber. Bemerkungen zu Eigenschaft und Aussagewert (Festschrift J. Werner I) (1974) 28.

[1] Wamser, Ostfrankreich.

zusammenfassende Darstellung liefert. Wesentliche Beiträge französischer Autoren sind dort aufgeführt.

Außer schematischen Dolchzeichnungen gibt Wamser keine Abbildungen von Waffen, so daß man bei Messern, Lanzen und Pfeilspitzen nur von Literaturangaben ausgehen kann. Die Funde sind allerdings häufig nicht mehr erhalten oder kaum zu identifizieren. Im Katalog aufgeführte Eisenreste könnten in einigen Fällen Fragmente von Waffen sein, jedoch ist hierüber keine Klarheit mehr zu erzielen. Bei sämtlichen Aussagen muß die schlechte Quellenlage berücksichtigt werden: Grabzusammenhänge sind relativ häufig nicht gesichert; zudem sind die Funde oft unzureichend konserviert. Es ist also mit einer gewissen „Dunkelziffer" an Waffen zu rechnen.

Formulierungen Wamsers, wie etwa „Die Einheit zwischen den ostfranzösischen Gruppen und denen Süddeutschlands, die sich im Laufe der Hallstattzeit herausbildet, deutet auf das Entstehen einer gemeinsamen Gesamtkultur hin",[2] regen dazu an, die Waffenbeigabe auch unter diesem Aspekt zu untersuchen. Dabei soll es aber nicht ausschließlich um die Einheitlichkeit des Formenschatzes gehen, sondern auch um Vergleiche von Waffenkombinationen und Grabsitten, wie dies für Baden-Württemberg und Südbayern erarbeitet wurde.

Da Kossacks These vom Wandel der hallstattzeitlichen Kampftechnik nicht nur auf dem plötzlich starken Einsetzen der Lanzenbeigabe, sondern auch auf einem zahlenmäßigen Anstieg der waffenführenden Nekropolen sowie der Waffenbeigabe selbst basiert, wäre demnach für Ostfrankreich mit einer anderen Entwicklung in der Kampftechnik zu rechnen. Geht man nämlich von der Gesamtzahl der Nekropolen aus, so ist von Ha C nach Ha D eine Abnahme der Waffenbeigabe festzustellen, und zwar von 25% auf 11%.[3] Über die Hälfte der schwertführenden Nekropolen weisen mehr als ein Schwert auf, in Ausnahmefällen sogar mehr als zehn. Man wird annehmen dürfen, daß hier starke urnenfelderzeitliche Traditionen weiterleben.[4] Bemerkenswert ist, daß die Dolchbeigabe ausschließlich in Gräberfeldern mit geringer Schwertzahl geübt wurde.

Der Versuch einer kleinräumigen Betrachtungsweise zeigt auch hier, daß die Waffenbeigabe nicht generell großräumig behandelt werden darf. In Burgund und entlang des Ain wird die Waffenbeigabe nach Ha C seltener; hier lag das Zentrum der Schwertbeigabe während Ha C. Im nördlichen Jura dagegen ist das Bild ausgeglichener; hier ist der Schwerpunkt der Ha D-zeitlichen Waffenbeigabe zu suchen. Zwar erfolgte auch hier die Umstellung in der Waffenbeigabe ähnlich wie im restlichen Westhallstattkreis – denkt man etwa an den Wechsel von Schwert auf Dolch – doch scheinen Lanzen im Grabbrauch nur eine geringe Rolle gespielt zu haben (Taf. 49, A). Somit wird deutlich, daß eine Übertragung der Ergebnisse Kossacks auf das ostfranzösische Gebiet nicht durchführbar ist.

Wie steht es nun im einzelnen um die Materialgrundlage?[5] Es lassen sich im gesamten Gebiet kaum über 20 gesicherte Ha D Waffengräber nennen; hinzu kommen wenige Einzelfunde. Es sind bei diesen Zahlenangaben allerdings auch die Messer mitgerechnet, von denen nur bei einem die Wahrscheinlichkeit sehr groß ist, daß es als Waffe benutzt wurde. Es handelt sich hierbei um das 50 cm lange Eisenmesser von Chamesson (Côte-'Or). Die Hauptmasse der Waffen besteht aus Dolchen, die ausschließlich im Bereich des Doubs, in Burgund an der oberen Saône vorkommen, das Gebiet des

---

[2] Ebd. 106.
[3] Kossack, Südbayern 94; Kossack gibt hingegen für Südbayern entgegengesetzt lautende Prozentzahlen an: für Ha C 10%, für Ha D 20%.
[4] Hierzu zusammenfassend Wamser, Ostfrankreich 99f.
[5] Mohen, der erst kürzlich bei der Bearbeitung der Eisenzeit Aquitaniens auch auf die Waffenbeigabe in Ostfrankreich einging, erwähnte zwar zusätzlich einige Pfeilspitzen, beschränkte aber bezeichnenderweise seine Lanzenverbreitungskarte auf den Süden und Westen des Landes. J.-P. Mohen, L'âge du Fer en Aquitaine. Mem. Soc. Préhist. Francaise 14, 1980. Siehe Fig. 123: Verbreitung der Antennenwaffen und Fig. 126: Verbreitung der Pfeilspitzen.

südlichen Jura jedoch gänzlich aussparen. An Lanzenspitzen ist nur eine (erhaltene) mit großer Wahrscheinlichkeit nach Ha D zu datieren, nämlich die von Amancey (Doubs), deren Beifunde (Gürtelblech, Fibelbeigabe) für eine Spätdatierung sprechen. Insgesamt sechs Pfeilspitzen, vier davon aus Eisen, sind bekannt geworden.[6]

Wegen der dürftigen Materialbasis scheint kaum eine Grundlage für Aussagen zum Hintergrund der Waffenbeigabe, geschweige denn zur hallstattzeitlichen Bewaffnung und Kampftechnik in Ostfrankreich gegeben zu sein. Dennoch verdienen einige Tatsachen als charakteristisch festgehalten zu werden:

1. Die Intensität der Ha D-Waffenbeigabe weist regionale Unterschiede auf.
2. Die Beigabe von Hiebmesser, Lanze und Pfeil tritt stark in den Hintergrund, was wohl nicht nur mit der schlechten Quellenlage zu erklären sein dürfte.
3. Das Fehlen der Lanzenbeigabe kann zum einen damit erklärt werden, daß eine Revolutionierung der Kampfesweise im Sinne Kossacks hier nicht stattgefunden hat, zum anderen, daß die Lanze in der Beigabensitte nicht vorgesehen war. Dies schließt allerdings nicht aus, daß sie dennoch im Kriegswesen eine große Rolle spielte.

Der Dolchbeigabe wäre demnach auf jeden Fall Abzeichencharakter beizumessen, wenn auch normalerweise der Dolch allein seinen Träger vor anderen Bestatteten hervorhebt.[7]

Unter diesen Umständen gewinnt eine genauere Untersuchung der einzelnen Dolchtypen an Bedeutung. Wie bereits erwähnt, sind etliche Dolche nicht oder nur in geringen, kaum aussagefähigen Resten erhalten. Dabei handelt es sich um die Dolche von Clucy, Dompièrre-les-Tilleuls, Esnoms, Fertans und um die Antennenwaffen von Marigny und Blasy-Bas. Bei den zuletzt genannten ist immerhin aus den Abbildungen der Antennenknauf klar zu identifizieren; bei Marigny sind sogar Schlüsse auf den Griffaufbau zu wagen.

Sofern Aufbau und Verzierungselemente noch erkennbar sind, sind die übrigen Dolche und Kurzschwerter ebenfalls als Antennenwaffen anzusprechen, was den ostfranzösischen Raum mit dem Schweizer Jura verbindet, wo sich mehrere Antennenwaffen nachweisen lassen. Bei Alaise handelt es sich um einen Antennendolch einfacher Form, wie er auch in Baden-Württemberg, der Schweiz oder Hallstatt vorkommt.

Die Dolche von Châlon-sur-Saone, Creancey und Larçon bilden mit ihrer glockenförmigen Heftform, der verkürzten profilierten Griffstange und den halbrund nach oben eingebogenen Antennen eine Gruppe, die ihr Zentrum in Burgund zu haben scheint, jedoch bis in die Normandie verbreitet ist[8] und eine eigenständige Entwicklung darstellt, die von den „alten" Antennenwaffen abzuleiten ist. Der Dolch von Mâcon wirkt wie eine Frühform von Knollenknaufschwertern.

Der Dolch von Apremont und das Kurzschwert von Saraz hingegen lassen sich, abgesehen von der Knaufgestaltung, am ehesten den entwickelten Bronzedolchen, wie sie in Süddeutschland und Österreich häufig sind, zuordnen. Auf Grund ihrer Scheidengestaltung (Metallscheide mit profiliertem

---

[6] Da außer Keramik weitere Beigaben fehlen und es sich um Nachbestattungen handelt, ist die Wahrscheinlichkeit groß, daß die Pfeilspitzen von Refranche (Doubs) nach Ha D gehören. Bei der Pfeilspitze von Chassagne-St.-Denis (Doubs) sind die Fundumstände unklar. Die Tatsache, daß das Stück aus Eisen besteht und die weiteren Funde aus diesem Komplex nach Ha D zu datieren sind, unterstützen jedoch einen Zeitansatz in der späten Hallstattzeit. Nach Mohen (siehe Anm. 5) kommen noch die Pfeilspitzen von Barbirey sur Ouch und Vitteaux hinzu.

[7] Die Zugehörigkeit des Dolches von Apremont ist nicht völlig gesichert. Wamser, Ostfrankreich 112 Kat. Nr. 50.

[8] Der Dolch von Brêche-au-Diable z.B. ist mit Sicherheit dieser Gruppe anzuschließen. B. Edeine, Triple sépulture du Hallstatt Final decouverte en Normandie (Calvados). Bull. Soc. Préhist. France 58, 1961, 345 ff. Fig. 5.

Kugelortband, auf der Vorderseite angebrachter, zweireihiger Riemenhalter,[9] Verzierungselemente) sind sie der Gruppe der Bronzedolche mit entwickelter Knauf- und Scheidengestaltung zuzurechnen. Durch die antennenförmige Knaufgestaltung fällt Saraz jedoch aus dem Rahmen und stellt eine ostfranzösische Sonderausprägung dar. Bei Apremont dürfte die Knaufgestaltung ebenfalls nicht dem üblichen Schema entsprochen haben, ist jedoch leider nicht mehr zu rekonstruieren.

Ebenso erwähnenswert wie die genannten Sonderentwicklungen ist die Tatsache, daß im süddeutschen Raum gängige Ha D1-Dolchformen wie etwa Dolche mit drahtumwickelter Scheide, mit spindelförmiger Griffstange, überhaupt Eisendolche mit entwickelter Knauf- und Scheidengestaltung in Ostfrankreich bislang fehlen. Die einzigen Stücke, die an süddeutsche Gruppierungen anzuschließen sind, sind der Dolch von Apremont und das Kurzschwert von Saraz, die, wenn auch die Fundumstände letztlich nicht mehr rekonstruierbar sind, wohl aus „fürstlichen" Grablegen stammen. Dies würde einen weiteren Hinweis auf die engen Verbindungen zwischen der führenden Schicht des Westhallstattkreises bedeuten und die eingangs zitierte Formulierung Wamsers von der Waffenbeigabe zumindest der späten Ha D-Phase her, belegen. Freilich lassen sich die übrigen Dolchfunde zeitlich nicht eng genug eingrenzen, so daß von einer zunehmenden Reglementierung nicht gesprochen werden kann.

Insgesamt gesehen sind ähnliche Grundtendenzen wie im restlichen Westhallstattkreises vorhanden, Sonderentwicklungen jedoch vorherrschend; dies gilt für die Dolche, aber auch für die Waffenbeigabe schlechthin. Ostfrankreich ist in dem hier behandelten Rahmen eher als Randgebiet anzusehen.

Das Gebiet um Haguenau ist schon durch den Formenschatz in punkto Waffen an Baden-Württemberg anzuschließen, soll jedoch, da zu wenige Waffen aus gesicherten Fundkomplexen stammen, nicht gesondert betrachtet werden.

Lediglich für das Marnegebiet und für Südfrankreich werden kurze Ausblicke gegeben. Da in beide Gebiete keine Materialreisen unternommen wurden und somit die Materialbasis auf Literaturangaben beruhen muß, sollen für das Marnegebiet das Gräberfeld von Les-Jogasses und für Südfrankreich die zum Cayla gehörenden Nekropolen auf ihre Waffenbeigabe hin analysiert werden, obgleich sie in bezug auf die Waffenbeigabe nicht als typisch zu bezeichnen sind. Beide Nekropolen wurden vielmehr deshalb ausgewählt, weil dort die Waffenbeigabe besonders gut faßbar scheint.

Les Jogasses

Es soll an dieser Stelle nicht näher auf die Problematik der Datierung der hallstattzeitlichen Männer- bzw. Waffengräber von Les Jogasses eingegangen werden, es sei nur kurz auf die Arbeiten von M. Babeş[10] und J. J. Hatt/P. Roualet[11] verwiesen. Sie teilen die hallstattzeitlichen Dolche in zwei bzw. drei Zeitphasen ein und halten die langen schmalen Stücke mit ankerförmigen Ortband für älter als die Kurzschwerter und die Dolche mit breiter Klinge. Auch die Köcher mit Pfeilen werden einer älteren Phase zugeschrieben.

Folgt man dieser Einteilung, so wird eine sehr starke Eigenentwicklung der Les-Jogasses-Dolche sichtbar, die den Entwicklungstendenzen der Dolche des Westhallstattkreises widerspricht. Sonst würde man nämlich die Kurzschwerter und die Dolche mit drahtumwickelter Scheide zeitlich an den

---

[9] Der scheibenförmige Riemenhalter des Kurzschwertes von Saraz verbindet es mit dem nur schwer einzuordnenden Dolch von Ins.

[10] Babeş, Les-Jogasses.

[11] J.-J. Hatt/P. Roualet, Le cimetière des Jogasses et les origines de la civilisation de La Tène, Rev. Arch. de l'Est et du Centre Est XXVII, 1976.

Anfang stellen und diejenigen mit Bronzescheide für jünger halten, und zwar ungeachtet dessen, daß halbmondförmige Ortbänder anderswo ein Zeichen für frühe Dolche darstellen. Vielmehr sind derartige Ortbänder als Vorläufer der latènezeitlichen anzusehen (Taf. 39, 2).[12]

Auch ohne die Berücksichtigung einer zeitlichen Gliederung der in Les Jogasses vorkommenden Dolchtypen, die ohnehin nur sehr indirekt zu datieren sind,[13] zeichnet sich ein klarer Gegensatz zum Jura und zu Burgund ab. Von rund 200 Gräbern sind immerhin 29 mit Waffen versehen und dabei steht die Lanzenbeigabe eindeutig im Vordergrund. Es wurden insgesamt 23 Lanzenspitzen (in einem Fall mit Lanzenschuh), 12 Dolche, dreimal Pfeile (mit Köcher) und in zwei Fällen Messer beigegeben (einmal zwei Stück); fünfmal erscheint die Kombination Dolch/Lanze und fünfmal ist allein der Dolch vertreten; weitere Kombinationen fallen zahlenmäßig nicht so stark ins Gewicht (Abb. 18). Als Beigaben sind sonst nur noch in geringer Zahl Keramik, ab und zu einfache Armringe, sowie in einem Fall eine Doppelpaukenfibel zu nennen. Gliederungen sind aus Mangel an Beigaben kaum vorzunehmen.

Folglich bezeichnete Babeș[14] die Lanze als Hauptwaffe, die durch den Dolch ergänzt werden konnte. Sicher liegt dieser Schluß bei der Menge der beigegebenen Waffen nahe, doch bietet der Magdalenenberg letztlich ein ähnliches Zahlenverhältnis zwischen Bewaffneten und Unbewaffneten. Die Möglichkeit, daß auch hier die Waffen im Grabbrauch als Abzeichen zu gelten haben, ist nicht auszuschließen. Das Wissen um anthropologische Werte würde möglicherweise helfen, Zusammenhänge zwischen Lebensalter/Familienstand und der Waffenbeigabe zu erhellen. Wenn auch bei den Dolchen typenmäßig kaum ein Anschluß an Baden-Württemberg vorzunehmen ist, was schon dadurch erschwert wird, daß in keinem Fall ein Knauf erhalten ist,[15] so scheint in der Zusammensetzung der Waffenbeigabe eher ein Anschluß an Süddeutschland denn an Ostfrankreich (Jura und Burgund) gegeben zu sein.

Grand-Bassin

Anhand der Nekropolen des Cayla[16] aus dem 7. und 6. Jh., nämlich Grand-Bassin I und II, soll kurz auf die Waffenbeigabe in Südfrankreich eingegangen werden. Der Cayla wird wegen der guten Anhaltspunkte zur Datierung der einzelnen Stufen herausgegriffen.[17]

Die Nekropole von Grand-Bassin I ist insofern interessant, als hier ein nach Ha C zu datierender Dolch gefunden wurde.[18] Folgt man den Ausführungen Schüles, so ist während Ha C neben den Hallstattschwertern vom Typ Mindelheim und Gündlingen auch mit Antennenwaffen zu rechnen.[19] Lanzen dagegen dürften kaum eine Rolle gespielt haben. Dafür ist die häufige Beigabe eines oder zweier (!) Messer hervorzuheben, die z.T. einen geknickten Rücken besitzen und nicht ausschließlich

---

[12] E.M. Jope, Daggers of the Early Iron Age in Britain. PPS. 27, 1961, 307–143. Zuletzt ders., Iron Age Daggers and Sword Chape Construction: Technology, Taxonomy and Prehistory. Irish Archaeological Research Forum I, 1974, 1 ff.

[13] Babeș, Les Jogasses 33.

[14] Ebd. 36.

[15] Obwohl man auf Grund der Heftform bei den Les-Jogasses-Dolchen eher an einen glockenförmigen Knauf denken möchte, stellt doch der aus geradem Heft und gerader Knaufstange bestehende Griff des Dolches von Bussy-le-Chateau (Marne) (Taf. 39, 3) eine Möglichkeit dar, wie man sich Griffe von Les-Jogasses-Dolchen vorstellen könnte. Gemeinsamkeiten in der Scheidenkonstruktion legen dies nahe. Zuletzt abgebildet bei Jope, PPS. 27, 1961, 310 Fig. 2, rechts.

[16] M. Louis / D. u. J. Taffanel, Le premier âge du Fer Languedocien II. Les necropoles à incineration. Inst. Internat. d'Études Ligures. Collection de Monographies Préhist. et Arch. 3 (1958).

[17] Man denke an die östlichen Einflüsse während der Stufe Taffanel III sowie an den reichhaltigen Keramikimport der Stufe IV. Siehe Anm. 16; speziell zu den östlichen Einflüssen auch Schüle, Meseta-Kulturen 41 ff.

[18] Zur Datierung dieses Grabes auch Schüle, Antennenwaffen 14 f. Abb. 8.

[19] Schüle spricht sich in seinem Aufsatz über frühe Antennenwaffen (siehe Anm. 18) für eine Datierung der von ihm behandelten Antennenwaffen noch ins 7. Jh. aus.

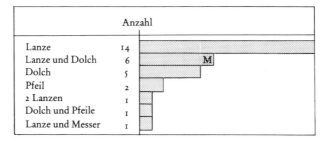

Abb. 18. Waffenkombinationen von Les Jogasses (M = Messer).

mit Speisebeigaben in Zusammenhang zu bringen sind. Sieht man von den Messern ab, die in 12 Gräbern der Nekropole Grand-Bassin I vorkommen, so bleiben insgesamt von rund 50 Gräbern drei Waffengräber, die einmal den erwähnten Dolch, dann Pfeil und Messer und im reichen Grab von La-Redorte ein Ärmchenbeil und zwei Messer aufzuweisen haben.[20]

Hat man dieses Bild vor Augen, so erscheint der Wandel Ha C/D höchst bedeutsam. In Grand-Bassin II, dem nach Ha D zu datierenden Teil der Nekropole, beinhalten nämlich von 18 Gräbern neun Waffen, was immerhin 50% ausmacht. Zwei Gräber mit Messer sind miteinbezogen. Man kann das Bild natürlich so deuten, daß jeder Mann bewaffnet beigesetzt wurde. In fünf Fällen wurde als Waffe nur eine Lanze (mit Lanzenschuh) beigegeben, einmal sind Lanze, Speer (soliferrum) und Messer kombiniert, einmal Lanze und Schwert (?) und zwei Messer. Die Lanze, hier als Stoßlanze zu deuten, steht eindeutig im Vordergrund.

Wenn auch Schutzwaffen fehlen, so läßt diese, eventuell durch die Nähe der Kolonien bedingte Waffenausrüstung im Sinne Kossacks an eine Spiegelung der Kampfesweise im Grabbrauch denken.

Zusammenfassend ist zu Frankreich, sofern es an den Westhallstattkreis angrenzt, zu sagen, daß Jura und Burgund formenmäßig und hinsichtlich des Grabbrauchs zwar durchaus enge Verbindungen zum östlich angrenzenden Gebiet besitzen, in den Waffenkombinationen jedoch aus dem Rahmen fallen, da Lanzen kaum vertreten sind. Das Marnegebiet und Südfrankreich weisen z. T. abweichende Dolchformen auf, die Lanze steht jedoch im Mittelpunkt der Waffenbeigabe, was diese Gebiete wiederum mit dem Westhallstattkreis verbindet und besonders im Falle von Grand-Bassin II das Bild von einem Umschwung in der Bewaffnung zu bestätigen scheint. Gerade aber in Frankreich zeigt sich auch, wie stark der Grabbrauch als Filter wirken kann.

ZUR WAFFENBEIGABE IN DER SCHWEIZ

Als Grundlage dienen fast ausschließlich Arbeiten W. Dracks,[1] der sich eingehend mit Erscheinungen der Hallstattzeit im Schweizer Jura und Mittelland auseinandergesetzt hat. Sein Aufsatz über Waffen und Messer dieses Gebietes bietet sich geradezu als Katalogteil zu diesem Kapitel an.

Leider lassen sich die Fundumstände nur selten genau rekonstruieren. Zum Grabbau, zur Bestattungsweise, zur Lage der Beigaben und deren Vergesellschaftung sind kaum Angaben vorhanden. Dies hängt mit den zahlreichen Grabungen des vergangenen Jahrhunderts zusammen; zudem häufen sich im

---

[20] Schüle, Meseta-Kulturen.

[1] W. Drack, Waffen und Messer der Hallstattzeit. Jb. SGU. 57, 1972/73, 119 ff.

Schweizer Jura Einzelfunde, so daß sich gerade die Dolche, die hier am meisten interessierende Fundgruppe – bis auf Ausnahmen – einer auf Grabbrauch und Beigabensitte basierenden Einordnung entziehen. Dem Verbreitungsbild einzelner Waffenarten, deren Kombination, sowie einem ausführlichen Typenvergleich kommt demnach eine übermäßig große Bedeutung zu.

Soweit die Bestattungsart bekannt ist, stammen sämtliche Waffenfunde aus Körpergräbern. Auffällig ist das relativ häufige Vorkommen von Gewässerfunden. Handelt es sich bei den acht Schwertern, die der Stufe Ha C angehören, nur um einen Einzelfund, das Ortband von Echarlens (Kt. Fribourg),[2] so sind es von 16 Dolchen immerhin sieben, die aller Wahrscheinlichkeit nach als Einzelfunde anzusprechen sind. Diese konzentrieren sich auf den Bereich des Neuenburger Sees und die Zihl; in einem Fall stammt ein Fund aus den Rhôneschottern bei Sion.

Hiermit wäre zugleich das Hauptverbreitungsgebiet der schweizerischen Hallstattdolche umschrieben, die in den genannten Gebieten vor allem als Einzelfunde, seltener in Gräbern vorkommen und im Schweizer Mittelland, also den nördlich anschließenden Kantonen nur noch vereinzelt, jedoch immer als Grabfunde auftreten (Taf. 49, B). Schwerter und Dolche kommen nie im gleichen Gräberfeld vor. Unter Berücksichtigung auch der Ha C-Lanzengräber scheint sich ein Schwerpunkt der Waffenbeigabe während Ha C in den Kantonen Luzern und Zürich abzuzeichnen. Ein Blick auf die Fundumstände warnt allerdings vor voreiligen Schlüssen: Im Bereich des Jura kennen wir wie gesagt Waffen auch als Gewässerfunde, im Mittelland ausschließlich aus Gräbern. Die Tatsache, daß als Einzelfunde ausnahmslos Dolche und Schwerter, nie aber Lanzen, Messer oder Pfeile vorkommen, läßt vermuten, daß die Gewässerfunde nicht ausschließlich mit Seespiegelschwankungen zu erklären sind. Der Dolch von Sion verweist in die gleiche Richtung, was bedeutet, daß, bedenkt man die Seltenheit hallstattzeitlicher Flußfunde, Zusammenhänge mit Jenseitsvorstellungen nicht ausgeschlossen werden können. Der Dolch von Estavayer-le-Lac (Kt. Fribourg), der im Neuenburger See entdeckt wurde, hebt sich durch seine geringe Länge, insgesamt 26,3 cm, aus der Masse der Dolche heraus und erscheint wie eine Miniaturausgabe süddeutscher Dolche, die immerhin eine Länge von fast 40 cm erreichen.[3] Es sei darauf verwiesen, daß in England, wo hallstattzeitliche Grabfunde fehlen, die Dolche ausschließlich aus Flüssen, vor allem aus der Themse, stammen. Auch in Belgien und Teilen Frankreichs[4] muß mit einem ähnlichen Brauchtum gerechnet werden. Dies wäre nun wiederum ein Hinweis auf die besondere Bedeutung, die der Dolch für seinen Träger besaß. Freilich läßt sich für die Schweiz nicht mit Sicherheit sagen, ob diese Art von Gewässerfunden, schließt man die Einschwemmung aus, als Selbstausstattung oder gar als Opferfunde anzusehen ist. Hätte man es aber mit Verlustfunden zu tun, dann würde man ähnliche Befunde auch in Süddeutschland erwarten.

Speziell zur Beigabe von Waffen in der Ha D-Periode bleibt zu sagen, daß sich, abgesehen von den Dolchen, nur sieben Waffengräber nach Ha D datieren lassen. In drei Fällen handelt es sich um Gräber mit Messern,[5] einmal sind Messer und Lanze kombiniert und dreimal haben wir es mit Lanzengräbern zu tun, wobei einmal eine, einmal zwei und dreimal drei Lanzen miteinander gefunden wurden.

---

[2] Ebd. 128, Abb. 8.

[3] Im Ortband des Dolches von Estavayer-le-Lac fand sich Hämatit. Der Annahme, es könnte sich dabei um ein Schmiermittel handeln, ist entgegenzusetzen, daß auch der vor der Hauptkammer des Hohmichele gefundene Haarzopf mit Hämatit behandelt war. H.-J. Hundt, Technische Untersuchungen eines hallstattzeitlichen Dolches von Estavayer-le-Lac. Jb. SGU. 52, 1965, 99.

[4] England: E.M. Jope, Daggers of the Early Iron Age in Britain. PPS 27, 1961, 307ff. Belgien: M.E. Mariën, Poignard Hallstattien trouvé à Luttre (Hainaut, Belgique). Festschrift Bosch-Gimpera (1963) 307ff. Frankreich: siehe die Dolche von Châlon-s.S. (Dolchkatalog Nr. 197) und Mâcon (Dolchkat. Nr. 198).

[5] Es ist natürlich auf keinen Fall zwingend, diese Messer als Waffen anzusehen. Da diese Möglichkeit jedoch nicht zu ganz auszuschließen ist – es fehlen Angaben zur Fundlage in den Gräbern –, werden sie mit aufgeführt.

Zur Waffenbeigabe in der Schweiz

Waren Lanzen miteinander vergesellschaftet, so besaßen sie die gleiche Länge (20 und 24 cm), was während Ha C nicht unbedingt der Fall gewesen sein muß. Dolche scheinen, soweit die Quellenlage Aussagen darüber zuläßt, nicht mit anderen Waffen kombiniert gewesen zu sein. Berücksichtigt man, daß bereits während Ha C neben den fast obligatorischen und vereinzelt zu den Waffen zu zählenden Messern auch Lanzen (häufig zwei) beigegeben wurden und daß Antennenwaffen bereits während Ha C(2) einsetzen, so läßt sich ein deutlicher Wandel in der Waffenbeigabe bereits vor dem Auftreten der Dolche, also vor Ha D1 festlegen.[6] Zudem sei darauf hingewiesen, daß mit dem Schwert von Ins/Schaltenrain auch während Ha D die Schwertbeigabe nachgewiesen werden kann.

Um großräumige Verbindungen besser fassen zu können, werden im folgenden einzelne Dolchtypen auf ihre Beziehungen zu angrenzenden Gebieten hin überprüft. Hierbei lassen sich grob zwei Gruppen unterscheiden: einmal eine, deren Formen in engem Zusammenhang mit nicht-schweizerischen Dolchen zu sehen sind und zum anderen eine, die sich aus den unterschiedlichen Sonderformen zusammensetzt.

Von einer nahezu getreuen Übernahme der Form, des Aufbaus und der Verzierungselemente kann man bei den dem Dolch von Sesto-Calende nahestehenden Waffen von Sion und Neuenegg sprechen.[7] Da die beiden Schweizer Funde keine sichere Datierung erlauben, bleibt als Anhaltspunkt die Ha C2-Datierung des Dolches von Sesto-Calende,[8] was eine Beeinflussung von italienischer Seite her wahrscheinlich macht. Dies dürfte auch für die einteilige Scheide von Mühlehölzli gelten. Auf die gleiche Art und Weise scheint das häufigere Auftreten von Schalengriffen, die denen der sog. Estemesser eng verwandt sind, bei den Dolchmessern von Orpund, Wohlen und Wangen erklärt werden zu können.

Die frühen Antennenwaffen wie Dörflingen, Ins, Jegenstorf, Schupfart und Wangen, wobei der im Grenzgebiet Schweiz/Deutschland gefundene Dolch von Tiengen nicht ausgenommen werden sollte, weisen auf Grund ihrer Griffstangengestaltung Gemeinsamkeiten mit Antennenwaffen des französischen Jura auf, aber auch mit dem Kurzschwert von Sesto-Calende. Da in allen drei Gebieten Hinweise auf eine Ha C2-Datierung dieses Waffentyps vorhanden sind, ist vorerst nicht zu entscheiden, auf welchem Weg die Beeinflussung verlief.

Die bronzedrahtumwickelten Scheidenteile von Pratteln und Nidau finden ihre Entsprechung im gesamten süddeutschen Raum und in Funden der Gräberfelder des Hagenauer Forstes und Hallstatts. Eine Verbindung zu Baden-Württemberg wird schon durch die Lage der Fundorte nahegelegt. Der Dolch von Estavayer-le-Lac erscheint, wie bereits erwähnt, wie eine Miniaturausgabe süddeutscher Dolche, so daß man wohl mit Recht von einem Importstück sprechen kann. Das Dolchmesser von Grüningen erinnert in Aufbau und Verzierungselementen an die süddeutschen Dolche mit entwickelter Knaufzier.

Somit sind bei den frühesten Formen Verbindungen zu Italien und in geringerem Maße zum französischen Juragebiet zu vermerken; ab Ha D1 zeigen sich engere Bindungen an Süddeutschland, genauer Baden-Württemberg.

Die beiden fast identischen Dolche von Kt. Neuenburg und Concise heben sich von den restlichen schweizerischen Antennenwaffen lediglich durch eine, durch andersartiges Material unterbrochene Griffmitte ab.

Bei den übrigen Dolchen, die durch Abwandlungen bzw. Vermischungen bekannter Formen auffallen, ist nicht selten das Ortband sehr eigenwillig gestaltet.

---

[6] Voraussetzung hierfür ist, daß die Lanzenbeigabe nicht massiv am Beginn von Ha C eingesetzt hat; immerhin datiert Drack aber die meisten Lanzen an die Wende Ha C/D.

[7] Die Ortbandkonstruktion des Dolchmessers von Neuenegg steht der von Hallstatt, Grab 611 besonders nahe (Dolchkat. Nr. 119 und 150)

[8] Frey, Situlenkunst 48 ff.

Dies trifft auch auf den Fund von Châtonnaye zu, wo leider nur das Ortband mit dem unteren Scheidenteil erhalten ist. An der in Süddeutschland geläufigen Form ist oberhalb der Ortbandkugel rechts und links je eine dünne eingerollte Bronzeantenne angebracht. Bei dem Dolch von Ins erinnern Heft und Scheide an das Kurzschwert von Saraz (Ostfrankreich), doch bildet das dreieckig geformte Ortband eine Sonderform, die durch das zugespitzte Ende weder mit halbmondförmigen Ha D1-Ortbändern noch mit frühlatènezeitlichen in direkten Zusammenhang gebracht werden kann. Zwar läßt die Profilierung der Griffstange ebenfalls an Saraz denken, der Aufbau des Griffes jedoch aus Metallscheiben, zwischen denen sich organisches Material befunden haben dürfte, bringt die frühen Eisendolche des Gräberfeldes von Hallstatt in Erinnerung. Die Vorliebe für Streifenwirkung hat aber auch in der Schweiz ihre Tradition gehabt, was der Dolch von Sion[9] belegt.

Da das Kurzschwert von Saraz ebenfalls eine Sonderform darstellt, kann die Frage, wo genau die Anregung zu solch einer Waffengestaltung herkam, nicht eindeutig beantwortet werden.

Der Dolch von Langenthal, dessen Ortband in zwei seitlichen Zipfeln ausläuft, ist in dieser Hinsicht ohne Parallele; er verweist sonst auf süddeutsche Funde, wobei Scheiden-, Heft- und Griffgestaltung ebenso bei der Gruppe der Eisendolche mit entwickelter Scheiden- und Knaufgestaltung anzutreffen sind. Der Knauf wirkt wie eine Umsetzung der oval eingebogenen Knaufstangen der Bronzedolche der Variante Sulz in Eisen. Rund eingebogene, jedoch durch ein eingelötetes Mittelteil geschlossene Knäufe finden sich außerdem in der Gruppe der baden-württembergischen Dolche mit spindelförmiger Griffstange.

Der Dolch von Cudrefin erweckt, ähnlich wie der von Ins, den Eindruck einer Sonderform. Wiederum fällt das hier röhrenförmige Ortband aus dem Rahmen des sonst üblichen; auch der aus zwei Schalen zusammengesetzte und durch Niete befestigte Griff besitzt keine Parallelen. Scheidengestaltung und Anbringung der Knaufzier sind jedoch in der Gruppe der Dolche mit spindelförmiger Griffstange durchaus geläufig. Das auf der Scheidenvorderwand eingravierte Muster findet seine Entsprechung in der Scheidenverzierung des Dolches aus Grab 90 vom Magdalenenberg bei Villingen (Nr. 82).

Bei all den hier vorgestellten Waffen handelt es sich um Stücke, die zwar ohne z. B. süddeutsche nicht denkbar wären, von denen man aber mit sehr großer Wahrscheinlichkeit sagen kann, daß sie in der Schweiz hergestellt wurden. Die Anregungen zu derartigen Formen kamen aus dem restlichen Westhallstattkreis, vor allem wohl aus Baden-Württemberg und lassen sich zeitlich auf Ha D und hier vor allem auf die Frühphase einengen. Dagegen kamen, wie oben gezeigt wurde, in der älteren Hallstattzeit die Anregungen aus dem Süden und Südwesten.

Das gleichfalls frühe Auftreten von Lanzen findet seine Entsprechung im Gräberfeld von Hallstatt. An dieser Stelle soll aber auch an die beiden frühen Kriegergräber von Sesto-Calende erinnert werden, die einen Hinweis geben, aus welcher Richtung die Vermittlung der früh einsetzenden Lanzenbeigabe in der Schweiz zu vermuten ist.

Zusammenfassend bleibt festzuhalten, daß bereits wärend Ha C2 ein Umschwung in der Waffenbeigabe festzustellen ist, der sowohl über Frankreich wie auch direkt über Norditalien übertragen worden sein kann. Die Schweiz dürfte im folgenden vermittelnd auf Süddeutschland gewirkt und dort eine Dolchproduktion angeregt haben, die möglicherweise auf die Schweiz rückwirkte und dort die Bildung von Sonderformen veranlaßte; andernfalls wäre zu vermuten, daß im Gefolge von südlichen Anregun-

---

[9] Auch die Streifentauschierung an Dolchgriffen der Gruppe mit spindelförmiger Griffstange sei hier erwähnt.

gen in der Schweiz eine Experimentierphase eingeleitet wurde, deren Produkte dann befruchtend auf Süddeutschland wirkten und dort eine rege Dolchproduktion auslösten.

Aussagen über Bewaffnung und Kampftechnik, sofern man davon ausgeht, daß sie sich in der Waffenbeigabe spiegeln, würde nur das Gebiet des Mittellandes erlauben, da aus dem Jura fast ausschließlich Dolche und diese meist als Einzelfunde bekannt sind. Hinweise auf die Abzeichenhaftigkeit der Dolche sind darin zu sehen, daß sie als einzige Waffengattung häufig in Gewässern und bislang nie mit anderen Waffen kombiniert aufgefunden wurden. Möglicherweise zeichnet sich hier wie in Baden-Württemberg eine zunehmende Reglementierung in der Waffenbeigabe ab, wenn man bedenkt, daß der Großteil der Schweizer Kurzschwerter und Dolche nach Ha C2 und Ha D1 zu datieren ist. Jünger wirken nur die Dolche von Châtonnaye und Ins, die sehr wahrscheinlich mit herausragenden Gräbern in Verbindung zu bringen sind.

ZUR WAFFENBEIGABE DES GRÄBERFELDES VON HALLSTATT

Typenvergleich Westen – Hallstatt

In der Literatur wurden die Beziehungen zwischen Hallstatt und dem Westen, insbesondere während Ha D, unterschiedlich bewertet. Während O.-H. Frey,[1] auch in bezug auf die Dolche (am Beispiel Hallstatt, Grab 116 und Aichach), auf die mögliche Abhängigkeit der Hallstätter Dolche von den westlichen hinwies, sah Rieth[2] die Hallstätter Dolche aus Materialgründen als Vorbilder der westlichen an. Er nahm an, daß wegen der leichteren Bearbeitungsmöglichkeit von Bronze, Dolche aus diesem Material die Vorbilder für eiserne gewesen sein müssen.

Forschungsgeschichtlich wäre dies strenggenommen die letzte Auseinandersetzung mit dem Dolchmaterial Hallstatts.

Allerdings sollte man die Diskussion um den Wert der Grabungsdokumentationen Ramsauers, die durch L. Paulis Eingehen auf das Münchner Separatum[3] ausgelöst wurde, nicht außeracht lassen, zumal es hier ja auch um die Geschlossenheit bzw. Glaubwürdigkeit von Dolchgräbern geht. Im Laufe einer Neuaufnahme der inzwischen z.T. neu restaurierten Hallstattdolche konnte dankenswerter Weise eine im Aufbau befindliche Kartei des Hallstätter Materials eingesehen werden.[4] Es konnten über den Krausschen Zwischenkatalog gesicherte Dolchgräber herausgefunden werden, z.T. wurden Vertauschungen von Dolchen ersichtlich, die allerdings gewöhnlich dem gleichen Typus angehörten. Einige Grabzusammenhänge sind als ungesichert zu betrachten. Die Bearbeitung des Hallstätter Dolchmaterials wird nunmehr auf gesicherteren Füßen stehen, als es vor Beginn der Diskussion über die Ramsauer Protokolle möglich war.[5]

Nach Frey ist die Vergesellschaftung von Nadeln, Ärmchenbeilen usw. zusammen mit Schwertern *wie* mit Dolchen so zu werten, daß die entsprechenden Dolche noch einer Spätphase von Ha C angehören und daß der Umschwung in der Bewaffnung eher einsetzt als der in der Tracht.[6] In diesem

---

[1] Frey, Situlenkunst 110ff.
[2] Rieth, Herstellungstechnik 56.
[3] Pauli, Die Gräber vom Salzberg zu Hallstatt (1975).
[4] Herrn Dr. Barth sei an dieser Stelle für seine unermüdliche Hilfsbereitschaft besonders herzlich gedankt.
[5] F.-E. Barth/F. R. Hodson, The Hallstatt Cemetery and its Documentation: some new Evidence. The Antiquaries Journal LVI, 1977, 159ff. In der Auswertung der Dolche wurde im übrigen nach Kromer, Hallstatt, vorgegangen. Auf mögliche Vertauschungen ist im Katalog hingewiesen.
[6] Frey, Situlenkunst 50.

Zwischenhorizont treten eiserne Antennenwaffen mit mehrteiliger Griffstange auf und hier liegt der Beginn der Bronzeantennenwaffen mit Knaufknöpfen bzw. -scheiben; auch ein Dolchmesser der Variante Erkertshofen läßt sich hier einfügen.

Diese Gruppe ist jedoch nicht als in sich geschlossen anzusehen, zum einen, weil die Bronzedolche, ohne typologische Veränderungen aufzuweisen, nach Ha D weiterlaufen, zum anderen wegen der Nadelbeigabe.

Bei den Eisendolchen ist sie auf die zum Schließen des Gewandes benutzten langen Mehrkopfnadeln beschränkt; bei den Bronzedolchen handelt es sich in der Regel um die kürzeren Kugelkopfnadeln, deren Funktion nicht die gleiche sein muß.[7] Dies soll nicht die Frühdatierung der Bronzedolche in Zweifel ziehen, vielmehr davor warnen, chronologische Aspekte auf Kosten funktionaler Überlegungen überzubewerten.

Bei der Frage nach der Richtung, aus der Anregungen zur Herstellung oder auch nur zum Tragen von Dolchen gekommen sein könnten, wird man mit Freys Überlegung konfrontiert, das Kurzschwert von Sesto-Calende sei in engem Zusammenhang mit den frühen Eisendolchen Hallstatts zu sehen, die er als Typus Sesto-Calende bezeichnet.[8] Nun besitzt das Kurzschwert des Kriegergrabes 1 von Sesto-Calende allerdings eine durchgehende Griffhülse, wie sie auch die frühen Kurzschwerter der Westgruppe aufweisen. In Hallstatt, wo Dolche und Kurzschwerter mit unterteilter Griffstange überwiegen, ist eine derartige Griffkonstruktion, wie sie im Westen vorherrscht, erst einmal zu belegen. Von daher scheint die Bezeichnung „Typ Sesto-Calende" nicht sehr zutreffend zu sein. Die Scheidenkonstruktion allerdings (einteilig, auf der Rückseite vernietet) hat ihre einzige Parallele außerhalb Oberitaliens in einem Dolchmesserfragment Hallstatts. Berücksichtigt man, daß die Kombination Griffstange/ einteilige genietete Bronzescheide ebenfalls in Oberitalien (Golasecca) vorkommt, so drängt sich der Schluß auf, daß während Ha C2 zwischen Hallstatt und Oberitalien Verbindungen bestanden, die sich waffentechnisch ausgewirkt haben und, daß der oberitalische Raum nach Hallstatt hin „westliche" Einflüsse vermittelt hat.

Die frühen Dolche Hallstatts mit Bronzegriff weisen keine direkten Vorläufer auf. Es dürfte sich hierbei um hallstättische Sonderformen handeln, deren Verbreitung, von Ausnahmen abgesehen, auf den Raum um Salzburg beschränkt ist. Ihre Herstellung wird nicht wesentlich später eingesetzt haben als die der frühen Eisendolche.

Während Ha D1 laufen in Hallstatt die Bronzeantennendolche weiter, ohne besondere Veränderungen aufzuzeigen. Gleichzeitig beginnt in Süddeutschland die Dolchproduktion und zwar mit Formen, die nicht von Hallstatt beeinflußt erscheinen: Dolche der Varianten Neuenegg, Hoffenheim, Sulz, Obermodern sowie Dolche mit spindelförmiger, aus zwei Schalen bestehender Griffstange sind in Hallstatt so gut wie unbekannt. Dagegen trifft man in Süddeutschland vereinzelt Dolche, die an frühe hallstättische Formen erinnern. Der Dolch von Veringenstadt z.B. stellt eine *Bronze*ausführung eines frühen Eisendolches mit unterteilter Griffstange dar, weist z.B. auch die charakteristische Rippung der Hülsen auf; nur die eingezogenen Enden des nach unten gebogenen Heftes finden ihre Parallele eher in den Bronzeantennendolchen Hallstatts (z.B. Gr. 574). Die Griffstangengestaltung des Dolches von Mailing dürfte ebenfalls der der frühen Hallstätter Eisendolche entsprochen haben.

In den späten Ha D-Gräbern Hallstatts nun wird ein deutlicher Einfluß aus dem Westen spürbar. Dies soll anhand von zwei Gegenüberstellungen gezeigt werden: einmal zwischen Hallstatt, Gr. 18 und Etting, zum anderen zwischen Hallstatt, Gr. 13/1939, Gr. 32/1939 und Ludwigsburg, Kammer II.

---

[7] Derartige Nadeln tauchen gewöhnlich in Zusammenhang mit der weiblichen Haartracht auf.

[8] Siehe Anm. 6.

Zur Waffenbeigabe des Gräberfeldes von Hallstatt

Das Messer aus Grab 18 von Hallstatt stellt in vieler Hinsicht einen Einzelfall dar. Die Knaufgestaltung entspricht voll und ganz der der Gruppe eiserner Dolche mit komplizierter Knauf- und Scheidengestaltung, was an der gegliederten, aber geraden Knaufstange und an den drei profilierten Knaufknöpfen deutlich wird. Hierin erinnert das Messer sehr stark an die Dolche der Variante Etting, ja gerade an den namengebenden Dolchfund, und seine Konstruktion ist nicht ohne Kenntnis eines Dolches dieser Variante zu denken. Leider sind die Scheidenbleche nicht erhalten, dafür jedoch das Ortband, dessen Gestaltung Ortbändern der westlichen Dolchgruppen gleicht und zwar durch die Querrippung des Ortbandsteges. Die Verwendung von Bronze, die hybrid gestaltete, stark profilierte Griffstange und die Tatsache, daß es sich um ein Messer handelt sind dagegen eher für Hallstatt typisch als für den Westen. Da diese Dolchgruppe ohne die westhallstättischen Dolche mit verkümmerten Antennen nicht denkbar ist, erscheint Rieths Annahme,[9] daß dieses Dolchmesser die Westgruppe beeinflußt hat, als unwahrscheinlich. Man möchte vielmehr vermuten, daß das Dolchmesser in der Umgebung von Hallstatt bzw. speziell für Hallstatt hergestellt wurde.

Auffällig ist, daß während der späten Ha D-Phase in Hallstatt – und nicht nur dort[10] – Bronzedolche bevorzugt worden zu sein scheinen. Eisendolche jedenfalls mit spindelförmiger Griffstange und Eisendolche und Dolchmesser mit komplizierter Knauf- und Scheidengestaltung sind in Hallstatt so gut wie nicht vertreten (der nicht restaurierte Zustand des Dolchmessers aus Grab 769 erlaubt keine eindeutige Zuordnung). Bronzedolche mit komplizierter Knauf- und Scheidengestaltung kommen dagegen sowohl im Westen wie in Hallstatt vor. Hierfür bieten sich zwei Erklärungsmöglichkeiten an: Entweder muß vorausgesetzt werden, daß der Formenreichtum des Westens in Hallstatt bekannt war, oder es muß angenommen werden, daß der Einfluß in starkem Maße erst dann eingesetzt hat, als die Eisenformen im Westen im Grabbrauch nicht mehr gängig waren.

Im ersten Fall kann die Materialwertigkeit eine Rolle gespielt haben, was die Goldähnlichkeit der Bronze nahelegt. Immerhin wurde ein Eisenvorbild in Bronze umgesetzt (Grab 18) und im Falle des Grabes 696 wurde ein Eisendolch, allerdings eine Sonderform, mit Goldblech überzogen. Eine Auswahl nach Materialwertigkeit kann auch mit einem ausgeprägten Statusdenken zusammenhängen. Zum einen wurden in den südwestdeutschen „Fürstengräbern" nie entwickelte Eisendolche beigegeben – Angaben, denen zufolge in Hundersinger Gräbern Eisendolche gefunden wurden, sind leider nicht mehr zu überprüfen[11] – und zum anderen wurden auch in Hallstatt in der späten Ha D-Phase Dolche seltener ins Grab mitgegeben als in den vorausgehenden Zeitphasen. Hieraus könnte man in Anlehnung an Baden-Württemberg schließen, daß der Dolch mehr und mehr zu einem Abzeichen innerhalb des Grabbrauches wurde. Daß der westliche Formenreichtum in Hallstatt bekannt war, ist daraus zu schließen, daß bereits während Ha C in der Waffenbeigabe westliche Formen in Hallstatt durchaus geläufig waren.[12]

Im zweiten Fall könnte man aus dem Nichtvorhandensein bestimmter Dolchtypen aus Eisen rückwirkend den Zeitansatz für diese Dolchgruppen im Westen bestimmen. Für die Eisendolche mit komplizierter Knauf- und Scheidengestaltung würde das bedeuten, daß sie älter sind als die entsprechenden Bronzedolche, daß sie im Westen schon Ende Ha D1 getragen wurden und kaum mehr in der entwickelten Ha D2-Phase, in der die späten Bronzedolche vorherrschend waren. Zum gleichen Ergebnis führten ganz andersartige Überlegungen bei der Gliederung des Dolchmaterials (s. S. 31).

---

[9] Siehe Anm. 2.

[10] Einer der Dolche vom Siedelberg (Dolchkatalog Nr. 107) gehört von seiner Gestaltung her zu Variante Estavayer-le-Lac, besteht aber, bis auf die Klinge, aus Bronze!

[11] Hier stütze ich mich auf die Katalogangaben bei Schiek, Fürstengräber 28 ff.

[12] Frey, Hallstattkultur 111.

Die zweite Gegenüberstellung, nämlich zwischen Ludwigsburg und Hallstatt, läßt weniger weitreichende Schlüsse zu, ergibt aber im Endeffekt ein ähnliches Bild. Leider ist vom Ludwigsburger Dolch nur der Knauf mit Griffstange erhalten, was den Vergleich mit den sehr ähnlichen Hallstätter Dolchen erschwert.

Die Vorläufer dieser Dolche sind in den Varianten Neuenegg, Hoffenheim und Sulz zu suchen, deren Bronzegriff sich durch die profilierten Knaufenden der eingebogenen Knaufstange auszeichnet und deren Hauptverbreitungsgebiet die Schweiz und Süddeutschland ist. Die Ha D2/D3 Bronzedolchgruppe mit Knaufaufsätzen hat in Hallstatt keine direkten Vorläufer, nimmt man die Gräber 33 und 703 aus, deren Beigaben[13] für einen späteren Ansatz sprechen. Dolche mit Knaufaufsätzen sind hauptsächlich in Nord-Württemberg verbreitet, kommen aber auch in Ostbayern und wie gesagt in Hallstatt vor. Wenn auch die beiden Hallstätter Dolche dem von Ludwigsburg sehr ähneln, so scheinen sie doch speziell für Hallstatt nach westlichem Vorbild hergestellt worden zu sein, was die sonst unübliche gerade Heftstange und das traubenförmige Ortband nahelegen.

An den übrigen Beigaben in Dolchgräbern läßt sich, abgesehen von einigen Fibeln,[14] kaum eine deutliche Einwirkung aus dem Westen ablesen. Gerade Dolchgräber mit Mehrkopfnadeln oder Gitterscheibenfibeln haben außer in der Dolchbeigabe auch sonst ein ausgesprochen hallstättisches Gepräge. Insgesamt überwiegt die hallstättische Eigenentwicklung, die an ein Herstellungszentrum denken läßt, das fast ausschließlich für Hallstatt gearbeitet zu haben scheint, was den Dolchen in ihrer Mehrzahl ein unverwechselbares Äußeres gibt.

Analyse der Waffenbeigabe

Kann man das Gräberfeld von Hallstatt auch nicht uneingeschränkt zum Westhallstattkreis zählen, so gibt es doch eine Reihe von Gründen, es in eine übersichtartige Betrachtung der Waffenbeigabe des Westhallstattkreises miteinzubeziehen.

Allgemeine Hinweise auf Beziehungen Hallstatts zum Westen finden sich z.B. bei Kossack.[15] Die Dolche des Gräberfeldes von Hallstatt wurden bereits frühzeitig mit denen des Westhallstattkreises verglichen[16] und schließlich konnte Frey für Ha C ganz klar eine Gruppe westlich beeinflußter von einer Gruppe östlich beeinflußter Kriegergräber trennen.[17] Für Ha D nannte er die Gräber 116 als westlich und 259 als östlich orientierte Beispiele, ging aber auf Ha D nicht näher ein, sprach nur von einer Vielschichtigkeit letzterer Phase,[18] wobei diese in bezug auf die Waffenbeigabe genauer untersucht werden soll.

Als Rechtfertigung für eine Einbeziehung Hallstatts dürften schließlich vor allem die ca. 60 Dolchfunde (einschließlich Dolchmesser und Kurzschwerter) des Gräberfeldes gelten. Zwar können diese zum Großteil zu Typen zusammengefaßt werden, die eng auf Hallstatt bzw. den Raum um Salzburg begrenzt sind, doch lassen sich vor allem in einer jüngeren Phase, wie bereits gezeigt wurde, auch enge Verbindungen zum Westhallstattkreis feststellen. Dies läßt einen Vergleich mit der Waffenbeigabe der westlich angrenzenden Gebiete als notwendig erscheinen.

---

[13] Die Vergesellschaftung mit einer Paukenfibel legt dies nahe.

[14] Die Fibel aus Grab 116 stellt eine zweischleifige Schlangenfibel westlichen Typs dar. G. Mansfeld, Die Fibeln der Heuneburg (1950–1970). Röm. Germ. Forsch. 33 (1973).

[15] Kossack, Südbayern Taf. 152–156.

[16] Déchelette, Manuel III 218 ff. Fig. 280–283.

[17] Frey, Hallstattkultur.

[18] Ebd. 112.

Es soll in diesem Zusammenhang untersucht werden, ob sich die von Frey für Ha C gezeigte Ost/West-Aufteilung der Waffengräber auch auf die Ha D-Gräber übertragen läßt, ob die in den Ha D-Waffengräbern auftretenden Waffenkombinationen eine reale Bewaffnung wiederspiegeln und schließlich wird das sich aus Grabfunden ergebende Bild mit Darstellungen der Situlenkunst verglichen werden.

Wie schon erwähnt, datierte Frey eine Reihe von Dolchen nach Ha C2. Der von ihm als Beleg herangezogene Dolch des Kriegergrabes A von Sesto-Calende ist allerdings, wie wir gesehen haben, speziell mit den Hallstätter Dolchen nicht ohne weiteres in Verbindung zu bringen. Vielleicht ist an dieser Stelle eine prinzipielle Überlegung angebracht. Unsere chronologischen Einteilungen orientieren sich in der Regel an dem Wandel der Trachteigenheiten. Sicher ist dies berechtigt, da wir dadurch zu einer Feinchronologie gelangen können. Zu einer Abgrenzung größerer Zeiteinheiten wie etwa Ha C/D scheinen mir allerdings Wandlungen des Grabbrauchs – und hierher gehören meiner Ansicht nach auch Wandlungen der Waffenbeigabe – bedeutsamer zu sein, da von größerem machtpolitischen Hintergrund. Konsequenterweise müßte dann also Ha D mit dem Einsetzen der Lanzen- und Dolchbeigabe beginnen. Wir sind inzwischen gewohnt, diesen Horizont als Ha C2 zu bezeichnen und dies schlägt sich auch in den vorliegenden Untersuchungen über die Waffenbeigabe nieder. In Wirklichkeit fassen wir aber wohl mit diesem Ha C2 einen Übergangshorizont, der das Neue bereits in sich trägt und damit logischerweise mit Ha D oder Ha C/D zu bezeichnen wäre. Hierher gehören Sesto-Calende, die frühen Hallstätter Dolchgräber, aber auch Gräber wie Augsburg-Kriegshaber.

Zwar ist es einfach, Dolchgräber von Schwertgräbern abzusetzen und in eine Zwischenphase zu datieren, doch bestehen bei den Lanzen- und Beilgräbern gewisse Schwierigkeiten. Die Nadelbeigabe z.B. kann bei ihnen ebensogut für den Beginn von Ha C stehen. Eine Differenzierung ist in diesem Falle daher noch nicht möglich. Obwohl ein Wandel in der Waffenbeigabe also früher als in der Trachtbeigabe einsetzt, aber angenommen wird, daß zwischen Ha C2 und Ha D kein neuerlicher Bruch anzusetzen ist, werden allein die einwandfrei durch Fibeln, Gürtelbleche und dergleichen nach Ha D zu datierenden Waffengräber zu einer Auswertung herangezogen.

Demnach werden 79 Gräber nach Ha D datiert. Von diesen 79 Gräbern handelt es sich in 42 Fällen um Dolchgräber (in denen auch Lanzen vorkommen können). In 31 Fällen tritt die Lanze ohne Dolch auf, den Rest bilden Beil-, Pfeil- und Hiebmessergräber. Mit dem Dolch können Lanzen, Beile, Pfeile und Helm kombiniert sein, mit der Lanze sind es lediglich Beile. Diese wiederum können mit einem Hiebmesser vergesellschaftet sein. Als Einzelwaffen kommen in erster Linie Dolche und Lanzen vor.

Es überrascht, daß die Dolchbeigabe ebenso häufig geübt wurde wie die Lanzenbeigabe, wenn auch Lanzen miteinander kombiniert sein konnten, was ihre absolute Zahl natürlich erhöht. Dennoch scheint der Dolch in Hallstatt eine besondere Rolle im Grabbrauch gespielt zu haben, ob durchgehend als Waffe, bleibt noch zu untersuchen.

Der Mangel an Schutzwaffen läßt vermuten, daß die Grabausstattung mit Waffen nicht unbedingt die reale Bewaffnung des einzelnen Kriegers spiegelt. Auch die sehr häufige alleinige Dolchbeigabe unterstützt dieses Bild. Legt man aber die Waffengräber versuchsweise als Kriegergräber aus, so müßte man mit einer Gruppe von 30 Dolchkriegern rechnen, einer Gruppe von 17 Kriegern mit einer Lanze, acht mit mehreren Lanzen, wobei diesen wiederum fünf mit Dolch und mehreren Lanzen und drei mit Dolch und einer Lanze hinzuzufügen wären. Demnach faßten wir 13 Krieger mit mehreren Lanzen und 20 Krieger mit einer Lanze. Der bzw. den Lanzen wurden in neun Fällen Beile hinzugefügt. Hier gibt es auch Dreierkombinationen mit Pfeil oder Helm statt Beil (incl. Dolch). Beile scheinen eher mit Lanzen in Zusammenhang zu stehen als mit Dolchen (9:3) (Abb. 19).

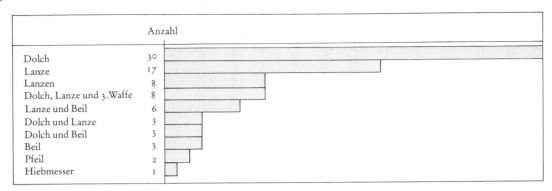

Abb. 19. Waffenkombinationen im Gräberfeld von Hallstatt.

Insgesamt sieht es so aus, daß einer kleineren Gruppe, die mit mehreren Waffen ausgestattet ist, eine mehr als doppelt so große nur mit einer Waffe ausgestattete gegenübersteht.[19]

Wenn überhaupt, dann scheint es innerhalb des behandelten Gebietes im Falle von Hallstatt legitim zu sein, die Waffenkombinationen der Grabfunde mit Kriegerdarstellungen der Situlenkunst zu vergleichen. Als erstes fällt auf, daß, abgesehen von der Waffe des Hasenjägers von Welzelach,[20] Dolche nicht abgebildet wurden. Für die südöstliche Gruppe der Situlendenkmäler ist dies allerdings auch nicht weiter verwunderlich, da sie dort auch in den Gräbern fehlen. Doch für den Bereich Este/Bologna wäre mit der Darstellung zumindest von Estemessern zu rechnen, die wiederum auf ihren Scheiden Kriegerdarstellungen tragen können.[21]

Jedoch sollten die Darstellungen der Situlenkunst in ihrer Realitätsbezogenheit nicht überbewertet werden. Einmal sind Krieger in der Regel mit Schild dargestellt, der den am Gürtel getragenen Dolch verdecken würde, zum anderen sind wahrscheinlich nur die wesentlichen Waffenteile abgebildet, die einzelne Kriegergruppen charakterisieren. Hätte es sich bei dem Dolch demnach um ein wichtiges Teilstück der Bewaffnung gehandelt, kann man davon ausgehen, daß dann auch ein Weg gefunden worden wäre, diesen darzustellen. An dieser Stelle sei an die große Gruppe der Gräber erinnert, die als einzigen Waffenbestandteil den Dolch kennt. Die Situlenkunst führt in diesem Falle also nicht weiter.

Die häufigste Art der Kriegerdarstellung ist die des Lanzenträgers, der zusätzlich mit Helm und Schild ausgerüstet ist. Er kann eine, meist sehr lange und eventuell mit einem Lanzenschuh ausgerüstete Stoßlanze tragen oder zwei, meist gleichlange, insgesamt aber kürzere Spitzen, deren Funktion nicht so eindeutig ist. Dies würde bis auf das Fehlen von Schutzwaffen durchaus dem aus den Gräbern bekannten Bild entsprechen. Allerdings sind in der Situlenkunst dem Krieger höchstens zwei Lanzen zugeordnet, wobei es auch berittene Lanzenkrieger gibt. Im Grabbrauch sind bis zu zehn Lanzen möglich. Lanzenschuhe kommen vor, sind aber nicht die Regel.

---

[19] Eine Kampfgruppe allerdings, die nur mit einem Dolch, sei es auch mit einem Kurzschwert als kennzeichnender Waffe gerüstet ist, erscheint nicht sehr wehrfähig.

[20] W. Lucke/O.-H. Frey, Die Situla in Providence. Röm. Germ. Forsch. 26 (1962) Taf. 76. Ein nach beiden Seiten ausschwingendes Ortband und, wenn man es so deuten möchte, eine Art Bronzedrahtumwicklung oberhalb des Ortbandes lassen an einen Dolch denken. Dagegen spricht bei der Darstellung der Ziste von Eppan (ebd. Taf. 62) und der Situla von Este Grab 126 (ebd. Taf. 65) kaum etwas für einen Dolch. Sieht auch das Stück von Este zweischneidig aus, so wird man doch eher an ein einfaches Messer erinnert. Schließlich fehlen kennzeichnende Teile des Griffs und der Scheide im Unterschied zu Welzelach. Gemeinsam ist allen drei „Waffen" jedoch, daß sie nicht in Kriegs-, sondern in Tierszenen abgebildet sind.

[21] Z.B. Frey, Situlenkunst Taf. 66, 17 (Este, Grundstück Franchini, Grab 18).

Pfeile, betrachtet man sie als Waffen, lassen auf Bogenschützen schließen, die jedoch von den Bronzen der Situlenkunst überhaupt nicht bekannt sind, sieht man von dem Bogenschützen der Situla Arnoaldi ab, der eindeutig als Jäger gekennzeichnet ist.[22]

Anders steht es mit Beilen, die in der Hauptsache nach Ha C datiert werden müssen, doch auch noch während Ha D vorkommen. Im Grab sind sie mit Dolchen, hauptsächlich aber mit Lanzen kombiniert, wobei auffällt, daß bis auf Ausnahmen[23] auf den Darstellungen Krieger *nur* mit dem Beil ausgestattet sind; zumindest den Berittenen fehlt in der Regel der sonst obligatorische Schild.

Somit sind nur teilweise Übereinstimmungen festzustellen, was schließlich auch nicht verwundert, da sich der Kulturraum der Situlenkunst vor allem auf den Südostalpenraum erstreckt, wo sich auch eine Übereinstimmung mit den Grabfunden feststellen läßt.[24] Die Tatsache, daß es Lanzenträger und, in geringerem Ausmaß auch Beilträger gab, wäre somit aus dem Grabbrauch und den Darstellungen zu ersehen; allerdings gibt es schon bei den Waffenkombinationen Unstimmigkeiten.

Der häufig geäußerten Ansicht, die in langen Reihen aufziehenden Krieger der Situlenkunst seien als Beleg für eine geschlossene Kampfesweise anzusehen, seien zwei Argumente entgegengesetzt. Es existieren auch Kampfszenen zwischen einzelnen Kriegern, und außerdem bevorzugt die Situlenkunst Reihungen, man denke nur an die Tierfriese und friedlichen Aufzüge. Die künstlerische bzw. handwerkliche Umsetzung eines Geschehens ist demnach unbedingt zu berücksichtigen.[24a]

Die Situlenkunst kann somit höchstens als allgemeine Darstellung oder Illustration angesehen werden. Treten schon bei einem Vergleich mit Gräbern Hallstatts Schwierigkeiten auf, so muß besonders davor gewarnt werden, Erscheinungen der Bewaffnung, wie sie uns in den bildlichen Werken dieser Gattung entgegentreten, mit Waffenbeigaben Süddeutschlands und des übrigen Westhallstattkreises zu vergleichen.

Nellissen[25] zieht die Möglichkeit in Betracht, daß die Situlenkunst griechische Vasenbilder kopiert, die wiederum die Bewaffnung auch nur in idealisierender Weise darstellen. Schließlich sind die Hopliten der Chigikanne mit Lanzen, aber nicht mit Schwertern ausgerüstet, die ebenfalls zu ihrer Ausrüstung gehörten. Über die ebenso idealisierenden Darstellungen der Situlenkunst kommt Nellissen zu der Feststellung, daß das Schwert, jetzt allerdings im Bereich der Hallstattkultur, ohne auf Darstellungen und im Grabbrauch aufzutauchen, weitertradiert worden sein kann, um dann in der Latènezeit wieder in Erscheinung zu treten. Zu fragen bliebe allerdings, ob derartige Vorgänge so einfach erklärt werden können, da es schließlich unwahrscheinlich ist, daß bildliche Wiedergaben und nicht die reale Bewaffnung einen derart großen Einfluß auf den Grabbrauch ausüben.[26]

Letztlich bleiben wir auf die Grabfunde angewiesen, und hier sind es wiederum die Dolche, die durch ihre ausgeprägten Formen am ehesten zu Ergebnissen hinleiten können.

---

[22] Man muß aber nicht gleich zu dem Schluß kommen, sie seien demnach nur als Jagdwaffen benutzt worden.

[23] Der mit dem Beil bewehrte Reiterkrieger des Gürtelblechs von Watsch (Lucke/Frey [siehe Anm. 20] Taf. 55) könnte sich seiner Lanzen und Speere bereits entledigt haben. Die auf der Vase Alfonsi (ebd. Taf. 69) dargestellten Krieger sind außer mit dem Beil auch noch mit Helm und Schild sowie zwei Lanzen ausgerüstet.

[24] Dennoch sieht Gabrovec z.B. Pferdegeschirr und Waffen als Statuszeichen des Adels an. Im übrigen spricht er sich gegen eine Übernahme der Phalanx aus. S. Gabrovec, Der Beginn der Hallstattkultur und der Osten. Die Hallstattkultur. Frühform europäischer Einheit (1980) 30ff., bes. 51ff. Zur Waffenbeigabe im Südostalpenraum auch O.-H. Frey, Bemerkungen zur hallstattzeitlichen Bewaffnung im Südostalpenraum. Arheološki Vestnik 24, 1973 (1975) 621–636.

[24a] Zuletzt: A. Eibner, Darstellungsinhalte in der Kunst der Hallstattkultur. Die Hallstattkultur. Symposium Steyr 1980 (1981) 261ff.

[25] Nellissen, Nordbaden 46.

[26] Hierzu auch Frey, Situlenkunst 87, der darauf hinweist, daß durchaus die eigene Umwelt in den Darstellungen zu finden ist.

Grab	Schwert	Dolch	Lanze	Beil	Helm	Br.-Geschirr	Nadel	Fibel-Ost	Gürtelhaken	Fibel sonst.	Gürtelblech	Armring	
789	x	x	3	x	–	2	2	–	–	–	–	2	Eisen-Antennenwaffen
462b	–	x	2	2	–	x	2	–	–	–	–	–	
236	–	x	x	2	–	2	–	–	–	–	–	–	
223	–	x	2	x	–	–	x	–	–	–	–	–	
333	–	x	–	x	–	x	–	–	–	–	–	–	
809	–	x	x	Eisenwaffen	–	x	–	–	–	–	–		
756	–	x	–	–	–	–	2	x	–	–	–	–	
555	–	x	Eisenwaffen	x	–	–	–	–	–	–			
755	–	x	–	–	–	–	x	–	–	–	–	–	
454	–	x	–	–	–	–	–	–	–	–	–	3	
472	–	x	–	–	–	–	–	–	–	–	–	–	
524	–	x	–	–	–	–	–	–	–	–	–	–	
670	–	x	–	–	–	–	x	–	–	–	–	–	
169	–	x	3	–	–	–	–	–	–	–	–	–	
466	–	x	2	x	–	–	–	–	–	–	–	–	Bronze-Antennenwaffen
936	–	x	–	–	–	–	2	–	–	–	–	–	
322	–	x	–	–	–	–	x	–	–	–	–	–	
825	–	x	–	–	–	–	x	–	–	–	–	–	
585	–	x	–	–	–	–	x	–	–	–	–	–	
90	–	x	–	–	–	–	x	–	x	–	–	–	
259	–	x	2	–	x	–	–	–	–	–	–	–	
783	–	x	2	–	–	–	–	–	–	–	–	–	
559	–	x	x	x	–	–	–	–	–	–	–	–	
577	–	x	x	x	–	3	–	2	–	–	–	–	
222	–	x	x	–	–	–	–	–	x	–	–	–	
204	–	x	x	–	–	–	–	–	–	–	–	–	
574	–	x	–	x	–	3	–	x	–	–	–	–	
458	–	x	–	–	–	2	–	–	–	–	–	–	
557	–	x	–	–	–	–	–	x	–	–	–	–	
873	–	x	–	–	–	–	–	–	x?	–	–	–	
588	–	x	–	–	–	–	–	–	x	–	–	–	
766	–	x	–	–	–	–	–	–	x	–	–	–	
203	–	x	–	–	–	–	–	–	x	–	–	–	
509	–	x	–	–	–	–	–	–	–	–	–	–	
587	–	x	–	–	–	–	–	–	–	–	–	–	
11	–	x	4	–	–	–	–	–	–	x	x	–	Dolche-West
32	–	x	2	–	–	–	–	–	–	–	–	–	
769	–	x	x	x	–	2	–	–	–	2	–	–	
18	–	x	x	–	–	–	–	–	–	–	–	–	
13	–	x	x	x	–	3	–	–	–	2	–	2	
702	–	x	–	x	Eisenwaffen	–	–	–	–	–	–		
696	–	x	–	–	–	4	–	–	–	2	x	2	
Ech.	–	x	–	–	–	–	–	–	–	2	x	3	
116	–	x	–	–	–	–	–	–	–	x	x	–	
703	–	x	–	–	Eisenwaffen	–	–	–	–	x	–	x	
33	–	x	–	–	–	–	–	–	–	x	–	–	
1036	–	x	–	–	–	–	–	–	–	x	–	–	
547	–	x	–	–	–	2	–	–	–	–	–	–	„Este-Messer"
667	–	x	–	–	–	2	–	x	–	–	x	–	
611	–	x	–	–	–	x	–	–	–	–	–	–	
741	–	x	–	–	–	x	–	–	–	–	–	–	
51	–	x	–	–	–	–	–	–	–	2	–	x	
664	–	x	–	–	–	–	–	–	–	–	x	–	

Abb. 20. Kombinationsstatistik der Dolchgräber im Gräberfeld von Hallstatt.

Grab	Lanze	Beil	Helm	Br.-Geschirr	Nadel	Fibel-Ost	Gürtelhaken	Fibel sonst.	Gürtelblech	Armring
494	1	–	–	–	–	–	–	2	x	x
71 L	4	–	–	–	–	–	–	1	x	–
316	2	–	–	–	–	–	–	1	–	–
76 L	1	–	–	–	–	–	–	2	–	–
1001	1	–	–	–	–	3?	–	–	x	x
38 L	1	–	–	–	–	x	x	–	–	–
1019	1	–	–	x	–	x	–	–	–	x
175	1	–	–	–	–	2	–	–	–	–
345	1	–	–	–	–	x	–	–	–	–
112	2	–	–	x	–	–	x	–	–	–
34	2	–	–	–	–	3	x	–	–	–
1024	2	–	–	–	–	x	–	–	–	x

Abb. 21. Auswahl der Lanzengräber des Gräberfeldes von Hallstatt mit unterschiedlichen Beigabenzuordnungen.

Es lassen sich vier Gruppen unterscheiden (Abb. 20):
a) Eisenantennendolche, deren Frühdatierung durch Mehrkopfnadeln u. ä. festgelegt wird,
b) Bronzedolche mit Knaufscheiben, die mit Kugelkopfnadeln, aber auch mit Fibeln vorkommen,
c) Bronze- aber auch Eisendolche, die in Verbindung mit westlichen Stücken zu sehen und durchweg nach Ha D zu datieren sind,
d) Dolchmesser, die den sog. Estemessern nahestehen und in der Mehrzahl nach Ha D gehören.

Von diesen vier Gruppen, von denen die Gruppe c ein Gemisch aus mehreren Typen darstellt, sind es nur die seltenen Estemessern ähnelnden Waffen, die nie mit anderen Waffen kombiniert sind. Ansonsten sind alle Zusammenstellungen möglich, so daß eine Zuordnung von bestimmten Waffenkombinationen auf bestimmte Dolchtypen entfällt. Auch die Länge der Stichwaffen hilft nicht weiter, wollte man etwa die Kurzschwerter von den Dolchen trennen. Zwar versammeln sich die meisten Kurzschwerter in der Gruppe a, jedoch sind sie, wenn auch seltener, ebenfalls in der Gruppe b und c anzutreffen. Die vergleichsweise einfache Ausgestaltung der frühen Dolche, nämlich meist in Scheide aus organischem Material, sowie mit einfacher und wohl auch praktischer Griffgestaltung wäre allerdings ein Hinweis auf die Verwendung als Waffe. Da jedoch die frühen Eisendolche sowohl alleine, wie auch in Kombination mit anderen Waffen vorkommen, sind sie in dieser Hinsicht nicht klar von den restlichen Gruppen zu trennen.

Eine letzte Möglichkeit wäre nach den Anregungen Freys[27] die Trennung in eine östliche und eine westlich beeinflußte Kriegergruppe. Von den Waffen ausgehend kann man für Ha D sagen, daß Beile traditionsgemäß einer Ostgruppe zugeteilt werden können, Lanzen alleine sprechen während Ha D sowohl für den Osten wie den Westen und Dolche schließlich lassen sich auf Grund der Verbreitung einzelner Typen in eine Ostgruppe a + b und in eine Westgruppe c aufteilen. Auf Grund von weiteren Beigabenzuordnungen in der Dolchgruppe wurden dann auch die Lanzengräber unterteilt (Abb. 21). Gräber mit Mischinventaren bleiben die Ausnahme.

Gräber, die durch den Dolch als westlich charakterisiert werden, können Bronzegeschirr enthalten, heben sich durch die Beigabe von Gürtelblechen, Kahn- und Schlangenfibeln sowie durch eine häufi-

---

[27] Frey, Hallstattkultur.

gere Beigabe von Armringen ab. Bronzedolche mit Knaufscheibe oder -knopf sind häufig mit Gürtelhaken, Bronzegeschirr, Gitterscheibenfibeln, in einem Fall mit einem Helm vergesellschaftet. Beide Beigabengruppen schließen sich so gut wie immer auch bei den Lanzen aus, wobei sich allerdings der Armschmuck nicht auf eine Gruppe begrenzen läßt.

Festzustellen bleibt also, daß sich die beiden großen, eindeutig nach Ha D datierbaren Dolchgruppen in der Trachtausstattung voneinander unterscheiden. Auch Lanzengräber sind nach diesem Gesichtspunkt zu trennen. Um jedoch einen Vergleich mit Ha C-zeitlichen Erscheinungen ziehen zu können, muß vorher geklärt werden, in welchem zeitlichen Verhältnis die beiden Dolchgruppen zueinander stehen. Bleibt man dabei, Dolche der Gruppe c in Abhängigkeit von westlichen zu sehen, so dürften diese Gräber zum größten Teil nach Ha D2/3 datiert werden, wenngleich sie nicht auf die späteste Hallstattzeit beschränkt werden können. Die z.T. auch mit Nadeln vergesellschafteten Bronzedolche mit Knaufscheiben scheinen dagegen im wesentlichen einer frühen Ha D Phase anzugehören, was Überschneidungen nicht auszuschließen braucht.[28]

Wenn sich auch keine klare Abfolge der Dolchgruppen abzeichnet, so ist trotzdem, nimmt man alle Dolche zusammen, eine interessante Feststellung zu machen. Im Laufe von Ha D dürfte sich der westliche Einfluß verstärkt haben, und in der Folge dieses Vorganges fassen wir gegen das Ende der Hallstattzeit nur noch wenige Dolchträger, ganz im Gegensatz zum Beginn von Ha D. Diese sind bezeichnenderweise mit den reich ausgeschmückten, komplizierten Bronzedolchen versehen. Dies könnte, wie in Südbayern, als Anpassung an Gepflogenheiten der westhallstättischen herrschenden Schicht anzusehen sein. Die im bayerischen wie im oberösterreichischen Raum beliebte Ausstattung der Dolche mit Menschen- und Tierfiguren unterstreicht den besonderen Sinngehalt, der dem Dolch gerade in dieser Zeit zukam.

Wir scheinen auch hier mit den Waffenträgern lediglich die bedeutendsten Männer zu fassen, die höchstens mit Teilen einer kriegerischen Ausstattung beigesetzt wurden. Auch in Hallstatt zeichnet sich, unabhängig von einzelnen Gruppierungen ab, daß dem Dolchträger ein höherer Rang zukam als den übrigen Waffenträgern. Dafür spricht die wertvolle Ausstattung des Dolches und seine häufige Vergesellschaftung mit Bronzegeschirr.

Auch wenn vor allem die frühen Dolch- und Kurzschwertformen Hallstatts als Stichwaffen geeignet sind, so verbietet es schon die Beigabe eines Dolches als einziger Waffe, das vorliegende Waffenspektrum oder einzelne Waffenkombinationen als Spiegelbild der damaligen Bewaffnung anzusehen.[29] Durch die Ausschnitthaftigkeit der Beigabenauswahl werden uns auch hier in unseren Interpretationsmöglichkeiten vorerst klare Grenzen gesetzt.

ZUSAMMENFASSUNG

Die zeitliche Gliederung der Dolche bildete die Voraussetzung zu einer Analyse der Waffenbeigabe innerhalb des Westhallstattkreises, da sonst wenige Anhaltspunkte zu einer zeitlichen Festlegung vieler Waffengräber vorliegen. Abgesehen von den Fällen, in denen die Fibelbeigabe zu verzeichnen ist, sind Männergräber mit chronologisch wenig empfindlichen Beigaben ausgestattet.

---

[28] Bei Hallstatt, Grab 574 (Dolchkat. Nr. 63) wird von Drehscheibenkeramik gesprochen.

[29] Regelhaftigkeiten, wie sie sich in den oben angedeuteten Kombinationen von Trachtbestandteilen und Waffen zeigen, könnten gleichzeitig ein Hinweis darauf sein, daß sich Fundvermischungen innerhalb des Gräberfeldes von Hallstatt in Grenzen halten.

Zusammenfassung

Um Waffengräber in ihrer Bedeutung besser fassen zu können, war es nötig, waffenführende Nekropolen kleinräumig zu analysieren. Auf Grund der Quellenlage, des Forschungsstandes und des – soweit bisher erfaßbar – differenzierten Sozialgefüges, bot es sich an, eine derartige Untersuchung exemplarisch am baden-württembergischen Waffenmaterial durchzuführen, zumal in Baden-Württemberg der Verbreitungsschwerpunkt der Hallstattdolche liegt.

Durch die unterschiedliche Zusammensetzung der Waffenbeigabe ließen sich der oberschwäbische Raum, das Gebiet der Ostalb und Nord-Württemberg gegeneinander abgrenzen. Diese Kleinräume wurden gesondert, von einzelnen Gräberfeldern ausgehend, auf Ausstattungsregeln oder Rangunterschiede in bezug auf die Waffenbeigabe untersucht.

Zwar konnte gezeigt werden, daß überregional die Lanzenbeigabe vorherrscht und daß während Ha D1 ein enger Bezug zwischen bestimmten Dolchtypen und bestimmten Fibeltypen herzustellen ist, daß aber ansonsten überregionale Ausstattungsnormen nicht bestanden. Wenn die Waffengräber auch jeweils die bedeutendsten Männergräber darstellen und innerhalb mehrerer gleichzeitiger Waffengräber einer Nekropole häufig eine Art Rangordnung zu erkennen ist, muß doch betont werden, daß es als typisch für die Ha D-zeitliche Waffenbeigabe anzusehen ist, daß feste Ausstattungsvorschriften großräumig anscheinend nicht üblich waren. Einzelne benachbarte Gräberfelder können sich von ihren Belegungs- und Beigabensitten her so stark voneinander unterscheiden, daß man ihre Waffenträger nur ungern miteinander vergleichen möchte. Man denke etwa an Gräberfelder mit nur einem Waffenträger, an solche, in denen fast jeder Mann Waffen mit ins Grab bekam, oder daran, daß es z. T. den Anschein hat, als wären in einem Hügel bzw. einem Gräberfeld ausschließlich Männer bestattet worden.

Vor einem derartigen Hintergrund erwies es sich als problematisch, die Frage nach der Funktion des Dolches und anderer Waffen im Grabbrauch zu stellen.

Einige Punkte sprechen dafür, daß Waffen gleichsam als Abzeichen beigegeben wurden, und daß den Waffenträgern innerhalb ihres Sozialgefüges eine besondere Stellung zukam. Für den Dolchträger ergibt sich dies aus der Kostbarkeit der Waffe selbst, aus der Tatsache, daß Dolche in „Fürstengräbern" vorkommen und daraus, daß der „Krieger von Hirschlanden" einen Dolch trägt. Auch alle übrigen Waffenarten können in „Fürstengräbern" liegen. Ab Ha D2 erscheint die Waffenbeigabe, besonders die der Dolche, stark reglementiert und wird sehr selten.

Es ist denkbar, daß die im Detail kleinräumigen Regelungen während Ha D1 durch eine größere Zentralisierung von Macht in den späten Ha D-Phasen abgelöst wurden. Ein Wandel innerhalb der gesellschaftlichen Struktur könnte damit einhergehen. Leider war es auf Grund der schlechten Materialbasis nur möglich, Tendenzen aufzuzeigen. Moderne, gut dokumentierte Grabungen sind die Voraussetzung, um den Hintergrund der Waffenbeigabe, intensiver als es hier möglich war, zu durchleuchten.

Gleichzeitig wird deutlich, daß eine derartige Materialbasis auch nicht dazu geeignet ist, als Grundlage für Aussagen zu Bewaffnung und Kampftechnik zu dienen. Neben sinnlosen Waffenkombinationen muß auffallen, daß die Beigabe einer Vollbewaffnung, ja die Beigabe von Schutzwaffen schlechthin fehlen, und daß, denkt man an die in benachbarten Gebieten vereinzelt zu verfolgende Schwertbeigabe, nicht einmal sämtliche bekannten Angriffswaffenarten in Baden-Württemberg zur Grabausstattung gehörten. Hinzu kommt, daß in benachbarten Gebieten unterschiedliche Waffenkombinationen, ja Waffenarten bevorzugt beigegeben wurden und daß die Waffenbeigabe im Laufe von Ha D immer seltener geübt wurde.

Die Voraussetzung für einen Entwurf der Ha D-zeitlichen Bewaffnung wäre gewesen, daß mit einer gewissen Sicherheit mit den beigegebenen Waffen zugleich die wichtigsten Bestandteile der damaligen Bewaffnung zu fassen sind. Daß diese Voraussetzung nicht gegeben ist, wurde für Baden-Württemberg durch die kleinräumige Analyse der Waffenbeigabe klar. Deren hauptsächliches Ergebnis besagt, daß

Ausstattungsnormen nur in den seltensten Fällen festzustellen sind, und daß sie, wenn vorhanden, mehr auf den allgemeinen Rang der Waffenträger denn auf deren spezielle Funktion im Kampfgeschehen hinweisen. Hiermit soll nicht gesagt sein, daß die beigegebenen Waffen nicht auch als militärische Rangabzeichen interpretiert werden können; doch müssen Deutungsversuche in diese Richtung Spekulation bleiben.

Für die restlichen Teilgebiete des Westhallstattkreises waren derartige Untersuchungen nicht möglich, wären aber in Hinblick auf Aussagen zu den Themen Sozialstruktur und Bewaffnung nötig. Soweit Schlüsse aus dem Waffenmaterial zu ziehen sind, weisen diese allerdings in eine ähnliche Richtung wie die an Baden-Württemberg erarbeiteten Ergebnisse.

Weder im gesamten Westhallstattkreis noch in Hallstatt selbst läßt die Zusammensetzung der Waffenbeigabe direkte Schlüsse auf die Bewaffnung zu und sogar für den Fall, daß Schutzwaffen beigegeben wurden, wie es bei Sesto-Calende beobachtet werden konnte, können die Waffenkombinationen im einzelnen daran zweifeln lassen, daß sich in der Waffenbeigabe die tatsächliche Ausrüstung des Kriegers spiegelt.

Zwar lassen sich die einzelnen Teilgebiete durch ihre Waffenbeigabe klar voneinander absetzen, doch fällt auf, daß durchweg eine gewisse Abzeichenhaftigkeit in der Waffenbeigabe zu verfolgen ist. Dies konnte für Baden-Württemberg ausführlich dargelegt werden. Für Südbayern zeichnete sich ab, daß neben den Dolchen auch die Lanzen als Rangabzeichen einzustufen sind, zumal sie noch häufiger als Dolche in reich ausgestatteten Gräbern vorkommen. In Ostfrankreich ist die Beigabe von Ha D-zeitlichen Waffen, vor allem Lanzen, selten nachzuweisen, demnach stark reglementiert gewesen. Hier wie in Bayern könnten kleinräumige Untersuchungen weiterführen.

Ostfrankreich und der Schweiz ist die Beigabe früher Antennenwaffen, z.T. Schwerter und Kurzschwerter, gemeinsam, die jedoch in keinem Fall mit Lanzen vergesellschaftet sind, welche in der Schweiz z.T. schon am Ende von Ha C anzusetzen sind. Die Abzeichenhaftigkeit der Beigabe nur eines Dolches oder eines Kurzschwertes spricht für sich. Bedenkt man außerdem, daß im Schweizer Jura, im Gegensatz zum Mittelland, Dolche und Kurzschwerter in erster Linie Gewässerfunde darstellen, so scheinen hier eher Jenseitsvorstellungen greifbar zu werden, als daß sich uns das Bild der damaligen Bewaffnung erschließt.

Für Hallstatt ist darauf zu verweisen, daß auch hier Vollbewaffnungen fehlen und Dolche häufig die alleinige Waffenbeigabe darstellen. Auch hier dürften die Dolchträger besonders hervorgehoben gewesen sein: Die Bronzegeschirrbeigabe konzentriert sich in Waffengräbern in starkem Maße auf die Dolchgräber; in Hallstatt liegt einer der Verbreitungsschwerpunkte der als Prunkdolche anzusprechenden Bronzedolche mit komplizierter Knauf- und Scheidengestaltung; der mit Goldblech überzogene Eisendolch des Grabes 696 unterstreicht dieses Bild.

Somit ist für den gesamten Westhallstattkreis, einschließlich Hallstatt, davon auszugehen, daß die Waffenbeigabe eher symbolisch geübt wurde, daß wir mit den Waffenträgern und ganz besonders mit den Dolchträgern zwar bedeutende Persönlichkeiten fassen, die aber nicht unbedingt als „Krieger" anzusprechen sind.

Zur Frage der Kampftechnik ist abschließend zu bemerken, daß, da die Beigabe von Vollbewaffnungen, figürliche und schriftliche Darstellungen der Bewaffnung für das fragliche Gebiet fehlen, hierzu keine gesicherte Aussage zu machen ist. Allerdings ist zu bedenken, daß es in südlich angrenzenden Gebieten klar bezeugt ist, daß die Lanze zur Hauptwaffe wurde. Daher möchte man annehmen, daß, da sich überlegene Kampfesweisen durchzusetzen pflegen und die Lanze vorwiegend den am häufigsten beigegebenen Waffentyp darstellt, auch im Westhallstattkreis und Hallstatt die Lanze im Kampfgeschehen eine wesentliche Rolle spielte.

Hierüber darf jedoch nicht vergessen werden, daß wir mit der Waffenbeigabe, durch den Filter des Grabbrauches bedingt, während der späten Hallstattzeit höchstens Ausschnitte der damaligen Waffenausrüstung zu fassen bekommen. So bleibt als Ergebnis zu diesem Fragenkomplex eine gewisse Relativierung der Aussagen Kossacks zu Bewaffnung und Kampftechnik sowie die Feststellung, daß nur kleinräumige Analyse geeignet scheinen, Fragen wie die nach der Funktion der Waffenbeigabe im Grabbrauch bzw. nach der Stellung des Waffenträgers innerhalb seines Sozialgefüges, näherzukommen.

ANHANG: WAFFENKATALOG BADEN-WÜRTTEMBERG

Die Anordnung des Waffenkataloges ist alphabetisch. Es wurden nur die Fundorte, nicht aber die Gemarkungen numeriert. Die Dolchgräber sind lediglich einmal und zwar im Dolchkatalog aufgeführt; auf die Dolchkat. Nr. wird jeweils verwiesen. Sofern Inventarnummern angegeben sind, beziehen sich diese auf die Waffen.

Ein Großteil der Waffengräber ist auch in der ungedruckten Dissertation von H. Zürn, Die Hallstattzeit in Württemberg (Tübingen 1941) enthalten, deren Katalog Verf. zur Verfügung stand, wofür Herrn Dr. Zürn an dieser Stelle herzlich gedankt sei. Auf die ständige Wiederholung der Literaturangabe „Zürn, Hallstattzeit" wurde verzichtet; sie wurde nur dort eingesetzt, wo sie die einzige Literaturangabe darstellte.

1. Altsteußlingen, Kr. Ehingen. – Aus zwei Grabhügeln: u.a. Eisenlanzenspitze in zwei Teilen. – *Datierung*: Ha D. – Mus. Stuttgart (72/3). – Lit.: Fundkartei LM. Stuttgart.

2. Asch, Kr. Ulm. – „Attenlau"; Grabung ca. 1860; aus größerer Anzahl von Hügeln: u.a. Eisenlanzenspitze, erh. L. 9,5 cm. – Grabung 1883; aus 20 Hügeln: u.a. Eisenlanzenspitze, erh. L. 14,0 cm; Lanzenfragment aus Eisen, erh. L. 6,8 cm; Tüllenbruchstück einer Eisenlanze. – *Datierung*: Ha D. – Mus. Stuttgart (Inv. d. Slg. Urach 1245, 1249, A 3286). – Lit.: Oberamtsbeschr. Blaubeuren (1830) 17; Goessler, Oberamtsbeschr. Blaubeuren 24f.; Zürn, Veröffentlichungen Kreise Göppingen und Ulm 15 Taf. 3, 14; Taf. 4, A 6.

3. Asperg, Kr. Ludwigsburg. – „Grafenbühl"; Grabung 1964/65; beraubtes Zentralgrab in Kammer, Doppel(?)körperbestattung; Teil einer Pfeilspitze(?) aus Eisen; Wagen; Bronzekesselteile; zwei Füße eines Dreifußes; Elfenbeinteil eines Spiegels(?); Elfenbein-, Bein- und Bernsteinplättchen und -bruchstücke; Goldfäden; Goldfolien; Goldblech (zur Kleidung gehörig?); Bronzenadel; vergoldete Fußzierfibel; zwei Sphingen aus Bein, Elfenbein und Bernstein; Bronze- und Eisenbruchstücke. – *Datierung*: Ha D3. – Mus. Stuttgart. – Lit.: Zürn, Nordwürttemberg 7ff. Taf. 18, 5; Pauli Nordwürttemberg 56ff.

4. Bargen, Kr. Singen. – Hgl. B; Körperbestattung: zwei Eisenlanzenspitzen; Bronzebecken; Eisenstück; Holzreste. – Hgl. E; Körperbestattung 1 in Kammer: zwei Eisentüllenpfeilspitzen; Eisenpfeilschuh; Eisengegenstand; Eisenfibel mit Armbrustkonstruktion; Eisengürtelhaken; Eisenring. – *Datierung*: Ha D2. – Mus. Singen. – Lit.: Wamser, Mauenheim.

5. Berghülen, Kr. Ulm. – „Buch"; Grabung 1884; beim Ausgraben des größten von drei Grabhügeln gefunden(?): Eisenlanzenspitze, erh. L. 27 cm; aus dem gleichen Hügel: Schwertrest. – *Datierung*: Ha D(?). – Mus. Stuttgart. – Lit.: Fundber. Schwaben NF. 8, 1935, Anhang 1, 23; Zürn, Veröffentlichungen Kreise Göppingen und Ulm 17 Taf. 12, A 2.

6. Bichishausen, Kr. Münsingen. – „Markung B"; erworben 1901; Hgl. 1: Eisenmesser, erh. L. 21,0 cm. – *Datierung*: Ha D(?). – Mus. Stuttgart (11 548). – Lit.: Fundkartei LM Stuttgart.

7. Billingsbach, Kr. Crailsheim. – „Dachsbühl"; beim Fuchsgraben wurden angeblich „Lanzenspitzen und Säbel" gefunden. – Lit.: Fundber. Schwaben 8, 1900, 26.

8. Bittelbrunn, Kr. Konstanz. – 1914/15 wurden fünf Hügel gegraben; Hgl. 1: unklare Fundverhältnisse u.a. kleine Bronzepfeilspitze. – Hgl. 2: zwei Eisenlanzenspitzen (unklare Fundlage), L. 18,6 cm; zwei Schlangenfibeln; Becher; Urne; Schälchen. – *Datierung*: Ha D1. – Mus. Donaueschingen (835. 836). – Lit.: Schriften des Hist. Ver. Donaueschingen 15, 1924, 39f.; Rest, Hallstattzeit in Baden.

9. Bittelschieß, Kr. Sigmaringen (siehe Dolchkatalog Nr. 168).

10. Bitz, Kr. Balingen. – „Schwantal"; Grabung Ende 19. Jh.: zwei Eisenlanzenspitzen (nicht erh.); eventuell dazugehörig: Ha D-Wagenteile; Goldohrring; Eberzahn; Keramik. – *Datierung:* Ha D1(?). – Mus. Sigmaringen. – Lit.: Paulus, Oberamtsbeschr. Balingen 244; ders., Altertümer 56; Lindenschmit, Sigmaringen 203 Taf. 7; Föhr/Mayer 23; Fundber. Schwaben N.F. 8 (1935) Anhang 1, 23.

11. Bleichstetten, Kr. Reutlingen (siehe auch Dolchkatalog Nr. 95). – „Vor Urlach"; Grabung 1896/97; Gr. 3: neun Eisenpfeilspitzen; Eisenreste; Bronzepinzette; sechs nicht mehr zu identifizierende Gefäße. – *Datierung:* Ha D. – Mus. Stuttgart (11017). – Lit.: Fundber. aus Schwaben 5, 1897, 2; Goessler, Oberamtsbeschr. Urach 148 f.

12. Böblingen (siehe auch Dolchkatalog Nr. 127). – Wald „Brand"; Grabung 1966–1971; Hgl. 13, Gr. 2; Körpernachbestattung in Kammer, SSO–NNW: Eisenspeer(?)spitze, L. 9,0 cm (am Fuß?); Bronzepaukenfibel; Tonscherben. – Hgl. 13, Gr. 10; Körpernachbestattung in Kammer, SSO–NNW: Eisenspeer(?)spitze, L. 10,5 cm; zwei Bronzepaukenfibeln. – *Datierung:* Ha D2. – Mus. Stuttgart (V 72; 68, 75). – Lit.: Fundber. Baden-Württemberg 4, 1979, 62. 64 Abb. 62, 1; 67, 4.

13. Böttingen, Kr. Münsingen (siehe auch Dolchkatalog Nr. 10). – „Ludwigshöhe"; Grabung 1895: zwei Eisenlanzenspitzen, L. 17 und 21 cm; Eisenmesserklinge, erh. L. 26 cm; halbmondförmiges Eisenmesser; Bronzeringchen und Hälfte eines zweiten; tüllenförmiger Bronzeanhänger an Ring. – *Datierung:* Ha D; Mus. Stuttgart (11458 b).
„Münsingen", südlich der Ludwigshöhe; Grabung 1895; aus einem Hgl., „Grab III": Eisenmesser mit geschweifter Klinge, L. 25 cm; glattes Bronzegürtelblech; Bronzehohlring mit glockenförmigem Anhänger; Teil eines zweiten; Bronzehohlringrest; Bronzeringrest; Bronzepinzettenbruchstücke; Bronzepfriem; zwei Bronzeringchen; Eberzahn; Urne mit Graphitbemalung; unverzierte Urne; Schälchen. – „Grab II" (siehe auch Dolchkatalog Nr. 10): zwei Eisenlanzenspitzen; Eisenschwert; zwei Teile eines sichelförmigen Werkzeuges (Rasiermesser?); Bronzegehänge; Tongefäßrest. – *Datierung:* Ha D. – Mus. Stuttgart (11458). – Lit.: Goessler, Oberamtsbeschr. Münsingen 216; Fundber. Schwaben 8, 1900, 8.

14. Bolheim, Kr. Heidenheim. – „Mönchshau"; Grabung 1904; Hgl. 2: in Urne mit Leichenbrand (zusammengehörig?) Eisenlanzenspitze, L. 27,6 cm; Schale (nach Fundber. kl. Aschengefäß aus Bronze). – *Datierung:* Ha D(?). – Mus. Heidenheim. – Lit.: Hertlein, Heidenheim 17; Fundber. Schwaben 12, 1904, 120.

15. Bremelau, Kr. Münsingen. – „Mönchsbuch"; Grabung 1905; Eisenmesser, erh. L. 12,5 cm; Eisenmeißel; Eisenpfriem; Wetzstein; Scherben. – *Datierung:* Ha D(?). – Mus. Stuttgart (nicht auffindbar).

„Oberlau", Grabung 1904; Hgl. IV, Körpernachbestattung 1: Eisentüllenpfeilspitze, L. 6,5 cm. – *Datierung:* Ha D. – Mus. Berlin (II c 4499). – Lit.: Fundber. Schwaben 12, 1904, 115; 13, 1905, 10; Goessler, Oberamtsbeschr. Münsingen 217.

16. Buchheim, Kr. Freiburg. – „Bürgle"; Grabung 1884; Großer Hgl. (nur Hglmitte untersucht), Körperbestattung 1: zwei Eisenlanzenspitzen, erh. L. 5 u. 7 cm, rechts vom Schädel. – Körperdoppel(?)bestattung 2: Eisenlanzenspitze, L. 20,5 cm, neben Schädel; weitere Funde (Pferdegeschirr, Wagenteile [?], Beinaufsatz) nicht sicher zugehörig. – Körperbestattung 3 (älterer Mann), S–N: zwei Eisenlanzenspitzen. – Körperbestattung 4 (in Sarg), O–W: drei Lanzenspitzen, L. 32,5 cm; 33,5 cm; 38 cm, rechts vom Schädel. – *Datierung:* Ha D(?). – Mus. Karlsruhe (C/4884, 4885). – Lit.: Wagner, Hügelgräber 24 ff.; ders., Fundstätten I 214 ff.; Rest, Hallstattzeit in Baden.

17. Buchheim, Kr. Stockach (siehe auch Dolchkatalog Nr. 209, 210). – Hgl. 3, 1897, Körperbestattung 3, N–S: (zu einer Bestattung gehörig?) zwei Eisenlanzenspitzen, L. 25 cm; 30 cm rechts vom Schädel; zwei Bronzedrahtarmringe (rechts); Bronzearmreif (links); Eisenkropfnadel; Eisenreste; Tongefäß. – Hgl. 2, 1897: Eisenmesser, L. 23 cm, links vom Körper (nicht erh.). – Hgl. 4, Mai 1898: kleines Eisenmesser, bei Eberknochen. – Hgl. Nov. 1898: u.a. zwei Eisenlanzenspitzen (nicht erh.). – *Datierung:* Ha D. – Mus. Berlin, Karlsruhe, London. – Lit.: Prähist. Bl. 2, 1890, 65; 5, 1893, 33; 9, 1897, 81; Wagner, Fundstätten I 38 ff.; Rest, Hallstattzeit in Baden; H. Zürn/S. Schiek, Die Sammlung Edelmann im Britischen Museum zu London. Urkunden zur Vor- und Frühgeschichte aus Südwürttemberg-Hohenzollern (1969) 19 ff. Taf. 15, B; 18; Fundakten Mus. Karlsruhe.

18. Büsingen, Kr. Konstanz. – Aus Hügeln oberhalb Büsingen u.a. Speerspitze und Eisenmesser. – *Datierung:* Ha D. – Mus. Schaffhausen. – Lit.: Wagner, Fundstätten I 17 ff.; Westdt. Zeitschr. 1886, 192.

19. Crailsheim (siehe Dolchkatalog Nr. 199).

20. Dalkingen, Kr. Aalen. – „Wagenhart" (Schwabsberg); Grabung 1820: Eisenlanze und Urne (nicht erh.); nach Paulus zwei Hgl. mit Eisenwaffen und Gefäßen. – *Datierung:* Ha D(?). – Funde verschollen. – Lit.: Paulus, Altertümer 92; ders. Oberamtsbeschr. Ellwangen 327.

21. Dautmergen, Kr. Balingen. – „Heuburg"; Grabung 1976; Körpernachbestattung: Eisenlanzenspitze. – *Datierung:* Ha D. – Mus. z.Z. Tübingen. – Lit.: Arch. Ausgrabungen 1976, 18 ff.

22. Deckenpfronn, Kr. Calw. – „Hohwiel"; Grabung 1938; Körpernachbestattung 2, W–O: Eisenlanzenspitze(?) an rechter Schulter; Eisenreste an linker Hüfte;

Paukenfibel; figürlich verziertes Bronzegürtelblech; dabei drei Gagatperlen und Eisenringreste. – *Datierung:* Ha D2. – Mus. Stuttgart (außer Fibel nicht erh.). – Lit.: Fundber. Schwaben N.F. 11, 1950, 68 ff.
23. **Dettingen-Steinenberg,** Kr. Konstanz. – Aus Grabhügel, Körperbestattung in Steinsetzung: zwei Eisenspeer(?)spitzen, L. ca. 10 u. 13 cm. – *Datierung:* Ha D. – Mus. Unteruhldingen. – Lit.: unpubliziert(?)
24. **Dietenheim,** Kr. Ulm. – Grabung 1939; Hgl. 1: u.a. Reste von Eisenmesser. – Hgl. 2: Eisenlanzenteile. – *Datierung:* Ha D(?). – Funde verschollen. – Lit.: Fundber. Schwaben N.F. 8, 1935, 69.
25. **Dollhof,** Kr. Saulgau. – Hgl. 1 von 1893: Bruchstücke einer Bronzepfeilspitze; Bruchstück einer Schwert- oder Dolchspitze; Bronzehohlarmringteile; Bronzeringchen, z.T. von Kettengliedern(?); Bronzefragment mit Eisenresten. – *Datierung:* Ha D. – Mus. Stuttgart (A 1187a, nicht aufzufinden). – Lit.: Fundber. Schwaben 1, 1893, 19; Goessler, Oberamtsbeschr. Riedlingen 190 Abb. 4. 9. 10.
26. **Dormettingen,** Kr. Balingen. – „Eisenloch"; Grabung 1939; Hgl. 9, Körperbestattung in Kammer, SO–NW: Eisenlanzenbruchstücke; drei Bronzedrahtarmringe am linken Unterarm; hohler Bronzehalsring. – Hgl. 3, Gr. 5 (nicht zentriert): Eisenschwertreste. – *Datierung:* Ha D. – Mus(?). – Lit.: Fundber. Schwaben 4, 1896, 1; N.F. 8, 1935, 69; N.F. 11, 1950, 71 ff.
27. **Dottingen,** Kr. Münsingen. – „Am Marbacher Weg"; Grabung 1901; Hgl. 24: Eisenlanzenspitze, L. 39 cm (eventuell zur Körpernachbestattung gehörig, zu der eine Bronzeschlangenfibel zu zählen ist). – Hgl. 11: Schwertgrab. – *Datierung:* Ha D1(?). – Mus. Stuttgart (11 588). – Lit.: Fundber. Schwaben 9, 1901, 2f.; Bl. d. Schwäb. A. V. 1902, 259; Goessler, Oberamtsbeschr. Münsingen 212 ff.
28. **Dußlingen,** Kr. Tübingen. – „Eichbuckel"; Grabung 1890; Hgl. mit 8 Bestattungen: Gr. 1: Eisenlanzenspitzenrest, erh. L. 6,8 cm; Goldblechhalsreif; Goldblecharmreif; sieben Bronzeringchen; Eisenhaken; Bronzebecken; (nach Fundber. auch Eisen-Toilettebesteck; Eisen- und Bronzereste). – Gr. 4: zwei Eisenlanzenspitzen (nicht erh.); zwei Bronzefibeln; Bronzenadel. – Keiner Bestattung zuzuweisen sind nach Schiek: Eisenlanzenspitze, erh. L. 16,2 cm; Reste von einer bis zwei Lanzenspitzen. – *Datierung:* Ha D2. – Mus. Stuttgart (10 879). – Lit.: Fundber. Schwaben 4, 1896, 2; Paulus, Kunst- und Altertumsdenkmale, Schwarzwaldkreis (1897) 367f.; Schiek, Fürstengräber 17.
28A. **Eberdingen-Hochdorf,** Kr. Ludwigsburg (siehe Dolchkatalog Nr. 168A).
29. **Ebingen,** Kr. Balingen (siehe auch Dolchkatalog Nr. 139. 140. 153). – „Schmiechatal", Grabung 1932;

Hgl. 1, Gr. 3, Körperbestattung, NO–SW: Eisenlanzenspitze, L. 25 cm; Eisenlanzenschuh; Bronzeringchen; eine Eisen- und zwei Bronzefußzierfibeln. – Hgl. 2, männliche Bestattung: zwei Eisenlanzenspitzen; vier Bronzebogenfibeln; Bronzeschlangenfibelfragment; Armreif (möglicherweise zwei Gräber). – *Datierung:* Ha D1; Ha D3. – Mus. Ebingen. – Lit.: Fundber. Schwaben N.F. 8, 1935, 70 ff. Anhang I 23; Mannus-Bibliothek 30, 1938, 405; Grabungsakten Mus. Ebingen.
30. **Echterdingen,** Kr. Esslingen. – „Federlesmad"; Grabung 1833; Eisenlanzenspitze (nicht erh.); Eisenmesserrest (nicht erh.); zwei Bronzearmringe. – Keinem der Hgl. mehr zuzuweisen: Tülle einer Eisenlanzenspitze. – *Datierung:* Ha D. – Mus. Stuttgart. – Lit.: Schrift. d. Württ. A. V. I., 5, 1859, 21; Paulus, Altertümer 50; Schrift. d. Württ. A. V. II, 1, 1869, 36.
31. **Eggingen,** Kr. Ulm. – „Fürschwellen"; Grabung 1885; Bestattung mit Eisenlanzenspitze, erh. L. 14,8 cm, rechts vom Kopf. – *Datierung:* Ha D(?). – Mus. Stuttgart (A 33/109). – Lit.: Goessler, Oberamtsbeschr. Blaubeuren 28; Föhr/Mayer, Hügelgräber 36. 54; Zürn, Kreise Göppingen und Ulm 21 Taf. 12, C 6.
32. **Eglingen,** Kr. Münsingen (siehe auch Dolchkatalog 112). – „Hüttenstuhl"; Grabung 1900/01; Hgl. 2, Körperbestattung S–N: Eisenlanzenspitze (verschollen). – *Datierung:* Ha D(?). – Mus. Tübingen. – Lit.: Fundber. Schwaben 9, 1901, 13; Goessler, Oberamtsbeschr. Münsingen 221; Hedinger, Archiv f. Anthropologie 28, 1903, 1 u. 2. Heft 3. 5.
33. **Ehingen.** – „Beckenhau"; Grabung 1877; Hgl. 2, Körperbestattung: Eisenlanzenspitze (nicht erh.); Gürtelblech; Bronzefibel; Scherben; (eventuell zugehörig: Eisenlanzenspitze, L. 21 cm). – *Datierung:* Ha D. – Mus. Stuttgart.
Grabung 1908; Hgl. 1, Gr. 3, Körperhaupt(?)bestattung: zwei Eisenlanzenspitzen, L. 26 cm (nicht erh.); Gürtelbeschlagrest(?); Topf. – *Datierung:* Ha D. – Mus. Ehingen. – Lit.: Oberamtsbeschreibung Ehingen (1893) 287; Fundber. Schwaben 2, 1894, Erg. H. 55; 16, 1908, 20.
34. **Erbstetten-Kirschenhardthof,** Kr. Backnang. – „Brand"; Grabung 1930; Hgl. 2, Fundpunkt 4: Eisenlanzenspitze, erh. L. 4,5 cm. – *Datierung:* Ha D(?). – Mus. Stuttgart (A 30/116). – Lit.: Fundber. Schwaben N.F. 5, 1930, 41 ff.
35. **Erkenbrechtsweiler,** Kr. Nürtingen (siehe auch Dolchkatalog Nr. 169). – „Burrenhof"; Grabung 1893; Hgl. 2, Gr. 3: Eisenlanzenspitze (nicht erh.); Keinem bestimmten Hgl. mehr zuzuweisen: fünf Eisenlanzenspitzen in Teilen; Eisenmesserrest. – *Datierung:* Ha D. – Mus. Stuttgart (A 1199). – Lit.: Fundber. Schwaben 1, 1893, 19, 30; N.F. 8, 1935, Anhang 21; Goessler, Ober-

amtsbeschr. Urach 139; Bl. d. Schwäb. A.V. 1905, 385; Zürn, Veröffentlichungen Stuttgart, Böblingen, Nürtingen, 30f.

36. Esslingen, Neckar. – „Saileshau"; nicht sicher einer Bestattung zuzuordnen: Tülle einer Bronzepfeilspitze. – *Datierung:* Ha D(?). – Mus. (?). – Lit.: Fundber. Schwaben N.F. 13, 1954, 41.

37. Ewattingen, Kr. Waldshut. – „Burkard"; Grabung 1965, Fingerlin; Hgl. A; Körperbestattung 3, SO–NW: zwei Eisenlanzenspitzen, erh. L. 24 cm; 10,5 cm, rechts neben Kopf; Eisenmesser, erh. L. 25 cm, links neben Füßen; glattes Bronzegürtelblech; zwei Schlangenfibeln (S 4), an rechter Schulter; Glas-, Gagat- und Bernsteinperlen; Bronzekessel; zwei Bronzeschalen. – *Datierung:* Ha D1. – Mus. Freiburg(?). – Lit.: S. Schiek, Der „Heiligenbuck" bei Hügelsheim. Fundber. Baden-Württemberg 6, 1981, 293 (Festschr. Zürn).

38. Gammertingen, Kr. Sigmaringen. – „Schrot"; Grabung 1927; Gr. V, Körperbestattung: Teile zweier Lanzenspitzen; Eisenmesser, L. 25 cm; zwei Bronzepaukenfibeln mit Fußzier. – *Datierung:* Ha D3. – Mus. Sigmaringen. – Lit.: Fundber. Schwaben N.F. 4, 1928, 154.

39. Gauselfingen, Kr. Sigmaringen (siehe Dolchkatalog Nr. 76).

40. Geißlingen, Kr. Waldshut. – „Hardtwald"; Grabung 1896; Hgl. 2, unklare Fundverhältnisse, jedoch sehr wahrscheinlich zusammengehörig: zwei Eisenlanzenspitzen, erh. L. 8,2 cm; 9,5 cm (urspr. 11,5 cm); Reste von halbmondförmigem Eisenmesser. – *Datierung:* Ha D. – Mus. Karlsruhe (C 7187). – Lit.: Wagner, Fundstätten I 131 ff.; Rest, Hallstattzeit in Baden; Bad. Fundber. Sonderheft 11, 1969, 137f. Taf. 109, 1–3.

41. Gerlingen, Kr. Leonberg. – „Löhle"; Grabung 1957; Hgl. 2, Körperbestattung 3, S–N: Bronzetüllenpfeilspitze, L. 5,4 cm, neben rechter Schulter; Schlangenfibel (S 5); glattes Bronzegürtelblech; Eisenteile; Tierknochen. – Hgl. 2, Körperbestattung 4 in Kammer (unter Best. 3): Eisenteile neben linkem Bein (anscheinend vom Haken, der mit Bronzenieten am Ledergürtel befestigt war), Waffe? – Hgl. 3, Körperbestattung 2, SSO–NNW: Eisenlanzenrest, erh. L. 10,3 cm, neben rechter Schulter; Bronzeoberarmring (links); zwei Paukenfibeln. – Hgl. 4, Körperbestattung, S–N: zwei Eisenlanzenspitzen, erh. L. 22 cm, 26 cm, links oberhalb vom Kopf; Bronzehalsring; Bronzeschlangenfibel (4?); glattes Bronzegürtelblech. – *Datierung:* Ha D1; Ha D2. – Mus. Stuttgart (V 58/14). – Lit.: Fundber. Schwaben N.F. 15, 1959, 153 ff. Taf. 30, 2; Pauli, Nordwürttemberg 74f.

42. Großengstingen, Kr. Reutlingen. – Eisenlanzenspitze, L. 37 cm. – *Datierung:* Ha D(?). – Stuttgart (10 501). – Lit.: Fundkartei LM Stuttgart.

43. Hailtingen, Kr. Saulgau. – „Lachenhau"; Grabung 1851–1877; Funde den ca. 30 Hügeln nicht mehr sicher zuzuweisen: u.a. Reste von Eisenmessern und ca. sechs Lanzenspitzen. – Nach Oberamtsbeschreibung: Hgl. 1. Eisenlanzenspitze; Eisenring von Bronzekessel; zwei Bronzegefäße. – Hgl. 2: vier Eisenlanzenspitzen; Bronzesitula; daneben: zwei Eisenlanzenspitzen; Bronzekessel; Gefäße, Tierknochen. – Aus mehreren Hügeln: zwei Lanzen; Messerreste. – *Datierung:* Ha D. – Mus. Riedlingen. – Lit.: Verhandl. d. V. Kunst und Altertum f. Ulm und Oberschwaben (1855) 89; Paulus, Altertümer 121; Goessler, Oberamtsbeschr. Riedlingen 220f.

44. Schwäbisch Hall. – Unter den Funden von wahrscheinlich Niedernhall und Kirchberg, die nicht mehr zuzuordnen sind: zwei Eisenlanzenspitzen, L. 17,5 cm, 21,5 cm. – *Datierung:* Ha D(?). – Mus. Hall (79). – Lit.: Zürn, Hallstattzeit.

45. Harthausen a.d. Scheer, Kr. Sigmaringen (siehe auch Dolchkat. Nr. 85); „Roppelauwald"; Grabung 1921; Hgl. 3, Körperbestattung: zwei Eisenlanzenspitzen, erh. L. 15,5 cm, 16 cm (urspr. 23 cm), an der Schulter. – *Datierung:* Ha D. – Mus. Sigmaringen. – Lit.: Fundber. Schwaben N.F. 4, 1928, 144.

46. Hegnach, Kr. Waiblingen (siehe auch Dolchkatalog Nr. 194). – „Lachenäcker"; Grabung 1974: u.a. Fragmente von Eisenmessern. – *Datierung:* Ha D. – Mus. Stuttgart. – Lit.: D. Planck, Ein neuer keltischer Grabhügel in Hegnach, Hegnach 1974, 70ff.; ders., Arch. Ausgrabungen 1974, 18ff.

47. Heidenheim-Mergelstetten. – „Scheiterhau"; Grabung 1847; Hgl. 8: Eisenlanzenspitze, L. 39 cm; Rest eines halbmondförmigen Eisenmessers; Schale. – Hgl. 2: u.a. einschneidiges Messer, von Hertlein für einen Dolch wie AuhV. V Taf. 27, 496 u. S. 146 gehalten. – *Datierung:* Ha D. – Mus. Stuttgart (3356; 1, 2). – Lit.: Paulus, Altertümer, 98; Oberamtsbeschr. Heidenheim 118, 257; Jb. d. Württ. A.V. I, 5, 1848; Fundber. Schwaben 7, 1899, 2; Hertlein, Heidenheim 10ff.

48. Heidenheim-Schnaitheim. – „Seewiesen"; Grabung 1926; Hgl. 3, Körperbestattung, S–N: Eisenlanzenspitze, L. 16 cm; sechs Eisendornpfeilspitzen; Eisenmesser, L. 23 cm (identisch mit Hiebmesser, L. 39 cm?); Messerteil; Eisenmesserchen, L. 8 cm; Bruchstücke eines halbmondförmigen Eisenmessers; drei Kolbenköpfe von Eisenkropfnadeln; Fragmente von fünf Eisenringen; die größeren Messer lagen bei Keramik. – *Datierung:* Ha D. – Mus. Heidenheim. – Lit.: Fundber. Schwaben N.F. 3, 1926, 52 Abb. 26; Zürn, Katalog Heidenheim 7f. Taf. 4; J. Biel, Arch. Ausgrabungen 1974, 3ff.; 1975, 22ff.; 1976, 18ff.; ders., Ausgrabungen in einem hallstattzeitlichen Gräberfeld bei Heidenheim-Schnaitheim. 75 Jahre Heimat- und Altertumsverein Heidenheim 1901–1976 (1976), 86ff.

49. Heiligkreuztal, Kr. Saulgau. – „Hohmichele"; 1854 durch Füchse ein Eisenmesser ausgewühlt (verschollen). Später wurde dort angeblich ein Eisendolch aufgefunden. – Nachbestattung IV, Körperdoppelbestattung in Kammer, SO–NW: Wagen; Geschirr für zwei Pferde; Bronzekessel; Bronzegefäß; Bronzeschale; Ausstattung des Mannes: Eisenhiebmesser, erh. L. 54,2 cm, an rechter Seite; 51 Eisendornpfeilspitzen in Köcher, hinter Schädel; zwei Schlangenfibeln (S4); Eisenhalsring; Gürtelblech; Wetzstein. – Gr. VIII, Körperbestattung, N–S in Bohlensarg: zwei Eisenlanzenspitzen, L. 30 cm, linke Seite; Eisenlanzenschuh; zwei Schlangenfibeln (S5); längsgerripptes Gürtelblech. – *Datierung:* Ha D1. – Mus. Stuttgart. – Lit.: Goessler, Oberamtsbeschr. Riedlingen 206; Fundber. Schwaben N.F. 11, 1950, 74ff.; Germania 30, 1952, 30ff.; Riek/Hundt, Der Hohmichele, RGF. 25 (1967) 4. 81ff.

50. Hirschau, Kr. Tübingen (siehe Dolchkatalog Nr. 216).

51. Hirschlanden, Kr. Leonberg. – „Holzheim"; Grabung 1963/64; Grab 4, Körperdoppelbestattung, WSW–ONO; zur männlichen Bestattung gehörig (19–20 Jahre): Eisenlanzenspitze, L. ca. 20 cm. – Grab 13, Körperdoppel(?)bestattung, SSO–NNW; Beigaben nicht mit Sicherheit zuzuweisen, gestört: Eisenlanzenspitze, 13,5 cm; Eisenbruchstück, evtl. Messerklinge; Bronzenadel; Bronzeringchen; sieben Gagatperlen; zwei Bronzearmringe, hohl; zwei Bronzefußringe; Tonschälchen. – Aus der Füllung des gestörten Grabes: Bronzehohlringreste; Bronzepaukenfibelreste; Bronzegürtelhaken, durchbrochen; Bronzewecken eines Gürtelbesatzes. – *Datierung:* Ha D2; Ha D3. – Mus. Stuttgart (V 64, 13; 21). – Lit.: Zürn, Nordwürttemberg 53ff., bes. 60f. u. 65f. Taf. 29, 11; 35, 8; Pauli, Nordwürttemberg, 49ff.

52. Hoffenheim, Kr. Sinsheim siehe Dolchkatalog Nr. 126.

53. Hossingen, Kr. Balingen. – „Wangen"; Grabung 1867; Hgl. 2, Körperbestattung 1, S–N: Bronzemesser, L. 35 cm; Bronzeteller; Bronzehenkeltasse; Bronzestangengliederkette; fünf Bronzeringchen; drei riefenverzierte Tongefäße; Knochen von Schwein und Nagetier; Haselnuß. – *Datierung:* Ha D3. – Mus. Stuttgart (A 3303). – Lit.: Schrift. d. Württ. A.V. II, 1, 1869, 43; Fundber. Schwaben 2, 1894 Erg. H. 39ff.; Paulus, Oberamtsbeschr. 244f.; ders., Altertümer 56.

54. Hügelsheim, Kr. Rastatt (siehe Dolchkatalog Nr. 136).

55. Hundersingen, Kr. Saulgau (siehe auch Dolchkatalog Nr. 114, 154A, 172, 176, 184, 217, 218, 219). – „Gießübel-Talhau"; Grabung 1876; Hgl. 1, Kammer, Körperbestattung 1, SO–NW: verzierte Bronzelanzenspitze, L. 31,4 cm; drei Eisenlanzenspitzen, davon eine erh., L. 17 cm; vier Bernsteinplättchen unterschiedlicher Form; Bersteinknopf; Pferdeschädel(?). – *Datierung:* Ha D2(?). – Mus. Stuttgart. Nachbestattung 5, Körperbestattung: Eisenlanzenspitze, erh. L. 25 cm (nicht erh.); Goldblechhalsreif; Bronzegürtelblech; Bronzebecken (zugehörig?). – *Datierung:* Ha D3(?). – Mus. Stuttgart.

Hgl. 2 „im Hügelaufbau": u.a. Bronzetüllenpfeilspitze, L. 7,1 cm. – *Datierung:* Ha D. – Mus. Stuttgart. – Lit.: E. Paulus, Korrbl. Gesamtver. 1877, 8. 14f.; ders., Württ. Vjh. 1, 1878, 13; ders., Königreich Württemberg 1 (1882) 127ff.; Paulus, Altertümer 122; v. Hölder, Fundber. aus Schwaben 2, 1894, Erg.-H. 52; Goessler, Führer Stuttgart 28f.; AuhV. 3, H. 10, Taf. 14, 4; 5, 144 u. 328; Fundber. Schwaben N.F. 1, 1917, 22, 45; Goessler, Oberamtsbeschr. Riedlingen 208ff.; Schiek, Fürstengräber 28ff.

Hgl. 4; Grabung 1954; Körpernachbestattung 2: zwei Eisenlanzenspitzen. – Körpernachbestattung 4: zwei Eisenlanzenspitzen. – *Datierung:* Ha D. – Mus. Stuttgart. – Lit.: Bl. d. Schwäb. A.V. 7, 1955, 25ff.; Schiek, Germania 37, 1959, 177ff.

„Lehenbühl"; Grabung 1897; Reste einer Bestattung in beraubter Grabkammer: Eisenmesserreste (nicht erh.); Schlangenfibel; Bronzescheibe mit Rückenöse; Teil einer Bronzescheibe. – *Datierung:* Ha D1. – Mus. Stuttgart (11 161). – Lit.: Fundber. Schwaben 5, 1897, 2; Bl. d. Schwäb. A.V. 1, 1898, 39; Goessler, Oberamtsbeschr. Riedlingen 216f.

56. Ihringen, Kr. Freiburg. – „Vierhäupter und Rennmatten"; Grabung 1905; Hgl. L, Gr. 1, Körperbestattung, W–O: Eisenlanzenspitze, L. 20 cm, neben rechtem Fuß mit Spitze nach unten; zwei Tongefäße.

„Lohbücke", nach Tagebuch Schreibers O–W-Körperbestattung: Eisenlanzenspitze auf linker Seite; Eisenschnalle in Lendengegend; Bronzekessel mit Bronze-(?)schöpfgefäß zu Füßen. – *Datierung:* Ha D(?). – Mus. Freiburg (P/578). – Lit.: Wagner, Hügelgräber 20f.; ders., Fundstätten I 187ff.

57. Inneringen, Kr. Sigmaringen (siehe Dolchkatalog Nr. 158).

58. Irrendorf, Kr. Tuttlingen (siehe Dolchkatalog Nr. 220).

59. Jungnau, Kr. Sigmaringen. – „Hoppental"; Hgl. mit Körperbestattung: zwei Lanzenspitzen (nicht erh.); zwei Bronzefußringe; zwei Bronzearmringe mit Stempelenden; Bronzefußzierfibel; Bronzefibel mit Fußplatte (Männer- und Frauengrab vermischt). – *Datierung:* Ha D3. – Mus. Sigmaringen(?). – Lit.: Lindenschmit, Sigmaringen 213 Taf. 19; Bittel, Kelten 10.

60. Kaltbrunn, Kr. Konstanz. – „Gemeinmerker Hof"; Grabung 1864; mittlerer Grabenkreis, östlich gelegene Körperbestattung, S–N: Eisenlanzenspitze (nicht erh.), rechts vom Kopf; zwei Bronzepaukenfibeln. – Bei Wagner Erwähnung zweier Lanzenspitzen, L. 31,5 cm; 36 cm. – *Datierung:* Ha D2. – Mus. Karlsruhe. – Lit.: Wagner, Hügelgräber 9ff.; ders., Fundstätten I 23ff.; Fundakten LM Karlsruhe; Rest, Hallstattzeit in Baden.

61. Kappel, Kr. Sigmaringen (siehe auch Dolchkatalog Nr. 99, 108). – „Grubenhagen"; aus Grabhügel: u.a. Eisenreste zweier Lanzenspitzen, eine mit bronzeverzierter Tülle. – *Datierung:* Ha D(?); Mus. Sigmaringen (1865/96). – Lit.: Lindenschmit, Sigmaringen 211f. Taf. 17, 16. 17.

62. Kappel am Rhein, Kr. Lahr (siehe Dolchkatalog Nr. 187, 200).

63. Kirchberg/Jagst, Kr. Crailsheim. – „Streitwald"; Grabung 1830; Hgl. 3: drei Eisenlanzenspitzen, L. 16,5 cm; 23,5 cm; 24 cm. – *Datierung:* Ha D(?). – Mus. Stuttgart (A 3276). – Lit.: Fundkartei LM Stuttgart.

64. Kirchen-Mochental, Kr. Ehingen. – „Aus einem Staatswald im Revier Mochental": u.a. drei Bruchstücke von Eisen, anscheinend von einer Stich- oder Hiebwaffe. – *Datierung:* Ha D(?). – Mus. Stuttgart (1367a–c). – Lit.: Fundkartei LM Stuttgart.

65. Kleinbottwar, Kr. Ludwigsburg. – „Hardtspitze und Aichhalde"; Grabung 1902; Hgl. 4, Grabkammer mit mindestens zwei SW–NO orientierten Körperbestattungen: u.a. Eisenlanzenspitzen (nicht erh.). – *Datierung:* Ha D1(?). – Mus. Stuttgart. – Lit.: Fundber. Schwaben 10, 1902, 4; 15, 1907, 20; N.F. 3, 1926, 47, 105; Paret, Urgeschichte 177; Paulus, Marbach 111, 300.

66. Kolbingen, Kr. Tuttlingen. – „Bürglebühl"; aus verschiedenen Grabhügeln: u.a. Eisenlanzenspitze, L. 28 cm; Bruchstücke einer zweiten und dritten. – *Datierung:* Ha D. – Mus. Stuttgart (10668). – Lit.: Paulus, Altertümer 86; ders., Oberamtsbeschr. Tuttlingen 230.

67. Krauchenwies, Kr. Sigmaringen. – Aus einem Grabhügel: Eisenlanzenspitze. – *Datierung:* Ha D(?). – Mus. Stuttgart (?). – Lit.: Fundkartei LM Stuttgart.

68. Laiz, Kr. Sigmaringen. – Aus mehreren Hügeln: mehrere Lanzenspitzen, die nach Lindenschmit immer paarweise beieinander lagen. – *Datierung:* Ha D(?). – Sigmaringen. – Lit.: Lindenschmit, Sigmaringen 207f.

69. Lautlingen, Kr. Balingen (siehe Dolchkatalog Nr. 221).

70. Lendsiedel, Kr. Crailsheim. – „Streitwald"; Grabung ca. 1838; Hgl. 3, Körperbestattung (gestört?): drei Eisenlanzenspitzen, L. 16,5 cm; 23,5 cm; 24 cm. – Nach dem Fundber. von 1894 wurden in Männergräbern eiserne Waffen, darunter Schwerter der Hallstattform gefunden. – *Datierung:* Ha D(?). Mus. Stuttgart (A 3276). – Lit.: Fundber. Schwaben 2, 1894, Erg. H. 27; 8, 1900, 27; Kost 97; Paulus, Altertümer 94.

71. Liptingen, Kr. Stockach (siehe auch Dolchkat. Nr. 203). – „Hennelöh"; Grabung 1894; Hgl. 1: Eisenmesser mit Beingriff; kl. Tongefäß; Scherben. – *Datierung:* Ha D(?); verschollen. – Lit.: Wagner, Fundstätten I, 56ff.

72. Ludwigsburg (siehe auch Dolchkatalog Nr. 164, 165). – „Römerhügel"; Grabung 1926; Körpernachbestattung 4, SW–NO: Eisenlanzenspitze (Speer?), L. 9,2 cm. – *Datierung:* Ha D2(?). – Mus. Stuttgart (A 2301). – Lit.: Fundber. Schwaben N.F. 4, 1926/28, 39ff.; N.F. 5, 1928/30, 52; Paret, Urgeschichte 68f.; Schiek, Fürstengräber 47ff.; Pauli, Nordwürttemberg 102ff.

73. Villingen-„Magdalenenberg", Kr. Villingen-Schwenningen (siehe auch Dolchkat. Nr. 77, 79, 82, 132, 137). – Nachbestattung 19, Körpergrab, NW–SO: zwei Eisenlanzenspitzen, L. ca. 35 cm, rechts neben Schulter; zwei Eisenschlangenfibeln (S4); flachbodiges Gefäß. – Nachbestattung 38, Körperdoppelgrab, SW–NO: zwei Eisenlanzenspitzen, L. ca. 21 cm, links oberhalb Kopf; zwei Bronzebogenfibeln. – Nachbestattung 51, Körpergrab, S–N: Eisenlanzenspitze, L. 54 cm, links neben Schulter; halbmondförmiges Eisenmesser; Eisenbogenfibel; zwei Bronzearmringe, links; flachbodiges Töpfchen. – Nachbestattung 62, Körpergrab, SO–NW: zwei Eisenlanzenspitzen, L. 45 cm, links neben Schulter; Eisenschlangenfibel (S4); halbmondförmiges Eisenmesser; glattes Bronzegürtelblech; bauchiges Töpfchen. – Nachbestattung 73, Körpergrab, S–N: Eisenlanzenspitze, L. 26 cm. – Nachbestattung 81, Körpergrab, SW–NO: Eisenlanzenspitze, L. 38,5 cm, an linker Schulter; Bronzedragofibel; halbmondförmiges Eisenmesser; Töpfchen. – Nachbestattung 93, Körperdoppelgrab, SW–NO: zwei Eisenlanzenspitzen, L. 19,3 cm, rechts am Kopf; zwei Bronzekahnfibeln; Töpfchen. – *Datierung:* Ha D1. – Mus. Villingen. – Lit.: Spindler, Magdalenenberg I, 99 Taf. 36, 4. 5; II, 33 Taf. 17, 2. 3; II, 46 Taf. 32, 1; III, 26f. Taf. 12, 5. 6; III, 57f. Taf. 50, 4; IV, 38 Taf. 16, 10, 11.

74. Mahlspüren, Kr. Stockach. – „Wald Hagenbühl"; Grabung 1901; Hgl. 2, Körperbestattung: Eisenlanzenspitze, erh. L. 37,5 cm; Bronzeknebel, L. 2,8 cm. – *Datierung:* Ha D. – Mus. Karlsruhe(?). – Lit.: Wagner, Fundstätten I, 59ff.

75. Mauenheim, Kr. Donaueschingen (siehe auch Dolchkat. Nr. 75). – Hgl. E, Gr. 2, Körpernachbestattung: zwei(?) Eisenlanzenspitzen; Gürtelblech; zwei Bronze-, eine Eisenfibel; Topf. – *Datierung:* Ha D.
Hgl. N, Gr. 3, Körpernachbestattung: Eisenschwert, erh. L. 47 cm; Eisenschlangenfibel, Bronzefibelfragment; Wagen; Zaumzeug; Bronzegefäß(?); Bronzeblechteile; Eberknochen. – *Datierung:* Ha D1.
Hgl. U, Primärbestattung, gestört, Körpergrab: zwei

Eisenlanzenspitzen, L. ca. 24 cm; Schälchen. – *Datierung:* Ha D. – Mus. Donaueschingen. – Lit.: J. Aufdermauer, Badische Fundber., Sonderheft 3, 1964; Wamser, Mauenheim.

76. **Mehrstetten,** Kr. Münsingen. – Auf Brandplatte. „Eisenmesser mit langer Griffangel." – *Datierung:* Ha D(?). – Mus. (?). – Lit.: Fundkartei LM. Stuttgart.

77. **Meidelstetten,** Kr. Münsingen. – „Heidäcker"; Grabung 1886; Hgl. 2: Eisenpfeilspitze, erh. L. 3,3 cm; Eisenkropfnadel. – *Datierung:* Ha D1. – Mus. Stuttgart (A 3325, 1 ff.). – Lit.: Föhr/Mayer, Hügelgräber 44.

„aus altem Bestand": Eisenhiebmesser, erh. L. 46 cm. – *Datierung:* Ha D. – Mus. Stuttgart (A 3332). – Lit.: unpubliziert.

„Mausäcker", Grabung 1900/01; auf Brandplatte zwei Körperbestattungen: Eisenmesserrest; halbmondförmiges Eisenmesser; Radreifenstück mit großköpfigen Nägeln; drei ineinandergehängte Bronzeringchen mit Anhänger; zwei Urnen; vier Schalen; Topf; Teller, z. T. ritz- und stempelverziert; Eberskelett. – *Datierung:* Ha D1. – Mus. Tübingen (Ha 102). – Lit.: Fundber. Schwaben 9, 1901, 12; Goessler, Oberamtsbeschr. Münsingen 221; Hedinger, Archiv f. Anthropologie 28, 1903, 1. u. 2. Heft, 1 ff.

78. **Mötzingen-Baisingen.** – Grabung Kober/Nagold; aus Grabhügel: 12 Bruchstücke von Erde mit eingerosteten Waffenresten; Bronzestück; Bronzehohlringfragmente; Gefäßteile. – *Datierung:* Ha D(?). – Mus. Stuttgart (6497). – Lit.: Fundkartei LM Stuttgart.

79. **Mögglingen,** Kr. Schwäbisch Gmünd (siehe Dolchkat. Nr. 102).

80. **Mössingen-Belsen,** Kr. Tübingen. – Grabung 1894; Hgl. 1: Eisenlanze, Bronzepaukenfibel. – Hgl. 2: Zwei Eisenlanzenspitzen, L. 13,5 cm; zweite nur in Resten erhalten; Teile einer gravierten Bronzeschale; Rippenzistenbruchstück. – *Datierung:* Ha D2. – Mus. Stuttgart (AS 10880). – Lit.: Fundber. Schwaben 4, 1896, 1; Miller, Oberamtsbeschr. Rottenburg 470f.; Zürn, Hallstattzeit.

81. **Mühlacker,** Kr. Vaihingen. – „Heidenwäldle"; Grabung 1964–1967; Hgl. 5, Gr. 2, Körperbestattung, O–W: Eisenlanzenspitze, erg. L. 14,8 cm, rechts vom Schädel; Bronzefußzierfibel; Spitzpaukenfibel. – *Datierung:* Ha D3. – Mus. Stuttgart (V 69, 19). – Lit.: Zürn, Nordwürttemberg, 73 ff. bes. 87 Taf. 45, C; Pauli, Nordwürttemberg 39 ff.

82. **Munderkingen,** Kr. Ehingen (siehe Dolchkat. Nr. 113).

83. **Nattheim,** Kr. Heidenheim. – „Schleimteich"; Grabung bis 1906; Hgl. 2 (angegraben): Fragmente von drei Lanzenspitzen. L. je 24 cm; Bronze(?)messer (nicht erh.), L. noch 12 cm; zwei Urnen; drei kleine Gefäße; Hälfte eines vierten. – *Datierung:* Ha D(?). – Mus. Heidenheim. – Lit.: Hertlein, Heidenheim 20; Fundber. Schwaben 14, 1906, 5; Bl. d. Schwäb. A. V. 1907, 200.

84. **Nehren,** Kr. Tübingen (siehe auch Dolchkat. Nr. 141). – „Hennisch, Neue Wiesen", Grabung 1894; Hgl. 1, wahrscheinlich von Ha D – Nachbestattung: Eisenlanzenspitze, erh. L. 34 cm. – *Datierung:* Ha D(?). – Mus. Stuttgart (10 829). – Lit.: Fundber. Schwaben 3, 1895, 3, 35.

85. **Nendingen,** Kr. Tuttlingen. – „Einschlag"; Grabung 1891; mehrere Schwertgräber. – Keinem Hügel zuweisbar: u. a. Eisenlanzenspitze, L. 26 cm; Eisenmesser, erh. L. 17 cm. – *Datierung:* Ha D(?). – Mus. Berlin (IIc 2869). – Lit.: Fundber. Schwaben 1, 1893, 4; 2, 1894, Erg. H. 51; Prähist. Bl. 3, 1891, 60.

86. **Nenzingen,** Kr. Stockach (siehe Dolchkat. Nr. 201).

87. **Neuhausen ob Eck,** Kr. Tuttlingen. – „Hexenwiesen", ein Hügel soll Leichenbrand und ein Eisenschwert enthalten haben. In einem Hgl. Körperbestattung, NW–SO: zwei Eisenlanzenspitzen, erh. L. 23 cm; 9,5 cm; neben linkem Handgelenk; Bronzearmring; Bronzekette; Bernsteinring; elf Bronzeringchen; Bronzehäkchen; durchbohrtes Bronzestück; zwei Paukenfibeln; zwei Eisennägel. – *Datierung:* Ha D2. – Mus. Berlin (2849–2915).

„Wolfshof"; vor 1894; in der Gegend von Neuhausen ob Eck, in der Gegend vom Wolfshof wurden angeblich u. a. Schwert und Dolch gefunden. – Lit.: Fundber. Schwaben 1, 1893, 4; 2, 1894, Erg. H. 51 f.; Paulus, Altertümer 86; Zürn, Hallstattzeit.

88. **Oberjettingen,** Kr. Böblingen. – „Ghäu" oder „Ghaiwald"; Grabung 1955; Hgl. 3 (gestört): keine Bestattungsreste, Eisenlanzenspitze, erh. L. 22 cm; Eisenteile (wahrscheinlich Radnaben). – *Datierung:* Ha D. – Mus. Stuttgart (56/6). – Lit.: Fundber. Schwaben N. F. 14, 1957, 184, Taf. 23 A, 6.

89. **Oberrimsingen,** Kr. Freiburg. – „Theiler, Bernet, Bernenbuck"; Grabung 1816; Körperbestattung, S–N: zwei Eisenlanzenspitzen, ehemals noch 26 cm, am rechten Arm; drei Fußzierfibeln; Eisengürtelhaken; Gürtelteile (?); Eisenringchen; kleine Urne. – *Datierung:* Ha D3. – Mus. Karlsruhe (C/6847 III).

„Im oberen Dobel"; Grabung 1893; Körperbestattung, O–W Hocker: Eisenpfeilspitze; Gewebereste; Bronzeblech; Eisenhaken. – *Datierung:* Ha D(?). – Mus. Karlsruhe. – Lit.: Wagner, Fundstätten I, 195; Schauins-Land 27, 1900, 18; Rest, Hallstattzeit in Baden.

90. **Oberstetten,** Kr. Münsingen. – „Pfaffenäcker"; Grabung 1886 (Zusammengehörigkeit der Funde nicht gesichert); Hauptbestattung in Holzkammer; Brandbestattung: Eisenschwert, L. 72 cm; sechs Bronzeringchen; vier Bronzeblechhalbkugeln; Bronzereste; Bron-

zering; zwei Tongefäße. (Die Beschreibung eines mit Bronzenägeln beschlagenen Holz/Leder-Schildes könnte ein Hinweis auf ein Joch sein; nach Naue befinden sich unter Eisenresten auch Pferdegeschirrteile, so daß es sich bei dem erwähnten Eisenlager um einen Wagen gehandelt haben könnte.) – *Datierung:* Ha C. – Mus. Stuttgart (A 3326).
Nachbestattung (Zusammengehörigkeit der Funde nicht gesichert): Eisenlanze (nicht erh.); Eisenpfeilspitze (nicht erh.); Bronzegürtelblech; erwähnt wird außerdem eine Schlangenfibel. – *Datierung:* Ha D(1). – Mus. Stuttgart.
Grabung 1886; Hgl. 2; Körpernachbestattung: Eisendornpfeilspitze, L. 3,3 cm; Eisenkropfnadel. – *Datierung:* Ha D(1). – Mus. Stuttgart (A 3325, 6).
„In der Nähe der Ruine Hohenstein" u.a. Erwähnung einer Eisenpfeilspitze. – Lit.: Fundber. Schwaben 5, 1899, 3; Föhr/Mayer, Hügelgräber 44ff., 54ff.; AuhV. IV, Text zu Taf. 44; Goessler, Oberamtsbeschr. Münsingen 221.
91. Pfronstetten, Kr. Münsingen. – Grabung 1897; aus Hgl.: Eisendornpfeilspitze, L. 4,5 cm; Scherben. – *Datierung:* Ha D(?). – Mus. Stuttgart (11015). – Lit.: Fundber. Schwaben 5, 1897, 3; Goessler, Oberamtsbeschr. Münsingen 208.
92. Pfullendorf, Kr. Überlingen (siehe Dolchkatalog Nr. 97).
93. Reichenbach, Kr. Saulgau. – „Tannen"; Grabung 1871–1875; Hgl. 2: Eisenlanzenspitze (nicht erh.); zwei Teller; Schale; Scherben von zwei Urnen und einem Schälchen (zugehörig?). – *Datierung:* Ha D(?). – Mus. Stuttgart. – Lit.: Schrift. d. Württ. A.V. II, 2, 1875, 106; Föhr/Mayer, Hügelgräber 34; Fundber. Schwaben N.F. 11, 1950, 80.
94. Remmingsheim, Kr. Tübingen. – „Soldatenbergle"; Grabung ca. 1840; In Hügel mit Skelettresten: Brandplatte und Bronzeschmuck, sowie Reste von Eisenwaffen (verschollen). – *Datierung:* Ha D(?). – Funde verschollen. – Lit.: Stoll, Urgeschichte 95; Miller, Oberamtsbeschr. Rottenburg 471f.
95. Rielasingen, Kr. Konstanz (siehe Dolchkatalog Nr. 11).
96. Rohrdorf, Kr. Stockach. – „Hackenberg" – zwischen Engelswies und Rohrdorf; Grabung vor 1860; Aus einem (?) Hgl. mit Brandbestattung (?): zwei Eisenlanzenspitzen; Tüllenreste, in einem Nagel, erh. L. 4 cm (nicht erh.); Radnabenteile (?); Bronzeschlangenfibelfragment; zwei Eisennägel; Eisenringchen; „Reste eines erzbeschlagenen Schildes (oder eines Bronzegefäßes?) und einer ebensolchen Schwertscheide"; Tonscherben. – *Datierung:* Ha D(?). – Mus. Sigmaringen. – Lit.: Lindenschmit, Sigmaringen, 203f. Taf. 9; Wagner, Fundstätten I, 44.

97. Rothenlachen, Kr. Sigmaringen. – Aus Grabhügel: u.a. Eisenmesser und zwei Lanzenspitzen, erh. L. einer Spitze 11,2 cm. – *Datierung:* Ha D. – Mus. Sigmaringen (1410). – Lit.: Lindenschmit, Sigmaringen 206, Taf. 12, 8–10.
98. Rottweil. – „Aus der Umgebung von Rottweil" u.a. Eisenlanzenspitze. – *Datierung:* Ha D(?). – Mus. Stuttgart (976, a). – Lit.: Fundkartei LM Stuttgart.
99. Salem, Kr. Überlingen (siehe auch Dolchkatalog Nr. 80). – „Hardtwald"; Grabung 1830–1897; Hgl. D; Brandbestattung (?); Primärgrab: Eisenschwert, L. 75 cm (nicht erh.). – Hgl. G; Körperbestattung in Steinsetzung: zwei Eisenlanzenspitzen; zwei Bronzeschlangenfibeln (S5); Bronzearmring, links; Bronzehäkchen; Scherben. – Hgl. M; Körperbestattung in Steinsetzung: drei Eisenlanzenspitzen, L. 42 cm, an linker Schulter; Bronzehalsring (zwei weitere Lanzenspitzen zugehörig?). – Primär-Körperbestattung: Eisenschwert, erh. L. 73 cm; Nadel von Fibel (?); fünf Urnen, zwei Schüsseln, drei Schalen. – Hgl. N; Brandbestattung (?): Eisenschwert, L. 94 cm; zwei Urnen; Topf; Schüssel; Teller; mehrere Näpfchen und Schüsselchen. – *Datierung:* Ha C; Ha D1. – Mus. Karlsruhe und Mainz. – Lit.: siehe Dolchkatalog.
100. Schechingen, Kr. Gmünd. – „Zeirenhof, Hagwald, Viehweide"; Grabung 1830; Hgl. 1; Körperbestattung: Bruchstücke von Eisenwaffen, Gefäß. – Aus einem anderen Hügel kurzes gerades Schwert und Messer; in einigen Hügeln Reste von Eisenwaffen. – *Datierung:* Ha D(?). – Mus. (?). – Lit.: Paulus, Oberamtsbeschr. Aalen 141; Paulus, Altertümer, 90; Zürn, Hallstattzeit.
101. Schönaich, Kr. Böblingen. – „Bürleshau"; Grabung 1975; Hgl.; Körpernachbestattung: Eisenmesser; zwei Fußzierfibeln; Bronzeanhänger von Schuhverschnürung. – *Datierung:* Ha D3. – Mus. Stuttgart. – Lit.: J. Biel, Archäologische Ausgrabungen 1975, 22f.
102. Schopfloch, Kr. Nürtingen. – Grabung 1894; Hgl.: Eisenlanzenspitze, erh. L. 12 cm; Bronzefibelnadel; Hochhalsgefäß. – *Datierung:* Ha D1(?). – Mus. Stuttgart (10734). – Lit.: Zürn, Hallstattzeit.
103. Schweindorf, Kr. Aalen. – „Kirchbauernholz-Heidegemeinde"; Grabung 1921/22; Hgl. 1; Körperbestattung, SSW-NNO: Eisenmesser, L. 35,5 cm, quer über den Füßen; Fußzierfibel; blaue Glasperle; Tongefäß; Schälchen. – *Datierung:* Ha D3. – Mus. Nördlingen. – Lit.: Nördlinger Jb. 1922/24, 23; Fundber. Schwaben N.F. 1, 1922, 36.
104. Schwenningen, Kr. Rottweil. – „Dickenhart"; Grabung 1912; Hgl. 2: Eisenlanzenspitze, erh. L. 12,5 cm. – *Datierung:* Ha D(?). – Mus. Schwenningen. – Lit.: Fundber. Schwaben 20, 1910.
105. Sechselbach, Kr. Mergentheim. – Beigaben von

sieben Körperbestattungen, u.a.: Lanzenspitze; Messer. – *Datierung:* Ha D(?). – Mus. Mergentheim. – Lit.: Fundber. Schwaben N.F. 11, 1951, 80.

106. Sigmaringen (siehe Dolchkatalog Nr. 84. 160).

107. Sigmaringen-Ziegelholz (siehe auch Dolchkatalog Nr. 93). – Aus Hgl. u.a. zwei Bronzetüllenpfeilspitzen. – *Datierung:* Ha D(?). – Mus. Sigmaringen (174). – Lit.: Lindenschmit, Sigmaringen Taf. 15, 9. 10.

108. Sindringen, Kr. Öhringen. – „Auf dem Schwarzenberg"; Grabung 1890; bei Körperbestattungen sollen u.a. Schwerter und eine Lanze gefunden worden sein. – *Datierung:* Ha C/D(?). – Funde nicht erh. – Lit.: Fundber. Schwaben 8, 1900, 36; N.F. 5, 1930, 46.

109. Steingebronn, Kr. Münsingen. – „Bannholz"; Grabung 1899; Hgl. 1; Hauptbestattung; Brandgrab: Eisenschwert, L. 103 cm; zwei kleine Eisenringe mit Bronzeblech überzogen; Teile von drei (?) Gefäßen. – Nachbestattung: Urne mit Ascheresten; Eisenmesser, L. 34 cm; Hochhalsurne; nach Inventarbuch: Eisenradreifenreste mit Nagel. – *Datierung:* Ha D(?). – Mus. Stuttgart (11 377).

Grabung 1937; Hgl. 4; Hauptbestattung (?); Wagengrab (?): erhalten sind ein Messerfragment und Ha C-Keramik. – Nachbestattung A, Körpergrab, S–N: in Kammer (?) zwei Eisenlanzenspitzen, L. 45 cm, links vom Kopf; Eisenmesser, erh. L. 27 cm, in rechter Hand; zwei Bronzefibeln mit bandförmigem Bügel (S1); Eisengürtelblech; Tongefäß; Becher; Eberknochen. – *Datierung:* Ha D1. – Mus. Stuttgart (A 38/34; A 38/35a). – Lit.: Fundber. Schwaben 7, 1899, 32; N.F. 9, 1938, 53; Goessler, Oberamtsbeschr. Münsingen 214; Paulus, Altertümer, 119.

110. Stuttgart-Bad Cannstatt. – „Steinhaldenfeld"; Grabung 1934; Grabkammer 1; Körperbestattung, S–N: Eisenlanzenspitze, L. 65 cm (nicht erh.) links der Bestattung; zwei Eisenlanzenspitzen, L. 30–35 cm (nicht erh.), rechts vom Kopf; 4rädriger Wagen; Pferdegeschirr; Goldblechschale; Teile zweier Bronzebekken; Goldblechhalsreif; Goldblecharmband; Bronzearmring; zwei Goldringchen; zwei Bronzeringchen; zwei Bronzepaukenfibeln mit Goldplattierung; Bronzekniefibel; Bronzegürtelblech. – *Datierung:* Ha D2. – Mus. Stuttgart. – Lit.: O. Paret, Fundber. Schwaben N.F. 8, 1933/35, 1, 1 ff.; ders., Forschungen und Fortschritt 11, 1935, 370 ff.; ders., Germania 19, 1935, 165; ders., IPEK 15/16, 1941/42, 79; Pauli, Nordwürttemberg 104 ff.; Schiek, Fürstengräber 11 ff.

Grabung 1937; Grabkammer 2; Körperbestattung, SSW–NNO: zwei Eisenlanzenspitzen, L. 33–35 cm (nicht erh.), links neben Becken; Bronzebecken; Goldblechhalsreif; Goldblecharmband; zwei Goldringchen; Bronzepaukenfibel; Fibelnadel; Rest eines Birkenrindenhutes; Bronzegürtelblech. – *Datierung:* Ha D2. – Mus. Stuttgart. – Lit.: O. Paret, Fundber. Schwaben N.F. 9, 1938, 55 ff.; Pauli, Nordwürttemberg, 105 ff.; Schiek, Fürstengräber 15 f.

111. Stuttgart-Ludwigsburgerstraße (siehe Dolchkatalog Nr. 161).

112. Stuttgart-Weil im Dorf (siehe auch Dolchkatalog Nr. 162). – „Gschnaidt"; Grabung 1928; Hgl. 6; Körperbestattung 2, S–N: Eisenlanzenspitze in Bruchstüken, an rechter Seite; Paukenfibel; Kahnfibel; Eisengürtelblech mit Buckelverzierung; Scherben. – *Datierung:* Ha D2. – Mus. Stuttgart. – Lit.: Fundber. Schwaben N.F. 4, 1928, Abb. 27; N.F. 5, 1930, 34; Goessler, Oberamtsbeschr. Leonberg 161 ff.

113. Sulz, Kr. Calw (siehe Dolchkatalog Nr. 131).

114. Tailfingen, Kr. Böblingen. – Grabung 1939; Hügelgruppe I, Hgl. 8; Körperbestattung eines Kindes, S–N: zwei Feuersteinpfeilspitzen; Feuersteinklinge; zwei Fußringe; Eisenringreste; kleine Bronzekahnfibel; Tonidol in Menschenform. – Hügelgruppe III, Hgl. 4, Grab 2; Körperbestattung, S–N: Eisenlanzenspitze, L. 28 cm; Gürtelblechreste. – *Datierung:* Ha D. – Mus. Stuttgart (?). – Lit.: Fundber. Schwaben N.F. 11, 1, 1950, 82 f.; Pauli, Nordwürttemberg 79 ff.

115. Tannheim, Kr. Biberach (siehe auch Dolchkatalog Nr. 101). – Grabung 1904; Hgl. 5; Körperbestattung, SSO–NNW: Eisenmesser (?), erh. L. 40 cm; Eisengürtelblech; zwei Bronzearmringe; Lignitarmring; Geröllschlägel. – Hgl. 7 (1906); Körperbestattung, S–N: Eisenlanzenspitze. L. 24 cm; etwas tiefer: Bronzehalsring; Bronzeohrring; Eisengürtelhaken; neun Bronzearmreifen. – Hgl. 13 (1907); Körperbestattung, S–N: Eisenschwert, L. 82,5 cm; Pferdegeschirr; kleiner Bronzering; drei Urnen; zwei Schalen; Tonkanne. – Hgl. 14 (1901); Körperbestattung, W–O: Eisenschwert, L. 60 cm; Eisenlanzenspitze; Eisengürtelbestandteile; Bronzesitula; Bronzetasse; Tongefäßreste. – Hgl. 22 (1907); Körperbestattung: Bronzeschwert mit Ortband, L. 70 cm; 20 Gefäße, darunter Urnen, Teller, Schalen; etwas höher: Eisenlanzenspitze, L. 41 cm. – *Datierung:* Ha C; Ha D1. – Mus. Stuttgart. – Lit.: Geyer/Goessler, Hügelgräber 31 f. 44 f. 46 ff. 57 ff. Taf. 12, 1. 4. 5; 22, 2; Wocher-Nestler, Tannheim.

116. Thalheim, Kr. Konstanz (?) (siehe Dolchkatalog Nr. 122).

117. Tettnang, Kr. Friedrichshafen. – „Vogelherdbogen"; Grabung 1865; aus zwei Hügeln u.a.: zwei Eisenlanzenspitzen, L. 8 cm u. 9,8 cm; Eisenmesserbruchstücke (nicht erh.); nach Oberamtsbeschr. in einem Hügel Gefäß, Bronzenadel und Eisenlanzenspitze. – *Datierung:* Ha D(1). – Mus. Stuttgart (703). – Lit.: Goessler, Oberamtsbeschr. Tettnang 150 f.; Paulus, Altertümer 125.

118. Tiengen, Kr. Waldshut (siehe Dolchkatalog Nr. 7).

119. Tomerdingen, Kr. Ulm. – „Drei Häu"; Grabung 1928; Hgl. 2; Doppel(?)körperbestattung in Kammer?: Eisenlanzenspitze, L. 29 cm; zur Frauenbestattung: verziertes Bronzegürtelblech; sieben Bronzearmringe. – *Datierung:* Ha D. – Mus. Stuttgart (AS A 28/130). – Lit.: Fundber. Schwaben N.F. IV, 1928, 50; Zürn, Veröffentlichungen Kreise Göppingen und Ulm 27 Taf. 15, A 1.

120. Trochtelfingen, Kr. Sigmaringen. – Mehrere Hügel, u.a. Körperbestattung mit drei Eisenlanzenspitzen, davon eine mit Schuh; zwei Speer- oder Pfeilspitzen aus Eisen (zusammengehörig?). – *Datierung:* Ha D(?). – Mus. Sigmaringen. – Lit.: Lindenschmit, Sigmaringen 209.

121. Truchtelfingen, Kr. Balingen. – „Vorderes Degenfeld", „Räue", „Häue", „vor Bernloch"; Grabung 1880; Körperbestattung (sehr alter Mann): Eisenschwert mit Spitze zum Kopf; Bronzeringchen; Eisengürtelhaken; Eberknochen; Gefäßscherben; Urnen; (bis auf Topf mit Knubbe sind die Funde nicht erhalten). – *Datierung:* Ha C. –
Grabung 1886; Hgl. 7; Kammer; Brandbestattung: Eisenlanzenspitze, L. 33,3 cm (bei Föhr wird von Dolch in zwei Teilen gesprochen); Urne; Schüssel; zwei Teller; Schale; Schälchen; Topf (z.T. ritz- und stempelverziert, weißinkrustiert); „Eisenschild, rund wie ein Regenschirm": möglicherweise Radreifen? – *Datierung:* Ha D(?). – Mus. Stuttgart. – Lit.: Paulus, Oberamtsbeschr. Balingen 246f.; Fundber. Schwaben 2, 1894, Erg. H. 42; N.F. 4, 1928, 44; Föhr/Mayer, Hügelgräber 20f., 53.

122. Tübingen-Kilchberg (siehe Dolchkatalog Nr. 156).

123. Tübingen-Waldhausen (siehe auch Dolchkatalog Nr. 81. 86). – „Waldhäuser Exerzierplatz"; Grabung 1835; von mehreren Hügeln u.a. Schwerter; Lanzenspitzen; Eisenmesser. – Grabung 1897; Hügel mit Wagengrab, daraus Schwert, Eisenpfeilspitze und Bronzenadel; Keramik. – Zu einer (?) weiteren Bestattung gehörig: Schwert, L. 80 cm; Lanze; zwei „Kleidernadeln" aus Bronze. – *Datierung:* Ha C; Ha D. – Mus. Tübingen (Funde nur zum Teil erhalten). – Lit.: Schrift d. Württ. A. V. I, 5, 1859, 23; Lindenschmit, Sigmaringen 113; Fundber. Schwaben 5, 1897, 3.

124. Tuttlingen-Ludwigstal, Kr. Tuttlingen. – „Bleiche"; Grabung 1936; Hgl. 8; Körperbestattung, S–N: Reste eines Eisenschwertes (?); drei Eisenlanzenspitzen, L. 27 cm; Bronzebogenfibel; Tierknochen; Gefäßscherben. – *Datierung:* Ha D1. – Mus. Tuttlingen (T 26/28). – Lit.: Fundber. Schwaben N.F. 11, 1950, 84; Zürn, Hallstattzeit.

125. Überlingen (siehe Dolchkatalog Nr. 224).

126. Ulm-Söflingen (siehe auch Dolchkatalog Nr. 225). – „Eselsberg"; Körperbestattung mit Eisenlanzenspitze. – *Datierung:* Ha D(?). – Mus. Ulm (?). – Lit.: Paulus, Altertümer 126.

127. Veringenstadt, Kr. Sigmaringen (siehe Dolchkatalog Nr. 159).

128. Vilsingen, Kr. Sigmaringen. – Grabung 1893; aus mehreren Bestattungen oder Doppelbestattung: Eisenhiebmesser, erh. L. 41,5 cm; Wagen; zwei Bronzearmbänder; Bronzekanne mit kleeblattförmiger Mündung; zwei Bronzebecken; Bronzeschale; Bronzetasse; Teile einer Bronzeschale; Bronzeblechreste; Kegelhalsgefäß; zwei Schüsselchen; zwei kleine Spitzbecher; Scherben von Schüsseln, Tellern und kleineren Gefäßen. – *Datierung:* Ha D1. – Mus. Sigmaringen (1312–1349). – Lit.: Fundber. Schwaben N.F. 8, 1935, Anhang 1, 22; O. Paret, Die Kunstdenkmäler Hohenzollerns 2, Kr. Sigmaringen (1948) 458; S. Schiek, Festschr. Goessler, 150ff.; Schiek, Fürstengräber, 57f.

129. Wahlweis, Kr. Stockach. – Hgl. F; Körperbestattung: Eisenlanzenspitze, erh. L. 20 cm (nicht erh.); Eisenmesser(?)reste, erh. L. 5,5 cm (nicht erh.); Bronzearmring; zwei Fibeln mit leicht kahnförmiger Pauke; Bronzeringchen. – *Datierung:* Ha D2. – Mus. Karlsruhe. – Lit. Wagner, Fundstätten I, 70; Rest, Hallstattzeit in Baden.

130. Walldorf, Kr. Wiesloch. – „Hochholz"; Grabung 1833; Körperbestattung 1: Eisenhiebmesser, L. 47 cm; sieben Bronzeknöpfchen; zwei kleine Eisenfibeln; Golddraht-Ohrring. – *Datierung:* Ha D.
Grabung 1863; Körperbestattung: Eisenschwert, L. 85,5 cm in Scheide; Tongefäß. – *Datierung:* Ha C. – Mus. Heidelberg (?). – Lit.: Wagner, Fundstätten II, 317.

131. Winterlingen, Kr. Balingen. – Grabung 1884; Hgl. 3; Kammergrab (?); Körperbestattung, S–N: Eisenmesser, L. 37,5 cm; Wagen (dort Messer!); Eberknochen; Scherben. – *Datierung:* Ha D. – Mus. Stuttgart (A 3333, 1). – Lit.: Föhr/Mayer, Hügelgräber 23.

132. Wolfegg, Kr. Ravensburg (siehe Dolchkatalog Nr. 106).

133. Würtingen, Kr. Reutlingen (siehe auch Dolchkatalog Nr. 89. 103. 155). – „Holzwiesen"; Grabung 1883; Brandbestattung a: Reste eines Eisenschwertes; Eisenlanzenspitze; Pfeilspitze; zwei Urnen; zwei Schälchen. – Brandbestattung b: Eisenschwert; Reste von Lanzenspitzen mit Spuren von Bronzeverzierung; Urne. – Brandbestattung c: Reste eines Eisenschwertes. – *Datierung:* Ha C.
Grabung 1884; Hgl. E: Eisenlanzenspitze (?); Bronzekessel; Urnenscherben.
„Eulenwiesen"; Grabung 1884; Hgl. 2: Eisenpfeilspitze; Bronzearmring; drei Urnen; drei Schalen; Schälchen; zwei Schüsseln. – Hgl. 1; Körperbestattung

SO–NW: Eisenlanzenspitze; Bronzering; etwas tiefer: Eisenlanze, rechts neben Kopf; Paukenfibel (?); Ringchen. – Grabung 1887; keinem der Hügel mehr zuweisbar: zwei Eisenlanzenspitzen, erh. L. 7,8 cm. – *Datierung:* Ha D. – Mus. Stuttgart. – Lit.: Föhr/Mayer, Hügelgräber 14f. 56; Goessler, Oberamtsbeschr. Urach 152f.; Fundber. Schwaben 3, 1845, 3.

134. Zainingen, Kr. Reutlingen. – „Au"; Grabung 1887; Hgl. 3; Körpernachbestattung (Skelett eines über 60 Jahre alten Mannes): Bronzelanzenspitze, links vom Kopf, L. 8 cm; 19 Eisenpfeilspitzen, links vom Kopf; Eisenmesser, L. 28 cm, über Kopf der Ebers; Eberskelett; zwei Bronzeschlangenfibeln (S4); zwei Schalen. – *Datierung:* Ha D1. – Mus. Stuttgart. – Lit.: Föhr/Mayer, Hügelgräber 50. 56; Goessler, Oberamtsbeschr. Urach 143.

VERZEICHNISSE UND REGISTER

VERZEICHNIS DER ALLGEMEINEN ABKÜRZUNGEN

arr.	=	Arrondissement	Hgl.	=	Hügel
Bez.	=	Bezirk	Inv.	=	Inventar
B.H.	=	Bezirkshauptmannschaft	Kat.	=	Katalog
Br.	=	Breite, Bronze	Kr.	=	Kreis
ca.	=	circa	Kt.	=	Kanton
comm.	=	Commune	L.	=	Länge
dép.	=	Département	Mus.	=	Museum
E.	=	Eisen	Nr.	=	Nummer
erh.	=	erhalten	Slg.	=	Sammlung
Fragm.	=	Fragment	u.a.	=	unter anderem
Gr., gr.	=	Grab, größte (z.B. Breite)	urspr.	=	ursprünglich

VERZEICHNIS DER LITERATURABKÜRZUNGEN

MONOGRAPHIEN, AUFSÄTZE UND SAMMELWERKE

AuhV. (I–V) = Die Altertümer unserer heidnischen Vorzeit I–V (1858–1911).

Babeș, Les Jogasses = M. Babeș, Das Gräberfeld von Les Jogasses. Saarbrücker Beiträge zur Altertumskunde, Bd. 3 (1974).

Bittel, Kelten = K. Bittel, Die Kelten in Württemberg. Röm. Germ. Forsch. 8 (1934).

Breeg, Gräber bei Ebingen = H. Breeg, Gräber der Hallstattzeit bei Ebingen auf der Schwäbischen Alb. Mannus 30, 1938.

Congrès Lons-le-Saunier 1913 (1914) = Congrès Préhistorique France. Compte rendue 9. Sess. Lons-le-Saunier 1913 (1914).

Déchelette, Manuel III = J. Déchelette, Manuel d'Archéologie Préhistorique Celtique et Gallo-Romaine III 2: Premier Age du Fer ou Epoque de Hallstatt (1927).

Delbrück, Kriegskunst I = H. Delbrück, Geschichte der Kriegskunst, Band I (1920).

Drack, Eisenzeit H. 1–4 = W. Drack, Ältere Eisenzeit der Schweiz. Materialhefte zur Vor- und Frühgeschichte der Schweiz, Heft 1–4 (1958–1964).

Föhr/Mayer, Hügelgräber = J. von Föhr/L. Mayer, Hügelgräber auf der Schwäbischen Alb (1892).

Frey, Situlenkunst = O.-H. Frey, Die Entstehung der Situlenkunst. Röm. Germ. Forsch. 31 (1969).

Frey, Hallstattkultur = O.-H. Frey, Hallstatt und die Hallstattkultur. Mitteilungen der österreichischen Gesellschaft für Ur- und Frühgeschichte 22, 1971, 110ff.

Geyr/Goessler, Hügelgräber = M. von Geyr/P. Goessler, Hügelgräber im Illertal bei Tannheim (1910).

Goessler, Führer Stuttgart = P. Goessler, Führer durch die Staats-Sammlung vaterländischer Altertümer in Stuttgart (1908).

Goessler, Oberamtsbeschr. Blaubeuren = P. Goessler, Die Altertümer des Oberamts Blaubeuren (1911).

Goessler Oberamtsbeschr. Leonberg = P. Goessler, Oberamt Leonberg (1930).

Goessler, Oberamtsbeschr. Münsingen = P. Goessler, Die vor- und frühgeschichtlichen Altertümer des Oberamtes Münsingen (1912).

Goessler, Oberamtsbeschr. Riedlingen = P. Goessler, Die vor- und frühgeschichtliche Besiedlung des Oberamts Riedlingen (1923).

Goessler, Oberamtsbeschr. Urach = P. Goessler, Die vor- und frühgeschichtlichen Altertümer des Oberamts Urach (1909).

Hertlein, Heidenheim = F. Hertlein, Die Altertümer des Oberamts Heidenheim (1912).

Janke, Kreis Wetzlar = H. Janke, Vorgeschichte des Kreises Wetzlar: Die Hallstattzeit. Mitteilungen aus Wetzlar (1976).

Jockenhövel, PBF. VIII, 3 (1980) = A. Jockenhövel, Die Rasiermesser in Westeuropa. Prähist. Bronzefunde VIII, 3 (1980).

Kilian-Dirlmeier, PBF. XII, 1 (1972) = I. Kilian-Dirlmeier, Die hallstattzeitlichen Gürtelbleche und Blechgürtel Mitteleuropas. Prähist. Bronzefunde XII, 1 (1972).

Kimmig, Hoops Reallexikon = W. Kimmig, Bewaffnung Hallstattzeit, in: Hoops, Reallexikon der Germanischen Altertumskunde Bd. 2 (1976) 389ff.

Kossack, Südbayern = G. Kossack, Südbayern während der Hallstattzeit. Röm. Germ. Forsch. 24 (1959).

Kromer, Hallstatt = K. Kromer, Das Gräberfeld von Hallstatt (1959).

Lindenschmit, Sigmaringen = L. Lindenschmit, Die vaterländischen Altertümer der Fürstlich Hohenzoller'schen Sammlung Sigmaringen (1860).

de Marinis, Sesto-Calende = R. de Marinis, Le tombe di guerriere di Sesto-Calende e le spade a i pugnali hallstattiani scoperti nell'Italia nord-occidentale. Festschr. A. N. Modena (1975) 213 ff.

Memminger, Oberamtsbeschr. Blaubeuren = M. Memminger, Die Altertümer im Oberamt Blaubeuren (1830).

Miller, Oberamtsbeschr. Ehingen = K. Miller, Die Altertümer im Oberamt Ehingen (1893).

Miller, Oberamtsbeschr. Rottenburg = K. Miller, Die Altertümer im Oberamt Rottenburg (1899).

Millotte, Le Jura = J.-P. Millotte, Le Jura et les Plaines de Saône aux âges des Métaux (1963).

Müller-Karpe, PBF. XX, 1 (1974) = H. Müller-Karpe, Das Grab 871 von Veji, Grotta Gramiccia. Beiträ-

ge zu italienischen und griechischen Bronzen. Prähist. Bronzefunde XX.1 (1974) 89f.
Naue, Hügelgräber = J. Naue, Die Hügelgräber zwischen Ammer- und Staffelsee (1887).
Nellissen, Nordbaden = H.-E. Nellissen, Hallstattzeitliche Funde aus Nordbaden (1975).
Oberamtsbeschr. Heidenheim = Beschreibung des Oberamtes Heidenheim (1844).
Paret, Urgeschichte = O. Paret, Urgeschichte Württembergs (1921).
Pauli, Nordwürttemberg = L. Pauli, Untersuchungen zur Späthallstattkultur in Nordwürttemberg. Hamburger Beiträge zur Archäologie II, 1 (1972).
Pauli, Dürrnberg III = L. Pauli, Der Dürrnberg bei Hallein III, 1. Auswertung der Grabfunde (1978).
Paulus, Altertümer = E. v. Paulus, Die Altertümer in Württemberg (1877).
Paulus, Oberamtsbeschr. Aalen = E. v. Paulus, Die Altertümer im Oberamt Aalen (1854).
Paulus, Oberamtsbeschr. Balingen = E. v. Paulus, Die Altertümer im Oberamt Balingen (1880).
Paulus, Oberamtsbeschr. Ellwangen = E. v. Paulus, Die Altertümer im Oberamt Ellwangen (1886).
Paulus, Oberamtsbeschr. Marbach = E. v. Paulus, Die Altertümer im Oberamt Marbach (1866).
Paulus, Oberamtsbeschr. Tuttlingen = E. v. Paulus, Die Altertümer im Oberamt Tuttlingen (1879).
Peroni, PBF. IV, 1 (1970) = V. Bianco Peroni, Die Schwerter in Italien. Prähist. Bronzefunde IV, 1 (1970).
Reitinger, Oberösterreich = J. Reitinger, Die ur- und frühgeschichtlichen Funde in Oberösterreich (1968).
Rest, Hallstattzeit in Baden = W. Rest, Die hallstattzeitlichen Grabfunde Oberbadens (ungedr. Dissertation, Marburg 1939).
Riek/Hundt, Der Hohmichele = G. Riek/H.-J. Hundt, Der Hohmichele. Ein Fürstengrabhügel der späten Hallstattzeit bei der Heuneburg. Heuneburgstudien 1, Röm. Germ. Forsch. 15 (1962).
Rieth, Hallstattzeit = A. Rieth, Die Eisentechnik der Hallstattzeit. Mannus 70 (1942).
Rieth, Herstellungstechnik = A. Rieth/P. Eichhorn/H.-J. Hundt, Zur Herstellungstechnik der Eisendolche in der späten Hallstattzeit. Jb. RGZM. 16, 1969, 17ff.
v. Sacken, Grabfeld von Hallstatt = E. von Sacken, Das Grabfeld von Hallstatt in Österreich und dessen Altertümer (1868).
Schaeffer, Haguenau II = F. A. Schaeffer, Les Tertres Funeraires préhistoriques dans le Forêt de Haguenau. II. Les Tumulus de l'Age du Fer (1930).
Schiek, Festschr. Goessler = S. Schiek, Das Hallstattgrab von Vilsingen. Festschr. für P. Goessler. Tübinger Beiträge zur Vor- und Frühgeschichte (1952) 150ff.
Schiek, Fürstengräber = S. Schiek, Fürstengräber der jüngeren Hallstattkultur in Südwestdeutschland (ungedr. Dissertation, Tübingen 1956).
Schüle, Antennenwaffen = W. Schüle, Frühe Antennenwaffen in Südwesteuropa. Germania 38, 1960, 1ff.
Schüle, Meseta-Kulturen = W. Schüle, Die Meseta-Kulturen der iberischen Halbinsel (1969).
Spindler, Ausgrabungen in Deutschland = K. Spindler, Grabfunde der Hallstattzeit vom Magdalenenberg bei Villingen im Schwarzwald. Ausgrabungen in Deutschland, gefördert von der Deutschen Forschungsgemeinschaft 1950–1975, Teil 1 (1975), 221ff.
Spindler, Magdalenenberg = K. Spindler, Magdalenenberg I–IV. Der hallstattzeitliche Fürstengrabhügel bei Villingen im Schwarzwald (1971–1976).
Stoll, Urgeschichte = H. Stoll, Urgeschichte des oberen Gaues. Veröffentlichungen des württembergischen Landesamtes für Denkmalpflege 7 (1933).
Wagner, Fundstätten I und II = E. Wagner, Fundstätten und Funde aus vorgeschichtlicher, römischer und allemannisch-fränkischer Zeit. 1. Teil: Das badische Oberland (1980); 2. Teil: Das badische Unterland (1911).
Wagner, Hügelgräber = E. Wagner, Hügelgräber und Urnenfriedhöfe in Baden (1885).
Wamser, Ostfrankreich = G. Wamser, Zur Hallstattkultur in Ostfrankreich. Die Fundgruppen im Jura und in Burgund. 56. Ber. RGK 1975, 1ff.
Wamser, Mauenheim = L. Wamser, Mauenheim und Bargen. Zwei Grabhügelfelder der Hallstatt- und Frühlatènezeit aus dem nördlichen Hegau (ungedr. Dissertation, Freiburg 1970).
Wocher-Nestler, Tannheim = H. Wocher-Nestler, Das Gräberfeld von Tannheim und seine Stellung in der Hallstattkultur Südwestdeutschlands (ungedr. Dissertation, Tübingen 1966).
Zürn, Hallstattzeit = H. Zürn, Die Hallstattzeit in Württemberg (ungedr. Dissertation, Tübingen 1941).
Zürn, Katalog Heidenheim = H. Zürn, Katalog Heidenheim. Die vor- und frühgeschichtlichen Funde im Heimatmuseum. Veröffentlichungen des staatlichen Amtes für Denkmalpflege Stuttgart 3 (1957).
Zürn, Nordwürttemberg = H. Zürn, Hallstattforschungen in Nordwürttemberg. Die Grabhügel von Asperg (Kr. Ludwigsburg), Hirschlanden (Kr. Leonberg) und Mühlacker (Kr. Vaihingen).

Veröffentlichungen des staatlichen Amtes für Denkmalpflege Stuttgart 16 (1970).

Zürn, Veröffentlichungen Kreise Göppingen und Ulm = H. Zürn, Die vor- und frühgeschichtlichen Geländedenkmale und die mittelalterlichen Burgstellen der Kreise Göppingen und Ulm. Veröffentlichungen des staatlichen Amtes für Denkmalpflege Stuttgart 6 (1961).

Zürn, Veröffentlichungen Stuttgart, Böblingen, Nürtingen = H. Zürn, Die vor- und frühgeschichtlichen Geländedenkmale und die mittelalterlichen Burgstellen des Stadtkreises Stuttgart und der Kreise Böblingen, Esslingen und Nürtingen. Veröffentlichungen des staatlichen Amtes für Denkmalpflege Stuttgart 1 (1956).

ZEITSCHRIFTEN

Arch. Ausgrabungen = Archäologische Ausgrabungen. Bodendenkmalpflege in den Reg.-Bez. Stuttgart und Tübingen (Stuttgart).

Arch. Austr. = Archaeologia Austriaca (Wien).

Bad. Fundber. = Badische Fundberichte (Freiburg i. Breisgau).

Bayer. Vorgeschbl. = Bayerische Vorgeschichtsblätter (München).

Ber. Hist. Ver. Bamberg = Bericht des Historischen Vereins für die Pflege des ehemaligen Fürstbistums Bamberg (Bamberg).

Ber. RGK. = Bericht der Römisch-Germanischen Kommission des Deutschen Archäologischen Instituts (Frankfurt a. M.).

Bl. d. Schwäb. A. V. = Blätter des Schwäbischen Albvereins (Tübingen).

Bull. Soc. Préhist. France = Bulletin des la Société Préhistorique Française (Paris).

Forschungen und Fortschr. = Forschungen und Fortschritte (Berlin).

Fundber. Baden-Württemberg = Fundberichte aus Baden-Württemberg (Stuttgart).

Fundber. Schwaben = Fundberichte aus Schwaben (Stuttgart).

Fundber. Österreich = Fundberichte aus Österreich (Wien).

Gallia = Gallia Préhistoire. Fouilles et Monuments Archéologiques en France Metropolitaine (Paris).

Germania = Germania. Anzeiger der Römisch-Germanischen Kommission des Deutschen Archäologischen Instituts (Frankfurt a. Main).

IPEK = Jahrbuch für prähistorische und ethnographische Kunst (Berlin).

Jb. Mus. Ver. Wels = Jahrbuch des Museumsvereins Wels (Wels).

Jb. des Oberösterr. Musealver. = Jahrbuch (Jahresbericht) des Oberösterreichischen Musealvereins (Linz a. d. Donau).

Jb. RGZM. = Jahrbuch des Römisch-Germanischen Zentralmuseums Mainz.

Jb. SGU. = Jahrbuch (Jahresbericht) der Schweizerischen Gesellschaft für Urgeschichte (Basel).

Jb. d. Württ. A. V. = Jahrbuch des württembergischen Altertumsvereins (Stuttgart).

Korrespondenzbl. d. dt. Ges. f. Anthro., Ethn. u. Urgesch. = Korrespondenzblatt der Deutschen Gesellschaft für Anthropologie, Ethnologie und Urgeschichte (Braunschweig).

Korrbl. Gesamtver. = Korrespondenzblatt des Gesamtvereins der Deutschen Geschichts- und Altertumsvereine (Berlin).

Mainzer Zeitschr. = Mainzer Zeitschrift (Mainz).

Mannus = Mannus. Zeitschrift für Deutsche Vorgeschichte (Leipzig).

Mém. Soc. Emulation Jura = Mémoires de la Société d'Emulation du Jura (Lons-le-Saunier).

Mém. Soc. Hist. Arch. Beaune = Mémoires de la Société Historique et Archéologique de Beaune, Côte-d'Or (Beaune).

Mém. Soc. Hist. Arch. Langres = Mémoires de la Société Historique et Archéologique de Langres (Langres).

Mitt. Anthr. Ges. Wien = Mitteilungen der Anthropologischen Gesellschaft Wien (Wien).

Mitt. Ges. f. Salzburger Landeskunde = Mitteilungen der Gesellschaft für Salzburger Landeskunde (Salzburg).

Mitt. Ver. Geschr. Altertumskde. Hohenzollern = Mitteilungen des Vereins für Geschichte und Altertumskunde in Hohenzollern (Sigmaringen).

Mitt. Zentralkomm. = Mitteilungen der K. K. Zentral-Kommission der Österreichischen Akademie der Wissenschaft (Wien).

Nördl. Jb. = Jahrbuch des Historischen Vereins für Nördlingen und das Ries (Nördlingen).

OGAM = Ogam. Tradition Celtique (Rennes).

PPS. = Proceedings fo the Préhistoric Society (Cambridge).

Prähist. Bl. = Prähistorische Blätter (München).

PZ. = Prähistorische Zeitschrift (Berlin).

Revue Arch. = Revue Archéologique (Paris).

Rev. Arch. Est et Centre Est = Revue Archéologique de l'Est et du Centre-Est (Dijon).

Rev. Mus. = Revue des Musées et Collections Archéologiques (Dijon).

Revue Préhist. Illustrée Est France = Revue Préhistorique Illustrée de l'Est de la France (Dijon).

Riv. Arch. Como = Rivista Archeologica dell'Antica Provincia e Diocesi di Como (Como).

Schau-ins-Land = Schau-ins-Land. Jahresheft des Breisgau-Geschichtsvereins Schauinsland, Freiburg im Breisgau (Freiburg).

Schrift. d. Württ. A. V. = Schriften des Württembergischen Altertumsvereins (Stuttgart).

Sibrium = Sibrium (Varese).

Sinsheimer Jb. = Jahresbericht an die Mitglieder der Sinsheimer Gesellschaft zur Erforschung der vaterländischen Denkmahle der Vorzeit (Sinsheim).

Veröffentlichungen Karlsruher Altert. = Veröffentlichungen der Großherzoglichen Badischen Sammlungen für Altertums- und Völkerkunde in Karlsruhe (Karlsruhe).

Westdt. Zeitschr. = Westdeutsche Zeitschrift für Geschichte und Kunst (Trier).

Württ. Vjh. = Württembergische Vierteljahreshefte für Landesgeschichte (Stuttgart).

Zeitschr. Hist. Ver. Württemberg. Franken = Zeitschrift des Historischen Vereins für das Württembergische Franken (Schwäbisch Hall).

VERZEICHNIS DER MUSEEN UND SAMMLUNGEN

(Die Zahlen beziehen sich auf die Katalognummern der erfaßten Dolche)

DEUTSCHLAND

Aichach, Heimatmuseum 98, 178
Augsburg, Römisches Museum 177
Bad Buchau, Federseemuseum 106
Bamberg, Historisches Museum 170
Biel, Museum Schwab 8
Braunfels, Schloßmuseum 182
Dillingen, Museum des Historischen Vereins 185
Donaueschingen, Fürstlich Fürstenbergische Sammlungen 75
Ebingen, Heimatmuseum 139, 140, 153
Ingolstadt, Stadtmuseum 30
Karlsruhe, Badisches Landesmuseum 7, 11, 80, 126, 136, 187, 200, 201, 203
Landsberg, Museum 222
München, Prähistorische Staatssammlung 31, 78, 87, 94, 134, 144, 163, 173, 181, 191, 192
Sigmaringen, Fürstlich Hohenzollersches Museum 76, 84, 85, 93, 97, 99, 108, 133, 158–160, 168
Stuttgart, Württembergisches Landesmuseum 86, 89, 95, 101, 103, 127, 131, 141, 154–156, 161, 162, 164, 165, 169, 172, 176, 184, 194, 225
Tübingen, Sammlung des Instituts für Vor- und Frühgeschichte 122
 zur Zeit Institut für Vor- und Frühgeschichte 114, 154 A
Villingen, Städtische Altertumssammlung 77, 79, 82, 132, 137
Privatbesitz 102, 112, 199

SCHWEIZ

Basel, Historisches Museum 142
Bern, Bernisches Historisches Museum 4, 88, 119, 145, 146, 190
Fribourg, Musée des Beaux-Arts et d'Archéologie 105, 120, 183
Lausanne, Musée Archéologique et Historique 15
Neuchâtel, Musée de Préhistoire et d'Archéologique 83
Rheinfelden, Fricktalisches Museum 5
Sion (Sitten), Musée de Valère 117
Wetzikon, Ortsmuseum, Sammlung der Antiquarischen Gesellschaft Wetzikon 110
Winterthur, Heimatmuseum 16
Zürich, Schweizerisches Landesmuseum 3, 14, 17, 143, 147

FRANKREICH

Besançon, Musée des Beaux-Arts et d'Archéologie 12, 13, 186, 189, 205, 207
Chalon-sur-Saône, Musée Denon 197
Dijon, Musée Archéologique 6, 195
Haguenau, Musée de la Ville 109, 193
 Sammlung Nessel 115, 130, 138
Langres, Musée de l'Hotel du Breuil 204
Mâcon, Musée au ancien convent des Ursulines 198

ÖSTERREICH

Hallein, Keltenmuseum 69
Hallstatt, Heimatmuseum 34, 157, 166, 167, 175
Hallstatt, Bergwerk (Leihgabe Mus. Wien) 28, 35
Kremsmünster, Sammlung des Stiftes Kremsmünster 174
Linz, Oberösterreichisches Landesmuseum 19, 36, 39, 53, 96, 107, 179
Neydharding, Heimatmuseum Bad Wimsbach-Neydharding (Leihgabe Linz) 92
Salzburg, Museum Carolino-Augusteum 43, 51, 116
Wien, Naturhistorisches Museum 1, 19–27, 29, 33, 37, 38, 40–42, 44–50, 52, 54–58, 60, 61–68, 70–74, 91, 100–104, 111, 123, 125, 128, 135, 148–152, 171, 180, 188, 202, 206, 208, 213

ITALIEN

Como, Museo Civico 124
Cremona, Museo Civico 129
Genova-Pegli, Museo di Archeologia 32
Milano, Civico Museo Archeologico 2
 Collezione Castelfranco 90
Varese, Museo Civico 118
Priv. Slg. V. Borromeo (Isola Bella – Lago Maggiore) 18

AUFBEWAHRUNGSORT UNBEKANNT, NICHT ERHALTENE ODER VERSCHOLLENE STÜCKE

9, 59, 81, 113, 121, 196, 209–212, 214–221, 223, 224

VERZEICHNIS DER FUNDORTABKÜRZUNGEN AUF TAF. 40/41

Bm	=	Buchheim	L	=	Ludwigsburg
BS	=	Býčí-Skála Höhle	M	=	Maegstub
D	=	Dürrnberg	P	=	Pfaffstätt
Eb	=	Ebingen	Sa	=	Saraz
Et	=	Etting	SC	=	Sesto-Calende
G	=	Golasecca	Sm	=	Sigmaringen
H	=	Heuneburg	VM	=	Villingen-Magdalenenberg
Ha	=	Hallstatt	Wa	=	Waldhausen
Hu	=	Hundersingen	Wh	=	Waltenhausen
I	=	Ins	Wn	=	Wangen
Ka	=	Kappel	Wü	=	Würtingen
KR	=	Kappel am Rhein			

SACHREGISTER

Amboß 20
Amulett 84, 86
Angelhaken 45
Anhänger 46, 48, 50, 54, 132, 137 f.

Beinaufsatz 132
- griff 45 f., 65, 136
- hülse 22
- plättchen 131

Bernsteineinlage 44, 92
- knopf 135
- perle (siehe Perle)
- plättchen 45, 90 ff., 131, 135
- ring (siehe Ringschmuck)

Besatzhütchen 17, 37
Beschlag 26, 37, 53
Bett 45
Birkenrinde 43, 54
Birkenrindenhut 45, 139
Blechstreifen 48
Bogenschütze 101, 125
Bohlensarg 135
Brandbestattung 7, 15 f., 19 ff., 25 f., 28, 30 ff., 37, 40, 45 ff., 50, 53 f., 63, 65, 68, 73, 76, 101, 108 f., 132, 137 f.
Brandplatte 137 f.
Bratspieß 22
Bronzegeschirr 71, 74, 77 ff., 89 ff., 96 f., 103, 107 ff., 126 ff., 130
  Fußschale 20, 22
  Becken 37, 44 f., 47 f., 50, 80, 131, 133, 135, 139 f.
  Deckel 50
  Dreifuß 131
  Eimer 16, 34, 45, 47
  Gefäß 20, 23, 40, 44, 134 ff., 138
  Kanne 37, 50, 90, 140
  Kessel 21, 26, 28, 42, 45, 66 f., 73, 131, 134 f., 140
  Perlrandbecken 54
    - teller 44
  Rippenziste 22 f., 30 f., 34, 37, 44, 51, 124, 137
  Schale 19, 21, 23, 31, 40, 66, 134 f., 137, 140
  Situla 15, 19 f., 23, 34, 37, 40, 45, 50, 60, 124 f., 134, 139
  Schöpfer 135
  Tasse 30, 34, 51, 135, 139 f.
  Teller 45, 135
  Trinkhornbeschlag 91

Bronzeband 11, 15, 18, 33, 37, 44, 50
- blech 15, 17, 37, 45, 48, 77, 92, 109, 136 f., 140
- draht 11, 31, 40, 75
- drahtumwicklung 11 f., 14 f., 21, 24, 81, 117, 124
- figur 23
- gehänge 17, 132
- reste 19, 42, 50, 84, 131, 133, 137
Brustschmuck 40
Buckel 20, 28, 37, 48, 54
Buckelzier 11, 92

Dendrochronologie 68
Doppelbestattung 22, 25 f., 31 f., 38 f., 45, 50, 75, 78, 83, 87, 90, 92, 131 f., 135 ff., 140

Eberhauer 40, 132
- knochen 25, 45, 50, 64 f., 76 ff., 132, 135 ff., 139 ff.
Einlagen 33, 98
Einzelfunde 7, 10, 17, 20, 23, 27, 30, 32, 34, 40, 42, 52 f., 111, 116, 119
Eisenband 29, 48
- blech 15, 35
- muffe 17
- reste 20, 31, 47, 53 f., 64, 73, 76, 78, 84, 109, 111, 131 ff., 138

Feuersteinklinge 86, 139
Fibeln 9, 13, 24, 28, 32, 45, 47, 54, 64 f., 67 ff., 74, 77 ff., 84, 87, 89, 91 f., 96, 99, 109, 112, 122 f., 126 ff., 133, 136, 140
  Armbrustfibel 45, 108, 110, 131
  Bogenfibel 2, 13, 24, 37 ff., 56, 64 ff., 70 f., 76, 78, 80, 90, 96, 99, 108, 133, 136, 140
  Brillenfibel 21, 23, 40
  Certosafibel 40
  Doppelpaukenfibel 13, 51, 114
  Dragofibel 25, 37 f., 55, 64, 70, 96, 136
  Drahtbogenfibel 22
  Fibel mit Bernstein 19
  Fibel mit bandförmigem Bügel 21, 46, 139
  Fibel mit zurückgebogenem Fuß 13, 47
  Fibel mit Fußplatte 135
  Fibelnadel 28, 66, 138 f.
  Frühlatènefibel 104
  Fußzierfibel 13, 46, 86 f., 131, 133, 135, 137 f.
  Gitterscheibenfibel 23, 40, 122, 128
  Kahnfibel 17, 22, 30 ff., 43, 47 f., 51, 53, 76, 83 f., 86 ff., 96, 109, 127, 136, 139

Sachregister

Kahnfibel mit Fußzier 53
Kniefibel 42, 46, 84, 108, 139
Paukenfibel 4, 13, 28, 35f., 42, 45, 51, 53f., 65, 68, 75, 77, 81, 83f., 104, 122, 132f., 139ff.
Paukenfibel mit Fußzier 51, 134
Scheibenfibel 40
Schlangenfibel 2, 13, 17f., 25, 28, 32, 36f., 40ff., 45, 47ff., 55, 66, 70, 73, 75f., 79, 83f., 86, 90, 96, 99, 122, 127, 131, 133ff., 138, 141
Spitzpaukenfibel 87, 137
Tutulusfibel 42
Flachgrab 7, 15f., 19ff., 28, 30f., 34, 37, 40, 45ff., 50, 53f., 63, 79, 105
Frauengrab 13, 59, 65f., 68, 75f., 78, 80, 83f., 88
Fürstengrab 56, 68, 70, 76, 88f., 94f., 97, 99, 102ff., 106, 110, 113, 121, 129
Fürstensitz 102f.

Gerät 69
Geröllschlägel 25, 70, 139
Gewässerfunde 7, 17, 116, 119, 130
Gewebeabdruck 54
 – reste 16, 47, 90, 137
Glas 44, 47
Glocke 21, 23
Grabkammer 44f., 49, 54, 68, 76, 78, 81, 83f., 89ff., 97, 103, 116, 131ff., 139f.
 – raub 86, 90, 131, 136
 – raumgröße 71, 81
Golddraht 16, 23, 50
 – fäden 131
 – gehänge 18
Goldblech 22, 49, 93, 98, 121, 130f.
 – folie 44, 131
 – kugel 16, 50
 – schale 45, 50, 92, 139
 – streifen 44f., 50, 92
Granulation 16
Gravur 26f., 55, 118, 139
Griff 9ff., 14f., 17f., 21, 24ff., 29ff., 39ff., 43f., 46, 48, 50, 52, 55ff., 90, 92, 98, 112, 117f., 120, 122, 124, 127
–, anthropomorph 51
 – platte 12, 39, 41, 59, 75
 – schale 24, 39f., 117f.
Gürtel 4, 8f., 33, 64, 71, 74, 77, 79f., 89, 92, 105, 108f., 124, 139
 – besatz 135
 – beschlag 87, 133
 – blech 9, 17, 22f., 26, 28, 30ff., 34, 40ff., 45ff., 50, 52f., 64f., 68ff., 75f., 79, 81, 83f., 86, 90f., 97, 112, 123, 125ff., 132ff., 138ff.
 – haken 22ff., 35, 53, 64, 69f., 72, 88, 97, 126ff., 131, 135, 137, 139f.

Haarschmuck 92
 – tracht 120
Hämatit 116
Haken/Häkchen 52, 65f., 133f., 137f.
Halbkugel 137
Hartlot 24, 26f., 29, 38, 42, 55
Haselnüsse 32, 135
Heft 12, 14f., 18, 21, 24, 26f., 29f., 36, 39, 43, 46, 50ff., 56, 59, 114, 118
Henkel 28, 37, 53
Herstellungstechnik 10, 12f., 98
Hiebverletzung 59
Hirschhornhammer 65
Hockerbestattung 137
Hoplit 100f., 125
Holz 11, 15, 32, 38f., 41, 43, 51, 56, 59, 68, 76, 131, 138
 – eimer 48
 – muffe 14, 31, 36, 43
 – plättchen 15
 – scheide 11, 15, 18, 24, 33, 35, 37
Hülse 8f., 15, 18, 33, 38, 44, 50, 120
Hut 88

Import 90, 93, 106, 110, 114, 117

Jäger 125
Jagd 4, 60ff., 106
 – waffe (siehe Waffen)
Joch 138

Kenotaph 88
Keramik (Scherben, Tongefäß) 15, 17, 19ff., 25, 28, 30ff., 34f., 37, 40, 45ff., 50f., 53f., 64ff., 73f., 76, 78, 84, 101, 108f., 112, 114, 132ff.
Becher 16, 20, 48, 131, 139
Drehscheibenkeramik 23f., 128
Flasche 51, 89
Fußschale 15f., 19f., 22, 32
Henkelschale 47
Henkeltasse 32
Hochhalsgefäß 45, 76, 138f.
Kanne 139
Kegelhalsgefäß 20, 25, 30, 32, 51, 140
Kragenhalsschüssel 30, 47, 51
Napf 16, 138
Omphalosschale 30, 51
Schale/Schälchen 16f., 19ff., 23, 26, 28, 39f., 45, 47, 51, 67, 131f., 135, 137ff.
Schüssel 20, 26, 32f., 39, 138, 140
Schüsseltöpfchen 32
Spitzbecher 140
Stufenschale 20

Teller 39, 137 ff.
Topf/Töpfchen 16, 25 f., 28, 32, 37 f., 54, 136 ff., 140
Trichterrandgefäß 20, 26
Trichterrandschale 47
Trichterrandschüssel 20
Trichterrandtopf 20
Urne 15, 17, 28, 30 ff., 40, 43, 47, 76, 131 f., 137 ff.
Zylinderhalsgefäße 19
Kieselstein 31, 44
Kindergrab 78 f., 86, 88, 104, 139
Kesselwagen 34
Kette 16, 23, 34, 40, 44, 65, 133, 137
Klapperblech 23, 34, 40
Klinge 10, 15, 18, 21, 24, 29, 34, 38, 43, 50, 53, 57 ff., 101
Klingenindex 15, 18, 24
Knabengrab 70 ff., 84, 86
Knauf 5, 10 ff., 14 f., 18, 21, 24 ff., 29 ff., 34, 36 ff., 43 f., 46, 49, 52, 55, 57, 98, 112 ff., 118, 121 f.
Knebel/Zwergknebel 9, 37 f., 47 f., 69, 108, 136
Knopf 19 ff., 23, 30, 37, 50, 54, 140
Koralleneinlage 40, 41, 49
Korb 54
Kreisauge 25, 33, 37, 39, 46, 49
Kreisgraben 81, 84
Krieger von Hirschlanden 7 f., 41, 56, 88, 99, 103, 106, 129
Kugel 29, 37
Kultplatz 84
Kupfer 33

Landsknecht 61
Leder 8, 15, 28, 43, 47, 138
 – gürtel 25, 134
 – koppel 64
 – riemen 8 f., 15, 44
 – scheide 33

Maske 89
Mehrfachbestattung 22, 41, 54, 90 f.
Meißel 132
 Tüllenmeißel 20, 23
Messer 16, 19 f., 30, 39, 45 f., 50 f., 54, 65, 71, 74, 76 ff., 86, 89, 94 f., 108 f., 111, 114 ff., 131 ff.
 Griffdornmesser 19 f., 22 f., 34, 51
 Griffplattenmesser 31, 41
 Griffzungenmesser 40
 Hiebmesser 6, 20, 64, 75 f., 90, 94, 100 f., 108, 112, 123 f., 134 f., 137, 140
 Klappmesser 19
 Messer vom Typ Baldaria 12
 Rahmenknaufmesser 12
 Rasiermesser / halbmondförmiges Messer 16, 18, 28, 45, 53, 64, 69 ff., 74, 77, 79 f., 86 f., 89, 109, 132, 134, 136
Mondbild 76

Nadel 22 f., 37, 54, 69 f., 72, 74 f., 77, 80, 109, 119 f., 123, 126 ff., 131, 133, 135, 139 f.
 Brillennadel 110
 Knochennadel 70
 Kropfnadel 65, 76, 78, 97, 132, 134, 137 f.
 Kugelkopfnadel 19, 22 f., 120, 127
 Mehrkopfnadel 19 ff., 28, 120, 122, 127
 Nadelschaft 17, 19
 Nadelspitzenschützer 15
 Stufennadel 97
 Vasenkopfnadel 40 f.
Nagel 47, 51, 76, 108, 137 ff.
Nagelschneider 45
Niet 12, 15, 17, 21, 26, 28 f., 31, 33 f., 37, 39, 51, 53 f., 56, 76, 84, 108 f., 134

Organisches Material 9, 11 f., 15, 18, 21, 49, 52, 70, 101, 118, 127
Ortband 9, 11 f., 14 f., 21, 24, 26, 35, 46 f., 58, 88, 98, 113, 116 f., 121, 124
 Dosenortband 26, 42
 Halbmondförmiges Ortband 2, 7, 12, 33 f., 36, 39 f., 49, 114, 118
 Kugelortband 2 f., 12, 14, 18, 27, 29, 36, 46 f., 49, 55, 88, 113, 118, 121
 Rädchenortband 44, 88, 93
 Ringortband 44, 59, 88
 Traubenförmiges Ortband 46, 49, 122
 Tüllenortband 21

Perle 19, 84, 91, 97
 Bernstein 23, 38, 42, 50, 109, 134
 Gagat 16, 84, 133 ff.
 Glas 17, 19, 23, 37, 47, 134, 138
Pferdchen 44
Pferdegeschirr 15, 18 f., 34, 44 f., 50, 65, 78, 91 f., 107 ff., 125, 132, 135 f., 138 f.
Pferdeknochen 47 f., 135
Pfriem 132
Phalanx 4, 100 ff., 107, 125
Phalera 21, 108
Pinzette 30, 65, 76, 78, 132
Primärbestattung 64 ff., 75 f., 78, 81, 136, 138
Punze 33

Quaste 61

Radnabe 17, 28, 32, 47 f., 50, 137 f.
 – reifen 17, 20, 28, 39, 48, 50, 76, 137, 139 f.
Rähmchen 54
Raspel 20, 23, 28

Sachregister

Riemen (siehe auch Leder) 8f., 26, 38, 44, 46, 49
- beschlag 48
- halter 8f., 11f., 14, 26f., 29, 31, 33, 38f., 41, 43f., 46, 49, 55, 112f.
- kreuzung 48

Ringhenkel 37
Ringschmuck 66, 71, 74, 76f., 79f., 83, 89
    Armschmuck 65, 128
        Armband 17, 39, 45, 139f.
        Armreif 19, 23, 40, 45, 47, 50, 65, 78, 80, 90ff., 132f., 139
        Armreif, gebuckelt 50
        Armring 10, 19, 26, 28, 34, 40, 42, 50, 54, 64, 66ff., 74ff., 78, 84, 90, 92, 97, 108f., 114, 126ff., 133, 136ff.
        Armring, drahtförmig 132f.
        Armring, drahtförmig mit Ösenverschluß 28
        Armring, gerippt 25, 28
        Armring, hohl 34, 46, 133, 135
        Armring mit Stempelenden 135
        Armring mit Strichgruppen 17, 34
        Armring, strichverziert 28, 54
        Gagatarmring 48
        Lignitarmring 139
        Lignittonnenarmband 53
        Oberarmring 28, 51, 83f., 134
        Spiralarmring 40
        Tonnenarmband 40
    Halsschmuck 40
        Halsring 25f., 28, 38, 44f., 47f., 50, 64ff., 73f., 77ff., 83, 88ff., 97, 103, 105, 108, 133ff., 138f.
        Ohrring 40, 42, 48, 68, 70, 76, 80f., 86, 97, 108, 132, 139f.
        Bandohrring 65
        Segelohrring 65, 76
    Fußring 19, 45, 67, 86, 97, 135, 139
        Beinring 52f.
        Schaukelfußring 108
    Fingerring 37, 45
    Ring 8f., 19, 22f., 25f., 28, 37, 39f., 42, 44ff., 54, 59, 67, 73, 76, 86, 103, 109, 131ff., 138f., 141
        Bernsteinring 19, 22, 28, 65, 108, 137
        Bronzering mit Bernstein 54
        Drahtring 22f., 46
        Gagatring 28
        Hohlring 28, 37, 132, 135, 137
        Tonring 37
        Ringchen 17, 19f., 22f., 26, 28, 30f., 37f., 45, 47, 51f., 54, 64ff., 75, 84, 92, 108f., 132f., 135, 137ff.
        Bleiringchen 28
        Knochenringchen 50
        Zinkringchen 28
Ringgehänge 48

Ringöse 46
Rohr 20, 44
Rosette 40

Schachtgrab 82, 86
Scheide 5, 8f., 11f., 14f., 18, 21, 24ff., 29, 33ff., 37ff., 42ff., 46ff., 52, 55f., 58f., 90, 112, 114, 117f., 120, 124, 127
Scheidenfutter 32, 43
- mundblech 11, 14, 33, 37f., 51, 92
Schmiedetechnik 55, 100
Schmuck 13, 69f., 75, 78, 83, 90, 93, 97, 107f.
Schuhbeschlag 45
- verschnürung 138
Schultergurt 4, 9
Schwertgehänge 76
Scheibe 18, 21, 33, 37, 40, 48f., 118, 135
Seide 90
Sieb 54
Silberverzierung 57
Silexschaber 38
Siedlungsfund 7, 32, 42
Situlenkunst 60ff., 100f., 107, 110, 123ff.
Spiegel 131
Spirale 45
Spiralrolle 23, 50
Speisebeigabe 60, 115
Spitze 23
Sphinx 131
Stab 17, 23, 28, 37, 67
Stachel 45
Standarte 61, 107
Stangenaufsatz 48
Stangengliederkette 65f., 78, 135
Steinsetzung 66f., 133, 138
Stele (siehe auch Krieger v. Hirschlanden) 7f., 35, 87ff.
Stift 19, 23, 35, 37

Tauschierung 2, 24f., 27, 47, 49, 55, 66, 98, 101, 118
Tierfries 125
Tierknochen 17, 19ff., 31, 34, 37, 40, 45ff., 50, 54, 62, 64f., 108f., 134f., 140
Toilettbesteck 133
Tonidol 86, 139
- scheibe 21
Trachtlage 9, 64, 70f., 92, 105
Tremolierstich 44
Trense 23, 37, 39, 54
Trinkgeschirr 105
Tülle 28, 39, 42, 84, 138

Überfalzung/Umbörtelung 11f., 24, 27, 29f., 39, 43

Verkehrswege 73
Verzierung, figürliche 43, 46, 98, 128

Vogel 12, 23, 44, 46
Vollbewaffnung 129 f.
Waffen (ausgenommen Dolche und Lanze)
　Ärmchenbeil 20, 28, 115, 119
　Antennendolch 7, 127
　　– waffe 3 ff., 9 ff., 25 f., 55, 111 f., 114, 117, 126
　　– schwert 11 f.
　Antennenwaffen mit Griffhülse 7, 55, 120
　Antennenwaffen mit Knaufscheiben 55, 120, 127 f.
　Antennenwaffen mit mehrteiliger Griffstange 7, 41, 55, 120
　Axt 19, 23
　Beil 45, 74, 93 ff., 99, 123 ff.
　Beinschienen 16, 34
　Bogen 90, 101
　Brustpanzer 20
　Dolchmesser 5, 7, 11 f., 16, 18, 21, 31 f., 34 f., 38 ff., 43, 49, 51, 55 f., 75, 84, 86, 88, 90, 100, 117, 120 ff., 127
　Dolche mit bronzedrahtumwickelter Scheide 1 f., 12, 31, 43, 55 f., 58, 70, 81, 88, 92, 96, 113, 118, 120, 122
　Dolche mit verkümmerten Antennen 1 f., 31, 55, 58, 64, 66, 70, 96, 113, 118, 120 f.
　Dolche mit Ringortband 44, 56, 75, 88, 91, 99, 106
　Dolche mit entwickelter Knaufgestaltung (Eisen) 1 f., 27, 43, 50, 55 f., 96, 113, 116 ff., 121
　Dolche mit entwickelter Knaufgestaltung (Bronze) 1 f., 40, 56, 105, 110, 112 f., 121 f., 128, 130
　Dolche vom Typ Larçon 112
　Estemesser 6, 41, 56, 117, 124, 126 f.
　Galizische Dolche 10
　Geschoßspitze 102
　Hallstattschwert 3, 19 f., 66, 75, 96, 100, 109, 114, 136
　Halpart 61
　Hiebmesser (siehe Messer)
　Helm 20, 123 ff.
　　Kalottenhelm 16, 18, 34
　　Krempenhelm 22
　Jagdwaffe 62, 100, 125
　Knollenknaufschwert 51 f., 112
　Kurzschwert 3 f., 9 ff., 15 f., 18, 21, 36, 49, 55, 90, 112 f., 117 ff., 122, 124, 127 f., 130
　Köcher 26, 45, 69, 93, 113 f., 135
　Lanzenschuh 15, 22, 28, 60, 101, 108, 114 f., 124, 133, 135, 140
　Les Jogasses-Dolche 7, 88
　Lappenaxt 28, 46
　Lappenbeil 20, 22 f., 31

　Mehrzweckwaffe 61, 101, 107, 110
　Pfeil 15 f., 26, 30, 32, 39, 45, 69, 71, 73 ff., 83, 89 f., 92 ff., 100 f., 107 ff., 109 ff., 123 ff., 131 ff., 137 f., 140 f.
　　Dornpfeilspitze 17, 28, 73, 134 f., 138
　　Feuersteinpfeilspitze 17, 86, 139
　　Flügelpfeilspitze 46
　　Tüllenpfeilspitze 45, 132, 134 f., 139
　Pfeilschuh 131
　Schlagspuren an Waffen 61
　Schutzwaffe 72, 101, 115, 123 f., 129 f.
　Schwert 4, 10 ff., 15, 20, 30, 48, 50 f., 54 f., 64 ff., 73 ff., 96, 100 f., 108, 110 f., 115 ff., 119, 123, 125 f., 129, 131 ff., 136 ff.
　Schwert mit T-förmigem Knauf 12, 56
　Schild 101, 124 f., 138, 140
　Schleuderstein 102
　Soliferrum 115
　Tüllenbeil 19 f., 45, 48, 91, 93
　Votivschwert 11
Waffenkombination 65, 71, 89, 94, 101, 107, 111, 114 ff., 119, 123 ff., 127 ff.
Waffentradition 65, 68, 75 ff., 80, 89, 96, 108
Wagen 15, 19, 22, 31 f., 34, 37 f., 44 f., 47 f., 50, 64, 71, 73 ff., 83, 89 ff., 96 f., 103, 105, 107 ff., 131 f., 135 f., 138 ff.
Werkstatt 33, 56, 58, 92
Werkzeug, sichelförmig 17
Wetzstein 19, 23, 30, 34, 44, 46, 132, 135
Zentralgrab 68, 84, 86, 90
Zeitverweise
　Bronzezeit 78, 80, 82
　Dowris-Stufe 10
　Frühlatènezeit 7 f., 51 f., 59, 70, 75, 83, 88 f., 91, 101, 104 ff., 114, 118, 125
　Hallstattzeit (C) 1, 3 ff., 10, 12, 18, 35, 41, 55, 58, 63, 65 f., 73 ff., 100 ff., 106 f., 111, 114, 116 ff., 125, 128
　Huelva-Horizont 10
　Kaiserzeit 61
　Lausitzer Kultur 10
　Urnenfelderzeit 2 f., 10 ff., 56, 61, 84
Zierbeil 19
　– gehänge 40
　– hütchen 28
　– knopf 21, 44
　– niet 14, 29, 31, 33, 46, 49
Zopf 116
Zwecke 135
Zwinge 20, 23, 28
Zwingenbesatz 70

ORTSREGISTER

(Die eckigen Klammern hinter den Ortsnamen enthalten die Koordinaten und Abkürzungen der Fundorte auf der Verbreitungskarte Taf. 40/41, die runden Klammern die im Text und auf den Tafeln verwendeten Dolchnummern.)

Aichach [Taf. 41, D 1] 46f., (Nr. 178), 108, 110
Aislingen-Lauingen 108
Alaise [Taf. 40, G 15/16] 15, 17 (Nr. 12), 112
Altenberg [Taf. 41, C 11] 47f. (Nr. 185), 109
Altsteußlingen 131
Amancey 112
Apremont [Taf. 40, F/G 14] 48ff. (Nr. 186), 57, 112f.
Asch 131
Asperg 59, 99, 104, 131
Auerbach [Taf. 41, G 12] 31f. (Nr. 107)
Augsburg [Taf. 41, C 11] 46f. (Nr. 177), 108
Augsburg-Kriegshaber 3, 108, 123

Barbirey-sur-Ouch 112
Bargen 74, 131
Belluno [Taf. 41, F 20] 6, 33 (Nr. 121)
Berghülen 131
Bichishausen 131
Billingsbach 131
Bittelbrunn 74, 131
Bittelschieß [Taf. 40, P 12] 45 (Nr. 168), 131
Bitz 131
Blasy-Bas [Taf. 40, D 14] 16f. (Nr. 9), 18, 57, 112
Bleichstetten [Taf. 40, P 11] 29f. (Nr. 95), 76f., 97f., 131
Böblingen [Taf. 40, O 10] 35f. (Nr. 127), 81f., 89, 97, 132
Böttingen [Taf. 40, P 11] 17 (Nr. 10), 58, 77, 132
Bolheim 132
Bologna-Melenzani 3, 6
Braunfels [Taf. 40, N 3] 6, 47f. (Nr. 182)
Brêche-au-Diable 112
Bremelau 77, 132
Bruckberg 108
Bubesheim 3, 108
Buchheim, Kr. Freiburg 132
Buchheim, Kr. Stockach [Taf. 40, O 12/13: Bm] 54 (Nr. 209.210), 65, 74, 98, 132
Buchsee-Münsing [Taf. 41, D/E 13] 47f. (Nr. 181), 60, 108
Büsingen 132
Bussy-le-Chateau 114
Býčí-Skála [Taf. 41, P 7: BS] 6, 29ff. (Nr. 100.111)

Camallera 10
Ca'Morta [Taf. 40, O 21] 34 (Nr. 124)
Capestrano 89
Caprucolo 12
Castro di Coubueira 10
Cayla 113f.
Chalon-sur-Saône [Taf. 40, D 16] 52 (Nr. 197), 112, 116
Chamesson 111
Champberceau 51
Chassagne-St.-Denis 112
Clucy [Taf. 40, G 17] 54 (Nr. 211), 112
Châtonnaye [Taf. 40, I 16] 47f. (Nr. 183), 118f.
Concise [Taf. 40, I 16] 17 (Nr. 16), 117
Court-St.-Etienne 3, 5, 10f., 15, 18
Crailsheim [Taf. 41, A 8] 6, 53 (Nr. 199), 132
Creancey [Taf. 40, D 15] 52 (Nr. 196), 112
Cudrefin [Taf. 40, I/K 17] 26f. (Nr. 83), 55, 118

Dalkingen 132
Dautmergen 79, 132
Deckenpfronn 84f., 97, 132
Deservillers [Taf. 40, H 16] 54 (Nr. 212)
Dettingen-Steinenberg 74, 133
Dietenheim 133
Dijon 7
Dörflingen [Taf. 40, N 13] 16 (Nr. 3), 57f., 117
Dollhof 133
Dompierre-les-Tilleuls [Taf. 40, G/H 16] 53 (Nr. 205), 112
Dormettingen 78f., 97, 133
Dottingen 75, 77, 133
Dürrnberg [Taf. 41, H 14: D] 7, 20f. (Nr. 43), 23 (Nr. 69), 59
Dußlingen 80, 92, 133

Eberdingen-Hochdorf [Taf. 40, O 9] 9, 44f. (Nr. 165 A), 88f., 91ff., 98, 133
Ebingen [Taf. 40, O 12: Eb] 11, 38f. (Nr. 139, 140), 41ff. (Nr. 153), 60, 78f., 96f., 99, 105, 133
Echarlens 116
Echterdingen 133
Eggingen 133
Eglingen [Taf. 40, P 11] 32 (Nr. 112), 77, 133

Ehingen 133
Eppan 124
Erbstetten-Kirschenhardthof 133
Erkenbrechtsweiler-Burrenhof [Taf. 40, P 10] 44 f. (Nr. 169), 76 f., 133
Erkertshofen [Taf. 41, E 8] 40 f. (Nr. 144)
Esnoms-au-Val [Taf. 40, E/F 13] 53 (Nr. 204), 112
Esslingen 134
Estavayer-le-Lac [Taf. 40, I 17] 32 (Nr. 105), 116 f.
Este 3, 124
Etting [Taf. 41, D 13/14: Et] 29 f. (Nr. 94), 50 f. (Nr. 192), 57 f. 90, 108, 110.120
Ewattingen 134

Fertans [Taf. 40, G 15/16] 17 (Nr. 13), 112
Fiesole 11
Filetto 35

Gammertingen 79, 134
Gauselfingen [Taf. 40, O 11/12] 25 (Nr. 76), 77, 79, 134
Geißlingen 134
Gerlingen 81, 83, 89, 97 f., 134
Gilgenberg-Gansfuß [Taf. 41, L 11] 20 f. (Nr. 36)
Golasecca [Taf. 40, N 21: G] 11, 18 (Nr. 18), 21, 26, 28 (Nr. 90), 34, 120
Grafenbühl 90, 92 f., 106
Grand-Bassin 114 f.
Großeibstadt [Taf. 41, B 4] 19 (Nr. 31), 21, 66
Großengstingen 134
Grüningen [Taf. 40, O 15] 31 ff. (Nr. 110), 117

Hailtingen 74, 134
Hallstatt [Taf. 41, I/K 17: Ha] 1, 3, 5 ff., 9, 11 f., 15 (Nr. 1), 18 ff. (Nr. 19–29, 33–35, 37, 38, 40–42, 44–50, 52–58, 60–68, 70–74), 27 f. (Nr. 91), 29 ff. (Nr. 104), 34 ff. (Nr. 123, 125, 128, 135), 39 ff. (Nr. 148–152), 44 ff. (Nr. 166, 167, 171, 174, 175, 180, 188), 53 f. (Nr. 202, 206, 208, 213–215), 59 f. 98, 117 ff., 130
– Eckerntal 41 f. (Nr. 157)
Harthausen-Scheer [Taf. 40, O 12] 27 f. (Nr. 85), 79, 134
Hegnach [Taf. 40, P 9] 51 (Nr. 194), 84 f., 89, 134
Heidenheim-Mergelstetten 134
Haguenau 6, 113, 136
Heidenheim-Schnaitheim 134
Heiligkreuztal-Hohmichele 59 ff., 74, 90, 94, 106, 116, 135
Heuneburg [Taf. 40, P 12: H] 6 f., 13, 32 (Nr. 114), 42 (Nr. 154 A), 62, 70, 91, 93, 102 ff., 106
Hirschau [Taf. 40, O 11] 54 (Nr. 216), 80, 135
Hirschlanden 7 f., 41, 56, 87 ff., 99, 103 f., 106, 135
Hoffenheim [Taf. 40, O 8] 35 f. (Nr. 126), 48, 56, 135
Hohenasperg 6, 103 f., 106

Horgauergreuth 108
Hossingen 78 f., 135
Hügelsheim [Taf. 40, M 9] 6, 37 (Nr. 136), 90, 135
Huglfing 108
Hundborg 10
Hundersingen [Taf. 40, P 12: Hu] 43 f. (Nr. 172), 46 ff. (Nr. 176, 184), 54 (Nr. 217, 218), 74, 90 f., 93, 97 ff., 102 f., 106, 120, 135

Inneringen [Taf. 40, P 11] 41 f. (Nr. 158), 135
Ins [Taf. 40, I/K 16: I] 16 (Nr. 8), 49 f. (Nr. 190), 57, 113, 117 ff.
Irrendorf [Taf. 40, O 12] 54 (Nr. 219), 135

Jegenstorf [Taf. 40, L 16] 16 (Nr. 4), 18, 57, 117
Jungnau 74, 135

Kaltbrunn 68, 74, 135
Kamps Veld 6
Kanton Neuenburg [Taf. 40, I 16] 17 (Nr. 17), 117
Kappel [Taf. 40, O/P 13: Ka] 29 f. (Nr. 99), 32 (Nr. 108), 74, 136
Kappel/Rhein [Taf. 40, L 11: KR] 6, 24, 49 (Nr. 187), 53 (Nr. 200), 70, 90 f., 96, 106, 136
Kirchberg/Jagst 136
Kirchen-Mochental 136
Kissing-Bachern 108
Kleinbottwar 83, 97, 136
Köstendorf [Taf. 41, H 13] 32 (Nr. 116)
Kolbingen 136
Krauchenwies 136
Kurzgeländ [Taf. 40, M 9] 32 (Nr. 115)

Laiz 136
Langenthal [Taf. 40, L 15] 27 f. (Nr. 88), 118
Lautlingen [Taf. 40, O 12] 54 (Nr. 220), 79, 136
Larçon [Taf. 40, E 14] 52 (Nr. 195), 112
Les-Jogasses 113 ff.
Lendsiedel 136
Leutstetten-Mühltal 108 f.
Linz 6
Liptingen [Taf. 40, O 13] 53 (Nr. 203), 68, 136
Lochen-Sprinzenberg [Taf. 41, G/H 13] 20 (Nr. 39)
Ludwigsburg [Taf. 40, P 9: L] 44 (Nr. 164.165), 54, 89 ff., 120, 122, 136
Luttre 116

Mâcon [Taf. 40, D 18] 51 f. (Nr. 198), 112, 116
Maegstub [Taf. 40, M 9: M] 15, 36 (Nr. 130), 50 f. (Nr. 193), 57 f.
Mahlspüren 74, 136
Mailing [Taf. 41, D 10] 19 (Nr. 30), 21, 120
Marigny [Taf. 40, G 17] 16 (Nr. 6), 57, 112
Mauenheim [Taf. 40, N 13] 4, 7, 25 (Nr. 75), 63 ff., 74, 96 f., 105, 136

Ortsregister

Meidelstetten 75, 77, 137
Mehrstetten 137
Mögglingen [Taf. 41, A 9] 6, 30f. (Nr. 102), 137
Möhringen 57
Mössingen-Belsen 80f., 137
Mont Lassois 7
Morschreuth [Taf. 41, D 6] 21f. (Nr. 59)
Motzingen-Baisingen 137
Mühlacker 86f., 89, 99, 104, 137
Mühlehölzli [Taf. 40, K 16] 34 (Nr. 120) 117
Mühlhart 110
Munderkingen [Taf. 40, P 12] 32 (Nr. 113), 137
Muttenhofen [Taf. 41, E 8] 42f. (Nr. 163)

Nattheim 137
Nehren [Taf. 40, O 11] 11, 38f. (Nr. 141), 80, 96, 137
Nendingen 65, 137
Nenzingen [Taf. 40, O 1] 53 (Nr. 201), 74, 137
Neuenegg [Taf. 40, K 16] 33f. (Nr. 119), 117
Neuhausen ob Eck 65, 74, 97, 137
Nidau (siehe Port)
Niederambach 108
Niederaunau [Taf. 41, B 12] 6, 36ff. (Nr. 133), 73, 96

Oberjettingen 137
Obermodern [Taf. 40, L 9] 38 (Nr. 138), 96
Oberrimsingen 137
Oberstetten 76f., 137
Orpund [Taf. 40, K 15] 40 (Nr. 145), 117

Pfaffstätt [Taf. 41, H 12] 47 (Nr. 179), 54 (Nr. 221), 121
Pfronstetten 77, 138
Pfullendorf [Taf. 40, P 13] 29f. (Nr. 97), 74, 138
Pietra Ligure [Taf. 40, M 25] 20 (Nr. 32)
Port [Taf. 40, K 15/16] 38f. (Nr. 143), 117
Prächting 96
Pratteln [Taf. 40, L 14] 38f. (Nr. 142), 117
Pürgen [Taf. 41, C/D 12/13] 54 (Nr. 222), 108

Rances [Taf. 40, H 17] 17 (Nr. 15)
Rappenau 3
Refranche 112
Reichenbach 74, 138
Rehling-Au 108
Rehling-Unterach [Taf. 41, D 11] 36f. (Nr. 134)
Remmeltshofen 108
Remmingsheim 138
Rielasingen [Taf. 40, O 13] 17f. (Nr. 11), 74, 138
Rohrdorf 138
Rothenlachen 138
Rottweil 138

Salem [Taf. 40, P 13] 26f. (Nr. 80), 34, 66f., 74, 97, 138
Salzburg-Taxham [Taf. 41, H 13] 22 (Nr. 51)
St. Colombe 93

Santa Lucia di Tolmino 35, 56
San Matteo delle Chiaviche [Taf. 41, B 23/24] 35 (Nr. 129)
Saraz [Taf. 40, G 16: Sa] 49f. (Nr. 189), 54 (Nr. 223), 112f., 118
Schechingen 138
Schlipps 108
Schönaich 138
Schopfloch 77, 138
Schupfart [Taf. 40, L/M 14] 16f. (Nr. 5)
Schwäbisch Hall 134
Schweindorf 138
Schwenningen 138
Sechselbach 138
Sesto-Calende [Taf. 40, N 21: SC] 3, 10f., 15 (Nr. 2), 18, 21, 33ff. (Nr. 118), 117f., 120, 123
Siedelberg (siehe Auerbach und Pfaffstätt)
Sigmaringen [Taf. 40, O/P 12: Sm] 1, 27 (Nr. 84), 41f. (Nr. 160), 139
– Ziegelholz 29f. (Nr. 93), 74, 139
Sindringen 139
Sitten (Sion) [Taf. 40, K 19] 33f. (Nr. 117), 116ff.
Sobrefox 10
Steingebronn 76f., 139
Stein/Traun 108f.
Stuttgart-Bad Cannstatt 89, 92, 102, 139
Stuttgart-Ludwigsburgerstraße [Taf. 40, O/P 10] 41f. (Nr. 161), 139
Stuttgart-Weil im Dorf [Taf. 40, O 9/10] 41ff. (Nr. 162), 83f., 89, 97, 139
Sulz [Taf. 40, N 11] 36ff. (Nr. 131), 139

Tailfingen 79, 86, 139
Tannheim [Taf. 41, A 13] 2, 6, 30f. (Nr. 101), 73f., 97, 101, 139
Tettnang 73, 139
Thalheim [Taf. 40, N/O 14] 34 (Nr. 122), 139
Tiengen [Taf. 40, M 14] 6, 15f. (Nr. 7), 117, 139
Todtenweissand [Taf. 41, C 11] 29f. (Nr. 98)
Tomerdingen 140
Traubing 108f.
Traun [Taf. 41, L 13] 27f. (Nr. 92)
Trochtelfingen 140
Truchtelfingen 77, 101, 140
Tübingen-Kilchberg [Taf. 40, O 11] 41ff. (Nr. 156), 80, 86, 97, 140
Tübingen-Waldhausen 80, 140; s. auch Waldhausen
Tuttlingen-Ludwigstal 64, 74, 97, 140

Überlingen [Taf. 40, P 13] 54 (Nr. 224), 140
Ulm-Söflingen [Taf. 41, A 11] 6, 54 (Nr. 225), 140

Veringenstadt [Taf. 40, O/P 12] 41f. (Nr. 159), 59, 120, 140

Villingen-Magdalenenberg [Taf. 40, N 12: VM] 2, 6, 9, 25 ff. (Nr. 77.79, 82), 36 ff. (Nr. 132, 137), 55, 68 ff., 79, 90, 92, 94 ff., 97 ff., 105, 118
Vilsingen 74, 90, 140
Vitteaux 112

Wahlweis 74, 140
Waldalgesheim 104
Waldhausen [Taf. 40, O 10: Wa] 26 ff. (Nr. 81.86); s. auch Tübingen-Waldhausen
Walk [Taf. 40, L/M 9] 32 (Nr. 109)
Walldorf 140
Waltenhausen [Taf. 41, B 12: Wh] 6, 25 (Nr. 78), 27 f. (Nr. 87), 55, 73
Wangen [Taf. 40, N 15: Wn] 17 f. (Nr. 14), 40 (Nr. 147), 117

Watsch 125
Wattendorf [Taf. 41, D 5] 44 f. (Nr. 170)
Welzelach 124
Whittingham 10
Wielenbach 108
Wildenroth-Grafrath [Taf. 41, D 12] 46 (Nr. 173)
Wilzhofen-Wielenbach [Taf. 41, D 13] 50 (Nr. 191)
Winterlingen 79, 140
Wohlen [Taf. 40, K 16] 40 (Nr. 146), 117
Wolfegg [Taf. 41, A 13] 6, 32 (Nr. 106), 73 f., 140
Würtingen [Taf. 40, P 11: Wü] 27 f. (Nr. 89), 30 f. (Nr. 103), 41 f. (Nr. 155), 55, 73 ff., 77, 97 f., 101, 140

Zabern 10
Zainingen 77, 141

TAFELN

Eisenantennenwaffen mit zylindrischer Griffhülse (1–4) TAFEL 1

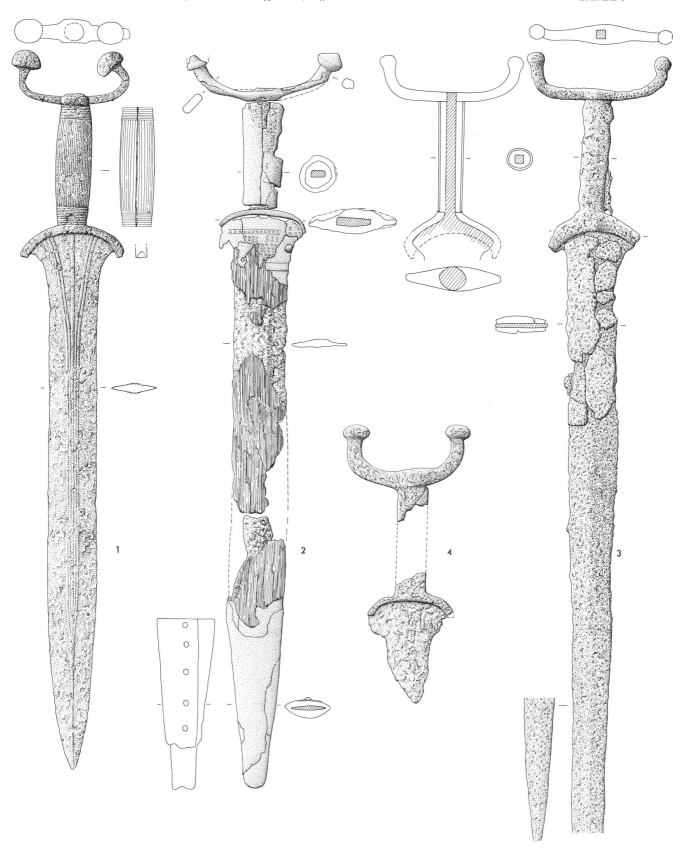

1 Hallstatt, Gr. 555. – 2 Sesto-Calende, Gr. 1. – 3 Dörflingen. – 4 Jegenstorf. – (2 nach R. de Marinis; 3.4 nach W. Drack).
M. 2:5

TAFEL 2 *Eisenantennenwaffen mit zylindrischer Griffhülse (5–8)*

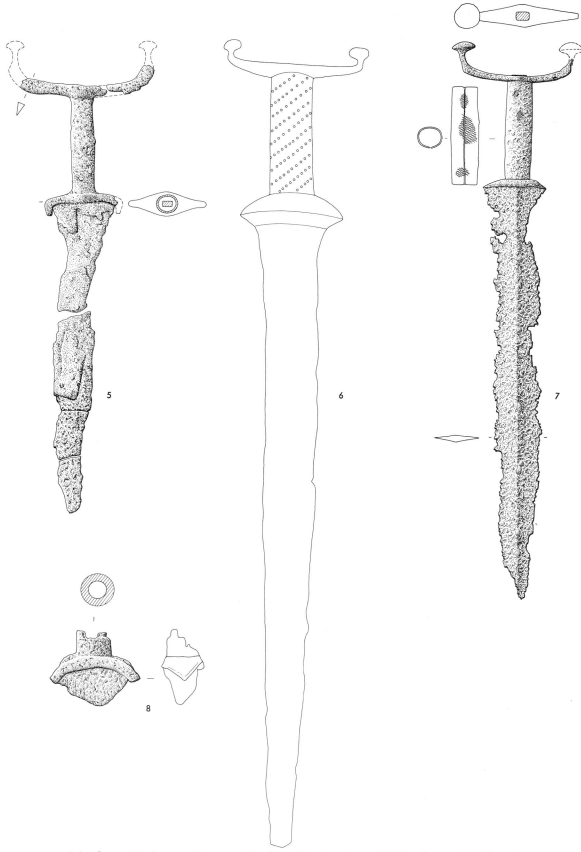

5 Schupfart. – 6 Marigny. – 7 Tiengen. – 8 Ins, Hgl. IV/1908. – (5.8 nach W. Drack; 6 nach G. Wamser).
M. 2:5

Eisenantennenwaffen mit zylindrischer Griffhülse (9–13. 15) TAFEL 3

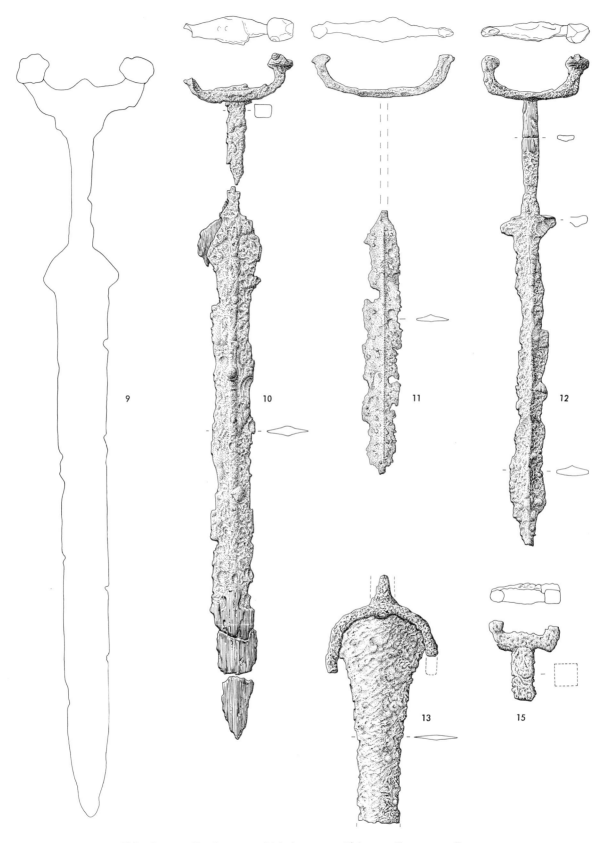

9 Blaisy-Bas. – 10 Böttingen. – 11 Rielasingen. – 12 Alaise. – 13 Fertans. – 15 Rances. –
(9. 13 nach G. Wamser; 15 nach W. Drack).
M. 2:5

TAFEL 4 — *Eisenantennenwaffen mit zylindrischer Griffhülse (14. 16. 17) und mit mehrteiliger Griffstange (18)*

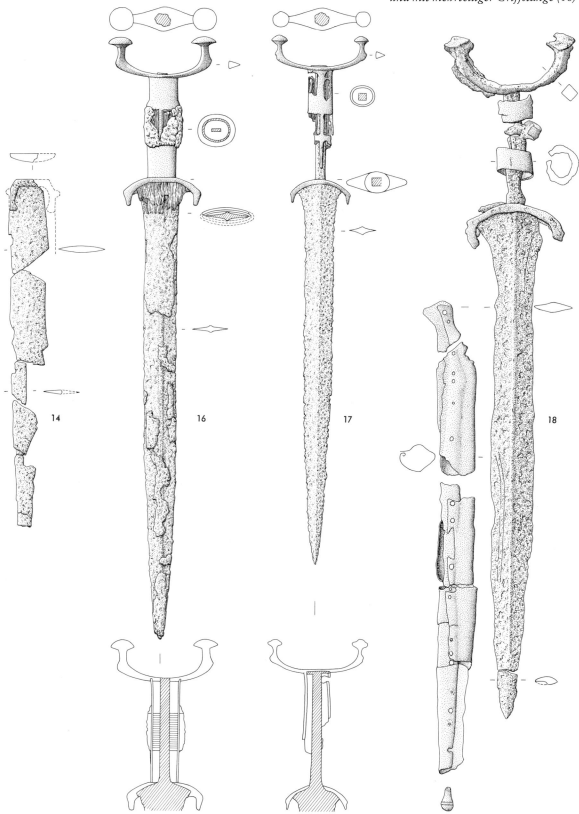

14 Wangen, Best. XVIII. – 16 Concise. – 17 Kanton Neuenburg. – 18 Golasecca. –
(14. 16. 17 nach W. Drack; 18 nach R. de Marinis).
M. 2:5

Eisenantennenwaffen mit mehrteiliger Griffstange (19–26) TAFEL 5

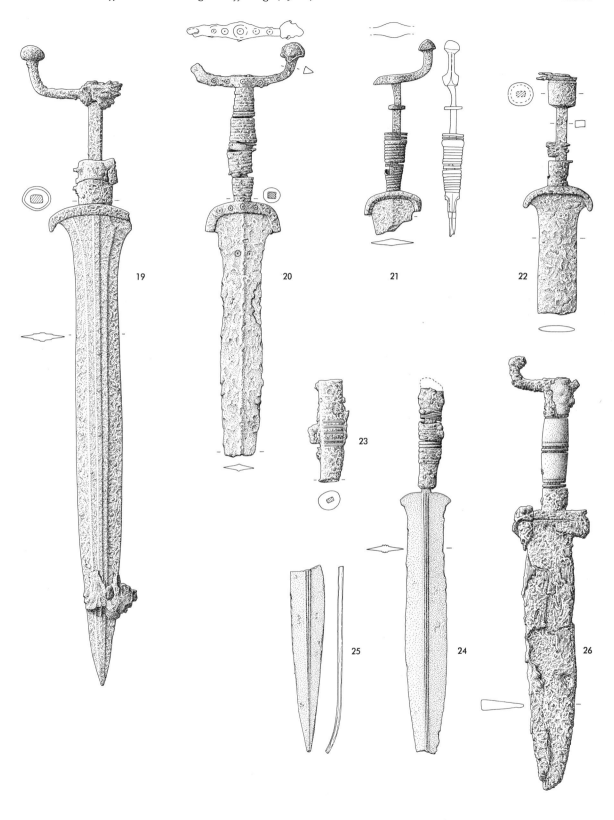

19 Hallstatt, Gr. 756. – 20 Hallstatt, Gr. 789. – 21 Hallstatt, Gr. 223. – 22 Hallstatt, Gr. 454. – 23 Hallstatt, Gr. (?). –
24 Hallstatt, Gr. 809. – 25 Hallstatt, Gr. 256. – 26 Hallstatt, Gr. 755. – (19. 24 z. T. nach K. Kromer; 25. 26 nach K. Kromer).
M. 2:5

TAFEL 6 *Eisenantennenwaffen mit mehrteiliger Griffstange (27–31)*

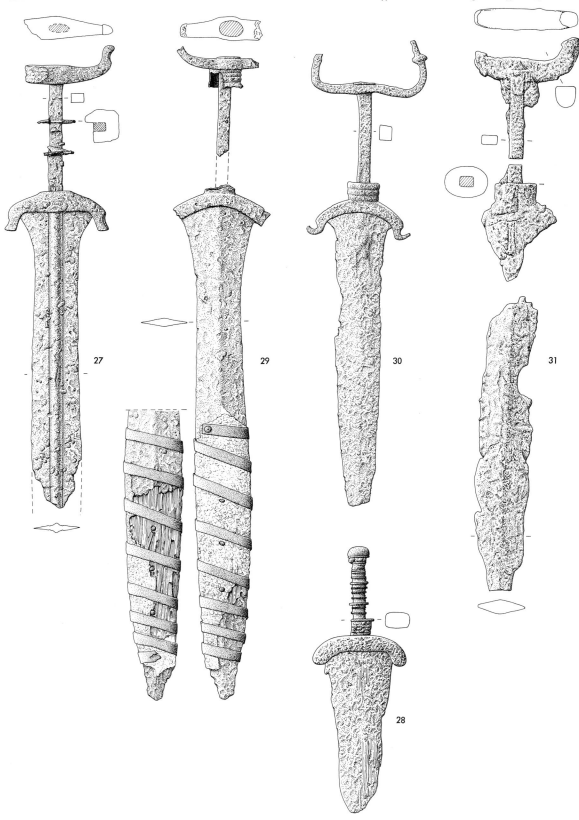

27 Hallstatt, Gr. 333. – 28 Hallstatt, Gr. (?). – 29 Hallstatt, Gr. 472. – 30 Mailing. – 31 Großeibstadt. – (31 nach G. Kossack).
M. 2:5

Eisenantennenwaffen mit mehrteiliger Griffstange (32–38) TAFEL 7

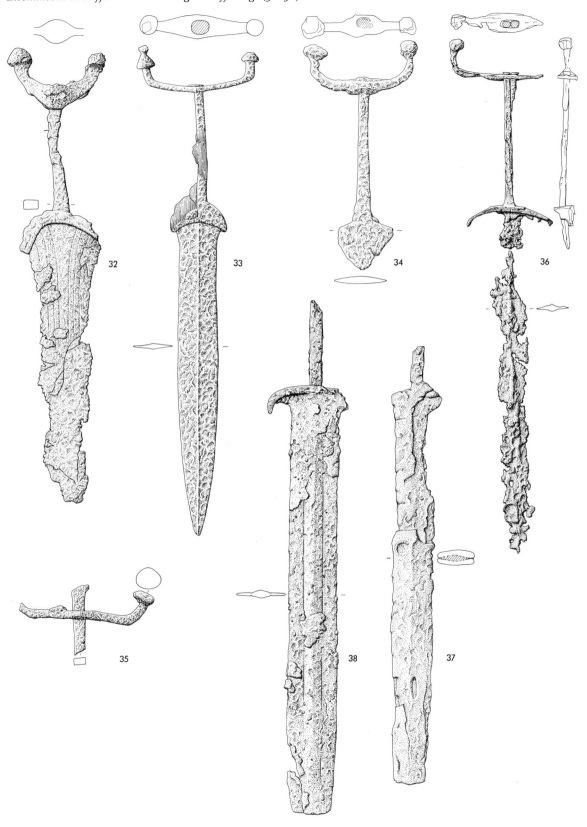

32 Pietra Ligure. – 33 Hallstatt, Gr. 524. – 34 Hallstatt, Gr. (?). – 35 Hallstatt, Gr. (?). – 36 Gilgenberg. – 37 Hallstatt, Gr. 469. – 38 Hallstatt, Gr. 236. – (32 nach R. de Marinis; 38 nach K. Kromer).

M. 2:5

TAFEL 8 *Eisenantennenwaffen mit mehrteiliger Griffstange (39–43);*
Bronzeantennenwaffen vom Typus Hallstatt (44–51)

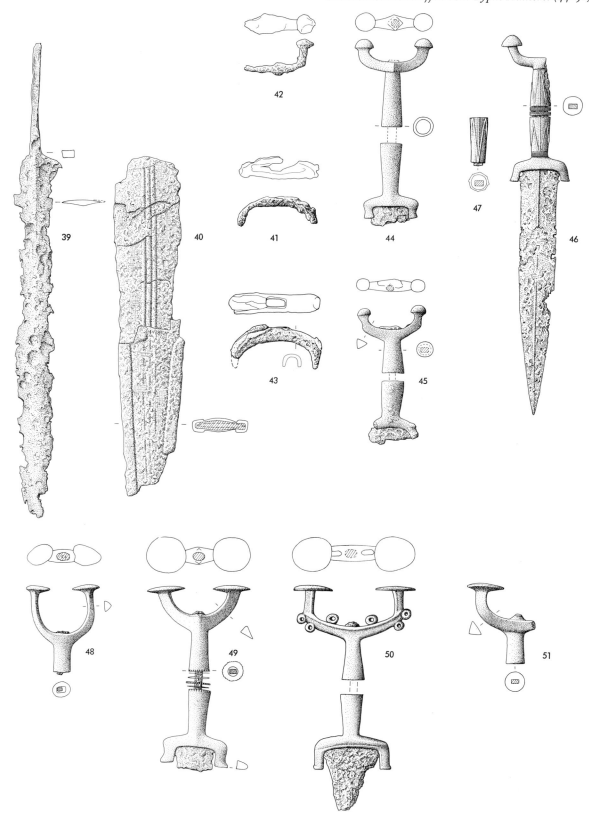

39 Lochen-Sprinzenberg, Hgl. 2. – 40–42 Hallstatt, Gr. (?). – 43 Dürrnberg. – 44 Hallstatt, Gr. 608. – 45 Hallstatt, Gr. 765. – 46 Hallstatt, Gr. 783. – 47 Hallstatt, Gr. 259. – 48 Hallstatt, Gr. 873. – 49 Hallstatt, Gr. 587/88. – 50 Hallstatt, Gr. 682. – 51 Salzburg-Taxham. – (46. 50 nach K. Kromer; 51 nach F. Moosleitner).

M. 2:5

Bronzeantennenwaffen vom Typus Hallstatt (52–58) TAFEL 9

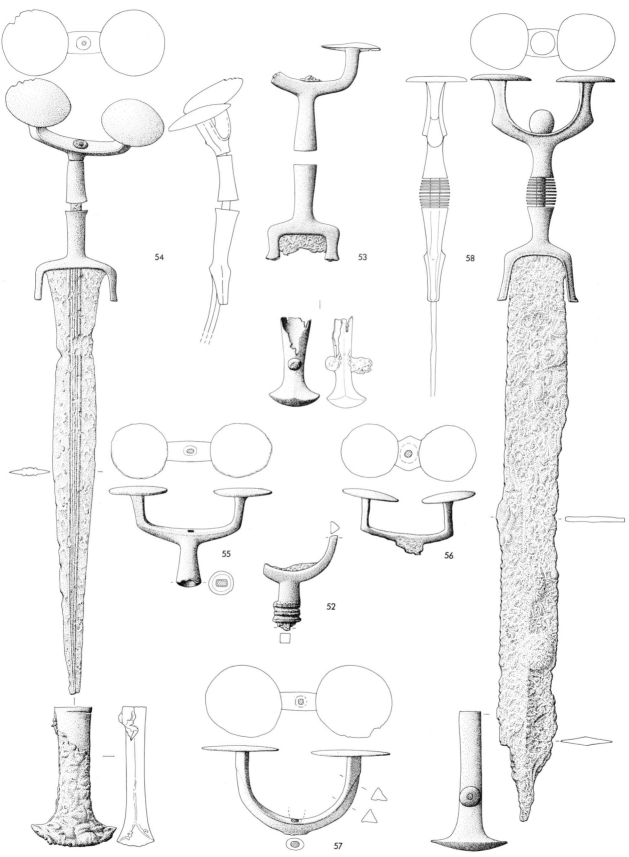

52 Hallstatt, Gr. (?). – 53 Hallstatt, Gr. 90. – 54 Hallstatt, Gr. 766. – 55 Hallstatt, Gr. 322. – 56 Hallstatt, Gr. 936. – 57 Hallstatt, Gr. 587/88. – 58 Hallstatt, Gr. 203/204. – (53. 55. 56 nach K. Kromer; 54 z. T. nach K. Kromer).

M. 2:5

TAFEL 10　　　　　　　　　　　　　　　　　　　　*Bronzeantennenwaffen vom Typus Hallstatt (59–62. 64)*

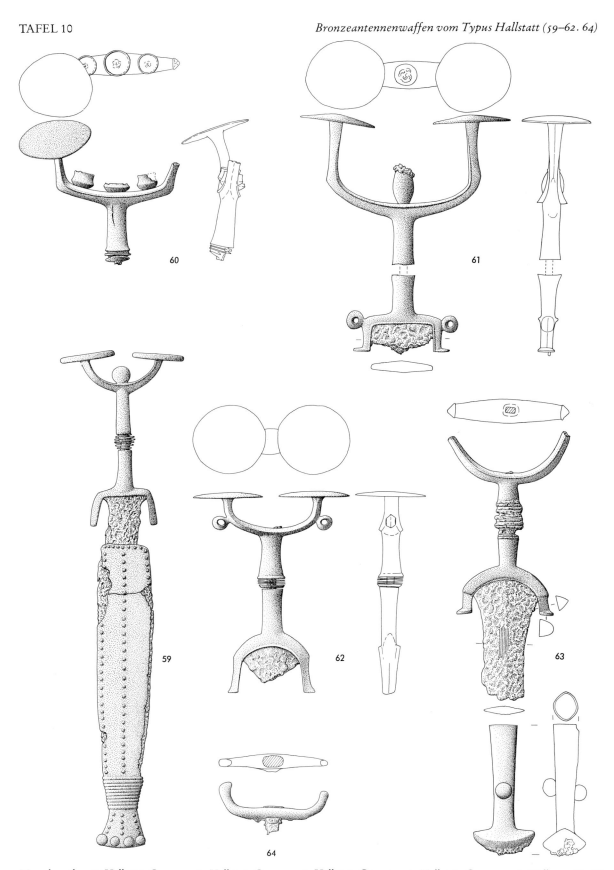

59 Morschreuth. – 60 Hallstatt, Gr. 557. – 61 Hallstatt, Gr. 577. – 62 Hallstatt, Gr. 559. – 63 Hallstatt, Gr. 574. – 64 Hallstatt, Gr. (?).
(59 nach K. Kersten; 61 nach K. Kromer; 62 z. T. nach K. Kromer).
M. 2:5

Bronzeantennenwaffen vom Typus Hallstatt (65–74) TAFEL 11

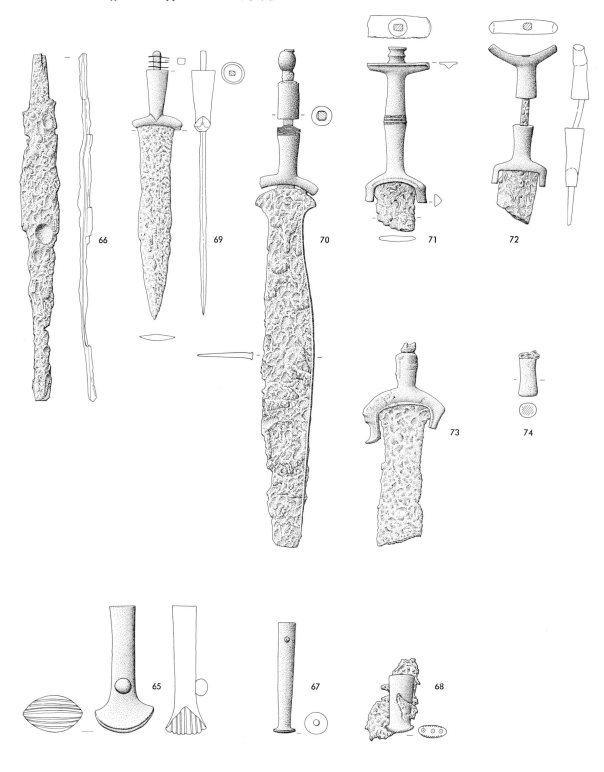

65 Hallstatt, Gr. 585. – 66 Hallstatt, Gr. 203/204. – 67 Hallstatt, Gr. 222. – 68 Hallstatt, Gr. 668. – 69 Dürrnberg. – 70 Hallstatt, Gr. 509. – 71 Hallstatt, Gr. 825. – 72 Hallstatt, Gr. 466. – 73 Hallstatt, Gr. 836. – 74 Hallstatt, Gr. (?). – (65. 68. 70. 73 nach K. Kromer; 69 nach E. Penninger).
M. 2 : 5

TAFEL 12 — *Eisendolche mit spindelförmiger Griffstange und verkümmerten Antennen, Variante Mauenheim (75–78); Variante Magdalenenberg (79)*

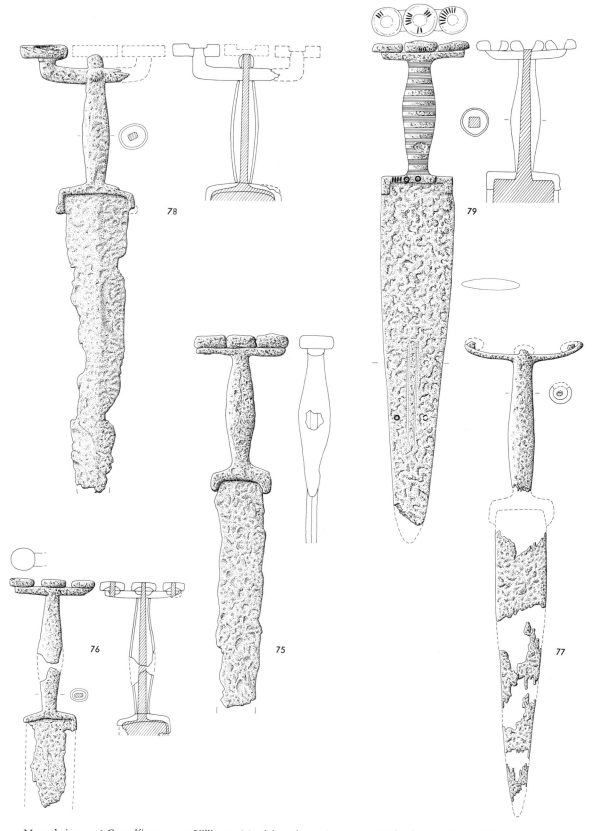

75 Mauenheim. – 76 Gauselfingen. – 77 Villingen, Magdalenenberg, Gr. 54. – 78 Waltenhausen II. – 79 Villingen, Magdalenenberg, Gr. 67. – (75. 78 nach A. Rieth; 77. 79 nach K. Spindler).

M. 2:5

Eisendolche mit spindelförmiger Griffstange und verkümmerten Antennen, Variante Magdalenenberg (82); Variantengruppe (83)

TAFEL 13

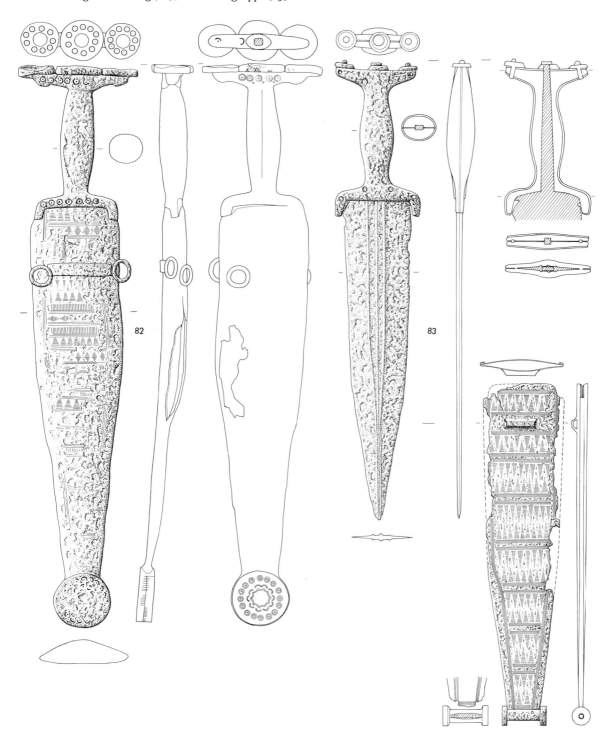

82 Villingen, Magdalenenberg, Gr. 90. – 83 Cudrefin. – (82 nach K. Spindler; 83 nach W. Drack).
M. 2:5

TAFEL 14 *Eisendolche mit spindelförmiger Griffstange und verkümmerten Antennen, Variante Magdalenenberg (80. 81); Variantengruppe (84–86)*

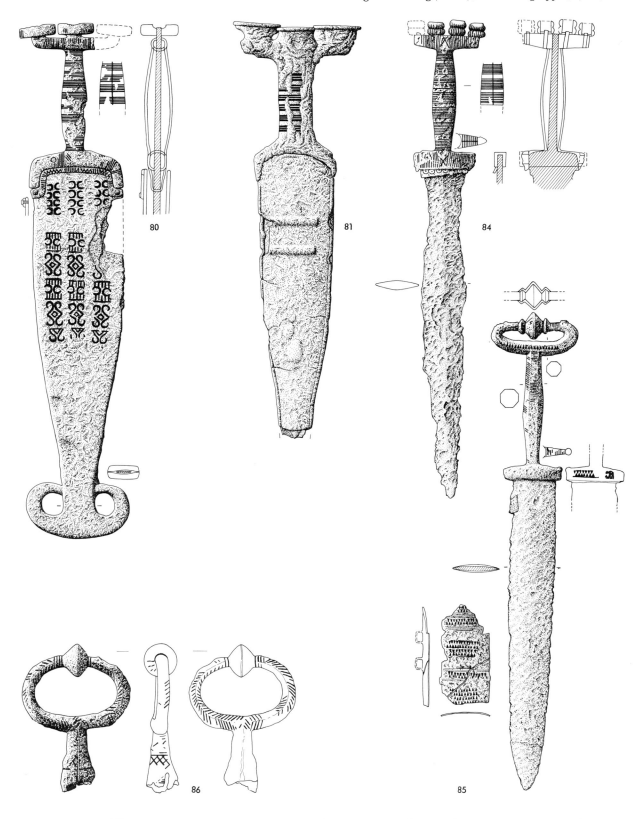

80 Salem. – 81 Waldhausen (1835). – 84 Sigmaringen (s. auch Taf. 44, C) – 85 Harthausen-Scheer. – 86 Waldhausen, Hgl. 1. – (80. 81. 84–86 nach A. Rieth).
M. 2:5

Eisendolche mit spindelförmiger Griffstange und verkümmerten Antennen, Variantengruppe (87–90. 92) TAFEL 15

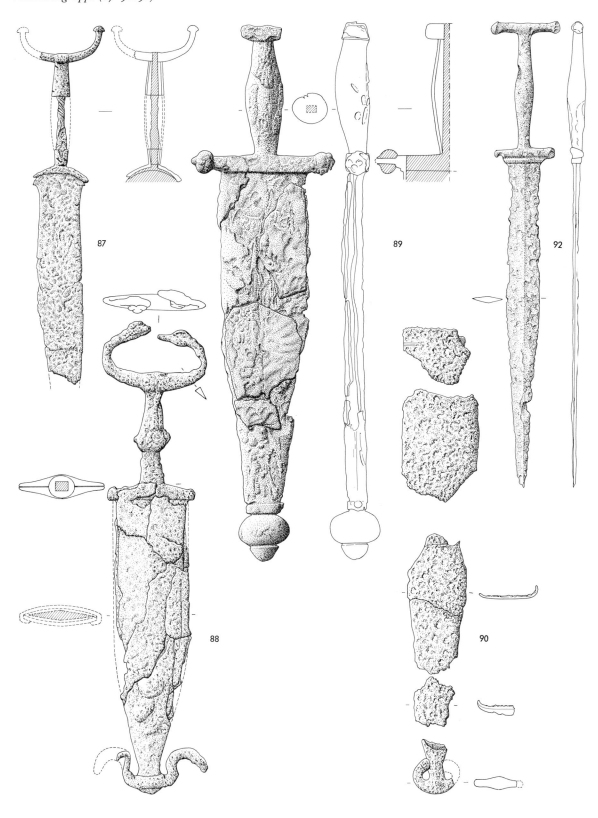

87 Waltenhausen I. – 88 Langenthal. – 89 Würtingen. – 90 Golasecca. – 92 Traun. – (87 nach A. Rieth; 88 nach W. Drack; 90 nach R. de Marinis).
M. 2:5

TAFEL 16   *Eisendolche mit spindelförmiger Griffstange und verkümmerten Antennen, Variantengruppe (91);*
Eisendolche und -dolchmesser mit entwickelter Knauf- und Scheidengestaltung,
Variante Etting (93. 94)

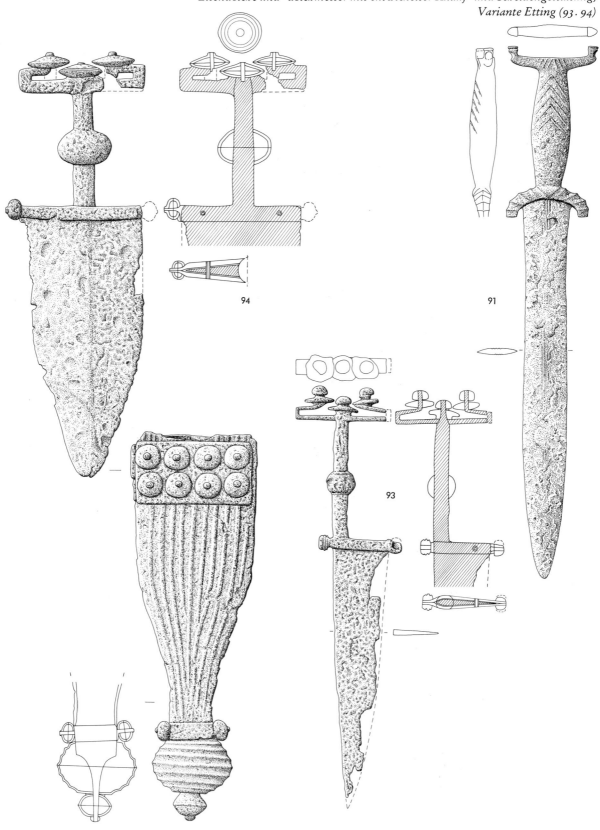

91 Hallstatt, Gr. 462 b. – 93 Sigmaringen-Ziegelholz. – 94 Etting. – (93. 94 nach A. Rieth).
M. 2 : 5

Eisendolche und -dolchmesser mit entwickelter Knauf- und Scheidengestaltung,
Variante Etting (95–98)
TAFEL 17

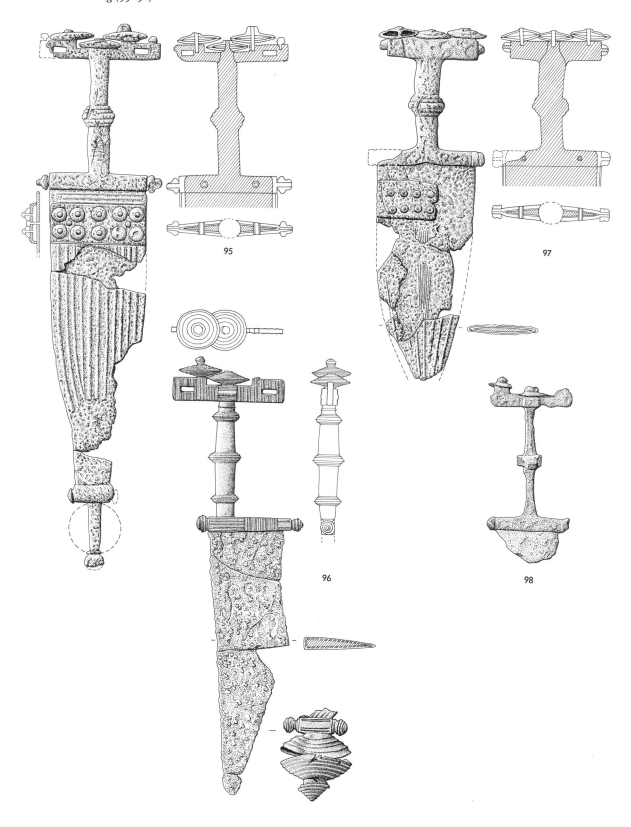

95 Bleichstetten. – 96 Hallstatt, Gr. 18. – 97 Pfullendorf. – 98 Todtenweis-Sand. – (95. 97 nach A. Rieth).
M. 2 : 5

TAFEL 18 *Eisendolche und -dolchmesser mit entwickelter Knauf- und Scheidengestaltung, Variante Etting (99–101)*

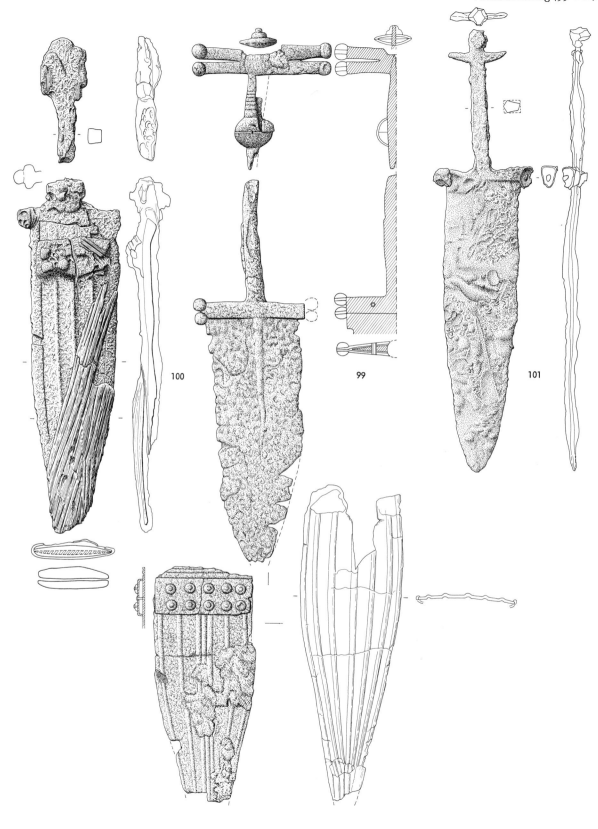

99 Kappel II. – 100 Býčí-Skála Höhle. – 101 Tannheim. – (99 nach A. Rieth).
M. 2:5

Eisendolche und -dolchmesser mit entwickelter Knauf- und Scheidengestaltung, TAFEL 19
Variante Etting (102–104), Variante Estavayer-le-Lac (107–109)

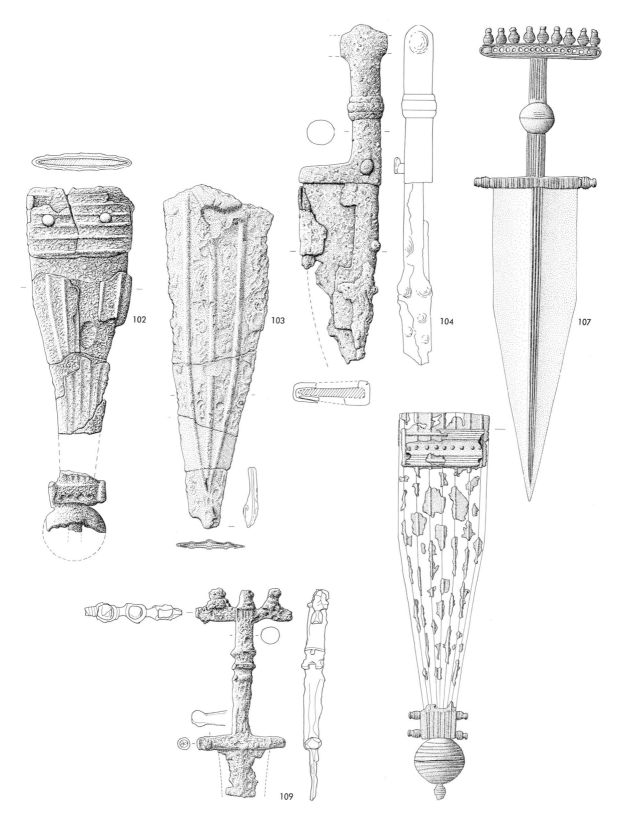

102 Mögglingen. – 103 Würtingen-St. Johann. – 104 Hallstatt, Gr. 769. – 107 Auerbach, Siedelberg, Hgl. 2. – 109 Walk.
(102 nach Fundber. Schwaben; 104 nach K. Kromer; 107 nach M. Egg).
M. 2:5

TAFEL 20   *Eisendolche und -dolchmesser mit entwickelter Knauf- und Scheidengestaltung),*
Variante Estavayer-le-Lac (105. 106)

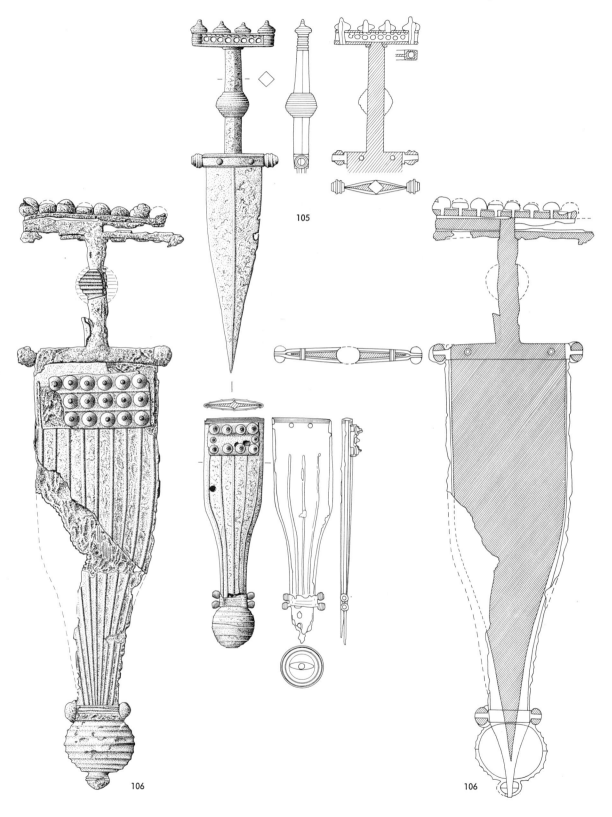

105 Estavayer-le-Lac. – 106 Wolfegg (s. auch Taf. 44 D). – (105 nach W. Drack; 106 nach A. Rieth).
M. 2:5

Eisendolche und -dolchmesser mit entwickelter Knauf- und Scheidengestaltung,
Variante Estavaver-le-Lac (108. 110–112. 114–116)

TAFEL 21

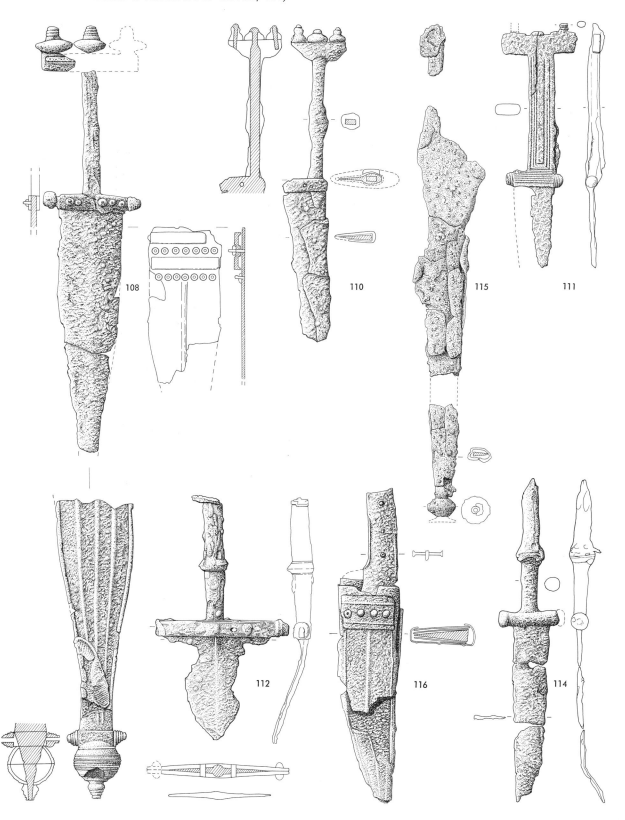

108 Kappel I. – 110 Grüningen. – 111 Býčí-Skála Höhle. – 112 Eglingen. – 114 Heuneburg. – 115 Kurzgeländ. – 116 Köstendorf. – (108 nach A. Rieth; 110 nach W. Drack).
M. 2:5

TAFEL 22 *Dolche und Dolchmesser mit bronzedrahtumwickelter Scheide, Variante Neuenegg (117–119)*

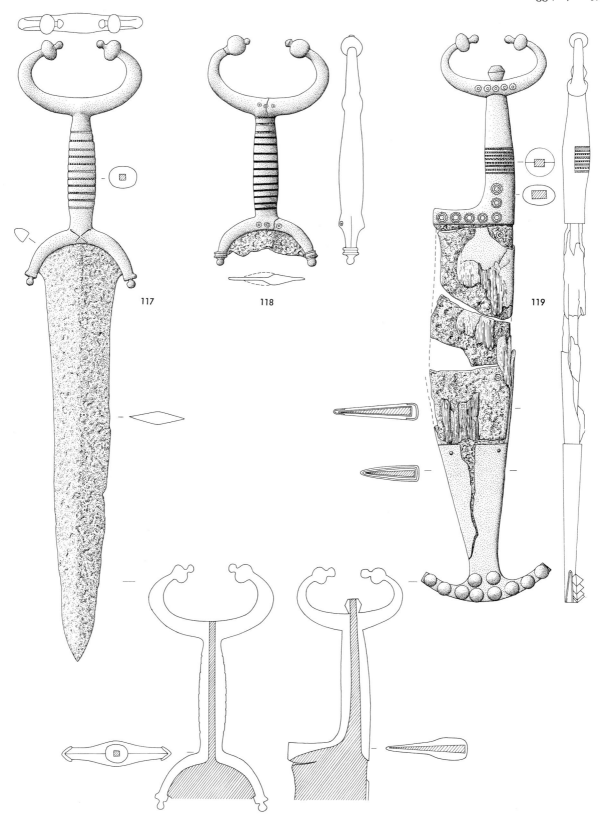

117 Sion (Sitten). – 118 Sesto-Calende. – 119 Neuenegg. – (117. 119 nach W. Drack; 118 nach R. de Marinis).
M. 2:5

Dolche und Dolchmesser mit bronzedrahtumwickelter Scheide,
Variante Neuenegg (120–125), Variante Hoffenheim (126. 127)

TAFEL 23

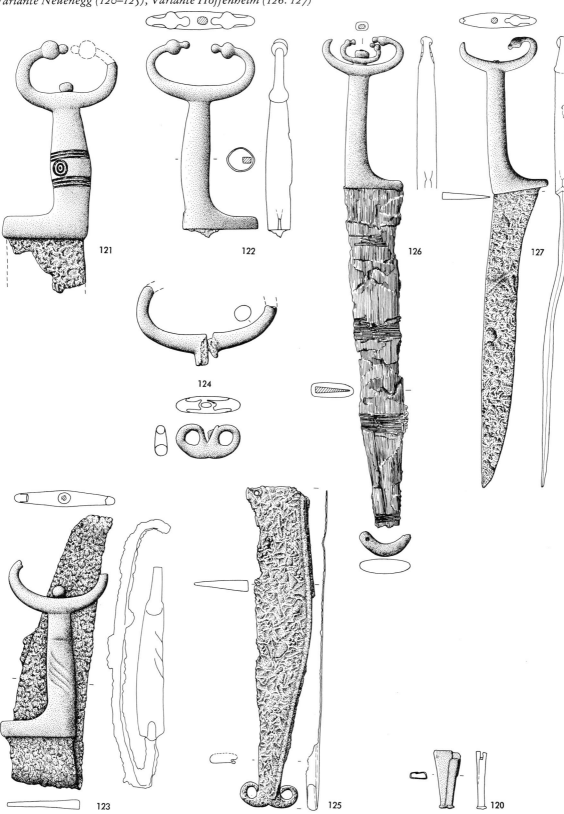

120 Mühlehölzli. – 121 Belluno. – 122 Thalheim. – 123 Hallstatt, Gr. 703. – 124 Ca'Morta. – 125 Hallstatt, Gr. 664. –
126 Hoffenheim. – 127 Böblingen. – (120 nach H. Schwab; 121 nach R. Forrer; 123 z. T. nach K. Kromer;
124 nach R. de Marinis; 125 nach K. Kromer).

M. 2:5

TAFEL 24   *Dolche und Dolchmesser mit bronzedrahtumwickelter Scheide, Variante Hoffenheim (128–130), Variante Sulz (131–133)*

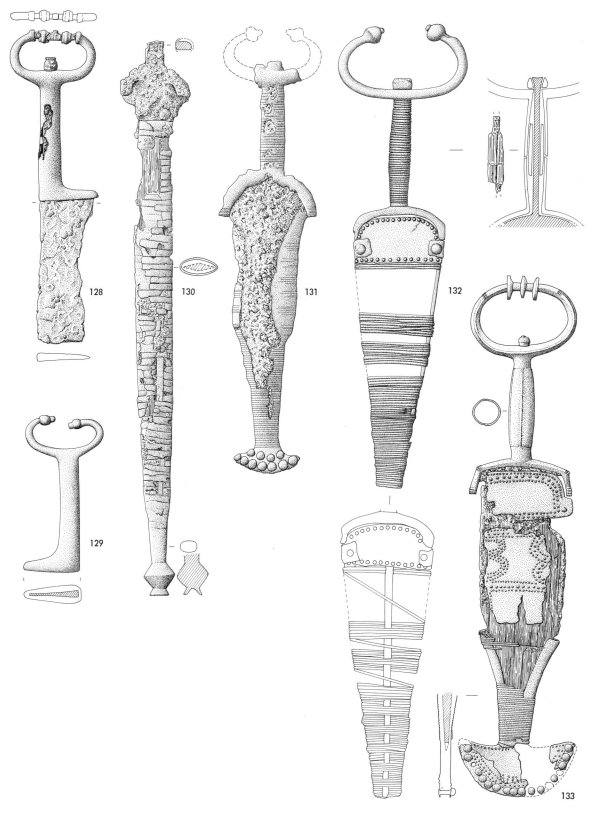

128 Hallstatt, Gr. 33. – 129 San Matteo delle Chiaviche. – 130 Maegstub. – 131 Sulz. – 132 Villingen-Magdalenenberg, Gr. 39. – 133 Niederaunau. – (129 nach R. de Marinis; 131 nach A. Rieth; 132 nach H.-J. Hundt; 133 nach G. Kossack).

M. 2:5

Dolche und Dolchmesser mit bronzedrahtumwickelter Scheide,
Variante Sulz (135. 136), Variante Obermodern (137)

TAFEL 25

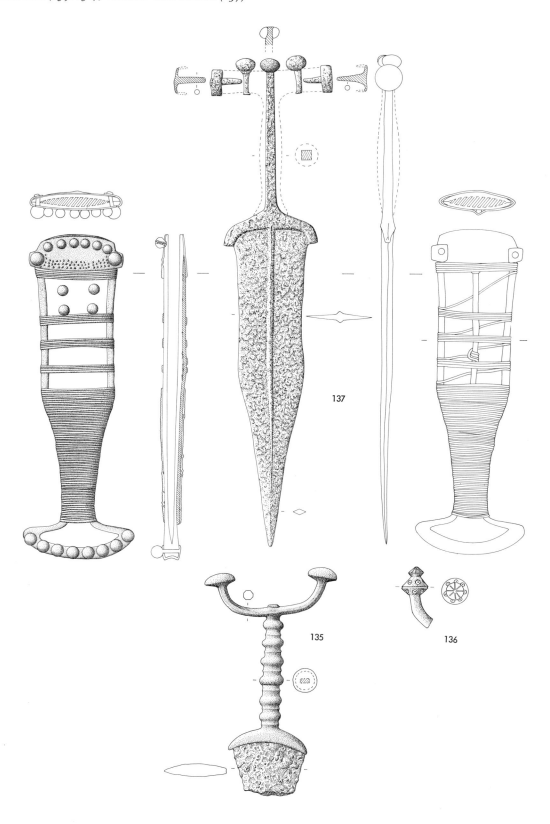

135 Hallstatt, Gr. 458. – 136 Hügelsheim. – 137 Villingen-Magdalenenberg, Gr. 118 (s. auch Taf. 44, B). – (137 nach K. Spindler).
M. 2:5

TAFEL 26
Dolche und Dolchmesser mit bronzedrahtumwickelter Scheide, Variante Sulz (134), Variante Obermodern (138–143)

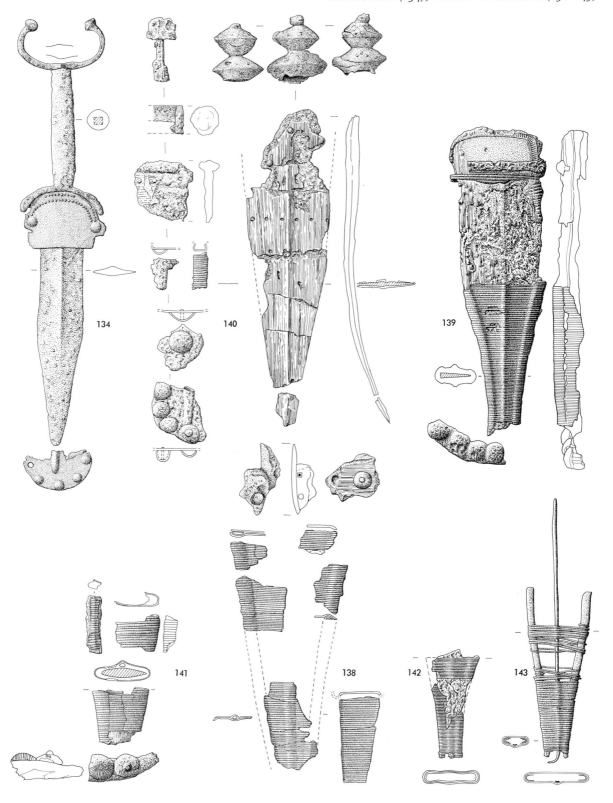

134 Rehling-Unterach. – 138 Obermodern. – 139 Ebingen-Wasserwerk, Hgl. 2 A. – 140 Ebingen-Wasserwerk, Hgl. 1. – 141 Nehren (s. auch Taf. 44, A). – 142 Pratteln. – 143 Port. – (134 nach G. Kossack; 142 nach W. Drack; 143 nach J. Bill).
M. 2:5

Dolche und Dolchmesser mit bronzedrahtumwickelter Scheide,
Variante Erkertshofen (144–150)

TAFEL 27

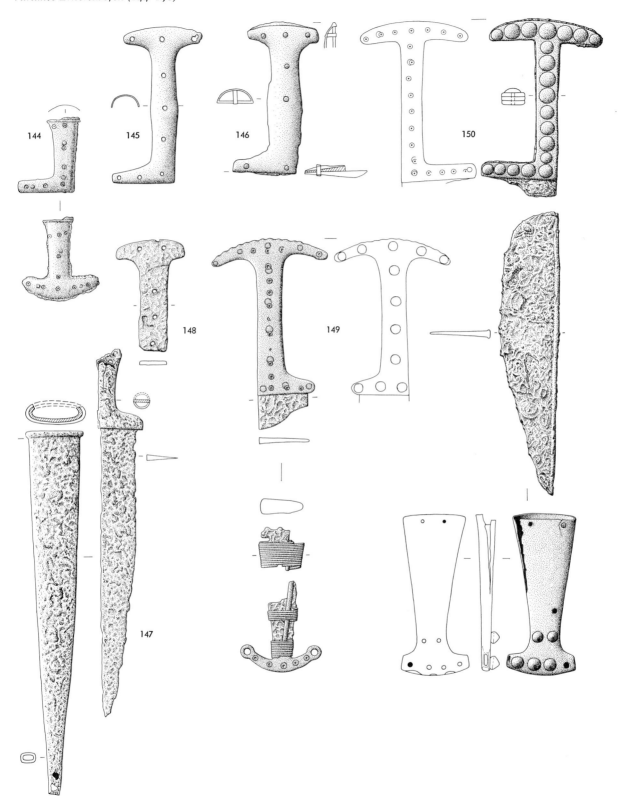

144 Erkertshofen. – 145 Orpund. – 146 Wohlen. – 147 Wangen, Gr. 18. – 148 Hallstatt, Gr. 51. – 149 Hallstatt, Gr. 547. – 150 Hallstatt, Gr. 611. – (145–147 nach W. Drack; 150 z. T. nach K. Kromer).
M. 2:5

TAFEL 28

*Dolche und Dolchmesser mit bronzedrahtumwickelter Scheide,
Variante Erkertshofen (151. 152);
Dolchmesser und Dolche mit ringförmigem Ortband (153–157)*

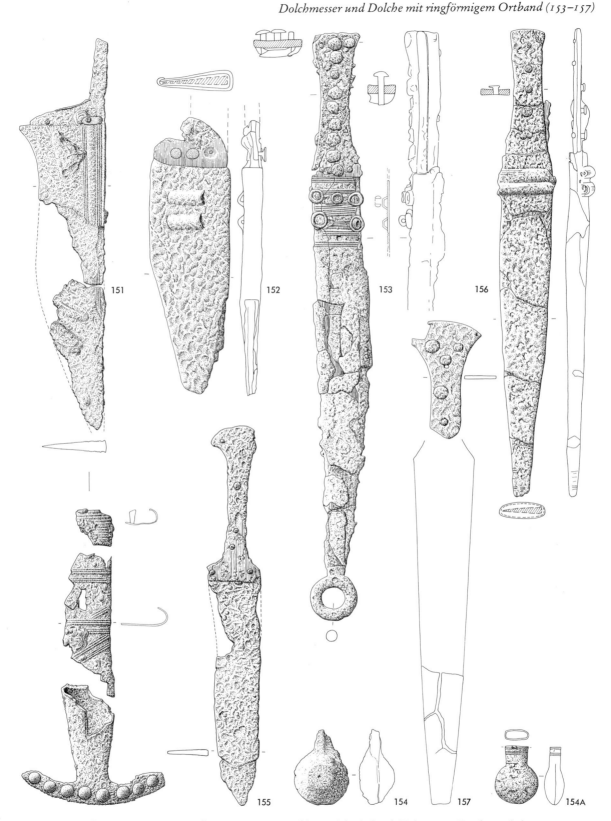

151 Hallstatt, Gr. 667. – 152 Hallstatt, Gr. (?). – 153 Ebingen-Schmiechatal, Hgl. 1. – 154 Fundort unbekannt. –
154 A Heuneburg. – 155 Würtingen-Rutschenhofen. – 156 Tübingen-Kilchberg (s. auch Taf. 45, B). – 157 Hallstatt-Eckerntal,
Gr. 558. – (151 z. T. nach K. Kromer; 156 nach A. Beck).

M. 2:5

Dolchmesser und Dolche mit ringförmigem Ortband (158–163);
Bronzedolche und -dolchmesser mit entwickelter Knauf- und Scheidengestaltung,
Variante Ludwigsburg (164. 165)

TAFEL 29

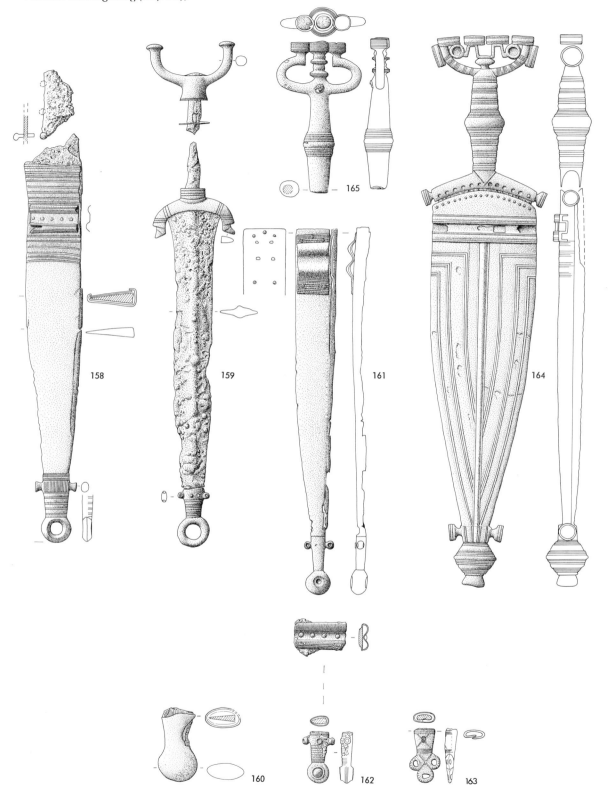

158 Inneringen. – 159 Veringenstadt. – 160 Bei Sigmaringen. – 161 Stuttgart-Ludwigsburgerstraße. – 162 Stuttgart-Weil im Dorf (s. auch Taf. 45, E). – 163 Muttenhofen. – 164 Ludwigsburg, Gr. 1. – 165 Ludwigsburg, Gr. 2. – (164 nach S. Schiek).
M. 2:5

TAFEL 30 Bronzedolche und -dolchmesser mit entwickelter Knauf- und Scheidengestaltung, Variante Ludwigsburg (165 A. 168)

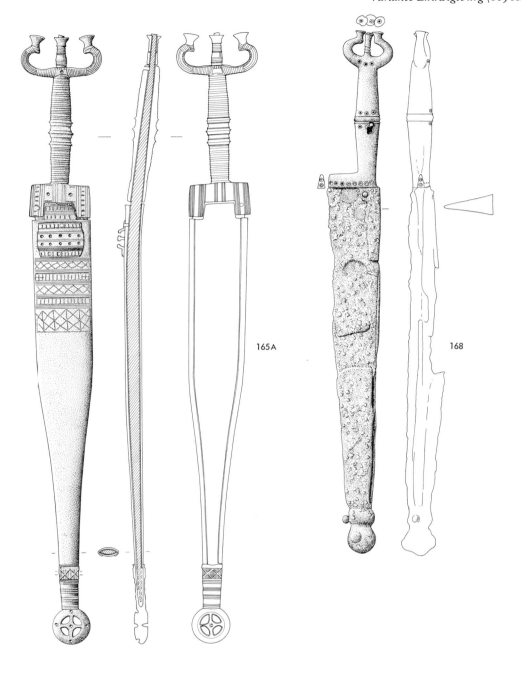

165 A Hochdorf. – 168 Bittelschieß.
M. 2 : 5

Bronzedolche und -dolchmesser mit entwickelter Knauf- und Scheidengestaltung, TAFEL 31
Variante Ludwigsburg (166. 167. 169. 170), Variante Aichach (171)

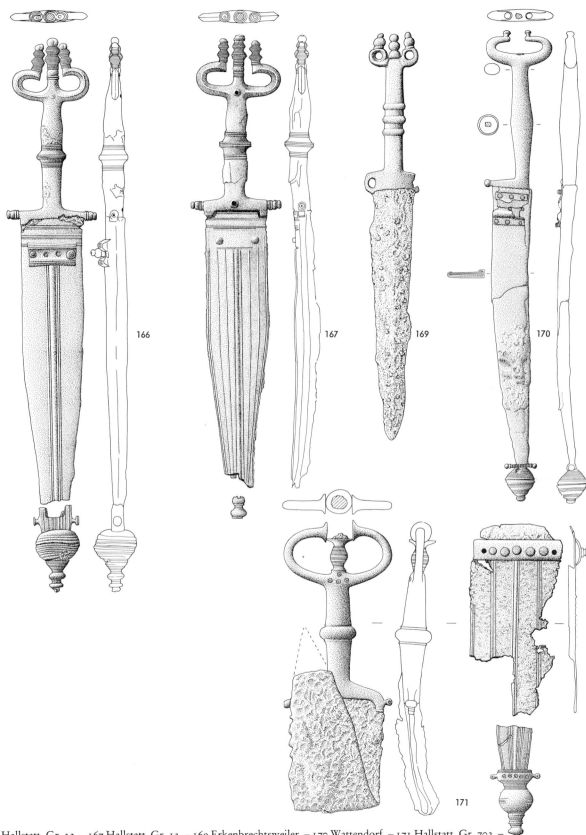

166 Hallstatt, Gr. 32. – 167 Hallstatt, Gr. 13. – 169 Erkenbrechtsweiler. – 170 Wattendorf. – 171 Hallstatt, Gr. 702. –
(169 nach H. Zürn; 171 z. T. nach K. Kromer).
M. 2:5

TAFEL 32　　　　　　　　　　*Bronzedolche und -dolchmesser mit entwickelter Knauf- und Scheidengestaltung,*
　　　　　　　　　　　　　　　　　　　　　Variante Aichach (172–174)

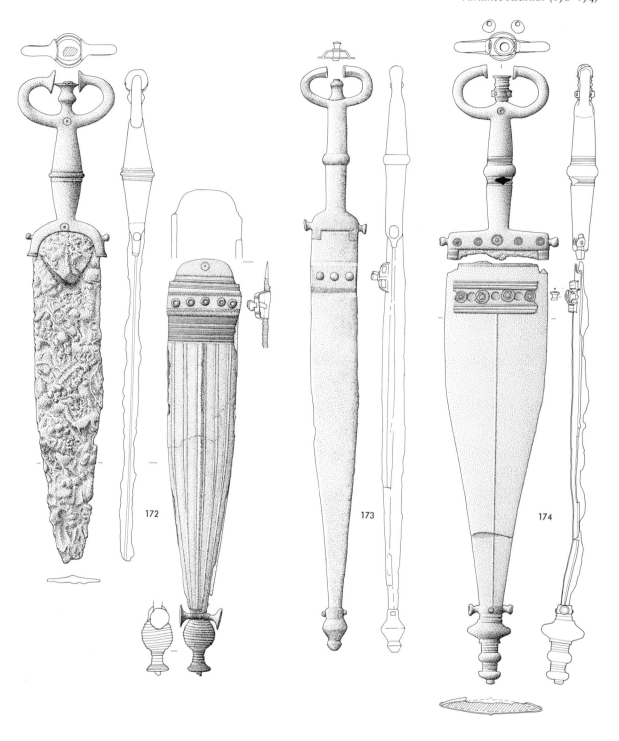

172 Hundersingen, Hgl. 4. – 173 Wildenroth-Grafrath. – 174 Hallstatt, Gr. (?).
M. 2 : 5

Bronzedolche und -dolchmesser mit entwickelter Knauf- und Scheidengestaltung, TAFEL 33
Variante Aichach (175–178)

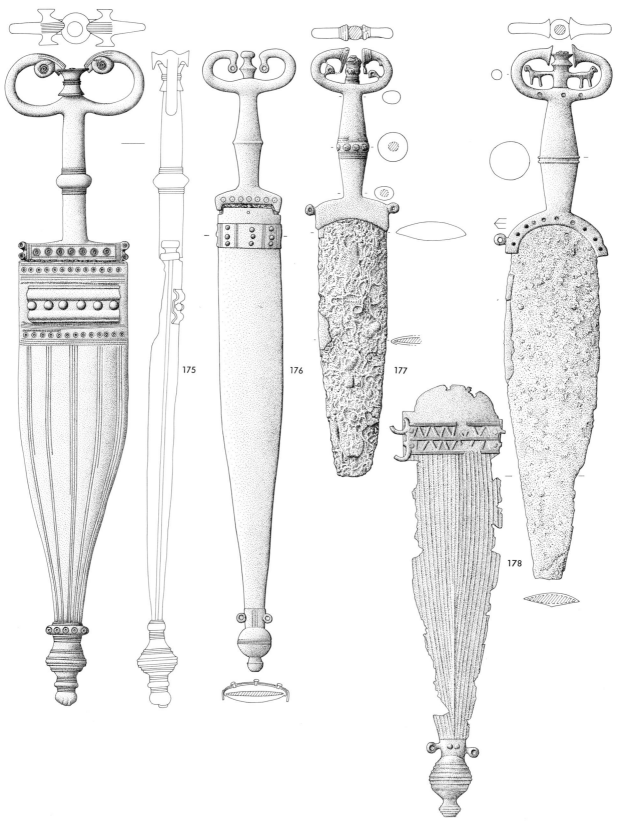

175 Hallstatt, Gr. 11. – 176 Hundersingen, Hgl. 1, Nachbest. 2 (s. auch Taf. 45, D). – 177 Augsburg. – 178 Aichach. – (175 nach K. Kromer; 176 nach S. Schiek).
M. 2:5

TAFEL 34 *Bronzedolche und -dolchmesser mit entwickelter Knauf- und Scheidengestaltung, Variante Aichach (179. 180), der Variante Aichach nahestehend (181–185), Sonderformen (186)*

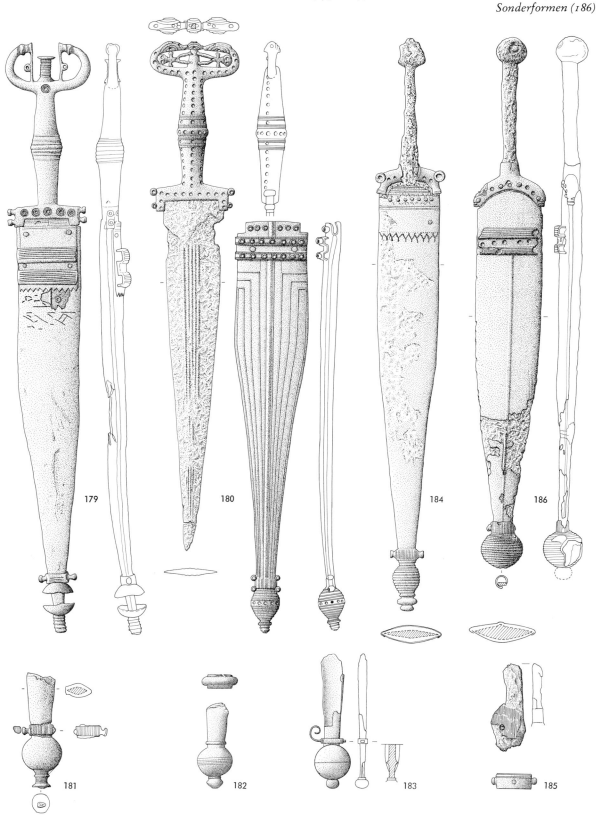

179 Pfaffstätt, Siedelberg Hgl. 7. – 180 Hallstatt, Gr. 116 (s. auch Taf. 45, A). – 181 Buchsee. – 182 Braunfels. – 183 Châttonnaye. – 184 Hundersingen, Hgl. 1, Nachbest. 1. – 185 Altenberg. – 186 Apremont. – (179 nach M. Egg; 180 nach K. Kromer; 183 nach W. Drack; 184 nach S. Schiek; 185 nach Prèhist. Bl.).
M. 2:5

Bronzedolche und -dolchmesser mit entwickelter Knauf- und Scheidengestaltung, TAFEL 35
Sonderformen (187–190), Variantengruppe Wilzhofen (191–193)

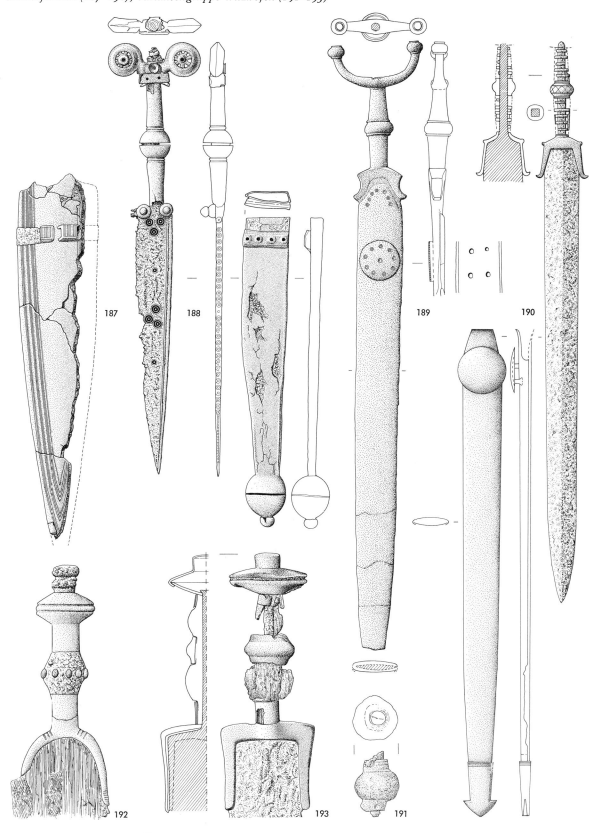

187 Kappel am Rhein. – 188 Hallstatt, Gr. 696. – 189 Saraz. – 190 Ins, Hgl. VI, b. – 191 Wilzhofen-Wielenbach. – 192 Etting. – 193 Maegstub C, Hgl. 2. – (187 nach S. Schiek; 188 nach K. Kromer; 190 nach W. Drack; 192 nach J. Naue; 193 nach H.-J. Hundt).

M. 2:5

TAFEL 36 — *Bronzedolche und -dolchmesser mit entwickelter Knauf- und Scheidengestaltung, Variantengruppe Wilzhofen (194); Dolche mit glockenförmigem Heft vom Typ Larçon (195–198); Anhang: Fragmente (199)*

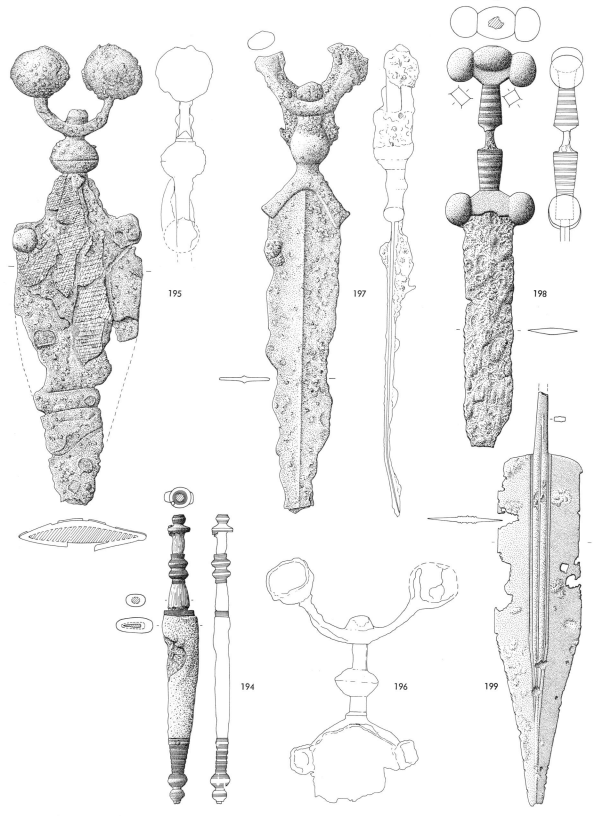

194 Hegnach (s. auch Taf. 45, C). – 195 Larçon. – 196 Créancey. – 197 Chalon-sur-Saône. – 198 Mâcon. – 199 Crailsheim. – (196 nach H. Carot; 199 nach Fundber. Schwaben).

M. 2:5

Fragmente (200–202. 204. 206–208) TAFEL 37

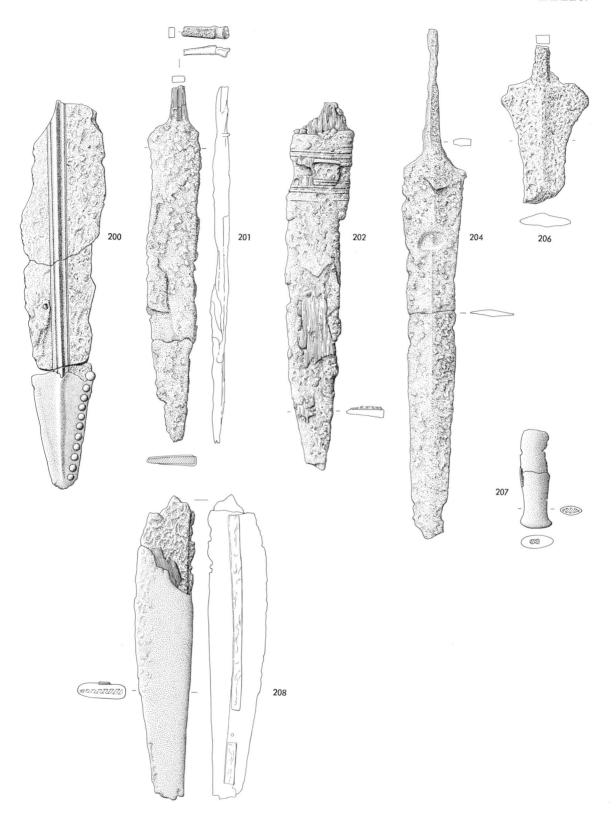

200 Kappel am Rhein. – 201 Nenzingen. – 202 Hallstatt, Gr. 1036. – 204 Esnoms-au-Val. – 206 Hallstatt, Gr. (?). – 207 Fundort unbekannt. – 208 Hallstatt, Gr. 741. – (200 nach S. Schiek; 202 z. T. nach K. Kromer).

M. 2:5

TAFEL 38

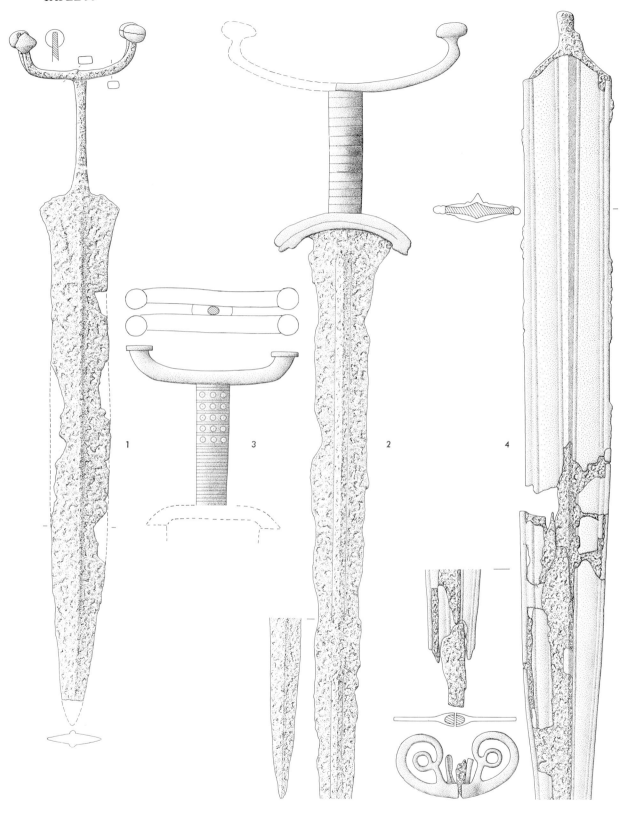

Vergleichsfunde: 1 Court-St. Etienne. – 2 Thames. – 3 Fiesole (?). – 4 Ins. –
(1 nach M. E. Mariën; 2 nach Kat. British Museum; 3 nach Museumsskizze; 4 nach W. Drack).
M. 2:5

TAFEL 39

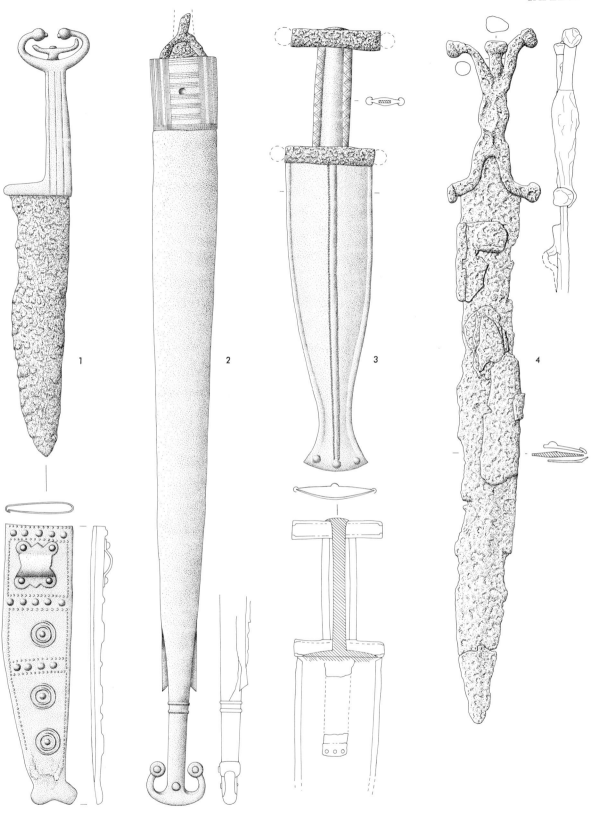

Vergleichsfunde: 1 Santa Lucia di Tolmino. – 2 Les Jogasses. – 3 Bussy-le-Chateau. – 4 Champberceau. –
(1 nach Kat. Verona; 2 nach J. J. Hatt/ P. Roualet; 3 nach E. M. Jope).
M. 2 : 5

TAFEL 40

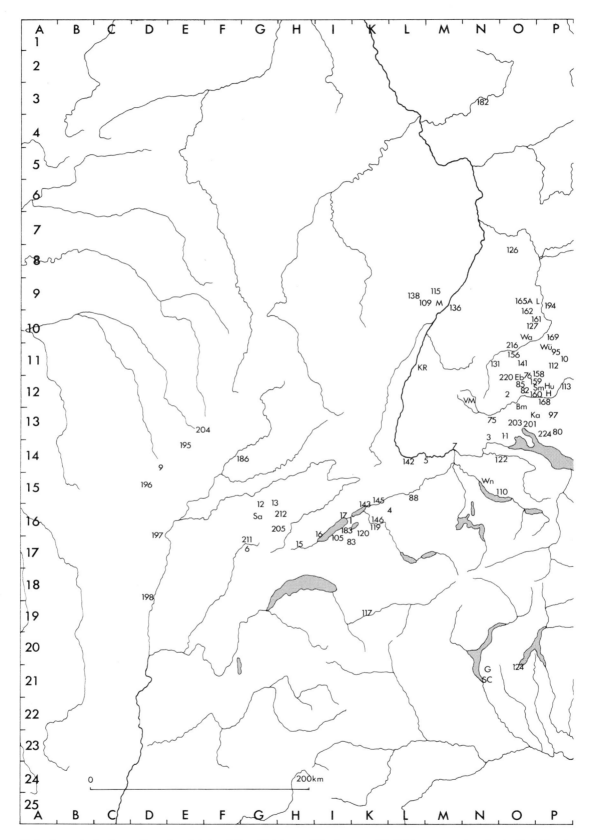

Verbreitung der in der vorliegenden Arbeit erfaßten Dolche aus Mitteleuropa. Die Zahlen entsprechen den im Dolchkatalog und auf den Tafeln angegebenen Fundnummern, für die Buchstabenabkürzungen vgl. das Verzeichnis S. 151

TAFEL 41

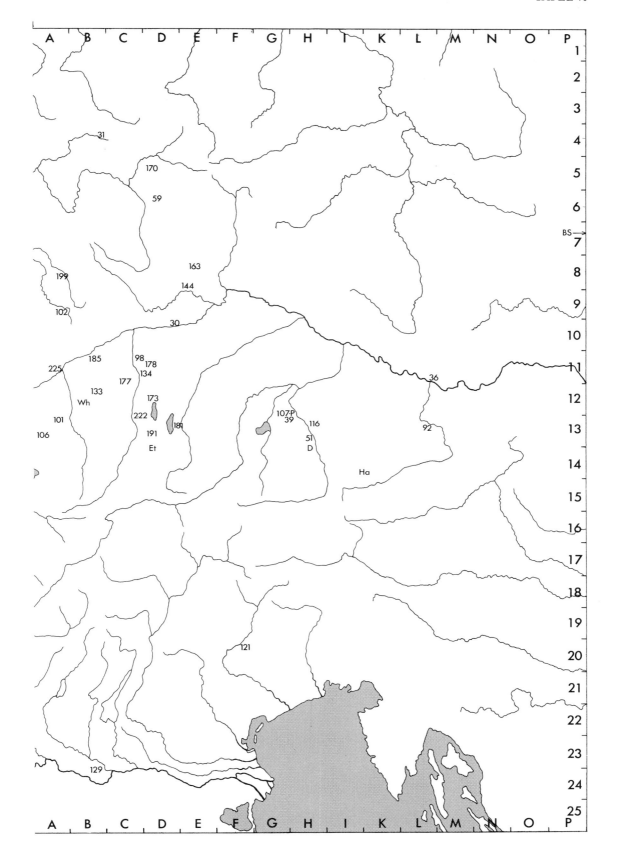

TAFEL 42

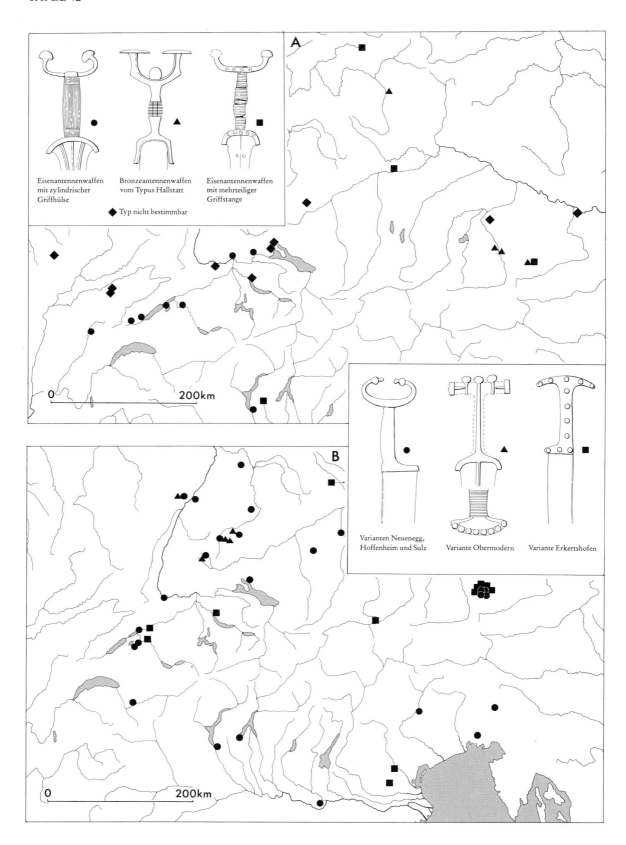

A Verbreitung der Antennenwaffen. – B Verbreitung der Dolche und Dolchmesser mit bronzedrahtumwickelter Scheide.

TAFEL 43

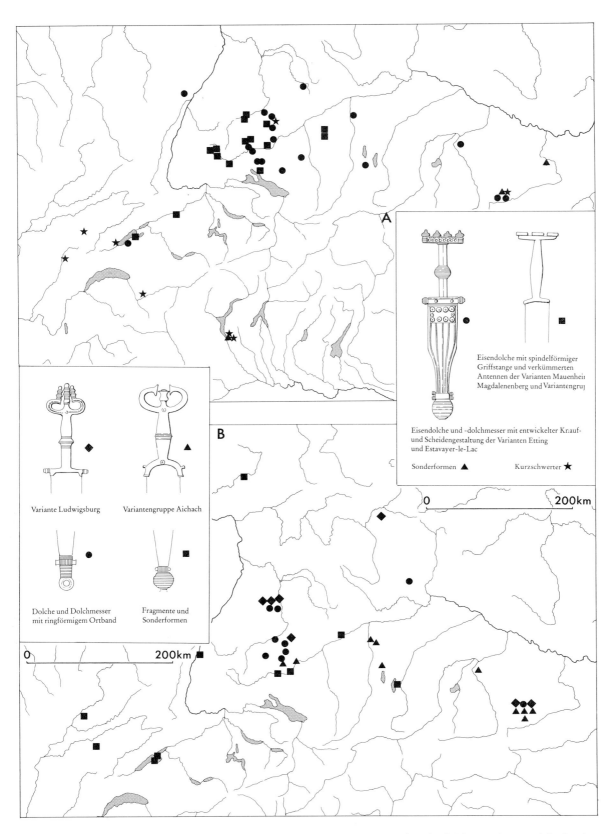

A Verbreitung der Eisendolche mit verkümmerter Antenne, mit komplizierter Knauf- und Scheidengestaltung und der Sonderformen sowie der Kurzschwerter. – B Verbreitung der Bronzedolche und -dolchmesser mit komplizierter Knauf- und Scheidengestaltung, der Sonderformen und Fragmente sowie der Bronze- und Eisendolche mit Ringort.

TAFEL 44

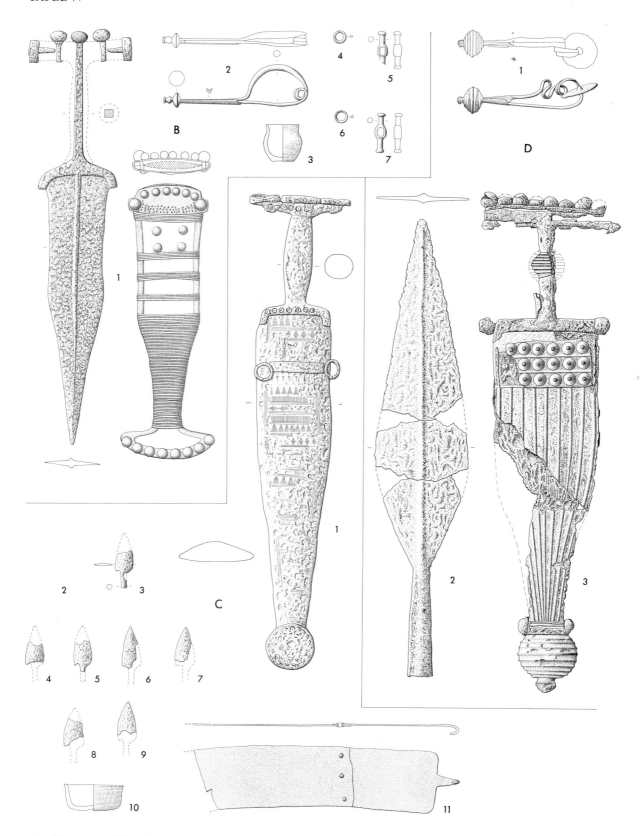

B Villingen, Magdalenenberg, Gr. 118 (Nr. 137). – C Villingen, Magdalenenberg, Gr. 90 (Nr. 82). – D Wolfegg (Nr. 106). – (B.C nach K. Spindler; D nach A. Rieth).
Keramik M. 1:6, sonst M. 1:3

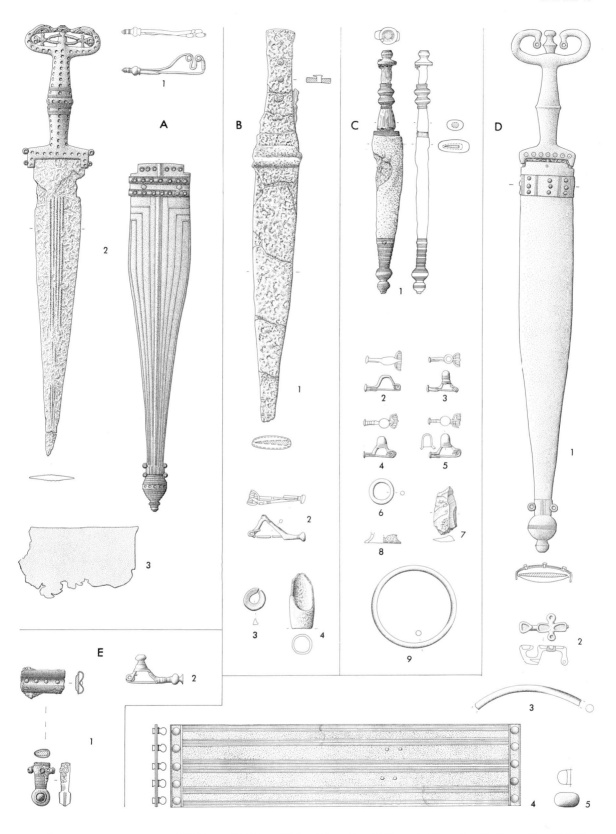

A Hallstatt, Gr. 116 (Nr. 180). – B Tübingen-Kilchberg, Hgl. 2 (Nr. 156). – C Hegnach, Unter dem Esslinger Weg, Hgl. Gr. 2 (Nr. 194). – D Hundersingen, Gießübel, Hgl. 1, Nachbestattung 2 (Nr. 176). – E Stuttgart-Weil im Dorf, Gschnaid, Hgl. 7 (Nr. 162). – (A nach K. Kromer; B nach A. Beck; D nach S. Schiek).
Keramik M. 1:6, sonst M. 1:3

TAFEL 46

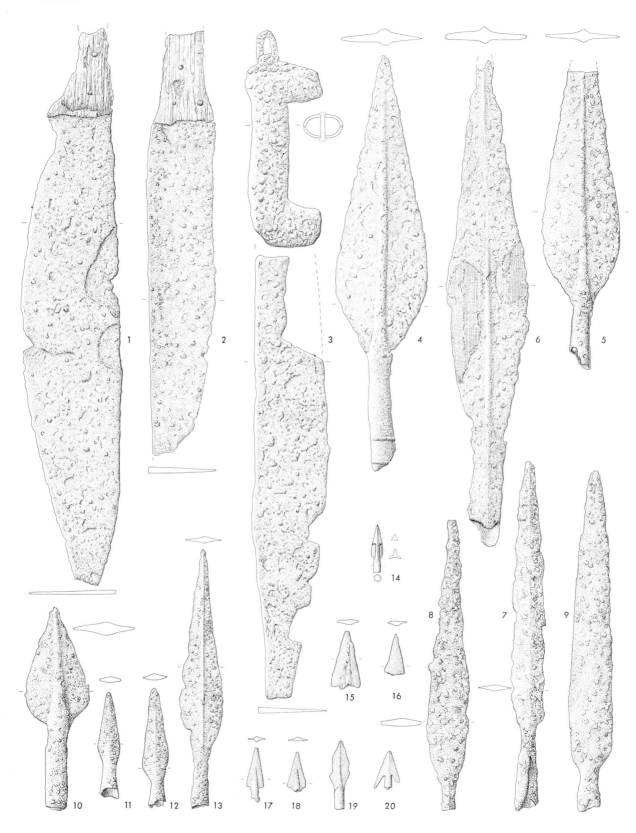

1–3 Hiebmesser (Eisen): 1 Meidelstetten; 2 Winterlingen; 3 Hohmichele. – 4–13 Lanzen- und Speerspitzen (Eisen): 4. 5 Würtingen; 6 Hundersingen; 7 Kolbingen; 8 Kirchberg/Jagst; 9 Tomerdingen; 10 Dußlingen; 11. 12 Tettnag; 13 Ehingen. – 14–20 Pfeilspitzen (Bronze): 14 Heuneburg; 15 Pfronstetten; 16 Oberstetten; 17. 18 Bleichstetten; 19 Gerlingen; 20 Dunstelkingen.

M. 1:3

TAFEL 47

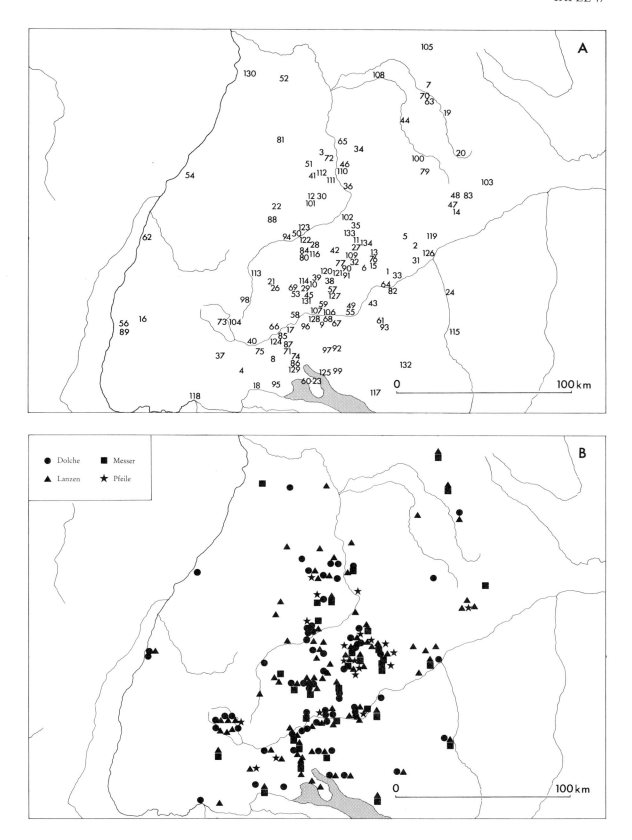

A Waffenführende Nekropolen Baden-Württembergs (Die Ziffern entsprechen den Nummern des Waffenkataloges S. 131 ff.). – B Verbreitung von Dolchen, Messern, Lanzen und Pfeilen in den waffenführenden Nekropolen Baden-Württembergs.

TAFEL 48

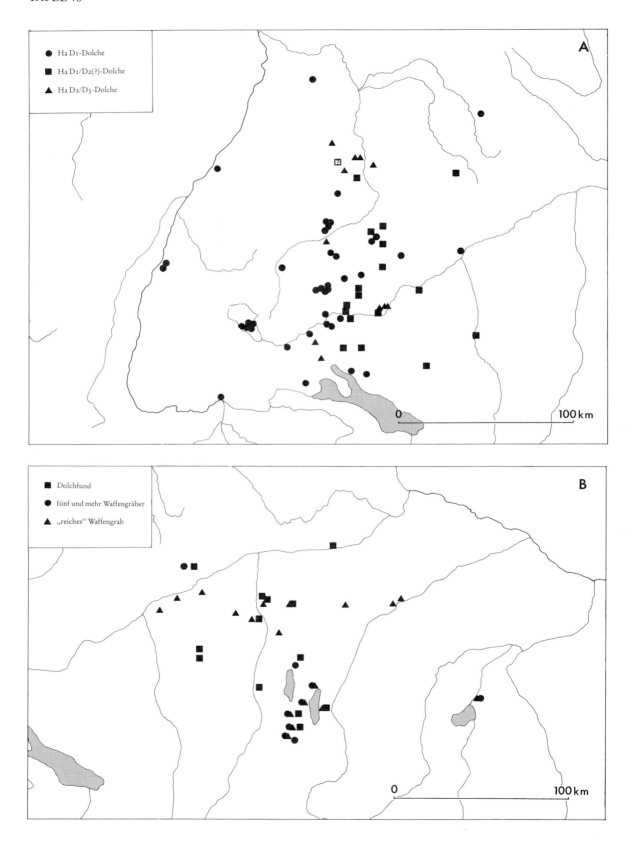

A Verbreitung der Späthallstattdolche in Baden-Württemberg. –
B Verbreitung der Waffengräber in Südbayern (nach G. Kossack).

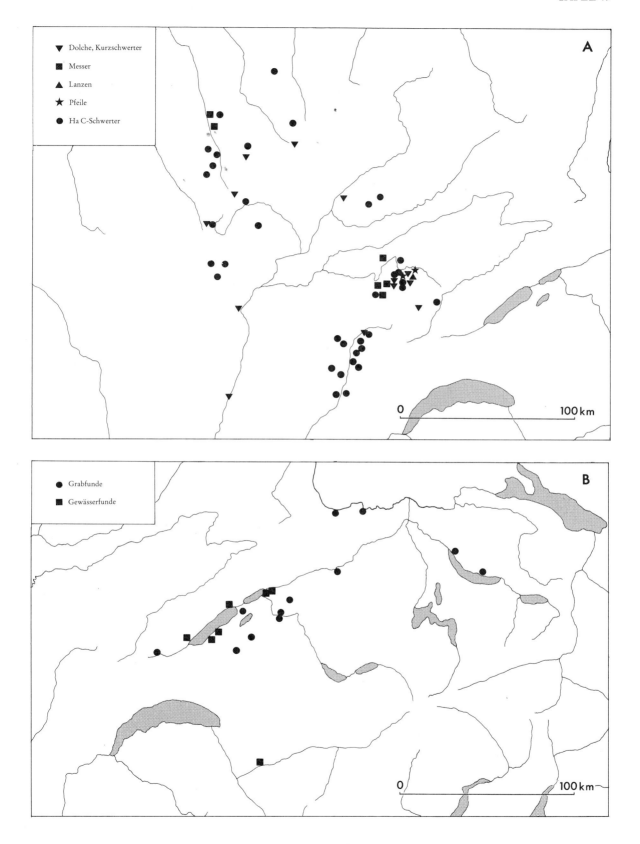

A Verbreitung der späthallstattzeitlichen Waffengräber in Ostfrankreich (nach G. Wamser). – B Verbreitung der späthallstattzeitlichen Dolche in der Schweiz (nach W. Drack).

PRÄHISTORISCHE BRONZEFUNDE

Abteilung VI · Dolche

1. P. Harbison, The Daggers and the Halberds of the Early Bronze Age in Ireland (1969)
2. S. Gerloff, The Early Bronze Age Daggers in Great Britain (1975)
3. J. Vladár, Die Dolche in der Slowakei (1974)
4. M. Gedl, Die Dolche und Stabdolche in Polen (1980)
5. G. Gallay, Die kupfer- und altbronzezeitlichen Dolche und Stabdolche in Frankreich (1981)
6. S. Sievers, Die Späthallstattdolche in Mitteleuropa (1982)

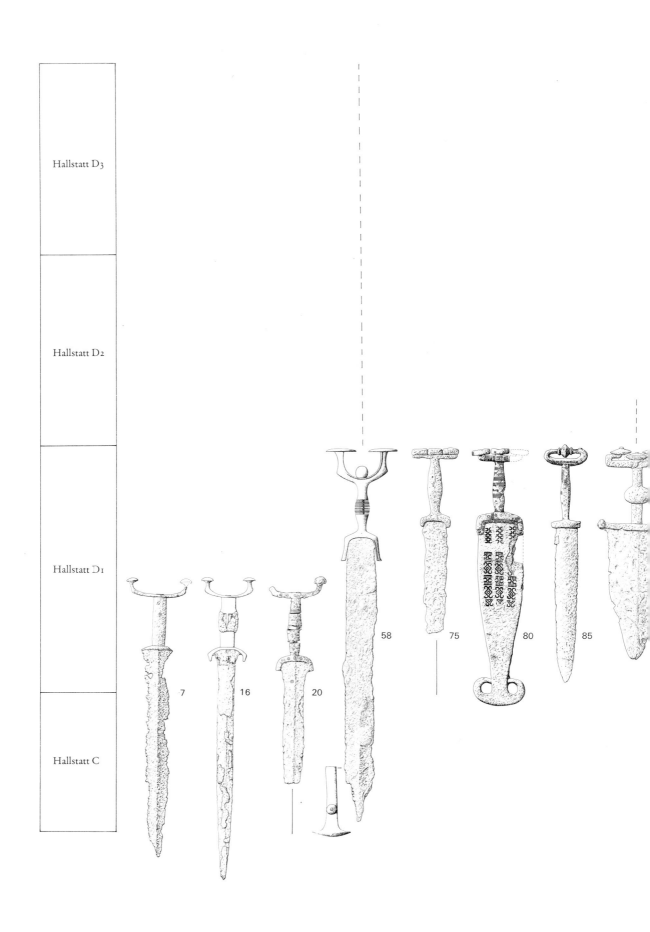

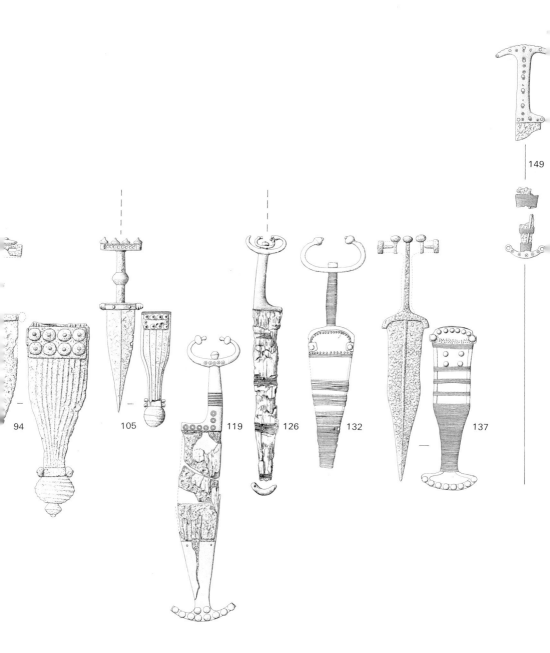

Chronologische Stellung der Späthallstattdolche in Mitteleuropa.

TAFEL 50

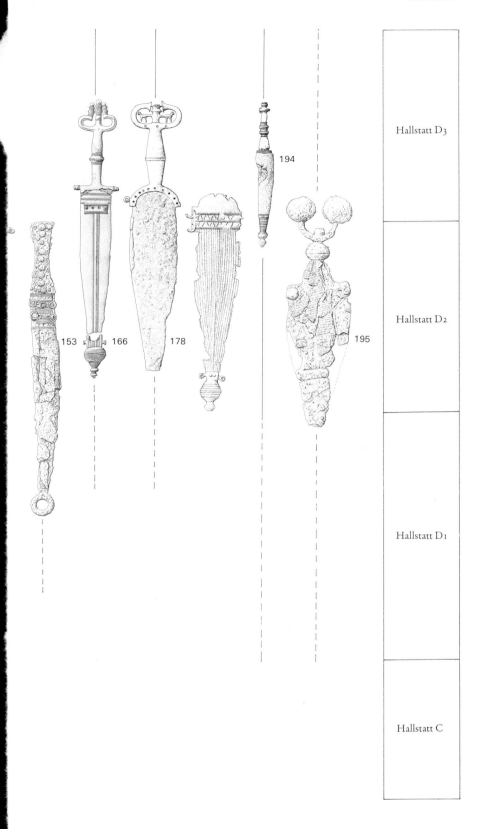